Der Straftatbestand des Sportwettbetrugs

Schriften zum Strafrecht und Strafprozeßrecht

Herausgegeben von Manfred Maiwald und Carsten Momsen

Band 133

PETER LANG

Sebastian Kellner

Der Straftatbestand des Sportwettbetrugs

PETER LANG

Bibliografische Information der Deutschen Nationalbibliothek
Die Deutsche Nationalbibliothek verzeichnet diese Publikation in der Deutschen Nationalbibliografie; detaillierte bibliografische Daten sind im Internet über http://dnb.d-nb.de abrufbar.
Zugl.: Erlangen, Nürnberg, Univ., Diss., 2019

Gedruckt auf alterungsbeständigem, säurefreiem Papier.
Druck und Bindung: CPI books GmbH, Leck

D 2
ISSN 0938-6181
ISBN 978-3-631-80278-6 (Print)
E-ISBN 978-3-631-81553-3 (E-PDF)
E-ISBN 978-3-631-81554-0 (EPUB)
E-ISBN 978-3-631-81555-7 (MOBI)
DOI 10.3726/b16674

Peter Lang – Berlin · Bern · Bruxelles · New York · Oxford · Warszawa · Wien

Diese Publikation wurde begutachtet.

www.peterlang.com

Meinen Eltern

Vorwort

Die vorliegende Arbeit wurde von der Juristischen Fakultät der Universität Erlangen-Nürnberg im Jahre 2019 als Dissertation angenommen. Im Laufe des Entstehens der Arbeit bin ich von vielen Menschen unterstützt worden, von denen ich einige besonders erwähnen möchte:

Zu nennen ist allen voran mein Doktorvater Herr Prof. Dr. Hans Kudlich, der trotz seiner hohen Arbeitsbelastung und ungeachtet der Einhaltung von Wochenenden und Feiertagen stets gerne bereit war, Teile der Arbeit zu lesen und darüber hinaus auch ausführlich mit mir zu diskutieren. Diese Form der Unterstützung habe ich in der geschilderten Art und Weise nie als Selbstverständlichkeit betrachtet und dafür schulde ich ihm aufrichtigen Dank. Weiterhin danke ich Frau Prof. Dr. Gabriele Kett-Straub für die sehr zügige Erstellung des Zweitgutachtens.

Sehr verbunden bin ich auch Herrn Prof. Dr. Carsten Momsen und Herrn Prof. Dr. Manfred Maiwald für die Aufnahme der Arbeit in diese Schriftenreihe.

Mein größter Dank gilt jedoch meiner Familie, darunter insbesondere meinen Eltern Bruno und Sabine. Sie haben mich nicht nur während des Verfassens dieser Arbeit, sondern während meines gesamten Bildungswegs auf jegliche erdenkliche Art unterstützt und mich stets ermutigt, meine eigenen Entscheidungen zu treffen.

Ihnen diese Arbeit zu widmen, ist daher das Mindeste.

Bamberg, im August 2019 Sebastian Kellner

Inhaltsübersicht

Inhaltverzeichnis

Einleitung

Im Oktober 2018 waren 220 Beamte bei einem internationalen Polizeieinsatz in Belgien, Frankreich, Luxemburg, Zypern, Montenegro, Serbien und Mazedonien beteiligt, bei welchem 57 Häuser durchsucht und im Zuge dessen mehrere prominente Persönlichkeiten, allen voran der belgischen Fußballwelt, festgenommen wurden[1]. Zu den Festgenommenen zählten neben dem wohl bekanntesten Spielerberater des Landes und dem Trainer des aktuellen belgischen Meisters FC Brügge auch mehrere Erstliga-Schiedsrichter. Diesem großangelegten Einsatz der Behörden waren monatelange Ermittlungen im Bereich von Geldwäsche und Spielmanipulationen vorausgegangen[2].

Nahezu zeitgleich wurde bekannt, dass die Champions League-Begegnung zwischen Paris St. Germain und Roter Stern Belgrad ebenfalls unter Manipulationsverdacht steht[3]. Ermittler wurden darauf aufmerksam, dass vor dem 6:1-Kantersieg der Pariser ein ranghoher Vertreter des Belgrader Vereins eine millionenschwere Sportwette auf eine Niederlage seines eignen Teams mit einer Differenz von 5 Toren Unterschied abschloss[4].

Sollte sich in den noch ausstehenden Ermittlungen der Verdacht der Spielmanipulation und des Wettbetrugs erhärten, so stünde der europäische Spitzenfußball erneut vor einem handfesten Korruptionsskandal. Gewissermaßen neumodisch daran ist, dass es dabei um schwindelerregende Summen an Bestechungsgeldern und Wetteinsätzen gehen soll. Altbekannt ist hingegen das Phänomen selbst: Die Manipulation sportlicher Wettbewerbe steht in einer jahrzehntelangen, zweifelhaften Tradition:

Bereits zu Beginn der 1970er-Jahre wurde die Fußball-Bundesliga von einem Bestechungsskandal erschüttert. Damals wurde auf spektakuläre Weise enthüllt, dass ganze Mannschaften bestochen, zahlreiche Begegnungen manipuliert und

---

1 http://www.spiegel.de/sport/fussball/belgien-polizei-grosseinsatz-nach-betrugsverdacht-im-fussball-a-1232515.html, zuletzt aufgerufen am 10.01.2019.

2 http://www.spiegel.de/sport/fussball/belgien-polizei-grosseinsatz-nach-betrugsverdacht-im-fussball-a-1232515.html, zuletzt aufgerufen am 10.01.2019.

3 http://www.spiegel.de/sport/fussball/champions-league-war-paris-saint-germain-gegen-roter-stern-belgrad-manipuliert-a-1233050.html, zuletzt aufgerufen am 10.01.2019.

4 http://www.spiegel.de/sport/fussball/champions-league-war-paris-saint-germain-gegen-roter-stern-belgrad-manipuliert-a-1233050.html, zuletzt aufgerufen am 10.01.2019.

letzten Endes auf diese Weise der gesamte Abstiegskampf der Fußball-Bundesliga entscheidend beeinflusst wurde[5]. Die Folge waren Strafen gegen insgesamt 53 Profis, mehrere Trainer und Vereine, sowie ein massiver Imageschaden für den gesamten deutschen Fußball kurz vor Olympia 1972 und der Weltmeisterschaft 1974 im eigenen Land[6].

Ihren vorläufigen „Höhepunkt" fand die deutschen Wettskandalgeschichte im aufsehenerregenden Verfahren gegen die Angeklagten rund um den ehemaligen Bundesliga-Schiedsrichter Robert Hoyzer im Jahr 2006[7]. Die Tätergruppe manipulierte mehrere Fußballspiele der Regionalliga, der 2. Fußball-Bundesliga und des DFB-Pokals, um Dritten Wettgewinne aus auf diese Partien abgeschlossenen Sportwetten zu ermöglichen[8].

Eine Folge dieser Skandale war die in den Folgejahren immer wieder aufkeimende Diskussion um die Einführung neuer Straftatbestände zum Schutz der Integrität des Sports. Zunächst wagte die Bayerische Staatsregierung einen Vorstoß zur Einführung eines Gesetzes unter anderem zur Bekämpfung von Sportkorruption[9], der jedoch nur überschaubaren Anklang fand[10]. Später wurde durch die Einführung des Anti-Doping-Gesetzes die Integrität des Sports erstmals unter den Schutz strafrechtlicher Sanktionen gestellt[11]. Diese Entwicklung gipfelte schließlich in dem von der Großen Koalition aus CDU/CSU und SPD im Jahre 2016 entwickelten Regierungsentwurf zu den Straftatbeständen §§ 265c ff. StGB, welche schließlich am 19. April 2017 in Kraft traten[12].

Gegenstand dieser Arbeit ist es, einen Beitrag zur Durchdringung des § 265c StGB zu leisten. Hierfür soll zunächst dargestellt werden, inwieweit die entsprechenden Verhaltensweisen vor der Einführung der §§ 265c ff. StGB strafrechtlich erfassbar waren, indem die relevante höchstrichterliche Rechtsprechung dargestellt wird und die dabei aufgetretenen Probleme herausgearbeitet werden.

---

5 http://www.spiegel.de/sport/fussball/hintergrund-der-bundesliga-skandal-von-1971-a-338187.html, zuletzt aufgerufen am 10.01.2019.

6 http://www.spiegel.de/sport/fussball/hintergrund-der-bundesliga-skandal-von-1971-a-338187.html, zuletzt aufgerufen am 10.01.2019.

7 BGHSt 51, 165.

8 BGHSt 51, 165.

9 § 6 RefE-SportSchG v. 30.11.2009, abrufbar unter https://www.justiz.bayern.de/media/entwurf_sportschutzgesetz_30112009.pdf, zuletzt aufgerufen am 11.01.2019.

10 vgl. dazu *Reinhart*, SpuRt 2016, 235, 236.

11 BT-Drs. 18/4898.

12 BT-Drs. 18/8831.

Anschließend wird das Augenmerk zunächst darauf zu richten sein, ob sich die vom Gesetzgeber gewählte Rechtsgutskonzeption sowie die Deliktsnatur des § 265c StGB als legitim erweisen, bevor es in einer ausführlichen Tatbestandsanalyse darzustellen gilt, welche Probleme die konkrete Ausgestaltung des Regelungsgehalts des Sportwettbetrugs mit sich bringt und wie diesen zu begegnen ist.

A. Erfassbarkeit des manipulativen Verhaltens durch bisherige Tatbestände

Die Bandbreite des strafrechtlich relevanten Verhaltens in Bezug auf Sportereignisse beziehungsweise Sportwetten ist groß. Dieser Umstand resultiert aus den zahlreichen denkbaren Motiven, sich zu einem dergestalt strafrechtlich relevanten Verhalten hinreißen zu lassen. So ist es beispielsweise denkbar, dass ein Sportereignis manipuliert wird, ohne dass eine Sportwette gesetzt wird. Dies kann etwa geschehen, weil Verantwortliche „ihrem" Verein durch den Gewinn eines Spiels Prestige oder Siegprämien verschaffen wollen. Demgegenüber steht die häufiger vorgefundene Motivation, sich selbst als Privatperson einen Vermögensvorteil zu verschaffen. In dieser Motivationslage wird nicht nur ein bestimmtes Sportereignis manipulativ beeinflusst werden, sondern darüber hinaus eine Sportwette auf das beeinflusste Spiel abgeschlossen, um so hohe Gewinnsummen zu erzielen.

Im Folgenden sollen die wesentlichen Varianten des strafrechtlich relevanten Verhaltens anhand von Beispielen aus der höchstrichterlichen Rechtsprechung dargestellt werden. Darüber hinaus sollen die Lösungsansätze, diesem Verhalten sowohl mit den bisherigen, als auch mit den neu eingeführten Tatbeständen Herr zu werden, erörtert sowie kritisch hinterfragt werden.

I. Fallkonstellation 1: Manipulation des Sportereignisses und Setzen einer Sportwette

1. Der „Pferdewetten"-Fall

Dass die Manipulation von Sportereignissen ein Phänomen ist, welches weder auf den Fußball, noch auf die Zeit seit der Jahrtausendwende beschränkt ist, zeigt folgender Fall, den der Bundesgerichtshof bereits Ende der 1970er-Jahre zu entscheiden hatte. Im sogenannten „Pferdewetten-Fall"[13] bestätigte der Bundesgerichtshof das Urteil des Landgerichts Düsseldorf, welches den Angeklagten wegen Betrugs sowie versuchten Betrugs verurteilte[14].

Der Angeklagte schloss in einer Wettannahmestelle Wetten auf verschiedene Pferderennen ab. Diese liefen nach den Regeln des Rennquintetts ab, was

13 BGHSt 29, 165 = BGH NJW 1980, 793.

14 Urteil vom 19. 12. 1979 - 3 StR 313/79 (LG Düsseldorf).

bedeutet, dass man aus 16 verschiedenen Pferden 5 Pferde auswählt, von denen man meint, diese könnten die vorderen 5 Plätze einnehmen.

Der Angeklagte ließ 8 der 16 Pferde auf seinem Wettschein außen vor, die anderen 8 kombinierte er in verschiedenen Konstellationen. Dabei hatte er im Vorfeld die Reiter der 8 Pferde, die er außen vor ließ, durch Zahlung von Geldsummen sowie Versprechungen dazu bewegt, einzuwilligen, ihre Pferde dergestalt zurückzuhalten, dass ein Einnehmen der vorderen Plätze unmöglich wäre. Hierbei zahlte der Angeklagte Bestechungsgelder von jeweils 30. 000 DM. Der Angeklagte gewann bei Wetteinsätzen zwischen 13. 500 DM und 40. 000 DM mehrere Hunderttausend DM[15].

Nach Auffassung des Bundesgerichtshofs hat der Angeklagte in allen Fällen den Angestellten der Wettannahmestelle bei Abgabe seines Wettscheins konkludent getäuscht[16]. Um dies nachvollziehen zu können, erscheint eine nähere Betrachtung des Wesens eines Wettvertrags unerlässlich. Rennwetten sind Spielverträge, bei denen gerade kennzeichnend ist, dass der Gewinnanteil für beide Partner des Vertrags noch von einem ungewissen Ereignis, also vom Ausgang des Rennens abhängt[17]. Speziell bei öffentlichen Pferderennen handelt es sich bei der „Pferdewette" um eine Lotterie im Sinne des § 763 BGB, die im Renn- und Lotteriegesetz sondergesetzlich geregelt ist[18]. Letztlich handelt es sich also um einen gegenseitigen Vertrag, geschlossen zwischen Wettanbieter und Wettendem, bei dem Geschäftsgrundlage ist, dass für beide Parteien ein gewisses Wettrisiko besteht[19]. Dieses Risiko liegt bei der wettabschließenden Partei in dem möglichen Verlust seines Wetteinsatzes, wohingegen dem Wettanbieter die Zahlung der Gewinnsumme droht.

Vorliegend hat der Angeklagte durch die Bestechung der Reiter das Rennen zu seinen Gunsten beeinflusst. Dadurch habe er auf die Geschäftsgrundlage der Wette Einfluss genommen. Indem er dies dem Angestellten des Wettanbieters verschweigt, liege eine konkludente Täuschung im Sinne des § 263 StGB vor[20]. Ob die wettende Partei bei jedem Abschluss eines Wettvertrags konkludent erklärt, dass sie den Ausgang des Rennens nicht kenne, könne daher dahinstehen[21].

---

15 Vgl. BGHSt 29, 165 f. = BGH NJW 1980, 793.

16 BGHSt 29, 165, 167; vgl. dazu BGHSt 8, 289 = BGH NJW 1956, 231; BGHSt 24, 386, 389 = BGH NJW 1972, 1904.

17 RGSt 62, 415.

18 Staudinger/*Engel* § 763 BGB Rn. 13.

19 BGHSt 29, 165, 167 = BGH NJW 1980, 793.

20 BGHSt 29, 165, 167 = BGH NJW 1980, 793.

21 BGHSt 29, 165, 167 = BGH NJW 1980, 793.

Denn es sei doch jedenfalls in ihrem Vertragsangebot konkludent enthalten, dass die Partei versichert, sie selbst habe das Sportereignis nicht zu ihren Gunsten verändert[22]. Durch den täuschungsbedingten Irrtum, das Rennen wäre nicht manipuliert worden und das Wettrisiko somit vertragsgerecht verteilt, bewirke der Angestellte eine Vermögensverfügung. Diese läge im Annehmen des Wettangebots und der damit verbundenen Einräumung der Gewinnchance. Dadurch seien die anderen Wettenden geschädigt worden, da deren Gewinnchancen gemindert worden seien. Damit sei in 3 Fällen ein vollendeter Betrug gegeben. Im 4. Fall wurde aufgrund des rechtzeitigen Eingreifens der Rennleitung eine Vollendung verhindert[23].

Aus diesem Fall können mehrere Erkenntnisse festgehalten werden, die für die Überlegungen zu den kommenden Fallkonstellationen zentral sind. Zum einen beeinflusst derjenige, der ein Sportereignis manipuliert, die Geschäftsgrundlage des zwischen ihm und dem Wettanbieter geschlossenen Vertrags[24]. Weiterhin liegt in der Abgabe des Wettscheins stets die konkludente Erklärung, dass man die Geschäftsgrundlage nicht selbst zu seinen Gunsten beeinflusst hat. Verschweigt man dies, so ist darin eine betrugsrelevante Täuschung zu sehen[25].

2. Der Fall „Hoyzer“

Weitaus höheren Bekanntheitsgrad erlangte der sogenannte Fall „Hoyzer“[26]. Dieser wurde durch den Bundesgerichtshof entschieden und löste ein breites Echo in der Literatur aus.

a. Sachverhalt

Der Angeklagte Ante S. wettete schon seit einigen Jahren hohe Geldsummen auf Fußballspiele. Seine hohen Wetterfolge führten dazu, dass seine Wettmöglichkeiten von den Buchmachern erheblich eingeschränkt wurden. Demzufolge war es ihm ab dem Jahr 2003 nur noch möglich, höhere Beträge bei dem Wettanbieter „Oddset“ abzugeben. Als er nach einiger Zeit bei diesem Wettanbieter Verluste von mehreren Hunderttausend Euro erlitten hatte, entschloss er sich, die Spiele auf die er seine Wetten platzierte, durch die Bestechung von Spielern

---

22 BGHSt 29, 165, 168 = BGH NJW 1980, 793.

23 BGHSt 29; 165, 168 = BGH NJW 1980, 793, 794.

24 Vgl. BGHSt 29, 165, 168 = BGH NJW 1980, 793.

25 Vgl. BGHSt 29, 165, 167 = BGH NJW 1980, 793.

26 Die Schilderungen zum Sachverhalt stammen aus: BGHSt 51, 165 = BGH NStZ 2007, 151.

und Schiedsrichtern zu seinen Gunsten zu manipulieren. Davon versprach er sich hohe Gewinne, um damit seine erlittenen Verluste wieder auszugleichen. Dabei gelang es ihm, mehrere Schiedsrichter, darunter auch den für diesen Fall namensgebenden Schiedsrichter R. Hoyzer, sowie Spieler zu überzeugen, gegen Geldzahlungen bzw. die Versprechen von Geldzahlungen ausgewählte Spiele zu manipulieren.

Dies sollte durch bewusste Fehlentscheidungen der Schiedsrichter und durch besondere Zurückhaltung der Spieler in Spielen des DFB-Pokals, der Regionalliga, sowie der 2. Fußball- Bundesliga geschehen.

Dafür zahlte der Angeklagte den betreffenden Personen Geldbeträge zwischen 3000 Euro und 50. 000 Euro. In vier Fällen gewann der Angeklagte Geldbeträge in Höhe von 300.000 Euro bis 870.000 Euro. In den restlichen Fällen verlor er seine Einsätze, weil die Manipulationen fehlschlugen oder die in Kombination gewetteten Spiele nicht den von ihm gewünschten Ausgang hatten. Insgesamt entstand damit dem Wettanbieter ein Vermögensschaden in Höhe von 2 Mio. Euro. Darüber hinaus nahm das Landgericht in den erfolglos gewetteten Partien eine schadensgleiche Vermögensgefährdung von 1 Mio. Euro an[27].

b. Die Lösung des Landgerichts Berlin

Das Landgericht Berlin verurteilte den Angeklagten Ante S. zu einer Haftstrafe wegen 10 Fällen des vollendeten Betrugs zulasten der Wettanbieter[28]. Der Schiedsrichter R. Hoyzer wurde wegen Beihilfe zum Betrug verurteilt. Dabei hielt sich das Landgericht an den bereits vom Bundesgerichtshof im „Pferdewetten"-Fall beschrittenen Weg und nahm eine konkludente Täuschung bei Abgabe des Wettscheins an[29]. Gegenstand der Täuschung sei die Manipulationsfreiheit der Spiele. Aus dieser Täuschung resultiere dann ein kausaler Irrtum des Angestellten, der den Wettschein entgegennimmt. Dieser unterliegt der Fehlvorstellung über die Tatsache, das Spiel sei vom Angeklagten nicht manipuliert worden. Infolgedessen tätige er eine Vermögensverfügung, indem er den Wettvertrag abschließt und damit dem Angeklagten eine Gewinnchance einräumt[30].

Halten sich die Erwägungen des Landgerichts bis dahin noch im Bereich des Vertrauten, so beschreitet es mit der Begründung eines Vermögensschadens Neuland. Denn der Wettvertrag zwischen dem Angeklagten Ante S. und dem

27 Vgl. BGHSt 51, 165 = BGH NStZ 2007, 151.
28 Vgl. BGH Urt. v. 15. 12. 2006 – 5 StR 181/06 (LG Berlin).
29 Vgl. BGHSt 51, 165, 168 f. = BGH NStZ 2007, 151, 152.
30 Vgl. BGHSt 51, 165, 169 = BGH NStZ 2007, 151, 152.

Wettanbieter weist einen entscheidenden Unterschied zu dem bisher dargestellten „Pferdewetten"-Fall auf. Oben wurde ein Schaden zulasten der anderen „Wetter"[31] angenommen. Im vorliegenden Fall wird aber ein Vermögensschaden beim „Wettanbieter"[32] selbst begründet.

Das Landgericht differenziert bei der Schadensbegründung zwischen den Fällen, in denen die Manipulationen erfolgreich waren und daher ein Gewinn an Ante S. ausbezahlt wurde und denen in welchen der Angeklagte seine Einsätze verlor. Beiden Konstellationen ist gemeinsam, dass nach Ansicht des Gerichts ein Schaden beim Wettanbieter vorliegt und daher der Betrug vollendet ist[33]. Die dogmatischen Begründungen gehen in den beiden Fällen allerdings auseinander.

In den Fällen der Auszahlung ergebe sich der Schaden aus der Differenz zwischen Gewinnsumme und Einsatz[34]. Dies entspricht auch den allgemeinen Grundsätzen zur Schadensbestimmung[35]. Demnach ist ein Schaden eingetreten, wenn die Verfügung zu einer Minderung des Gesamtvermögens führt, die nicht durch einen Vermögenszuwachs ausgeglichen wird[36]. Maßgeblicher Zeitpunkt ist dabei regelmäßig der Zeitpunkt der Vornahme der Verfügung[37]. Somit ist in den Fällen der Auszahlung ein Vermögensschaden des Wettanbieters unproblematisch zu bejahen sowie zu beziffern.

Als problematischer erweist sich die Frage nach dem Vermögensschaden im Falle der fehlgeschlagenen Manipulation. Hier hat der Angeklagte seine Wette verloren und der Wettanbieter folglich keinen Gewinn ausbezahlt. Das Landgericht Berlin führt dazu aus, der Vermögensschaden sei hier in einer schadensgleichen Vermögensgefährdung zu sehen[38]. Diese Figur stellt eine Ausweitung des Betrugstatbestands dar und ist im Grundsatz anerkannt[39]. Demnach ist ein Vermögensschaden auch ohne eine tatsächlich eingetretene Minderung des

---

31 BGHSt 29, 165, 168.

32 Vgl. BGHSt 51, 165, 169 = BGH NStZ 2007, 151, 152.

33 Vgl. BGHSt 51, 165, 174 = BGH NStZ 2007, 151, 152.

34 Vgl. BGHSt 51, 165, 176 = BGH NStZ 2007, 151, 154.

35 Dazu *Fischer* § 263 StGB Rn. 111; vgl. näher *Fasten/Oppermann* JA 2006, 69, 73.

36 BGHSt 3, 102; 16, 221; 16, 321; 34, 201; *Fischer* § 263 StGB Rn. 111; *Walter* FS-Herzberg 2008, 763 ff.; einschränkend zum Saldierungsprinzip: NK- *Kindhäuser* § 263 StGB Rn. 253 ff.

37 BGHSt 30, 388 f.; BGH wistra 1993, 265; 1995, 222; BGH NStZ 1999, 353, 354; *Fischer* § 263 StGB Rn. 111; einschränkend: *Küper* JZ 2009, 800, 801.

38 Vgl. BGHSt 51, 165, 167 = BGH NStZ 2007, 151, 152.

39 Seit: RGSt 16, 1.

Vermögens zu bejahen und daher der Betrug bereits vollendet, wenn das Vermögen hinreichend konkret gefährdet ist[40]. Das Landgericht sah also in dem Zeitpunkt des Vertragsschlusses bezüglich der manipulierten Spiele das Vermögen des Wettanbieters bereits dergestalt konkret gefährdet, dass es einen Vermögensschaden bereits in diesem Stadium als gegeben annahm. Daher sah das Gericht den Betrug in allen Fällen als vollendet an.

c. Die Entwicklung der Lösung des Bundesgerichtshofs

aa. Konkludente Täuschung

Der Bundesgerichtshof nahm im vorliegenden Fall ebenfalls eine Strafbarkeit wegen vollendeten Betrugs an und gab daher der Revision nicht statt[41]. Hierbei ging er davon aus, dass der Angeklagte bei Abgabe des Wettscheins konkludent über Tatsachen getäuscht hat[42].

Unter Tatsachen im Sinne des § 263 I StGB fallen alle konkreten vergangenen oder gegenwärtigen Geschehnisse oder Zustände der Außenwelt und der menschlichen Psyche, die dem Beweis zugänglich sind[43]. Zukünftige Ereignisse unterfallen dem Tatsachenbegriff gerade nicht[44]. Somit ist klar, dass über den Ausgang des Spiels nicht getäuscht werden konnte. Zum Zeitpunkt des Abschlusses der Wette hatte das Spiel noch nicht begonnen, lag also in der Zukunft. Somit kann also auch in diesem Fall die betrugsrelevante Tatsache nur in der Manipulationsfreiheit des Sportereignisses gesehen werden[45].

Eine Täuschung liegt nach allgemeiner Auffassung vor, wenn so auf das Vorstellungsbild einer anderen natürlichen Person eingewirkt wird, dass bei dieser ein Irrtum über die Tatsache entsteht[46]. Hierbei muss es sich um Erklärungen

---

40 BGHSt 33, 244, 246; 47, 160, 167; 48, 354, 355; 51, 100, 113; 52, 323, 338 = BGH NJW 2009, 89; zur Verfassungsmäßigkeit vgl. BVerfG NStZ 2009, 560; zum subj. Tatbestand vgl. BGH NStZ 2004, 218, 219 f.; *Fischer* § 263 StGB Rn. 156; NK-*Kindhäuser* § 263 StGB Rn. 297; ferner: *Riemann* Vermögensgefährdung und Vermögensschaden.

41 BGHSt 51, 165 = BGH NStZ 2007, 151.

42 BGHSt 51, 165, 169 = BGH NStZ 2007, 151, 152.

43 RGSt 24, 387 f.; 41, 193, 194 f.; 55, 129, 131; 56, 227 ff.; BGHSt 15, 24, 26; NK–*Kindhäuser* § 263 StGB Rn. 73; *Fischer* § 263 StGB Rn. 6; S/S-*Perron* § 263 StGB Rn. 8; LK-*Tiedemann* § 263 StGB Rn. 9 f.; Lackner/*Kühl* § 263 StGB Rn. 4; vgl. *Hilgendorf* Tatsachenaussagen und Werturteile im Strafrecht S. 123 ff.

44 *Fischer* § 263 StGB Rn. 7a; NK-*Kindhäuser* § 263 StGB Rn. 79; LK-*Tiedemann* § 263 StGB Rn. 9; S/S-*Perron* § 263 StGB Rn. 8.

45 Vgl. auch *Schlösser* NStZ 2005, 423, 425.

46 *Fischer* § 263 StGB Rn. 14; S/S- *Perron* § 263 StGB Rn. 11.

handeln, die ihrer Natur nach ausdrücklich oder konkludent erfolgen können[47]. Im Falle einer Aufklärungspflicht ist zudem eine Täuschung durch Unterlassen möglich[48]. Offensichtlich ist, dass der Angeklagte nicht ausdrücklich täuschte, da nicht davon auszugehen ist, dass ein Vertragsschließender bei Abgabe des Wettscheins gegenüber dem Angestellten des Wettbüros erklärt, er habe mit dem Schiedsrichter keine manipulativen Absprachen getroffen[49]. Demnach liegt die Annahme einer konkludenten Täuschung nahe, welche von der Rechtsprechung tendenziell großzügig herangezogen wird[50]. Wesensmerkmal für diese ist, dass sich die Fehlinformation gerade im unausgesprochenen Teil der Erklärung verbirgt[51].

Anerkannt ist zudem, dass dies auf zweierlei Arten geschehen kann[52]. Entweder der Täuschende legt ein Verhalten an den Tag, das nach der Verkehrsanschauung einen bestimmten Erklärungswert hat, wie beispielsweise ein zustimmendes Nicken[53] oder ablehnendes Kopfschütteln, oder aber der Täuschende erklärt schlüssig durch seine explizit geäußerten Worte eine über diese hinausgehende weitere Tatsache mit[54]. Diese ergibt sich daraus, dass deren Gegenteil im Widerspruch zu dem wörtlich Gesagten stehen würde[55]. Daher kann das Gegenüber das Miterklären dieser Tatsache – auch ohne ausdrückliche Erklärung oder eindeutige Gesten – als Selbstverständlichkeit betrachten, da es dem ausdrücklich Gesagten sonst an Sinnhaftigkeit fehlen würde[56].

Der Bundesgerichtshof sah im Fall Hoyzer letztere Fallkonstellation als verwirklicht an. Demnach könne dem Vertragsangebot auf Abschluss eines Wettvertrags die stillschweigende Erklärung entnommen werden, der Wettende habe

---

47 *Fischer* § 263 StGB Rn. 15a; NK-*Kindhäuser* § 263 StGB Rn. 106; S/S-*Perron* § 263 StGB Rn. 11.

48 BGHSt 39, 392, 398; LK-*Tiedemann* § 263 StGB Rn. 51 ff.; S/S-*Perron* § 263 StGB Rn. 18; *Fischer* § 263 StGB Rn. 16; vgl. dazu auch: *Maaß* Betrug verübt durch Schweigen.

49 *Schlösser* NStZ 2005, 423, 425; *Wittig* SpuRt 1994, 134, 135.

50 Exemplarisch: BGHSt 29, 165, 167; BGHSt 47, 1, 3 = BGH NStZ 2001, 430; BGH NJW 2009, 2900 = BGH NStZ 2009, 506.

51 NK-*Kindhäuser* § 263 StGB Rn. 109; *Fischer* § 263 StGB Rn. 21; LK-*Tiedemann* § 263 StGB Rn. 26; S/S- *Perron* § 263 StGB Rn. 14/15; *Ranft* JA 1984, 723, 724.

52 NK-*Kindhäuser* § 263 StGB Rn. 109.

53 NK-*Kindhäuser* § 263 StGB Rn. 109; ferner: *Bung* GA 2012, 354 ff.

54 NK-*Kindhäuser* § 263 StGB Rn. 109.

55 NK-*Kindhäuser* § 263 StGB Rn. 110.

56 NK-*Kindhäuser* § 263 StGB Rn. 110; grundlegend: *Kindhäuser* FS-Tiedemann 2008, 579 ff.

die Geschäftsgrundlage nicht durch eine Manipulation verändert[57]. Konkret wird also über eine sogenannte Negativtatsache getäuscht. Diese beinhaltet die Behauptung, eine bestimmte Tatsache - vorliegend die Manipulation des Sportereignisses - sei nicht gegeben[58]. Damit rückte der Bundesgerichtshof nicht von der Rechtsprechung aus dem „Pferdewetten"-Fall ab. Ein solches Abrücken hatte jedoch ein Teil der Literatur im Vorfeld für sinnvoll erklärt.

Demnach werde ansonsten die Grenze zwischen Unterlassen und aktivem Tun verwischt und somit § 13 StGB und das damit verbundene Erfordernis einer Garantenstellung unterlaufen[59]. Diesem Vorwurf tritt der Bundesgerichtshof entgegen indem er zunächst auf die breite Zustimmung der Literatur zur Möglichkeit der konkludenten Täuschung verweist. Er führt weiterhin aus, dass sich der Erklärungswert des unausgesprochenen Teils der Erklärung aus den Gesamtumständen der Situation ergibt[60]. Dazu werden sowohl der objektive Empfängerhorizont und somit die ersichtlichen Erwartungen der Vertragsschließenden[61] als auch die Anschauung der jeweiligen Verkehrskreise sowie geltende Normen gezählt[62]. Somit seien für den Erklärungswert des unausgesprochenen Teils der Erklärung sowohl faktische als auch normative Gesichtspunkten maßgeblich[63].

Zwar räumt der Bundesgerichtshof ein, dass die bloße Erwartung, der Vertragspartner werde sich redlich verhalten, noch nicht genügen kann, um von einer konkludenten Erklärung auszugehen[64]. Jedoch müsse man berücksichtigen, dass sobald es um die vorsätzliche und sittenwidrige Manipulation des Vertragsgegenstands geht, die unverzichtbare Grundlage jeden Geschäftsverkehrs betroffen ist. Deshalb könne man in diesen Fällen aufgrund des besonderen Stellenwerts von einer konkludenten Miterklärung ausgehen[65].

Von diesen generellen Erwägungen schließt der Bundesgerichtshof im Folgenden darauf, dass im speziellen Fall des Sportwettenvertrags diese unverzichtbare Grundlage betroffen ist. Denn Gegenstand des Vertrags sei gerade das zukünftige und von den Vertragsparteien nicht beeinflussbare Sportereignis[66].

---

57 BGHSt 51, 165, 169 = BGH NStZ 2007, 151, 152.
58 *Fischer* § 263 StGB Rn. 22.
59 *Schlösser* NStZ 2005, 423, 426.
60 BGHSt 51, 165, 170 = BGH NStZ 2007, 151, 153; vgl. *Vogel* GS-Keller 2003, 313, 315.
61 BGHSt 51, 165, 170 = BGH NStZ 2007, 151, 153.
62 BGHSt 51, 165, 170 = BGH NStZ 2007, 151, 153; MüKo-*Hefendehl* § 263 StGB Rn. 110.
63 BGHSt 51, 165, 170 = BGH NStZ 2007, 151, 153; *Vogel* GS-Keller 2003, 313, 316.
64 BGHSt 51, 165, 171 = BGH NStZ 2007, 151, 153.
65 BGHSt 51, 165, 171 = BGH NStZ 2007, 151, 153.
66 BGHSt 51, 165, 172 = BGH NStZ 2007, 151, 153.

Dass dieses nicht durch einen Vertragspartner manipulativ beeinflusst wurde, erwarte nicht nur der Wettanbieter vom Wettenden, sondern auch dieser vom Wettanbieter. Daher erklären beide Parteien bei Vertragsschluss konkludent, das wettgegenständliche Risiko nicht durch Manipulationen zu ihren Gunsten verschoben zu haben[67].

Somit bleibt der Bundesgerichtshof also seiner Rechtsprechung aus dem „Pferdewetten"-Fall treu, in der er maßgeblich darauf abstellt, dass die Manipulation des Sportereignisses dergestalt grundlegend für den Wettvertrag ist, dass schon im Angebot auf Vertragsschluss deren Nichtvorliegen miterklärt wird[68].

Die Konsequenz aus diesem Schluss ist es, dass der Vorwurf von Teilen der Literatur[69], es handele sich tatsächlich um eine Täuschung durch Unterlassen, ins Leere geht. Zwar ist die Abgrenzung zwischen Konkludenz als aktivem Tun und Unterlassen bisweilen schwierig[70], jedoch sei maßgeblich die Auslegung des zu ermittelnden Erklärungswerts des aktiven Verhaltens. Dies sei vorliegend insbesondere der Vertragsschluss[71].

bb. Sachgedankliches Mitbewusstsein

Der Bundesgerichtshof sieht durch diese konkludente Täuschung bei dem betreffenden Mitarbeiter des Wettanbieters auch einen kausalen Irrtum in Gestalt des sachgedanklichen Mitbewusstseins gegeben[72]. Ein Irrtum ist nach allgemeiner Auffassung jeder Widerspruch zwischen einer subjektiven Vorstellung und der Wirklichkeit, also eine psychologische Tatsache[73]. Die Figur des „sachgedanklichen Mitbewusstseins" umfasst die Fälle, in denen das Opfer der allgemeinen Vorstellung über die Ordnungsgemäßheit des Vorgangs unterliegt[74]. Demnach genügt es für das Vorliegen eines Irrtums also, wenn der Verfügende aufgrund

67 BGHSt 51, 165, 172 = BGH NStZ 2007, 151, 153; BGHSt 29, 165 = BGH NJW 1980, 793.

68 Vgl. BGHSt 29, 165 = BGH NJW 1980, 793.

69 *Schlösser* NStZ 2005, 423, 426.

70 Vgl. beispielhaft: LK-*Tiedemann* § 263 StGB Rn. 29; NK-*Kindhäuser* § 263 StGB Rn. 111; *Fischer* § 263 StGB Rn. 38a; ferner: *Kargl* wistra 2008, 121 ff.

71 BGHSt 51, 165, 173 = BGH NStZ 2007, 151, 153.

72 BGHSt 51, 165, 173 f. = BGH NStZ 2007, 151, 154; vgl. auch BGHSt 29, 165 = BGH NJW 1980, 793.

73 *Fischer* § 263 StGB Rn. 54; S/S-*Perron* § 263 StGB Rn. 33; NK-*Kindhäuser* § 263 StGB Rn. 169; *Puppe* FS-Lackner 1987, 199, 203; vgl. auch BGH NJW 2014, 2132; zu neueren Ansätzen: *Frisch* FS-Herzberg 2008, 729, 730.

74 *Fischer* § 263 StGB Rn. 62; LK-*Tiedemann* § 263 StGB Rn. 79 f., 83 ff.; *Schuhr* ZStW 2011, 517; *Frisch* FS-Herzberg 2008, 729, 732 ff.

der Vorstellung handelt, die Forderung des Vertragspartners habe ihre Berechtigung[75].

Der Bundesgerichtshof führt dazu aus, die Mitarbeiter der Wettanbieter gingen in den jeweiligen Fällen davon aus, dass keine Manipulation stattgefunden habe und demnach das Risiko zwischen den Vertragsparteien vorhersehbar verteilt sei[76]. Dies wird im Folgenden damit begründet, dass die Manipulationsfreiheit der Sportereignisse bei Wetten mit festen Quoten ganz erheblich für die Bestimmung des Wettrisikos des Wettanbieters ist[77]. Daher sei mit dem Vertragsschluss zu der festen Quote die Vorstellung der Vertragsparteien verbunden, das Sportereignis sei nicht manipuliert. Hätte der Wettanbieter nämlich von der Manipulation und der damit verbundenen Verschiebung des Wettrisikos zu seinen Ungunsten gewusst, hätte er die Wette nicht zu dieser Quote angenommen[78].

Hierüber werde aufgrund des Verhaltens des Angeklagten geirrt. Dieser Irrtum führe zudem zu einer Vermögensverfügung. Diese sei vorliegend im Abschluss des Wettvertrags mit dem Täuschenden gegeben[79].

cc. Vermögensschaden

Der Bundesgerichtshof sah in allen Fällen – gleich ob die Wette gewonnen und somit der Gewinn ausbezahlt wurde oder nicht – den Schaden bereits mit Abschluss des Wettvertrags eingetreten und somit den Betrug bereits zu diesem Zeitpunkt als vollendet gegeben[80].

Es handele sich demnach um Fälle des Eingehungsbetrugs[81], da die relevante Vermögensverfügung im Abschluss des Wettvertrags liegt. Ein entscheidendes Kriterium für die Abgrenzung zwischen Eingehungs- und Erfüllungsbetrug ist der Zeitpunkt hinsichtlich der Feststellung des Schadens[82]. Dieser ist beim Eingehungsbetrug in der Regel der Vertragsschluss und die damit verbundene Begründung einer Verbindlichkeit[83].

---

75 *Schuhr* ZStW 2011, 517, 520.

76 BGHSt 51, 165, 174 = BGH NStZ 2007, 151, 154.

77 BGHSt 51, 165, 174 = BGH NStZ 2007, 151, 154.

78 BGHSt 51, 165, 174 = BGH NStZ 2007, 151, 154; vgl. auch BGHSt 24, 386, 389.

79 BGHSt 51, 165, 174 = BGH NStZ 2007, 151, 154.

80 BGHSt 51, 165, 174 = BGH NStZ 2007, 151, 154.

81 Vgl. grundlegend zum Eingehungsbetrug: BGH NStZ 2008, 96; LK-*Tiedemann* § 263 StGB Rn. 160 ff., 173 ff.; *Fischer* § 263 StGB Rn. 175 ff.; S/S-*Perron* § 263 StGB Rn. 128 ff.; NK-*Kindhäuser* § 263 StGB Rn. 316; *Schlösser* wistra 2010, 164 ff.

82 *Fischer* § 263 StGB Rn. 175.

83 *Fischer* § 263 StGB Rn. 176; LK-*Tiedemann* § 263 StGB Rn. 173.

Zum Eingehungsbetrug führt der Bundesgerichtshof zunächst grundsätzliche Erwägungen aus. Demnach sei es in diesen Fällen erforderlich, die durch den Vertragsschluss begründeten gegenseitigen Leistungsverpflichtungen miteinander zu vergleichen[84]. Ergibt sich aus diesem Vergleich, dass die Leistung des Täuschenden hinter der des Getäuschten zurückbleibt, so sei Letzterer geschädigt[85]. Es komme gerade darauf an, dass der Verfügende mehr aus seinem Vermögen weggibt, als er erhält[86].

Jedoch wird anschließend betont, dass diese allgemeinen Grundsätze einer Modifizierung an die Vertragsnatur des Sportwettvertrags bedürfen. Bei diesem Vertragstyp stehen sich Leistungen des Wettenden, dessen Wetteinsatz, und die Leistung des Wettanbieters, der Wettschein, gegenüber[87]. Dieser stellt eine Inhaberschuldverschreibung gemäß § 793 BGB dar[88].

Handelt es sich wie im vorliegenden Fall um eine Wette zu festen Quoten, so gibt die Quote vor, mit welchem Faktor der Einsatz des Wettenden im Falle eines Gewinns multipliziert wird, und stellt damit quasi den Verkaufspreis der Wettchance dar[89]. Mit anderen Worten, der Wettende erhält für seinen Einsatz die Chance, einen von der Quote abhängigen Betrag zu gewinnen.

Erhöht sich jedoch - aufgrund der Manipulation des Sportereignisses - die Wahrscheinlichkeit, dass der Wettende gewinnt, so ist die Gewinnchance damit insbesondere auch wirtschaftlich mehr wert als dafür bezahlt wurde[90]. Dieser wirtschaftlich erhöhte Wert der Gewinnchance bringt nun das Synallagma des Wettvertrags in ein Ungleichgewicht. Der getäuschte Wettanbieter hätte also bei Kenntnis der Manipulation das Wettrisiko anders kalkuliert und daher die *tatsächliche* Gewinnchance nicht zu diesem Preis an den Täuschenden verkauft[91]. Daher hätte der Angeklagte bei Zugrundelegung des tatsächlichen Wettrisikos nur eine Chance auf eine deutlich geringere Gewinnsumme erkaufen können[92]. Anders gesagt: Wenn der Wettanbieter Kenntnis der Manipulation gehabt hätte,

84 BGHSt 51, 165, 174 = BGH NStZ 2007, 151, 154.

85 BGHSt 51, 165, 174 = BGH NStZ 2007, 151, 154; vgl. BGH 16, 220, 221; BGH NStZ 1991, 488.

86 BGHSt 51, 165, 174 = BGH NStZ 2007, 151, 154.

87 BGHSt 51, 165, 174 = BGH NStZ 2007, 151, 154.

88 Vgl. Staudinger/*Marburger* § 793 BGB Rn. 11a.

89 BGHSt 51, 165, 175 = BGH NStZ 2007, 151, 154.

90 BGHSt 51, 165, 175 = BGH NStZ 2007, 151, 154; Graf/Jäger/Wittig-*Dannecker* § 263 StGB Rn. 357.

91 Vgl. BGHSt 51, 165, 175 = BGH NStZ 2007, 151, 154.

92 BGHSt 51, 165, 175 = BGH NStZ 2007, 151, 154.

wäre die Quote deutlich niedriger ausgefallen. Aus der tatsächlich angesetzten Quote und der unter Beachtung des tatsächlichen Wettrisikos hypothetisch gedachten Quote bestehe nun laut Bundesgerichtshof eine „Quotendifferenz", welche bereits bei jedem einzelnen Vertragsabschluss einen Vermögensschaden begründe, den sogenannten „Quotenschaden"[93].

Demnach bestätigt der Bundesgerichtshof hinsichtlich der Frage, ob ein Vermögensschaden vorliegt die Ansicht des Landgerichts Berlin. In der Begründung weicht der Bundesgerichtshof jedoch von der des Landgerichts ab. Um dies darzustellen ist es jedoch erforderlich, zwischen den Fällen, in denen die Wetten gewonnen wurden und daher eine Gewinnauszahlung stattfand, und denjenigen, in denen kein Gewinn ausbezahlt wurde, zu differenzieren.

(1) Im Fall der Gewinnauszahlung

In den Fällen, in denen die Wetten gewonnen wurden und daher die Gewinnsumme ausbezahlt wurde, sei das mit dem Eingehungsbetrug verbundene erhöhte Verlustrisiko in einen endgültigen Vermögensverlust umgeschlagen. Dieser bestehe in der Differenz zwischen dem Einsatz und dem Gewinn[94]. Der schon zuvor begründete „Quotenschaden" stelle damit ein notwendiges Durchgangsstadium zum nun endgültig eingetretenen Vermögensschaden dar[95]. Insofern besteht also Einigkeit mit dem Landgericht.

(2) Im Fall der ausbleibenden Gewinnauszahlung

In denjenigen Fällen, in denen die Wette verloren wurde und daher kein Gewinn ausbezahlt wurde, rügt der Bundesgerichtshof die Schadensbestimmung des Landgerichts und dessen rechtliche Erwägungen hinsichtlich des Vorliegens einer schadensgleichen Vermögensgefährdung[96].

Der Senat stimmt der allgemeinen Ansicht[97] zu, dass grundsätzlich auch eine bloße konkrete Gefährdung einen Vermögensschaden im Sinne des § 263

---

93 BGHSt 51, 165, 175 = BGH NStZ 2007, 151, 154.

94 BGHSt 51, 165, 176 = BGH NStZ 2007, 151, 154; vgl. zur Schadensberechnung: *Fasten/Oppermann* JA 2006, 69, 73; *Fischer* § 263 StGB Rn. 111 f.; a.A. *Kutzner* JZ 2006, 712, 717; der den Schaden in der Differenz zwischen der hypothetisch gedachten Gewinnausschüttung bei regelkonformem Wettverhalten und der nach Manipulation tatsächlich ausgeschütteten Summe sieht.

95 BGHSt 51, 165, 176 = BGH NStZ 2007, 151, 154.

96 BGHSt 51, 165, 177 = BGH NStZ 2007, 151, 155.

97 BGHSt 33, 244, 246; 47, 160, 167; 48, 354, 355; 51, 100, 113; 52, 323, 338 = BGH NJW 2009, 89; zur Verfassungsmäßigkeit vgl. BVerfG NStZ 2009, 560; zum subj.

StGB darstellen kann. Jedoch sieht er deren Voraussetzungen nicht erfüllt. Diese Gefährdung müsse nämlich nach wirtschaftlicher Betrachtung bereits eine Verschlechterung der gegenwärtigen Vermögenslage nach sich ziehen[98]. Dies sei dann der Fall, wenn im Zeitpunkt der Verfügung die durch die Täuschung geschaffene Gefahr des endgültigen Vermögensverlusts so groß ist, dass das Vermögen bereits in seinem Wert gemindert ist[99]. Diese Gleichsetzung von konkreter Gefährdung und eingetretenem Schaden sei aber nur für die Fälle anerkannt, in denen der Verfügende ernstliche wirtschaftliche Nachteile zu erwarten hat[100].

Dafür müsste der Eintritt des wirtschaftlichen Nachteils nach der Argumentation des Senats jedenfalls überwiegend wahrscheinlich sein[101]. Es kommt jedoch nicht darauf an, ob es zum „endgültigen" Vermögensschaden noch weiterer Handlungen bedarf[102].

Vorliegend sei der entscheidende Faktor der Ausgang des Sportereignisses, welcher – ob manipuliert oder nicht – noch immer von einer Vielzahl an Unwägbarkeiten abhängt. Als Beleg für nur begrenzte Einflussmöglichkeiten auf das Spiel führt der Senat an, dass doch gerade trotz der Manipulation in vielen Fällen der gewünschte Spielausgang nicht eintrat[103]. Demnach könne vorliegend auch nicht davon gesprochen werden, dass der Eintritt des wirtschaftlichen Nachteils bei Abschluss des Wettvertrags überwiegend wahrscheinlich gewesen ist.

Vielmehr hänge er an einer Vielzahl von künftigen Ereignissen, die sich dem Einflussbereich des Täuschenden komplett entziehen. So konnte der Täuschende durch die Manipulationen zwar den Grad der Wahrscheinlichkeit seines Gewinns erheblich erhöhen[104], was eine über den „Quotenschaden" hinausgehende abstrakte Gefährdung des Vermögens begründe[105]. Dennoch könne

---

Tatbestand vgl. BGH NStZ 2004, 218, 219 f.; *Fischer* § 263 StGB Rn. 156; NK-*Kindhäuser* § 263 StGB Rn. 297; ferner auch: *Riemann* Vermögensgefährdung und Vermögensschaden.

98 BGHSt 51, 165, 177 = BGH NStZ 2007, 151, 155; vgl. auch LK-*Tiedemann* § 263 StGB Rn. 168.

99 BGHSt 51, 165, 177 = BGH NStZ 2007, 151, 155; vgl. BGHSt 34, 394, 395; BGH NStZ 2004, 264.

100 BGHSt 51, 165, 177 = BGH NStZ 2007, 151, 155; vgl. BGHSt 21, 112, 113.

101 BGHSt 51, 165, 177 = BGH NStZ 2007, 151, 155; kritisch hinsichtlich der zuletzt inkonsequenten Anwendung dieser Begrenzung von Seiten der Rspr., sowie deren Sinnhaftigkeit: *Saliger* FS-Samson 2010, 455, 465 ff.; ferner zur Prognose der Verlustwahrscheinlichkeit: *Begemeier/Wölfel* JuS 2015, 307.

102 BGHSt 16, 327; *Fischer* § 263 StGB Rn. 160; LK-*Tiedemann* § 263 StGB Rn. 171.

103 BGHSt 51, 165, 177 = BGH NStZ 2007, 151, 155.

104 Vgl. dazu *Kutzner* JZ 2006, 712, 717; *Mosbacher* NJW 2006, 3529, 3530.

105 BGHSt 51, 165, 177 = BGH NStZ 2007, 151, 155.

nicht von einer überwiegenden Wahrscheinlichkeit hinsichtlich des Eintritts des wirtschaftlichen Nachteils beim Wettanbieter gesprochen werden, die eine schadensgleiche *konkrete* Vermögensgefährdung begründen würde.

Der Senat verwirft also die dogmatische Begründung des Vermögensschadens aufgrund schadensgleicher Vermögensgefährdung. Er geht vielmehr von einem „Quotenschaden“ aus, dessen Höhe nicht zu beziffert werden brauche. Es genüge demnach, dass alle relevanten Risikofaktoren gesehen und bewertet werden[106].

In der Folge, dass der angestrebte Gewinn nicht ausgeschüttet wird und es beim bereits erzielten „Quotenschaden“ bleibt, habe die Tat im Ergebnis geringere Auswirkungen. Dies sei im Rahmen der Strafzumessung zu würdigen[107].

3. Die Entwicklung nach dem Fall „Hoyzer“

a. Die Reaktion der Literatur

aa. Die Reaktion hinsichtlich der konkludenten Täuschung

Die Entscheidung des Bundesgerichtshofs hat ein breites Echo in der Literatur hervorgerufen[108]. Zwar erfährt der Bundesgerichtshof für seinen beschrittenen Lösungsweg relativ breiten Zuspruch, die Annahme der konkludenten Täuschung ist jedoch auch auf Kritik gestoßen. Demnach sei in der Entscheidung eine problematische Erweiterung des Anwendungsbereichs der konkludenten Täuschung zu sehen. Das berge die Gefahr, dass die Grenze zwischen aktivem Tun und der Tatbegehung durch Unterlassen zunehmend verwischt. Dies unterlaufe den Anwendungsbereich des § 13 StGB[109]. Zwar wird klargestellt, dass die Möglichkeit einer konkludenten Täuschung selbstverständlich anzuerkennen ist. Jedoch wird befürchtet, dass der Täuschungsbegriff durch die Entscheidung rein normativ interpretiert wurde und somit die faktischen Gesichtspunkte bei der Auslegung nicht berücksichtigt wurden[110]. Konkret geht es darum, dass der

106 BGHSt 51, 165, 175 = BGH NStZ 2007, 151, 154.

107 BGHSt 51, 165, 176 = BGH NStZ 2007, 151, 154.

108 Dem BGH hinsichtlich der Annahme einer konkludenten Täuschung zustimmend: *Geade* HRRS 2007, 16; *Kubiciel* HRRS 2007, 68; *Feinendegen* NJW 2007, 787; *Krack* ZIS 2007, 103; *Saliger/Rönnau/Kirch-Heim* NStZ 2007, 361; *Bosch* JA 2007, 389; ablehnend: *Jahn/Maier* JuS 2007, 215.

109 *Jahn/Maier* JuS 2007, 215, 218; vgl. auch *Schlösser* NStZ 2005, 423, 426; a.A.: *Gaede* HRRS 2007, 16; *Kubiciel* HRRS 2007, 68, 71.

110 *Jahn/Maier* JuS 2007, 215, 218; a.A.: *Bosch* JA 2007, 389, 391; *Hartmann/Niehaus* JA 2006, 432, 433.

Senat argumentierte, man könne von „allgemeinen verbreiteten … Erwartungen auf den tatsächlichen Inhalt konkludenter Kommunikation schließen“[111].

Wenn der Tatrichter – wie angeblich im vorliegenden Fall geschehen – diese Erwartungen nicht hinreichend konkretisiere, führe dies zu einer faktengelösten Wesensschau der Rechtslage[112]. Daraus resultiere eine tiefgreifend dogmatische Problematik, nämlich die Frage, ob nicht bei einer zu stark normativ geprägten Auslegung von Tatbeständen die ontologischen Grenzen[113] der Gesetzesauslegung überschritten werden[114]. Jedenfalls sei im Rahmen des § 263 StGB mit dem Begriff der Tatsache eine derartige Grenze vonseiten des Gesetzgebers gezogen worden. Um diese zu wahren benötige man einen Bezugspunkt in der Welt des Seins. Dieser Anforderung würden jedoch Gewinnchancen bei einer Wette als zufallsabhängige Fiktionen nicht gerecht werden[115].

Insgesamt stellt diese Auffassung einen Aufruf zur Rückkehr zu einem stärker ontologisch ausgelegten Täuschungsbegriff dar. Diesen Ausführungen werden jedoch zu Recht Argumente entgegengehalten. Zunächst wird die von *Jahn/Maier* proklamierte These, der Bestimmung der Konkludenz liege der Grundlagenstreit zwischen Ontologie und Normativismus zugrunde, relativiert. Es sei vielmehr so, dass auch im Rahmen einer faktischen Betrachtungsweise normative Ansätze eine Rolle spielten[116] und daher die angesprochenen „Grenzen“ zwischen normativen und ontologischen Ansätzen im vorliegenden Fall wohl eher fließend sein dürften.

Weitergehend führen *Saliger/Rönnau/Kirch-Heim* aus, die Annahme, die auf einem Wettschein verbrieften Gewinnchancen seien lediglich Fiktionen, vermöge nicht zu überzeugen. Es sei vielmehr so, dass ein realer Wettmarkt mit realen Wettgewinnen existent ist[117]. Demzufolge geht die Argumentation, die Gewinnchancen würden dem Begriff der Tatsache nicht gerecht, ins Leere.

---

111 BGHSt 51, 165, 170 = BGH NStZ 2007, 151, 153.

112 *Jahn/Maier* JuS 2007, 215, 218.

113 Vgl. dazu: *Küpper* Grenzen der normativierenden Strafrechtsdogmatik S. 33; *Hernandez* FS-Roxin 2001, 69 ff.; *Roxin* FS-Lampe 2003, 423 ff.

114 *Jahn/Maier* JuS 2007, 215, 218.

115 *Jahn/Maier* JuS 2007, 215, 219.

116 Vgl. *Saliger/Rönnau/Kirch-Heim* NStZ 2007, 361, 363, danach stelle auch die faktische Betrachtungsweise auf den objektiven Empfängerhorizont ab, wodurch sie sich normativer Erwartungen der Verkehrsteilnehmer bediene; ebenso *Krack* ZIS 2007, 103, 107.

117 *Saliger/Rönnau/Kirch-Heim* NStZ 2007, 361, 363.

Krack knüpft an diese Überlegungen an und führt anschaulich aus, dass Gewinnchancen zwar vom Zufall abhängig sind, sie deswegen jedoch noch keine Fiktionen, sondern vielmehr konkrete Chancen seien. Dies ergebe sich aus einer einfachen Kontrollüberlegung: Wenn dies anders wäre würden für alle Spiele - gleich ob ein Bundesligist gegen einen Amateurverein oder einen Tabellennachbarn trifft - die gleichen Quoten festgelegt werden[118].

Selbst wenn man den Gewinnchancen die Eigenschaft als Objekte der Seinswelt absprechen wollte, so verbiete sich auch aus anderen Gründen, die Anwendbarkeit des Betrugstatbestands auf solche zu beschränken. Es sei nämlich ein wesentlicher Bestandteil der Betrugsdogmatik, dass innere Tatsachen wie die Zahlungsbereitschaft Gegenstand einer konkludenten Täuschung sein können[119]. Konsequenterweise könne man unter Zugrundelegung der Argumentation von *Jahn/Maier* dies nicht als Anknüpfungspunkt für das Vorliegen einer Tatsache im Sinne des § 263 StGB heranziehen. Demzufolge könne darüber nicht getäuscht werden. Dies widerspricht jedoch weitgehend anerkannter Betrugsdogmatik. Festzuhalten gilt also, dass die Kritik, der Senat habe den Täuschungsbegriff rein normativ ausgelegt, in mehrerer Hinsicht nicht überzeugen kann.

Weiterhin wird eingewandt, der Senat habe sich bei seinen Überlegungen zu weit von den tatsächlichen Gegebenheiten entfernt[120], weswegen die konkludente Erklärung der Manipulationsfreiheit der Spiele im vorliegenden Fall eine „willkürliche Konstruktion“[121] darstelle. Dies wird unter anderem versucht mit einer hypothetischen Fallkonstellation zu veranschaulichen, in welcher der Inhalt der Täuschung nicht konkludent, sondern ausdrücklich geäußert wird.

So hätte die ausdrückliche Erklärung, der Wettende habe die Spiele nicht manipuliert, bei Abschluss des Wettvertrags lediglich „Verwunderung und Irritation“ beim Angestellten der Wettannahmestelle ausgelöst[122]. Mittels dieses Vergleichs soll also dargelegt werden, dass die konkludente Erklärung eines Inhalts in der Regel nur dann angenommen werden kann, wenn bei einer hypothetisch gedachten ausdrücklichen Erklärung gleichen Inhalts das Gespräch aufgrund der Selbstverständlichkeit des Erklärten nicht allzu realitätsfern wirkt. Zutreffend werden hiergegen gewichtige Argumente ins Feld geführt:

---

118 *Krack* ZIS 2007, 103, 107.

119 *Krack* ZIS 2007, 103, 107.

120 *Jahn/Maier* JuS 2007, 215, 216.

121 *Schlösser* NStZ 2005, 423, 425 f.

122 *Jahn/Maier* JuS 2007, 215, 216.

In der Tat sei die ausdrückliche Erklärung von Selbstverständlichkeiten hinsichtlich der Geschäftsgrundlagen von Alltagsgeschäften regelmäßig nicht nur irritierend, sondern sogar verdächtig[123]. Daher sei die Ungewöhnlichkeit, resultierend aus der Überflüssigkeit einer ausdrücklichen Erklärung aber doch gerade konstitutiv für die Konkludenz[124]. Die Kritik gehe also von einem gänzlich falschen Begriff der Konkludenz aus[125]. Darüber hinaus wird vorgebracht, aufgrund der Unpersönlichkeit und starken Frequentierung stelle die Wette als solche ein Massengeschäft dar[126]. Aus dieser im Grunde richtigen Feststellung wird jedoch gefolgert, dass die Mitarbeiter der Wettannahmestellen aufgrund dieser Merkmale regelmäßig gar keine Schlüsse aus dem Verhalten der Wettenden ziehen können. Zwar ist im Grundsatz unstrittig, dass die Gesamtumstände des Verhaltens bei Vertragsschluss ein ausschlaggebender Gesichtspunkt bei der Frage nach dem Vorliegen von Konkludenz sind[127], jedoch könne daraus nicht geschlossen werden, dass bei jedem Massengeschäft eine konkludente Täuschung per se ausgeschlossen oder erheblich erschwert wäre[128].

bb. Die Reaktion hinsichtlich des sachgedanklichen Mitbewusstseins

Eng verwoben mit dieser Überlegung ist der Ansatzpunkt, dass der Annahme eines Irrtums entgegenstehen kann, dass das Vorliegen einer Manipulation überhaupt nicht Gegenstand der Opfervorstellung geworden ist[129]. *Krack* führt dazu aus, dass solche Manipulationen nur sehr selten stattfinden, beziehungsweise die Öffentlichkeit davon nur selten Kenntnis erlangt.

Aufgrund dieses Seltenheitswerts spielen die Manipulationen im alltäglichen Bewusstsein wohl kaum eine Rolle. Daher sei die Möglichkeit einer Manipulation

---

123 *Saliger/Rönnau/Kirch-Heim* NStZ 2007, 361, 363, demnach würde die ausdrückliche Erklärung eines Bewerbers um eine Mietwohnung bei Abschluss eines Mietvertrags er wäre zur Zahlung der Miete auch bereit beim Vermieter Misstrauen wecken und zur Infragestellung des Vertrags führen.

124 NK-*Kindhäuser* §263 StGB Rn. 133; vgl. dazu auch *Saliger/Rönnau/Kirch-Heim* NStZ 2007, 361, 363; *Krack* ZIS 2007, 103, 104.

125 Vgl. *Saliger/Rönnau/Kirch-Heim* NStZ 2007, 361, 363.

126 Vgl. dazu: *Schlösser* NStZ 2005, 423, 426; *Jahn/Maier* JuS 2007, 215, 216 ff.

127 *Saliger/Rönnau/Kirch-Heim* NStZ 2007, 361, 363.

128 Vgl. *Saliger/Rönnau/Kirch-Heim* NStZ 2007, 361, 363, die beispielhaft anführen, dass beim Massengeschäft des Warenkaufs, welches ebenso von Unpersönlichkeit geprägt ist wie die Abgabe eines Wettscheins, die konkludenten Erklärungsinhalte des Erfüllungswillens und der Erfüllungsfähigkeit anerkannt sind.

129 Vgl. dazu *Krack* ZIS 2007, 103, 106.

während eines gewöhnlichen Arbeitsalltags auch nicht im aktuellen Bewusstsein des Wettbüromitarbeiters vorhanden[130]. Da der Senat jedoch das Vorliegen eines „klassischen" Irrtums ebenfalls verneinte, ist dies als Bestätigung des Urteils des Senats aufzufassen.

Darüber hinaus sei jedoch zu klären, ob der Aspekt vom sachgedanklichen Mitbewusstsein getragen wird. Auch wenn unter Verweis auf die parallel zur konkludenten Täuschung gelagerte Problematik der unscharfen Konturen und der Ausweitung des Irrtumsbegriffs vor den Gefahren der vorschnellen Annahme eines vom sachgedanklichen Mitbewusstseins getragenen Irrtums gewarnt wird[131], so wird dem Bundesgerichtshof im Ergebnis doch recht gegeben. Begründet wird dies mit dem Gedanken des Opferschutzes. Wenn in Bereichen, in denen Betrugsfälle alltäglich sind, die Annahme eines Irrtums bejaht wird[132], so müsse dies erst recht für die Bereiche gelten, in denen der Betrug nicht zum Alltag gehört[133]. Dies wäre nur anders zu beurteilen, wenn das Opfer die Vermögensverfügung völlig von der relevanten Tatsache abkoppelt[134]. Dies wäre der Fall, wenn die zuständigen Mitarbeiter sich gar nicht für Tatsachen interessieren, die die Thematik der möglichen Manipulation der jeweiligen Fußballspiele betreffen. Jedoch habe das Tatgericht bereits festgestellt, dass der Mitarbeiter „Oliver Kahn keinen Spielschein abgenommen hätte, mit dem dieser auf das Unterliegen des FC Bayern gesetzt hätte"[135]. Demnach sei vorliegend widerlegt, dass ein solcher Ausnahmefall vorliegt[136].

Durchaus kritisch äußern sich *Jahn/Maier* zu diesem vom Senat verwirklichten Opferschutz. Demnach werde dadurch dem Opfer jegliches Interesse an der Durchführung von zumutbaren Selbstschutzmaßnahmen genommen[137]. Im

---

130 *Krack* ZIS 2007, 103, 106.

131 *Krack* ZIS 2007, 103, 106.

132 *Krack* bezieht sich auf Ausschreibungen im Baubereich, wo unlautere Absprachen dergestalt häufig vorkämen, dass die Mitarbeiter ernsthaft mit einer Täuschung rechnen müssten, ZIS 2007, 103, 106; vgl. dazu ferner: *Satzger* Der Submissionsbetrug S. 63.

133 *Krack* ZIS 2007, 103, 106.

134 *Krack* führt als Beispiel die Auszahlung von Geldbeträgen durch einen Bankmitarbeiter im Falle einer Fehlbuchung an. Dort mache sich dieser gerade keine Gedanken über die materielle Berechtigung an dem auf dem Konto gutgeschriebenen Betrag, da die Bank sämtliche Überweisungs- und Auszahlungsentscheidungen alleine an die formelle Berechtigung in Gestalt der Kontogutschrift knüpfe; vertiefend: *Krack* JR 2002, 25 f.

135 LG Berlin BeckRS 2006, 05289 (ohne Seitenzählung).

136 *Krack* ZIS 2007, 103, 106.

137 *Jahn/Maier* JuS 2007, 215, 218.

konkreten Fall geht es darum, dass die Anbieter von „Oddset"-Wetten üblicherweise in ihren allgemeinen Geschäftsbedingungen festsetzen, dass Personen, welche direkt oder indirekt Einfluss auf das Wettereignis haben, von der Spielteilnahme ausgeschlossen sind[138]. Der Senat erkläre jedoch in seiner Begründung die allgemeinen Geschäftsbedingungen für überflüssig, um ein etwaiges Ablehnungs- oder Anfechtungsrecht des Wettanbieters zu begründen[139]. Daraus folgern die Kritiker, der Senat weise die von der Viktodogmatik[140] befürwortete Einschränkung des Betrugstatbestands in Fällen der zumutbaren Selbstschutzmaßnahmen zurück[141].

Diese Kritik kann nicht überzeugen. Der Bundesgerichtshof führt nicht aus, dass die Ergreifung von Selbstschutzmaßnahmen verfehlt ist, sondern nur, dass bereits die allgemeinen zivilrechtlichen Grundsätze, welche denknotwendigerweise jeder einzelvertraglich ausgestalteten Schutzvorrichtung vorausgehen, den Schutz hinreichend begründen. Sofern die allgemeinen Geschäftsbedingungen nur das wiedergeben, was zivilrechtlich ohnehin - also gerade auch ohne die Formulierung in allgemeinen Geschäftsbedingungen - gilt, sind Letztere in dieser Hinsicht deklaratorisch. Damit bedarf es derer, wie vom Senat zutreffend ausgeführt, tatsächlich nicht, um eine Ablehnungs- oder Anfechtungsmöglichkeit zu begründen. Der Bundesgerichtshof weist also gerade nicht die Vornahme von Selbstschutzmaßnahmen zurück, sondern stellt zutreffend klar, dass auch ohne deren Vornahme im vorliegenden Fall bereits hinreichend Opferschutz begründet gewesen wäre.

Zusammenfassend lässt sich also festhalten, dass vereinzelt Kritik an der Annahme von Konkludenz und sachgedanklichem Mitbewusstsein geäußert wird, was wohl den normativen Tendenzen dieses Lösungswegs geschuldet sein dürfte. Jedoch stimmt die ganz überwiegende Anzahl der in der Literatur vertretenen Stimmen dem Bundesgerichtshof in seinem bis zu diesem Punkt beschrittenen Lösungsweg zu.

---

138 *Jahn/Maier* JuS 2007, 215, 218.

139 BGHSt 51, 165, 168.

140 Vgl. *Giehring* GA 1973, 1, 21; *Amelung* GA 1977, 1, 13; *R. Hassemer* Schutzbedürftigkeit des Opfers und Strafrechtsdogmatik S. 131 ff., 166 f.; *Ellmer* Betrug und Opfermitverantwortung S. 282 ff.; a.A. BGH wistra 1990, 305; BGH wistra 1992, 95, 97.

141 *Jahn/Maier* JuS 2007, 215, 218.

cc. Die Reaktion hinsichtlich des Vermögensschadens

Die breite Zustimmung in der Literatur setzt sich jedoch in der Diskussion um die Begründung des Vermögensschadens nicht fort. Auch hier lohnt es sich, die Reaktionen hinsichtlich der Frage der Gewinnauszahlung differenziert zu betrachten.

(1) Im Fall der Gewinnauszahlung

Die Annahme des Bundesgerichtshofs, im Falle einer Gewinnauszahlung habe sich der bereits vorher eingetretene Quotenschaden vertieft und der Schaden liege nun in der Differenz zwischen dem Gewinn und dem Einsatz, wird teilweise kritisiert[142]. Zum einen verstoße diese Art der Schadensbegründung gegen das Erfordernis der Unmittelbarkeit[143] der Vermögensminderung[144]. Es sei demnach innerhalb der Betrugsdogmatik systemwidrig, einen bereits eingetretenen Schaden ohne weitere Vermögensverfügung in einen weitergehenden Schaden umschlagen zu lassen[145].

Vielmehr seien die Vermögenslagen vor und nach der Vermögensverfügung, welche vorliegend der Vertragsabschluss darstellt, zu vergleichen[146]. Eine spätere Entwicklung der Ereignisse sei für die Strafbegründung ohne Bedeutung[147]. Wolle man darüber hinaus einen später eintretenden, tiefer gehenden Schaden begründen, so bedürfe es einer weiteren, unabhängig vom Vertragsschluss stattfindenden Vermögensverfügung, welche etwa die Zuweisung[148] oder die Gewinnauszahlung[149] sein könnte.

Weiterhin müsse man in speziellen Konstellationen die Auswirkungen des allgemeinen Wettrisikos berücksichtigen. Es stelle sich demnach die Frage, inwieweit ein Auszahlungsschaden auch dann begründet werden kann, wenn die Manipulation gar nicht durchgeführt wurde, weil beispielsweise der bestochene Spieler wider Erwarten nicht zum Einsatz kam[150].

---

142 *Saliger/Rönnau/Kirch-Heim* NStZ 2007, 361, 367 f.; vgl. auch *Kutzner* JZ 2006, 712, 717 f.

143 Zu diesem Merkmal: *Fischer* § 263 StGB Rn. 76; LK-*Tiedemann* § 263 StGB Rn. 98; Lackner/*Kühl* § 263 StGB Rn. 22; vertiefend: *Stuckenberg* ZStW 2006, 878, 900 f.

144 *Saliger/Rönnau/Kirch-Heim* NStZ 2007, 361, 367.

145 *Saliger/Rönnau/Kirch-Heim* NStZ 2007, 361, 367.

146 *Kutzner* JZ 2006, 712, 717.

147 Vgl. BGHSt 30, 388, 389 f.

148 *Fasten/Oppermann* JA 2006 69, 73.

149 *Saliger/Rönnau/Kirch-Heim* NStZ 2007, 361, 367.

150 *Saliger/Rönnau/Kirch-Heim* NStZ 2007, 361, 368.

Es könnte sich ja schließlich das bei jeder Wette bestehende allgemeine Wettrisiko zuungunsten des Wettanbieters dergestalt verwirklichen, dass die Mannschaft auf die der Wettende setzt das Sportereignis regelkonform und insbesondere ohne Manipulation für sich entscheidet[151].

Der Bundesgerichtshof hat sich zu dieser speziellen Konstellation nicht geäußert, jedoch müsste aufgrund seiner generellen Erwägungen auch in diesem Fall ein Auszahlungsschaden gegeben sein, da die Täuschung über die Nichtmanipulation letztlich kausal für den Wettvertragsabschluss und damit die Gewinnauszahlung wurde[152]. Um der Berücksichtigung des allgemeinen Wettrisikos dennoch gerecht zu werden, wird die Lehre der objektiven Zurechnung herangezogen[153]. So habe der Täuschende durch die Tathandlung ein unerlaubtes Risiko für das Vermögen des Wettanbieters gesetzt, jedoch habe sich gerade dieses Risiko nicht realisiert. Daher sei der objektive Tatbestand des Betrugs unvollendet, in Betracht käme allenfalls eine Versuchsstrafbarkeit[154].

(2) Im Fall der ausbleibenden Gewinnauszahlung

i. Dogmatische Einordnung des „Quotenschadens"

Die vom Bundesgerichtshof neu eingeführte Rechtsfigur des „Quotenschadens" bedarf zunächst einer dogmatischen Einordnung. Hierzu sei vorab bemerkt, dass der „Quotenschaden" gerade nicht in das typische Schema von Eingehungs- und Erfüllungsschaden hineinpasst. Dies verdeutlicht schon alleine der Umstand, dass der Bundesgerichtshof es für nötig erachtet hat, mit dem „Quotenschaden" eine Art neue Kategorie ins Leben zu rufen, da er offensichtlich davon ausging, es läge hier eine derart einzigartige Konstellation vor, die nicht mit den bisher bewährten Schadenskategorien zu bewältigen sei.

Wie bereits dargestellt, bezieht sich der Senat bei seinen Ausführungen jedoch auf die Rechtsfigur des Eingehungsbetrugs. Dies erscheint zunächst auch schlüssig, da für diesen kennzeichnend ist, dass die Vermögensminderung des Geschädigten durch die Eingehung der Verbindlichkeit begründet wird[155]. Dies sei beim „Quotenschaden" durch den Vertragsabschluss ja gerade der Fall.

---

151 *Saliger/Rönnau/Kirch-Heim* NStZ 2007, 361, 367 f.
152 *Saliger/Rönnau/Kirch-Heim* NStZ 2007, 361, 368.
153 *Kutzner* JZ 2006, 712, 718.
154 Vgl. *Kutzner* JZ 2006, 712, 718.
155 Vgl. *Fischer* § 263 StGB Rn. 175 ff.

In der Literatur wird jedoch vorgebracht, durch diese Argumentation widerspreche sich der Bundesgerichtshof selbst[156]. Denn Voraussetzung für einen Eingehungsschaden sei die Annahme, dass die Eingehung der Verbindlichkeit einen Gefährdungsschaden begründet[157]. Diesen lehnt der Bundesgerichtshof richtigerweise ab[158]. Damit fehle jedoch die zentrale Voraussetzung für die Begründung eines Eingehungsschadens[159]. Vielmehr stehe der „Quotenschaden" dem Erfüllungsschaden dogmatisch näher[160].

Krack untermauert dies mit einem weiteren Argument[161]. Demnach sei ein Rückgriff auf den Eingehungsschaden nur dann vonnöten, wenn das Betrugsopfer seine vertraglich vereinbarten Verpflichtungen noch nicht geleistet hat. Dies sei in dieser Konstellation jedoch nicht der Fall. Denn die Leistung des Wettanbieters liege aufgrund der Eigenheiten des zugrunde liegenden Wettvertrags nicht (nur) in der Auszahlung des Gewinns, sondern bereits in der Gewährung der Wettchance[162]. Diese werde durch die Übergabe der Spielquittung verbrieft. Damit werde also bereits in diesem Zeitpunkt das vertraglich Vereinbarte geleistet. Dass der Wettende zusätzlich einen aufschiebend bedingten Anspruch auf Auszahlung der Gewinnsumme hat, ändere nichts daran, dass dem Wettenden durch Aushändigung der Quittung bereits eine selbstständige Vermögensposition zur Verfügung gestellt wurde[163]. Somit sei erfüllt worden, wodurch die Konstruktion eines Eingehungsschadens überflüssig erscheint[164].

Richtigerweise wird man zwar eingestehen müssen, dass aufgrund der vertraglichen Besonderheit des Wettvertrags zumindest Elemente des Erfüllungsschadens vorhanden sind. Die Einräumung der Gewinnchance ist als Teilleistung der vertraglich geschuldeten Leistung zu sehen. Jedoch überwiegen in der Gesamtschau die Elemente des Eingehungsbetrugs. Denn selbst wenn dem Wettenden bei Vertragsschluss bereits die Wettchance eingeräumt wird, so will er doch hauptsächlich einen aufschiebend bedingten Anspruch auf Auszahlung

156 *Saliger/Rönnau/Kirch-Heim* NStZ 2007, 361, 365.

157 *Saliger/Rönnau/Kirch-Heim* NStZ 2007, 361, 365; vgl. dazu BGH NJW 1994, 1745, 1746.

158 BGHSt 51, 165, 177 = BGH NStZ 2007, 151, 155.

159 *Saliger/Rönnau/Kirch-Heim* NStZ 2007, 361, 365.

160 *Saliger/Rönnau/Kirch-Heim* NStZ 2007, 361, 365; *Radtke* Jura 2007, 445, 451; *Krack* ZIS 2007, 103, 109 f.; vgl. *Gaede* HRRS 2007, 16, 18.

161 *Krack* ZIS 2007, 103, 109 f.

162 *Krack* ZIS 2007, 103, 110.

163 *Krack* ZIS 2007, 103, 110.

164 *Krack* ZIS 2007, 103, 109.

des Gewinns erhalten. Die Begründung eines schuldrechtlichen Anspruchs ist Wesensmerkmal des Eingehungsbetrugs[165]. Insofern ist dem Bundesgerichtshof zuzustimmen, wenn er den „Quotenschaden" dogmatisch als Eingehungsbetrug einordnet.

ii. Weitgehende Ablehnung des „Quotenschadens"

Unabhängig von der rein dogmatischen Einordnung des Quotenschadens hat sich die Literatur auch ausführlich zur Sinnhaftigkeit und zur Verfassungsmäßigkeit des „Quotenschadens" geäußert.

Nach der Ansicht von *Saliger/Rönnau/Kirch-Heim* ist die Schadensbegründung des Bundesgerichtshofs im Fall des „Quotenschadens" fragwürdig. Diese basiert stark verkürzt auf folgenden Überlegungen[166]: Ausgangspunkt der Schadensberechnung ist das Saldierungsprinzip. Die durch den Wettschein verbriefte Forderung ist wertvoller als der dem Wettanbieter als Gegenleistung gezahlte Wetteinsatz. Dies ergibt sich nach Ausführungen des Senats daraus, dass der Wettende das Sportereignis manipuliert und infolgedessen der Wert seines Wettscheins – bei gleichbleibendem Wetteinsatz – steigt. Daraus entsteht ein Schaden, der in seiner Höhe nicht zu beziffert werden brauche[167]. Anknüpfend an diese Überlegungen wird versucht darzulegen, dass diese Kausalkette nicht schlüssig erscheint[168].

Zunächst sei ein Verstoß gegen den Grundsatz der objektiven Wertermittlung gegeben. Dieser ergebe sich daraus, dass die Manipulation nicht dazu führt, dass der Wettschein wertvoller wird als der Wetteinsatz[169]. Entscheidend sei nämlich der objektive wirtschaftliche Wert des Wettscheins. Dieser wurde nach dieser Ansicht gar nicht korrekt ermittelt, sondern lediglich der Verkaufspreis der Wettanbieter zugrunde gelegt und darauf eine unbestimmte Summe addiert, die sich aus dem Umstand der Manipulation ergeben soll[170].

Dies legt den nach meiner Ansicht eigentlichen Kern des Problems offen: Wie ist es möglich, einen objektiven wirtschaftlichen Wert für einen Wettschein zu berechnen, der sich auf ein manipuliertes Sportereignis bezieht?[171] Zwar wird zutreffend die Formel „Gewinn mal Gewinnwahrscheinlichkeit" zugrunde

165 *Fischer* § 263 StGB Rn. 176; LK-*Tiedemann* § 263 StGB Rn. 173.
166 Vgl. BGHSt 51, 165, 176 = BGH NStZ 2007, 151, 154.
167 BGHSt 51, 165, 175 = BGH NStZ 2007, 151, 154.
168 *Saliger/Rönnau/Kirch-Heim* NStZ 2007, 361, 366 f.
169 *Saliger/Rönnau/Kirch-Heim* NStZ 2007, 361, 366.
170 *Saliger/Rönnau/Kirch-Heim* NStZ 2007, 361, 366; vgl. auch *Gaede* HRRS 2007, 16, 18.
171 *Saliger/Rönnau/Kirch-Heim* NStZ 2007, 361, 366.

gelegt[172]. Jedoch wird dadurch nur eine Unbekannte durch eine andere ersetzt. Die Gewinnwahrscheinlichkeit eines manipulierten Spiels ist von dergestalt vielen Unwägbarkeiten abhängig, dass diese wohl nie seriös beziffert[173] werden kann[174]. Dass dies jedoch absolut erforderlich ist, um dem Saldierungsprinzip gerecht zu werden, nach welchem nun einmal *zwei* Werte miteinander *verglichen* werden müssen, liegt in der Natur der Sache. Insbesondere gilt es einen etwaigen „Nullschaden"[175] auszuschließen. Dies ist gerade im Hinblick auf die Anwendung des Grundsatzes in „dubio pro reo" in der zugrunde liegenden Konstellation eine weitere Hürde[176].

Verkompliziert wird die Situation weiterhin dadurch, dass man bei einer Wertermittlung des Wettscheins berücksichtigen muss, dass die Wettanbieter profitorientierte Unternehmen sind, die daher eine Gewinnspanne für sich mit einberechnet haben dürften[177]. Daher ist wohl davon auszugehen, dass der Wettanbieter die Quote so festgesetzt hat, dass er diese nicht zu einem objektiv wirtschaftlichen Wert anbietet, sondern für sich eine Gewinnmarge einberechnet hat. So könnte die Manipulation also unter Umständen nur zu der Rücknahme der Quotenverschiebung führen, die der Wettanbieter vorher zu seinen Gunsten vorgenommen hat[178]. Die Folge wäre, der Wettende zahlt unter Umständen einen objektiv wirtschaftlich angemessenen Preis für die angebotene Quote. Zwar würde dann der Gewinn des Wettanbieters ausgeschlossen, ein Schaden entstünde aber gerade nicht. Anderenfalls müsste bewiesen werden, dass die Manipulation den Wert des Wettscheins dergestalt steigen lässt, dass er die einberechnete Gewinnspanne des Wettanbieters übersteigt[179], was aufgrund der dargelegten Umstände im Einzelfall kaum gelingen dürfte.

Diesem Argument wird entgegengehalten, dass die Aussicht auf den Gewinn des Wettanbieters hier durchaus dem Betrugstatbestand unterfallen könne, da sich diese bereits hinreichend verdichtet habe und daher bereits einen Bestandteil des Vermögens verkörpere[180]. Dies ergebe sich vorliegend aus dem Umstand,

---

172 *Saliger/Rönnau/Kirch-Heim* NStZ 2007, 361, 366.

173 Vgl. hierzu *Saliger/Rönnau/Kirch-Heim* NStZ 2007, 361, 366, wonach insbesondere die Grenze des Sachverständigenbeweises erreicht sein soll; a. A. *Gaede* HRRS 2007, 16, 18.

174 Zutreffend: *Krack* ZIS 2007, 103, 110 f.

175 Vgl. dazu BGHSt 38, 186, 193.

176 *Saliger/Rönnau/Kirch-Heim* NStZ 2007, 361, 366.

177 *Saliger/Rönnau/Kirch-Heim* NStZ 2007, 361, 366.

178 *Saliger/Rönnau/Kirch-Heim* NStZ 2007, 361, 366.

179 *Saliger/Rönnau/Kirch-Heim* NStZ 2007, 361, 366.

180 *Greco* NZWiSt 2014, 334, 336; vgl. dazu BGH NJW 2603, 2604.

dass bereits abgeschlossene Verträge vorliegen[181]. Dem ist im Ergebnis aber nicht zuzustimmen. Beim Eingehungsbetrug ist gerade erforderlich, dass der Verfügende mehr aus seinem Vermögen weggibt, als er zurückerhält, wohingegen die bloße Vereitelung einer Vermögensmehrung grundsätzlich noch keinen Betrug begründen kann[182]. Zwar ist es grundsätzlich möglich, eine Gewinnerwartung als konkrete Vermögensposition anzuerkennen[183], es erscheint jedoch sachgerecht, an die Verdichtung der Gewinnaussichten dementsprechend erhöhte Anforderungen zu stellen[184]. Hier kann alleine der Abschluss des Wettvertrags noch nicht genügen. Denn speziell bei Sportwettverträgen erscheint die Aussicht auf den Gewinn des Wettanbieters aufgrund der erheblichen Ungewissheit des Ausgangs des sportlichen Wettkampfs als zu vage, um bereits selbst als Vermögensexpektanz betrachtet werden zu können[185].

Darüber hinausgehend wird vorgebracht, dass die Vermögensminderung des Wettanbieters in den Fällen eine reine Fiktion ist[186]. Maßgeblich sei nämlich für die Frage der Vermögensminderung, ob die Manipulation dazu führt, dass der Marktwert des Wettscheins gemindert wird[187]. Um dies zu beurteilen, müsse aber zunächst festgestellt werden, wie sich der Marktwert eines Wettscheins bestimmt. Grundlage dafür sei die Berechnung der Quote durch die Buchmacher. Diesen komme es bei der Berechnung entscheidend darauf an, das Wettverhalten ihrer Kunden möglichst genau vorherzusehen und die Quoten so auszutarieren, dass sie unabhängig vom Ergebnis Gewinn erzielen[188]. Demzufolge interessiert sie nur indirekt, wie das Spiel tatsächlich ausgeht. Daraus wird geschlossen, dass sie die Quote nur ändern würden, wenn eine erhebliche Anzahl an Wettenden anders wetten würde als vorher erwartet[189].

Dass das Spielergebnis jedoch in die ein oder andere Richtung gekippt wird, ändere nichts an der Festsetzung der Quoten[190]. Demzufolge könne der

---

181 *Greco* NZWiSt 2014, 334, 336.

182 BGHSt 16, 220, 223; BGH NJW 2004, 2603, 2604; BGH NStZ 1991, 488.

183 BGHSt 17, 147, 148 = BGH NJW 1962, 973; BGH NJW 2004, 2603, 2604.

184 Entscheidend ist nach der Rechtsprechung, dass die Gewinnaussicht „mit Wahrscheinlichkeit“ zu einer Vermögensmehrung führen wird: BGH NJW 2004, 2603, 2604; vgl. ferner: BGHSt 31, 232, 234 = BGH NJW 1983, 1807.

185 Im Ergebnis ebenso, aber mit anderer Begründung: *Saliger/Rönnau/Kirch-Heim* NStZ 2007, 361, 366.

186 *Saliger/Rönnau/Kirch-Heim* NStZ 2007, 361, 366.

187 *Saliger/Rönnau/Kirch-Heim* NStZ 2007, 361, 367.

188 *Saliger/Rönnau/Kirch-Heim* NStZ 2007, 361, 367.

189 *Saliger/Rönnau/Kirch-Heim* NStZ 2007, 361, 367.

190 *Saliger/Rönnau/Kirch-Heim* NStZ 2007, 361, 367.

Marktwert eines Wettscheins nur in zwei Fällen geändert werden: Entweder die Manipulation wird öffentlich und damit wetten eine Vielzahl von Personen anders als prognostiziert oder der einzelne Wettende selbst setzt derartig hohe Summen, dass es in der Gesamtheit der Wettenden ins Gewicht fällt und eine andere Quotenberechnung erforderlich machen würde[191]. Nur in diesen Fällen könne ein „Quotenschaden" überhaupt denkbar sein, da nur dann die verbriefte Forderung tatsächlich einen höheren Marktwert hätte. Dies führe dazu, dass die Vermögensminderung im vorliegenden Fall rein fiktiver Natur ist[192].

Zu diesen grundsätzlichen Erwägungen treten ganz konkrete Bedenken hinsichtlich der Verfassungsmäßigkeit des „Quotenschadens"[193]. Anknüpfungspunkt hierbei ist die Behauptung des Bundesgerichtshofs, dieser müsse nicht beziffert werden[194]. Teilweise wird vorgebracht, darin könnte eine Unvereinbarkeit des „Quotenschadens" mit dem Bestimmtheitsgebot[195] des Art. 103 II GG begründet sein[196]. Art. 103 II GG hat im Wesentlichen zweierlei Funktionen[197]: Zum einen soll der Gesetzgeber die Normen konkret und verständlich gestalten, um auch dem Laien die Chance zu geben, deren Regelungsgehalt zu überblicken. Darüber hinaus soll dem Rechtsanwender die Pflicht zukommen, die Normen nur so auszulegen, dass die Wortlautgrenze nicht überschritten wird[198].

Im Fall des „Quotenschadens" können sich nun Bedenken in zweierlei Hinsicht ergeben. Erstens ist die Feststellung eines Schadens schon unsicher, da es, wie bereits dargelegt, an einer Kalkulationsgrundlage für die Berechnung des Werts für den entsprechenden Wettschein fehlt und der Wettanbieter eine Gewinnspanne für sich einkalkuliert haben dürfte[199]. Im Hinblick auf das Bestimmtheitsgebot erscheint es also sehr zweifelhaft, ob die vom Senat angestellten Ausführungen zur Schadensbegründung diesem noch gerecht werden. Schließlich spricht der maßgebliche Wortlaut des § 263 StGB ausdrücklich von

---

191 *Saliger/Rönnau/Kirch-Heim* NStZ 2007, 361, 367.

192 *Saliger/Rönnau/Kirch-Heim* NStZ 2007, 361, 367.

193 Neben den kritischen Stimmen aus der Literatur ist in diesem Zusammenhang auf die Rechtsprechung des Bundesverfassungsgerichts hinzuweisen, BVerfGE 126, 170 = BVerfG NJW 2010, 3209. Diese wird im Anschluss ausführlich erläutert, vgl. S. 51 ff.

194 BGHSt 51, 165, 175 = BGH NStZ 2007, 151, 154.

195 Vertiefend zu Bestimmtheitsgrundsatz und Analogieverbot: *Kuhlen* FS-Otto 2007, 89 ff.

196 *Rönnau/Soyka* NStZ 2009, 12.

197 Vgl. BVerfGE 87, 399, 411; 92, 1, 11 ff.; BVerfG NJW 2007, 1666.

198 Vgl. Maunz/Dürig-*Schmidt-Aßmann* Art. 103 II GG Rn. 178 ff.

199 *Rönnau/Soyka* NStZ 2009, 12, 14.

einer „Schädigung“ des Vermögens. Wenn man diesen vorliegend nicht sicher feststellen kann, würde man das zwingende Erfordernis des Schadensnachweises durch einen bloßen Schadensverdacht ersetzen und somit die Grenze der zulässigen Auslegung überschreiten[200].

Darüber hinaus erscheint es problematisch, dass die Höhe des Schadens nicht im Ansatz beziffert wird und daher ein wesentlicher Faktor für die Strafzumessung unausgeschöpft bleibt[201]. Die Schadenshöhe wird zudem im Rahmen des Regelbeispiels des § 263 Abs. 3 S. 2 Nr. 2 1. Alt StGB relevant[202].

Zusammenfassend ist damit festzustellen, dass die allgemeine Meinung in der Literatur dem „Quotenschaden“ in vielerlei Hinsicht ablehnend gegenübersteht. Die Schadensbegründung beruhe auf einer reinen Fiktion und einem Verstoß gegen das Prinzip der objektiven Wertermittlung. Dies führt letztlich zu tiefgreifenden Bedenken hinsichtlich der Verfassungsgemäßheit des „Quotenschadens“, insbesondere hinsichtlich der Vereinbarkeit mit Art. 103 II GG.

b. Die Rechtsprechung des Bundesverfassungsgerichts

aa. Untreue-Rechtsprechung des Bundesverfassungsgerichts

Die von Teilen der Literatur geäußerten Bedenken hinsichtlich der Verfassungsgemäßheit des „Quotenschadens“ setzen sich in der Rechtsprechung des Bundesverfassungsgerichts fort, das einige Jahre nach dem Fall „Hoyzer“ einen Beschluss hinsichtlich des Untreuetatbestands traf[203]. Dieser wurde nicht zu Unrecht als „Grundsatzentscheidung“ betitelt[204], was erahnen lässt, dass ihre Tragweite auch Rückschlüsse auf die Verfassungsgemäßheit des „Quotenschadens“ zulässt.

Gegenstand des Beschlusses waren mehrere Verfassungsbeschwerden gegen Verurteilungen wegen Untreue gemäß § 266 StGB[205]. Ein besonderes Augenmerk soll im Folgenden auf die Begründung des von § 266 Abs. 1 StGB geforderten

---

200 *Rönnau/Soyka* NStZ 2009, 12, 14.

201 *Saliger/Rönnau/Kirch-Heim* NStZ 2007, 361, 367; *Geade* HRRS 16, 18; *Krack* ZIS 2007, 103, 110 f.

202 *Krack* ZIS 2007, 103, 111.

203 BVerfGE 126, 170 = BVerfG NJW 2010, 3209; vgl. dazu *Saliger* NJW 2010, 3195; *Leplow* wistra 2010, 475.

204 *Saliger* NJW 2010, 3195.

205 Die Schilderung der einzelnen Sachverhalte würde den Rahmen dieser Arbeit sprengen. Insofern sollen nur die für diese Arbeit relevanten Erkenntnisse festgehalten und dargestellt werden. Eine Verfassungsbeschwerde betraf jedenfalls den prominenten Siemens/ENEL-Fall (BGHSt 52, 323).

Vermögensnachteils gelegt werden. Dieser sei von Natur aus ein Merkmal, welches ständig bedroht zu sein scheint, aufgeweicht zu werden, und somit die Ausweitung der Strafbarkeit zu fördern vermag[206]. Wohl auch deshalb sah es das Bundesverfassungsgericht als erforderlich an, die Anforderungen an den Vermögensnachteil gerade im Hinblick auf die Vereinbarkeit mit Art. 103 II GG klarzustellen.

Zunächst wird ausgeführt, dass sich aus den zentralen Funktionen des Art. 103 II GG auch ergibt, dass die Rechtsprechung verpflichtet ist, in den Fällen, die vom Wortlaut einer Norm nicht gedeckt sind, zum Freispruch zu gelangen[207]. Zwar sei es eine zentrale Aufgabe der Rechtsprechung, Unklarheiten über den Anwendungsbereich einer Norm durch Präzisierung und Konkretisierung im Wege der Auslegung nach Möglichkeit auszuräumen[208]. Jedoch dürfe die Auslegung von weit gefassten Begriffen in Normen nicht dazu führen, dass ihre strafbarkeitsbegrenzende Funktion aufgehoben wird. Es sei einzig Sache des Gesetzgebers, ob er diese Strafbarkeitslücke schließt oder nicht[209].

Konkret seien auch bei dem Begriff des Nachteils für das betroffene Vermögen spezifische Auslegungsschwierigkeiten gegeben[210]. Jedoch sei die gefestigte Rechtsprechung diesbezüglich geeignet, den Anwendungsbereich des Merkmals und damit der Norm hinreichend zu begrenzen[211]. Aber dies gelte nur insoweit, als normative Gesichtspunkte bei der Schadensfeststellung nicht so sehr in den Vordergrund treten, dass der Charakter der Untreue als Vermögensdelikt und Erfolgsdelikt dadurch verdrängt wird[212]. In diesem Kontext stellt das Bundesverfassungsgericht etwas klar, was auch für die Verfassungsgemäßheit des „Quotenschadens" von erheblicher Bedeutung ist.

„Der Verzicht auf eine eigenständige Ermittlung des Nachteils (…) begegnet durchgreifenden verfassungsrechtlichen Bedenken. Er ist geeignet, die eigenständige strafbarkeitsbegrenzende Funktion des Nachteilsmerkmals zu unterlaufen"[213]. Daher sei es gerade im Hinblick auf die im Fall vorliegende Konstellation eines Gefährdungsschadens ganz zentral, dass die Strafgerichte den

206 So: *Kudlich* JA 2011, 66, 67.
207 BVerfG NJW 2010, 3209, 3211.
208 BVerfG NJW 2010, 3209, 3211.
209 BVerfG NJW 2010, 3209, 3211.
210 BVerfG NJW 2010, 3209, 3213.
211 BVerfG NJW 2010, 3209, 3215.
212 BVerfG NJW 2010, 3209, 3215; vgl. *Kudlich* JA 2011, 66, 68.
213 BVerfG NJW 2010, 3209, 3220.

eingetretenen Schaden möglichst genau berechnen und beziffern[214]. Insbesondere können praktische Schwierigkeiten kein Grund dafür sein, den Nachteil nicht konkret zu ermitteln. Die Schadensfeststellung müsse notfalls mithilfe eines Sachverständigen oder einer Schätzung rational nachvollziehbar dargelegt werden, um insbesondere feststellbar zu machen, ob überhaupt eine Grundlage für die Feststellung eines Vermögensschadens existent ist[215].

Dem wird vonseiten der Literatur auch dann zugestimmt, wenn aufgrund der Anwendung des Grundsatzes „in dubio pro reo“ nur ein wesentlich geringerer Schaden nachzuweisen ist[216]. Auch wenn dieser Umstand gewiss nicht wünschenswert sein kann, so sei doch zu beachten, dass nur so ein wichtiger Gesichtspunkt für die Strafzumessung konkretisiert werden kann, nämlich die Schadenshöhe als wesentlicher Aspekt der Schuldschwere[217]. Darüber hinaus bedürfe es mit der konkreten Schadensberechnung eines „Bollwerks“, um der viel kritisierten Normativierung des Schadensbegriffs Einhalt zu gebieten[218].

Obwohl sich die Ausführungen des Bundesverfassungsgerichts im Rahmen der Untreue bewegen und noch dazu auf die konkrete Fallkonstellation des Gefährdungsschadens beziehen, so sind diese doch auf den Betrugstatbestand übertragbar[219]. Demnach ist auch die Verfassungsgemäßheit des „Quotenschadens“ an diesen Grundsätzen zu messen.

bb. Der „Al Quaida“-Fall

Dies wird umso deutlicher, wenn man den vom Bundesverfassungsgericht entschiedenen „Al Quaida“-Fall[220] betrachtet. Die Beschwerdeführer wurden verdächtigt, ein terroristisches Netzwerk finanziell zu unterstützen. Dies wurde, stark vereinfacht ausgedrückt, so bewerkstelligt, dass der Beschwerdeführer Lebensversicherungsverträge mit Bezugsberechtigung eines anderen Beschwerdeführers abschließen und anschließend nach Ägypten reisen sollte, um dort

214 *Kudlich* JA 2011, 66, 68; oder im extremsten Fall freizusprechen, andeutungsweise: BVerfG NJW 2010, 3209, 3214.

215 BVerfG NJW 2010, 3209, 3215.

216 *Kudlich* JA 2011, 66, 69.

217 Graf/Jäger/Wittig-*Waßmer* § 266 StGB Rn. 280; *Fischer* § 266 StGB Rn. 188; *Kudlich* JA 2011, 66, 69; vgl. auch BGH NStZ 1999, 557.

218 *Kudlich* JA 2011, 66, 69; zustimmend hinsichtlich der Notwendigkeit einer Bezifferung des Schadens: *Saliger* NJW 2010, 3195, 3197.

219 BGH NStZ 2013, 37; *Schlösser* NStZ 2013, 162, 163; *Kudlich* JA 2011, 790 ff.; *Fischer* § 263 StGB Rn. 110.

220 BVerfG, Beschluss vom 7. 12. 2011 – 2 BvR 2500/09, 2 BvR 1857/10.

unrichtige Dokumente wie die Sterbeurkunde zu beschaffen. Damit sollten anschließend die Lebensversicherungssummen bezogen werden[221].

Die zentrale Frage war nun, ob eine (vollendete) Betrugsstrafbarkeit in Gestalt des Eingehungsbetrugs auch schon mit Abschluss der Verträge gegeben sein kann. Dagegen erhob das Gericht keine grundsätzlichen Einwände. Jedoch stellte es fest, dass der Betrugstatbestand nicht in der Weise verfassungswidrig überdehnt werden darf, dass bereits eine diffuse Verlustwahrscheinlichkeit als Schaden angesehen wird und der Taterfolg damit bereits begründet ist. Zur Verhinderung dieser Überdehnung müsse – außer in einfach gelagerten Fällen, etwa mit greifbarem Mindestschaden – der Vermögensschaden der Höhe nach beziffert und dies in wirtschaftlich nachvollziehbarer Weise dargelegt werden[222].

Damit wird die dargestellte Untreuerechtsprechung fortgesetzt[223] und ein weiteres Mal klargemacht, dass die aufgestellten Grundsätze hinsichtlich des Vermögensnachteils auch im Rahmen des Betrugs Geltung entfalten.

c. *Zusammenfassendes Fazit: „Quotenschaden" nicht haltbar*

Betrachtet man nun das Echo der Literatur sowie die verschiedenen Entscheidungen des Bundesverfassungsgerichts, so ergibt sich ein durchaus vernichtendes Urteil für die Existenzberechtigung des „Quotenschadens". Auch wenn man sich der Kritik in der Literatur, der „Quotenschaden" basiere auf reinen Fiktionen und es sei gar keine Grundlage für die Schadensberechnung existent, sowie den Bedenken im Rahmen der Strafzumessung nicht anschließen möchte, so kann man doch über die unmissverständlichen Äußerungen des Bundesverfassungsgerichts nicht hinwegblicken.

Obwohl sich das Gericht nicht ausdrücklich zur Verfassungsgemäßheit des „Quotenschadens" äußert, so sind aus der Gesamtschau der Entscheidungen doch folgende Rückschlüsse für diesen zu ziehen: Das Grundproblem basiert auf einer Annahme, die der Berechnung des „Quotenschadens" gedanklich zugrunde gelegt wurde. Die Manipulation der Wette verursache eine Erhöhung der Gewinnwahrscheinlichkeit und dies führe zur wirtschaftlichen Aufwertung des Wettscheins. Diese Überlegung ist wohl in rein tatsächlicher Hinsicht zutreffend. Jedoch gerät die Rechtsprechung beim Nachweis dieser Überlegungen gezwungenermaßen an ihre Grenzen. Es wird wohl nie möglich sein, eine

221 Vgl. *Kudlich* JA 2012, 230 ff.

222 Vgl. BVerfG, Beschluss vom 7. 12. 2011 – 2 BvR 2500/09, 2 BvR 1857/10; Vgl. *Kudlich* JA 2012, 230, 232.

223 *Kudlich* JA 2012, 230, 232.

wirtschaftliche Wertsteigerung des Wettscheins aufgrund der Manipulation konkret zu beziffern.

Auch sofern man sich etwaiger Hilfsmittel wie Schätzungen oder Sachverständigenbeweise bedient, so werden die vielen Unvorhersehbarkeiten, die gerade ein Sportereignis ausmachen, eine seriöse Bezifferung der Wertdifferenz des Wettscheins vor und nach der Manipulation vereiteln. Aber eben eine solche konkrete Bezifferung verlangt das Bundesverfassungsgericht, um die Anforderungen an Art. 103 II GG zu wahren. Somit ist es also den Gerichten wohl gar nicht zum Vorwurf zu machen[224], den Schaden nicht exakt beziffert zu haben, da es sich dabei wohl im Rahmen der tatsächlichen Möglichkeiten der Schadensfeststellung um ein Ding der Unmöglichkeit handeln dürfte.

Sehr wohl muss der Vorwurf erhoben werden, dass der Bundesgerichtshof dennoch den „Quotenschaden" konstruiert, eine vollendete Betrugsstrafbarkeit annimmt und somit gegen Art. 103 II GG verstößt. Wollte man versuchen, den Kern des Problems stark vereinfacht in einem Gedanken zu schildern, so könnte man sagen: Der Betrug ist nun einmal seinem Wesen nach ein Erfolgsdelikt, welches zwingend einen *nachweisbaren* Vermögensschaden voraussetzt. Wenn dieser im Hinblick auf die Anforderungen, die Art. 103 II GG stellt, nicht tatsächlich nachweisbar und damit bezifferbar ist, muss konsequenterweise eine Strafbarkeit wegen vollendeten Betrugs ausscheiden. Demzufolge wurde auch bereits vor Jahren prognostiziert, dass die Bezifferung des Vermögensschadens eine zentrale Problematik für die Strafgerichte darstellen wird[225].

4. Ansätze zur verfassungsgemäßen Schadensbezifferung

Somit verwundert es auch nicht, dass im Folgenden versucht wurde, den Anforderungen des Bundesverfassungsgerichts gerecht zu werden und eine verfassungsgemäße Schadensbezifferung durchzuführen. Um diese im Detail besser nachvollziehen zu können, erscheint es sinnvoll, zunächst die Grundsätze der Schadensberechnung näher zu betrachten.

a. Grundsätze der Schadensberechnung und Wertermittlung

Die Entscheidung des Bundesverfassungsgerichts machte nochmals deutlich, dass die zentrale Voraussetzung bei der Berechnung jeden Schadens ist, diesen

224 Dies gilt im Besonderen für den Bundesgerichtshof, der als Revisionsinstanz die entsprechenden tatrichterlichen Feststellungen nur billigen oder zurückweisen, nicht jedoch konkretisieren kann, vgl. *Kudlich* JA 2012, 230, 232.

225 *Kudlich* JA 2012, 230, 232; ferner *Jahn* JZ 2011, 340 ff.

der Höhe nach zu beziffern und in wirtschaftlich nachvollziehbarer Weise darzulegen[226]. Dies geschieht nach dem Prinzip der Gesamtsaldierung[227]. Als Hilfsmittel seien Sachverständige[228] heranzuziehen. Soweit dennoch Unsicherheiten verbleiben, sei unter Beachtung des Zweifelssatzes ein Mindestschaden durch Schätzung zu ermitteln[229]. Diese Vorgaben hätten die Feststellung des Schadens für die Rechtsprechung in der Praxis nicht vereinfacht[230], insbesondere seien die Anforderungen an den tatrichterlichen Begründungsaufwand gewachsen[231]. Dies hat zunächst zweierlei Auswirkungen: Einerseits werden die Richter somit angehalten sein, sich intensiv mit den Fragen der wirtschaftlichen Schadensberechnung auseinanderzusetzen, was insbesondere im Hinblick auf „gefühlte" Schäden[232], die hauptsächlich auf normative Bewertungen gestützt sind, begrüßenswert erscheint[233]. Durchaus kritisch wird jedoch in diesem Zusammenhang angemerkt, dass diese erhöhten Anforderungen die Entstehung von Absprachen fördern könnten,[234] und daher zum Teil gefordert, dass entsprechende personelle Ressourcen bereitgestellt werden, um solche Tendenzen zu unterbinden[235].

Für die Wertermittlung ist grundsätzlich der Verkehrswert oder der Marktwert der Sache als objektives Kriterium maßgeblich[236]. Beim Erfüllungsbetrug[237] kann sich der wirtschaftliche Wert auch nach den von den Vertragsparteien individuell vereinbarten Preisen unter Berücksichtigung der für die Parteien des betreffenden Geschäfts maßgeblichen preisbildenen Faktoren ergeben[238]. Ein besonderes Augenmerk ist jedoch auf die Schadensermittlung im Rahmen

226 BVerfG NJW 2010, 3209, 3215.

227 BGHSt 3, 102; 16, 221; 34, 201; Dieses gilt auch für die Fälle des Eingehungsbetrugs, vgl. BGH NJW 2013, 1460.

228 Jedoch sollte dies nach einigen Stimmen in der Literatur die Ausnahme für entsprechend komplex gelagerte Fälle bleiben, vgl. etwa *Hefendehl* wistra 2012, 325, 330; *Hinrichs* wistra 2013, 161, 165.

229 BVerfG NJW 2010, 3209, 3215.

230 Vgl. *Fischer* § 266 StGB Rn. 162.

231 Graf/Jäger/Wittig-*Waßmer* § 263 StGB Rn. 175e.

232 Vgl. dazu Graf/Jäger/Wittig-*Waßmer* § 266 StGB Rn. 175e.

233 Gegen normativ begründete Schäden auch *Kudlich* JA 2011, 66, 69.

234 *Krüger* NStZ 2011, 369, 370; *Kraatz* JR 2011, 434, 439.

235 *Fischer* § 266 StGB Rn. 163a.

236 Graf/Jäger/Wittig-*Waßmer* § 266 StGB Rn. 175f; vgl. dazu auch *Bräunig* Untreue in der Wirtschaft S. 240 f.; Kritsch: *Bittmann* wistra 2013, 449, 453.

237 Vgl. ausführlich zu den Besonderheiten der Schadensberechnung beim Erfüllungsbetrug: *Klein* Das Verhältnis von Eingehungs- und Erfüllungsbetrug S. 150 ff.

238 Vgl. etwa BGH NStZ 2010, 700.

des Eingehungsbetrugs zu richten. Auch hier nimmt der Bundesgerichtshof eine Gesamtsaldierung vor[239]. Zeigt sich bei einem Gesamtvergleich der Vermögenslagen vor und nach der Verfügung ein Negativsaldo beim Getäuschten, so sei ein Schaden begründet[240]. Hierbei wird auf den Vertragsschluss als maßgeblichen Zeitpunkt abgestellt. Als maßgebliche Vergleichspositionen seien die Werte der sich gegenüberstehenden, durch den Vertragsschluss begründeten schuldrechtlichen Ansprüche heranzuziehen[241]. Problematisch ist jedoch, nach welchen Kriterien sich der Wert der Ansprüche ermitteln lässt. Interessanterweise hat der Bundesgerichtshof für spezielle Fälle die Preisgestaltung der Vertragsparteien als einziges relevantes Kriterium auserkoren[242]. Dies wird damit begründet, dass in einem marktwirtschaftlichen System alleine die Vertragsparteien selbst den Wert des Gegenstands festlegen. Eine Ermittlung des objektiven Werts sei demnach nicht erforderlich[243]. Somit drängt sich die Frage auf, ob und wie weit diese Rechtsprechung auf die Wertermittlung von Quoten auf manipulierte Sportereignisse übertragbar ist. Bei dem Erwerb einer Gewinnchance hinsichtlich einer Wette auf ein manipuliertes Sportereignis dürfte es sich meiner Meinung nach ebenfalls um einen einzigartig gelagerten Fall handeln. Schließlich ist aufgrund der vielen Unwägbarkeiten, von denen der Ausgang des manipulierten Spiels abhängt, nicht davon auszugehen, dass ein üblicher Marktwert für die Gewinnchance auf ein eben solch *manipuliertes* Spiel existiert. Der Bundesgerichtshof führt zwar aus, dass das „Sportwettenurteil“[244] eine andere Fallkonstellation beinhaltet. Denn dort gehe es maßgeblich um die Bewertung und Bezifferung des täuschungsbedingten Risikoungleichgewichts und nicht um die Täuschung hinsichtlich einer geldwerten Gegenleistung[245]. Insofern sind diese Fallkonstellationen nur bedingt vergleichbar. Jedoch ist auch dort nach Ansicht des Senats eine Überprüfung der Preisbildung an objektiven Kriterien nicht erforderlich. Die Bezifferung der synallagmatischen Risikoverschiebung sei mit Hilfe eines Sachverständigen zu ermitteln[246].

---

239 BGH NJW 2013, 1460.

240 BGH NJW 2013, 1460; BGH NJW 2013, 883 = BGH NStZ 2013, 234.

241 Vgl. BGH NJW 2013, 1460.

242 BGH NJW 2013, 1460, 1461; zustimmend: *Bittmann* wistra 2013, 449, 453 ff.; ablehnend: *A. H. Albrecht* NStZ 2014, 17, 18 f.; Graf/Jäger/Wittig-*Waßmer* § 266 StGB Rn. 175f.

243 BGH NJW 2013, 1460, 1461.

244 BGH NJW 2013, 883 = BGH NStZ 2013, 234.

245 BGH NJW 2013, 1460, 1461.

246 BGH NJW 2013, 1460, 1461.

Problematisch erscheint meiner Meinung nach die Erklärung des Bundesgerichtshofs auf den Verzicht eines objektiven Maßstabs. Der Wettanbieter wird in aller Regel eine Gewinnmarge in seine Quote mit einberechnet haben[247]. Wenn der Sachverständige in seiner Rechnung keine objektiven Werte ermittelt, sondern maßgeblich die Preisgestaltung der Vertragsparteien zugrunde legt, erschließt sich nicht, wie ausgeschlossen werden soll, dass die täuschungsbedingte Verschiebung des vertraglichen Synallagmas lediglich den Gewinn des Wettanbieters mindert, aber gerade nicht dessen Vermögen schädigt[248]. Somit erscheint es sehr zweifelhaft, ob ein Sachverständiger jedenfalls vollkommen auf objektive Maßstäbe zur Wertbestimmung verzichten kann. Daran zeigt sich bereits, dass die Wertermittlung im Bereich des Eingehungsbetrugs im Generellen und somit hinsichtlich der Wettquoten im Speziellen die Rechtsprechung vor nicht unerhebliche Herausforderungen stellt.

b. 4. Senat des Bundesgerichtshofs: Aufstellen neuer Kriterien zur Wertermittlung

Ausgehend von diesen Grundsätzen hat sich der 4. Senat des Bundesgerichtshofs erneut im Rahmen einer Sportwettentscheidung mit den Grundsätzen zur korrekten Schadensbezifferung im Rahmen des § 263 StGB geäußert[249]. Ähnlich wie im Fall „Hoyzer“ war Gegenstand des Verfahrens eine mögliche Betrugsstrafbarkeit mehrerer Angeklagter, die Wetten zu festen Quoten auf die Ergebnisse von Fußballspielen abgeschlossen hatten. Dabei hatten diese im Vorfeld Spieler und Schiedsrichter durch Zahlung von Geldsummen dazu bewegt, auf das Spiel ihrem Wettverhalten entsprechend Einfluss zu nehmen. Von 22 manipulierten Spielen gingen 19 so aus, wie es die Angeklagten beabsichtigt hatten, was zu der Ausschüttung von Gewinnsummen von teilweise mehreren Hunderttausend Euro führte. In 3 Fällen verloren die Angeklagten ihre Wetten und damit ihren Wetteinsatz[250].

Was die Begründung von konkludenter Täuschung und kausalem Irrtum angeht, so kann die Entscheidung ohne Weiteres als eine Fortführung der Rechtsprechung zum „Pferdewetten“-Fall[251] sowie zum Fall „Hoyzer“[252] gesehen

247 Vgl. *Saliger/Rönnau/Kirch-Heim* NStZ 2007, 361, 366.
248 Vgl. *Saliger/Rönnau/Kirch-Heim* NStZ 2007, 361, 366.
249 BGHSt 58, 103 = BGH NJW 2013, 883.
250 Vgl. BGHSt 58, 103 = BGH NJW 2013, 883.
251 BGHSt 29, 165 = BGH NJW 1980, 793.
252 BGHSt 51, 165 = BGH NStZ 2007, 151.

werden. Entscheidende Unterschiede ergeben sich jedoch gerade zum Fall „Hoyzer“ in der Frage der Begründung des Vermögensschadens. Bei der Begründung des Schadens wird wiederum zwischen den Fällen der erfolgreichen Wetten und den Fällen der ausbleibenden Gewinnauszahlung unterschieden. In den Fällen, in denen der Gewinn ausbezahlt wurde, geht der Senat von einem Vermögensschaden des Wettanbieters in Höhe der Differenz zwischen Einsatz und Gewinn aus und bejaht demnach konsequenterweise die vollendete Betrugsstrafbarkeit[253]. Es handele sich demnach um Fälle des Erfüllungsbetrugs[254]. Damit umgeht der Senat die komplexe Problematik der Schadensbestimmung beim Eingehungsbetrug[255].

Zutreffend wird darüber hinaus klargestellt, dass es für die Frage des Erfüllungsbetrugs irrelevant ist, wie das Spiel ohne Manipulation ausgegangen wäre, insbesondere ob dann der Spielausgang nicht dennoch derselbe gewesen wäre. Vielmehr komme es nur darauf an, dass der Wettanbieter bei Kenntnis der Manipulation keinen Gewinn ausbezahlt hat[256].

In den Fällen der aufgrund verlorener Wetten unterbliebenen Gewinnauszahlung könne jedoch nicht auf die Erfüllungsphase abgestellt werden. Somit könne ein Schaden nur über einen Eingehungsbetrug begründet werden[257]. Dementsprechend bejaht der Senat auch die Möglichkeit eines eingetretenen Vermögensschadens bei Abschluss des Vertrags. Erleiden die Wettanbieter wie in diesem Fall der fehlenden Gewinnauszahlung in der Gesamtbetrachtung keine Verluste, so stehe dies der Annahme eines Schadens nicht entgegen[258]. Innerhalb der für die Schadensfeststellung notwendigen Gesamtsaldierung sei ein Vergleich zwischen dem Geldwert des erworbenen Anspruchs gegen den Täuschenden und dem Geldwert der eingegangenen Verpflichtung vorzunehmen.

---

253 BGHSt 58, 103, 108 = BGH NJW 2013, 883, 884 f.

254 Vgl. *Jäger* JA 2013, 868, 870.

255 Jedoch sei dem Wettanbieter aufgrund derselben Täuschung zum Zeitpunkt des Vertragsabschlusses ein Schaden entstanden (Eingehungsschaden), der durch die Auszahlung der Gewinnsumme vertieft wird (Erfüllungsschaden). Der Schaden wird vorliegend jedoch nur unter Zugrundelegung der Zahlungen in der Erfüllungsphase bestimmt. Vgl. dazu *Schlösser* NStZ 2013, 629.

256 *Jäger* JA 2013, 868, 870.

257 *Jäger* JA 2013, 868, 870.

258 Damit schließt sich der Bundesgerichtshof nicht der Ansicht des LG Bochum an, welches in diesen Fällen keinen Vermögensschaden annahm und somit nur zu einer Strafbarkeit wegen versuchten Betrugs gelangte.

Ergibt sich dabei ein Negativsaldo zuungunsten des Wettanbieters, so sei dieser geschädigt[259].

Der 4. Senat war jedoch sichtlich bemüht die in der Rechtsprechung des Bundesverfassungsgerichts aufgestellten und hier dargestellten Grundsätze zu berücksichtigen, um so die Verfassungsmäßigkeit der Schadensbestimmung insbesondere im Hinblick auf Art. 103 II GG zu wahren. Daher weicht er entscheidend von der Schadensbegründung, die der 5. Senat im Rahmen des „Quotenschadens" aufgestellt hatte, ab. Insbesondere geht der Senat nicht davon aus, dass der Schaden nicht zu beziffert werden braucht. Vielmehr sei mit sachverständiger Hilfe die Wahrscheinlichkeit des Wetterfolgs und dessen Beeinflussung durch die Manipulation zu bewerten. Daraus solle sich der wirtschaftliche Wert der sich gegenüberstehenden Ansprüche ermitteln lassen[260]. Der Senat nennt darüber hinaus sogar Kriterien, die ausschlaggebend für die Bewertung des Wettrisikos sein sollen. Als solche werden namentlich die auf dem Wettmarkt für die jeweiligen Spiele angebotenen Quoten genannt, um ein Indiz für das Wettrisiko vor der Manipulation zu liefern. Für die Bewertung des Grads der Beeinflussung des Wettrisikos sollen unter anderem die Zahl und die Bedeutung der beeinflussten Spieler einen zentralen Anhaltspunkt darstellen[261].

Somit stellt das Urteil also jedenfalls teilweise eine Abkehr von dem vom 5. Senat im Rahmen des „Hoyzer"-Falls begründeten „Quotenschadens" dar. Der 4. Senat gelangt zwar hinsichtlich der Täuschung und des Irrtums sowie auch hinsichtlich der Frage *ob* ein Vermögensschaden begründet ist, zum gleichen Ergebnis wie im Fall „Hoyzer". Hinsichtlich der Schadensbegründung sind jedoch Abweichungen zur bisherigen Rechtsprechung erkennbar, welche eindeutig auf die vom Bundesverfassungsgericht aufgestellten verschärften Kriterien zurückzuführen sind. Ob der 4. Senat jedoch mit seinen Ausführungen die erheblichen verfassungsrechtlichen Bedenken hinsichtlich der Schadensbegründung auszuräumen vermag, bleibt zu untersuchen.

c. *Kritische Würdigung der Tauglichkeit der neuen Kriterien*

Auffallend bei der Schadensbegründung des 4. Senats ist folgender Umstand: In den Fällen, in denen sich der bereits bei Vertragsabschluss begründete Schaden durch die Auszahlung des Wettgewinns vertieft hat, gibt es zwei mögliche Anknüpfungspunkte für die Schadensberechnung. Ein Abstellen auf den

259 BGHSt 58, 103, 111 = BGH NJW 2013, 883, 886.
260 BGHSt 58, 103, 113 = BGH NJW 2013, 883, 886.
261 BGHSt 58, 103, 114 = BGH NJW 2013, 883, 887.

Zeitpunkt des Vertragsschlusses erscheint dabei jedoch deutlich problembehafteter als ein Abstellen auf die Auszahlung des Gewinns. Daher verwundert es nicht, dass der Bundesgerichtshof seine Schadensbegründung entscheidend auf den zeitlich späteren Zeitpunkt, nämlich die Auszahlung des Gewinns stützt.

Hier zeigt sich der entscheidende Unterschied zu den Ausführungen, welche der 5. Senat im Rahmen der „Hoyzer"-Entscheidung tätigte. Der Schwerpunkt des Begründungsaufwands liegt nicht mehr auf dem bei Vertragsschluss begründeten „Quotenschaden". Vielmehr wird dieser mehr oder weniger für überflüssig erklärt, wenn der Täuschende seine Wette gewinnt und sich der Schaden damit vertieft. Dann sei nämlich zur Begründung und Bezifferung des Schadens allein auf die Auszahlung abzustellen[262]. Diese Schwerpunktverlagerung des Begründungsaufwands des Senats erscheint im Hinblick auf die verfassungsrechtlichen Bedenken bezüglich des „Quotenschadens" weitsichtig. Begründet wird dies unter anderem damit, dass die Erfüllung den bei Vertragsschluss eingetretenen Schaden vertieft und beide Verfügungen sowie beide Schäden zusammen als eine Betrugstat anzusehen sind[263]. Weiterhin sei der durch den Vertragsabschluss begründete Schaden vollständig in dem Schaden durch Vertragserfüllung enthalten, da der Wettanbieter damit seine vertraglichen Verpflichtungen restlos erfüllt habe[264].

Der Rückgriff auf die Erfüllungsphase zur Schadensbestimmung begegnet in der Literatur jedoch nicht nur Befürwortern. *Schlösser* behauptet, dass der Schaden aus der manipulationsbedingten Risikoverschiebung abgeleitet werden muss und gerade nicht primär auf die Entwicklung nach Abschluss des Vertrags gestützt werden kann. Dies ergebe sich daraus, dass der Täter im Zeitpunkt der Täuschungshandlung gar nicht wissen kann, wie sich das Spiel entwickelt, und insbesondere, wie es endet. Demnach könne sich im relevanten Zeitpunkt auch sein Vorsatz nicht auf den Eintritt des Schadens durch die Vertragserfüllung beziehen[265]. Dass der Bundesgerichtshof die Schadenshöhe aus dem Wettgewinn ableitet, ohne dabei das Verhältnis zwischen Wettausgang und Manipulation zu bestimmen, stehe daher nicht im Einklang mit § 16 StGB. Unerheblich sei

262 Vgl. *Schlösser* NStZ 2013, 629, 630.

263 BGHSt 58, 103, 109 = BGH NJW 2013, 883, 885; vgl. BGHSt 54, 69 = BGH NJW 2009, 3448; LK-*Tiedemann* § 263 StGB Rn. 274; *Tenckhoff* FS-Lackner 1987, 677, 680.

264 BGHSt 58, 103, 109 = BGH NJW 2013, 883, 885; vgl. dazu auch BGH NJW 2011, 2675 = BGH NStZ 2011, 638; *Klein* Das Verhältnis von Eingehungs- und Erfüllungsbetrug S. 178 ff.

265 *Schlösser* NStZ 2013, 629, 632 f.

demnach, dass der Täter die Wette gewinnen *will*, da dennoch die kognitiven Voraussetzungen nicht erfüllt seien[266].

Diese Kritik ist meiner Meinung nach unberechtigt. Zugegebenermaßen ist es richtig, dass der Täuschende im Zeitpunkt des Abschlusses des Wettvertrags kein *sicheres Wissen* hinsichtlich der Gewinnauszahlung haben kann. Der Ausgang des Sportereignisses ist, wie bereits hinreichend erläutert, schlicht von zu vielen Unwägbarkeiten abhängig, auf die der Wettende weder Einfluss nehmen noch diese vorhersehen kann. Jedoch leuchtet nicht ein, woher der Widerspruch zu § 16 StGB rühren soll. Schließlich würde es genügen, dass der Täter im Zeitpunkt der Tathandlung hinsichtlich der Gewinnauszahlung dolus eventualis aufweist. Würde man „kennen" im Sinne des § 16 I StGB mit sicherem Wissen gleichsetzen, so wäre in keinem Fall des dolus eventualis der § 16 I StGB tatbestandlich erfüllt und man käme in der Folge maximal noch zu einer Fahrlässigkeitsstrafbarkeit. Dann hätte der dolus eventualis keinen Anwendungsbereich mehr.

Übersehen werden darf darüber hinaus nicht, dass im Rahmen des dolus eventualis das kognitive Element eine Modifizierung erfährt: Wird im Rahmen des dolus directus 2. Grades noch sicheres Wissen hinsichtlich des tatbestandlichen Erfolgs gefordert, so sind die Anforderungen hier deutlich geringer. An die Stelle des sicheren Wissens tritt nämlich lediglich die Möglichkeitsvorstellung des Täters[267]. Erforderlich ist lediglich, dass der Täuschende in Gestalt des dolus eventualis den Gewinn der Wette als *möglich erachtet* und mit diesem dergestalt einverstanden ist, dass er ihn billigend in Kauf nimmt[268]. Führt man sich dies noch mal vor Augen, erscheint die Kritik an der Rechtsprechung unlogisch: Wenn der Täter es nicht für möglich halten würde, tatsächlich den Wettgewinn ausbezahlt zu bekommen, würde er weder manipulieren noch eine Wette abschließen. Demnach steht der Rückgriff auf die Erfüllungsphase bei der Schadensbestimmung in keinem dogmatischen Widerspruch zu § 16 StGB.

Jedoch wird weiterhin kritisiert, indem der Bundesgerichtshof im Rahmen der Schadensbegründung auf das Erfüllungsstadium abstellt, normativiere er diese in unzulässiger Weise[269]. Die Formel, aus welcher der Senat den Schaden bestimmt, nämlich Differenz zwischen Einsatz und Gewinn, bilde nicht den tatsächlichen Schaden ab. Dieser sei nämlich der aus einer Spielmanipulation

---

266 *Schlösser* NStZ 2013, 629, 633.

267 *Fischer* § 15 StGB Rn. 9; *Roxin* Strafrecht AT I § 12 Rn. 21 ff.

268 BGHSt 7, 363; 21, 283; 36, 9; BGH NStZ 1998, 615; *Fischer* § 15 Rn. 9b; *Zieschang* Strafrecht AT Rn. 126; vgl. dazu auch NK-*Puppe* § 15 StGB Rn. 31.

269 *Schlösser* NStZ 2013, 629, 633.

folgenden Wahrscheinlichkeitsverschiebung des Spielverlaufs zu entnehmen und werde durch die Formel des Bundesgerichtshofs nicht abgebildet[270]. Vielmehr werde ein normativ geprägter, fiktiver Schadenswert beschrieben. Dies sei wohl dem Umstand geschuldet, dass schlicht keine empirische wirtschaftliche Grundlage für die Schadensbezifferung vorhanden ist. Da das Bundesverfassungsgericht aber gerade eine hauptsächlich auf Empirie gestützte Schadensbezifferung einfordert, sei diese Rechtsprechung verfassungswidrig[271].

Auch diese Kritik vermag im Ergebnis nicht zu überzeugen. Der Vorwurf, der Schaden sei in den Fällen der Gewinnauszahlung nicht verfassungskonform, erscheint unlogisch. Das Bundesverfassungsgericht hat hinsichtlich der Schadensbestimmung insbesondere eingefordert, die Anforderungen des Art. 103 II GG zu wahren. Ganz maßgeblich hierfür ist die hinreichende Bezifferbarkeit der Schadenshöhe. Unter der Zugrundelegung einer Gesamtsaldierung ist doch der Umstand nicht zu bestreiten, dass die Gewinnauszahlung selbst einen Teil des Schadens des Wettanbieters ausmacht, diesen unter Umständen ganz erheblich vertieft. Damit existieren also zwei Anknüpfungspunkte für die Bestimmung des Schadens. Warum sollte es der Bestimmtheit der Schadenshöhe zuwiderlaufen, wenn man maßgeblich den Anknüpfungspunkt heranzieht, der ganz klar mit Summen unterfüttert und damit unproblematisch zu beziffern ist? Das Gegenteil ist der Fall. Vielmehr ist es doch so, dass der bei Vertragsschluss begründete „Quotenschaden" vollständig in der ausgezahlten Gewinnsumme enthalten ist. Das Abstellen auf die Erfüllungsphase für die Schadensermittlung macht es möglich, dem kaum zu beziffernden „Quotenschaden" indirekt doch Konturen zu geben, und erscheint daher begrüßenswert.

Hinzu kommt, dass sich – sofern man *Schlössers* Ansicht teilt, das Folgeproblem stellt, wie man mit dem Schaden, der aus der Auszahlungssumme entsteht, umgeht. Dieser beträgt in den bekannt gewordenen Fällen oft ein Volumen von mehreren Hunderttausend Euro und kann somit selbstredend nicht unberücksichtigt bleiben. Man müsste dann entweder davon ausgehen, dass die Auszahlung des Gewinns eine separate Vermögensverfügung darstellt[272] mit der Konsequenz, dass dann zwei Betrugstaten vorliegen würden, oder aber diese Erwägungen würden nur im Rahmen der Strafzumessung gemäß § 46 II Spiegelstrich 4 StGB Berücksichtigung finden können[273]. Insbesondere die erste

270 *Schlösser* NStZ 2013, 629, 633.

271 *Schlösser* NStZ 2013, 629, 633 f.

272 So: *Saliger/Rönnau/Kirch-Heim* NStZ 2007, 361, 367.

273 So: *Schlösser* NStZ 2013, 629, 633; vgl. auch *Schlösser* StV 2008, 548, 550 ff.

Alternative ist nicht zielführend. Es ist davon auszugehen, dass eine einheitliche Betrugstat vorliegt. Richtigerweise wird man Verpflichtungs- und Erfüllungsstadium als Einheit betrachten müssen[274], sodass in den Fällen der Auszahlung erst mit dieser der Betrug beendet wird[275]. Die zweite Alternative hätte zur Folge, dass man im Ergebnis wohl nie zum Vorliegen eines besonders schweren Falles nach § 263 III StGB gelangen wird[276]. Daher erscheint auch diese Alternative nicht sachgerecht. Insgesamt ist somit dem Kritikpunkt nicht zu folgen.

Offensichtlicher ist jedoch noch ein anderer Umstand: Problematisch sind nämlich doch gerade die Fälle, in denen keine Auszahlung stattfand. Auch dort gelangt der Senat im Ergebnis zu einem Schaden. Macht man sich bewusst, dass es das offensichtliche Anliegen des 4. Senats war, ein Urteil zu sprechen, welches die Schwächen des im „Hoyzer"-Falles begründeten „Quotenschadens" im Hinblick auf dessen verfassungsrechtliche Vereinbarkeit ausmerzt, so muss es sich doch gerade an diesen Maßstäben messen lassen. Es geht also im Kern wieder um die Frage der tatsächlichen Bezifferbarkeit des Schadens. Auch wenn mit der Aufstellung der Kriterien ein deutlicher Schritt in Richtung Konkretisierung der Schadenshöhe gemacht wurde, so ergeben sich doch erhebliche Zweifel, ob diese die verfassungsrechtliche Unvereinbarkeit im Hinblick auf Art. 103 II GG tatsächlich ausräumen können.

Zutreffend merkt auch *Jäger* an, dass diese vom Bundesgerichtshof genannten Kriterien wohl nicht dazu taugen werden, den Schaden hinreichend konkret zu beziffern. Denn die „Wahrscheinlichkeit des Wetterfolgs" bestimme sich letztlich doch wieder nach der Quote. Diese und auch die „Zahl und Bedeutung der beeinflussten Spieler" seien höchst unbestimmte Kriterien[277]. Weiterhin wird die Möglichkeit der Schätzung als ein Mittel angesehen, welches einer konkreten Wertermittlung eher im Weg stehe, als ihr förderlich sein dürfte[278]. Diesen Bedenken ist im Ergebnis uneingeschränkt zuzustimmen. Die Bemühungen des 4. Senats, den Anforderungen des Bundesverfassungsgerichts gerecht zu werden, in allen Ehren gesehen, jedoch zeigt sich bei diesem Urteil noch deutlicher, was man schon nach Begründung des „Quotenschadens" durch den 5. Senat befürchten musste: In dieser speziellen Konstellation stößt das Strafrecht an

274 BayObLG NJW 1999, 663; *Bosch* wistra 1999, 410; zustimmend: *Jäger* JA 2013, 868, 870; a. A. *Cramer* NStZ 1993, 42; *Puppe* JZ 1984, 531.

275 *Jäger* JA 2013, 868, 870.

276 Vgl. zur Relevanz der Schadenshöhe innerhalb des Regelbeispiels: *Krack* ZIS 2007, 103, 111.

277 *Jäger* JA 2013, 868, 870.

278 *Jäger* JA 2013, 868, 870.

seine verfassungsrechtlich gesetzten Grenzen, da es – allen Bemühungen zum Trotz – rein praktisch wohl kaum Möglichkeiten gibt, einen Schaden der Höhe nach exakt zu beziffern.

d. Möglichkeit der Bezifferung eines Mindestschadens im Wege der freien richterlichen Beweiswürdigung

Allerdings ist anerkannt, dass für die Strafbarkeit wegen Betrugs auch die Begründung eines Mindestschadens ausreicht[279]. Ein solcher wäre zu bejahen, wenn der Richter im Rahmen seiner freien richterlichen Beweiswürdigung anhand bestimmter Kriterien feststellen könnte, dass aufgrund der vorgenommenen Manipulationen die Quoten zuungunsten der Wettanbieter zu einem gewissen Maß verschoben wurden[280]. Um dies nachvollziehen zu können, soll zunächst erläutert werden, wie genau eine Quote im Einzelnen überhaupt zustande kommt:

Zunächst muss den Überlegungen zugrunde gelegt werden, dass es verschiedene Ausgestaltungsarten von Sportwetten gibt[281]. Die häufigsten Erscheinungsformen sind die sogenannte Totalisator-Wette und die Wette zu festen Quoten, welche auch „Oddset"-Wette genannt wird. Den beiden Ausgestaltungsarten liegen Wettsysteme zugrunde, die sich deutlich voneinander unterscheiden. So wird bei der Totalisator-Wette der auszuschüttende Gewinn in Abhängigkeit davon berechnet, wie viele Personen an der Wette teilnehmen, wie hoch die Wetteinnahmen sind und wie viele Spieler richtig getippt haben[282]. So ist es etwa denkbar, dass grundsätzlich 50 % der Wetteinnahmen an die Gesamtheit der Teilnehmer, die richtig getippt haben, als Gewinn ausgeschüttet werden. Die Anzahl der erfolgreichen Wettteilnehmer bestimmt dann die Höhe des Gewinns des Einzelnen. Somit steht für den Wettanbieter von vornherein fest, dass der prozentual festgelegte Anteil der Einnahmen ausgezahlt wird. Folglich ist auch sein finanzielles Risiko begrenzt[283].

Gänzlich anders funktioniert das System der „Oddset"-Wette[284]. Hier kann der Wettende auf die verschiedenen denkbaren Ausgänge des entsprechenden

---

279 Graf/Jäger/Wittig-*Dannecker* § 263 StGB Rn. 77; *Kulhanek* NZWiSt 2013, 246; vgl. bereits: BGH NStZ 2013, 234, 237; zum Steuerstrafrecht: BGH NStZ 2007, 589.

280 Dazu: *Kulhanek* NZWiSt 2013, 246, 250 f.

281 Hierzu ausführlicher: *Fischer* Das Recht der Glücksspiele S. 17 ff.

282 *Fischer* Das Recht der Glücksspiele S. 17; *Mintas* Glücksspiele im Internet S. 25.

283 *Mintas* Glücksspiele im Internet S. 25.

284 Hierzu ausführlicher: *Mintas* Glücksspiele im Internet S. 23 ff., S. 31 ff.

Sportereignisses setzen. Bei einem Fußballspiel hat er also die Optionen, entweder auf den Sieg der Heimmannschaft, ein Unentschieden oder den Sieg der Auswärtsmannschaft zu setzen. Für alle drei Optionen bestimmt der Wettanbieter, also der Buchmacher, im Vorfeld eine feste Quote[285]. Diese legt fest, mit welchem Faktor der Einsatz des Wettenden im Falle einer erfolgreichen Wette multipliziert wird[286]. Bietet der Buchmacher also eine feste Quote von 3,0 für den Sieg der Auswärtsmannschaft an, so würde bei einem Einsatz von 10 Euro, der Gewinn 30 Euro betragen. Der Buchmacher legt bei seinen Erwägungen, nach denen er die Höhe der Quote austariert, maßgeblich zugrunde, wie wahrscheinlich der Eintritt des entsprechenden Ereignisses nach seinen Erfahrungswerten erscheint[287]. So wird er bei einem klaren Favoriten die Quote auf dessen Sieg sehr niedrig halten, umgekehrt bei einem Außenseiter versuchen, die Wettanbieter mit hohen Quoten auf dessen Erfolg wetten zu lassen[288]. Tritt das vom Wettenden vorhergesagte Ergebnis ein, ist der Wettanbieter verpflichtet, den Gewinn auszubezahlen. Somit ist im Gegensatz zur Totalisator-Wette das finanzielle Risiko des Wettanbieters dahingehend unkalkulierbarer[289], als dass die Anzahl der richtig tippenden Personen die Höhe des auszuzahlenden Betrags direkt beeinflusst. Die nachfolgenden Überlegungen können sich also nur auf die „Oddset"-Wette beziehen. Nur bei dieser steht im Vorfeld bereits eine verbindliche Quote fest, die durch eine Manipulation zulasten des Wettanbieters verschoben werden kann.

Weiterhin ist es ganz maßgeblich, dass es sich bei den Wettanbietern um gewinnorientierte Unternehmen handelt. Würde ein Wettanbieter die Quoten alleine nach den Maßstäben festlegen, die den tatsächlichen Ausgang des Sportereignisses beeinflussen, könnte kaum ein Gewinn erwirtschaftet werden. Vielmehr wird der Wettanbieter in die Quote eine Gewinnmarge für sich mit einberechnen[290]. Somit ist gedanklich zwischen zwei verschiedenen Quoten zu trennen: zum einen die Quote, die tatsächlich die Wahrscheinlichkeit abbildet, dass ein bestimmtes Ereignis, etwa der Sieg der Heimmannschaft, eintritt, im Folgenden als *„tatsächliche Quote"* bezeichnet. Und zum anderen die Quote, die der Wettanbieter anbieten kann, um selbst noch Gewinn zu erwirtschaften, die *„gebotene Quote"*. Es wurde bereits erläutert, dass es ein maßgebliches Problem

---

285 *Mintas* Glücksspiele im Internet S. 25 f.
286 *Mintas* Glücksspiele im Internet S. 26.
287 *Mintas* Glücksspiele im Internet S. 26.
288 Vgl. *Kutzner* JZ 2006, 712, 717.
289 So auch: *Mintas* Glücksspiele im Internet S. 26.
290 Vgl. *Rönnau/Soyka* NStZ 2009, 12, 14.

bei der Schadensfeststellung ist, einen Nullschaden ausschließen zu können. Sollte die manipulationsbedingte Verschiebung der Quote zulasten des Wettanbieters lediglich dazu führen, diese im Vorfeld eingerechnete Gewinnmarge wieder entfallen zu lassen, so wäre kein Schaden gegeben[291]. Der Wettanbieter wäre nur um seinen Gewinn gebracht. Daher ergibt sich für die Bejahung eines Mindestschadens folgende Formel: *„tatsächliche Quote - gebotene Quote > Gewinnspanne des Wettanbieters"*[292].

Während sich sowohl die gebotene Quote als auch die Gewinnspanne des Wettanbieters unproblematisch[293] bestimmen lassen, erscheint die Bestimmung der tatsächlichen Quote gerade unter dem Aspekt, dass die Spielmanipulation auf deren Höhe maßgeblich Einfluss nimmt, problematisch[294]. Jedoch scheint folgender Lösungsansatz jedenfalls nicht ausgeschlossen: Es ist davon auszugehen, dass es im System der Buchmacher feste Kriterien gibt, nach denen sie die tatsächlichen Quoten beziffern. Die Gefahr der Spielmanipulation als solche wird dazu nicht zählen, da die Wettanbieter keine Wetten auf Sportereignisse annehmen, die unter dem Verdacht der Manipulation stehen[295]. Es erscheint jedoch realistisch, dass sich darunter Kriterien wie der Tabellenstand der Mannschaften, der Gesundheitszustand und die Formkurve einzelner bedeutender Spieler oder der Austragungsort des Spiels finden. Diesen Faktoren wird in der systeminternen Logik der Buchmacher jeweils ein Wert beigemessen sein, um den das Vorliegen der Faktoren die Quote steigen oder fallen lässt.

Der Tatrichter könnte im Wege seiner freien richterlichen Beweiswürdigung versuchen, diese Faktoren als Vergleichskriterien heranzuziehen, um auf diese Weise der abstrakten Spielmanipulation einen konkreten Wert beimessen zu können. Hierfür genügt im Rahmen seiner Überzeugung ein nach der Lebenserfahrung des Richters ausreichendes Maß an Sicherheit[296], dass die Kriterien hinreichend vergleichbar mit dem Einfluss der Spielmanipulation sind. Insbesondere könnte in diesem Kontext auf eine Schätzung zurückgegriffen werden[297].

---

291 *Saliger/Rönnau/Kirch-Heim* NStZ 2007, 361, 366; vgl. dazu: BGHSt 16, 220, 223; BGH NJW 2004, 2603, 2604; BGH NStZ 1991, 488; a.A. aber *Greco* NZWiSt 2014, 334, 336, der in der Gewinnaussicht des Wettanbieters bereits eine hinreichend konkrete Vermögensposition erkennt.

292 Vgl. zu einer komplexeren Formel: *Kulhanek* NZWiSt 2013, 246, 251.

293 Während die gebotene Quote öffentlich einsehbar ist, müsste zur Ermittlung der Gewinnmarge der Wettanbieter befragt werden.

294 *Kulhanek* NZWiSt 2013, 246, 251.

295 Vgl. BGH NStZ 2007, 151, 154.

296 Vgl. hierzu *Meyer-Goßner*/Schmitt § 261 StPO Rn. 2.

297 Vgl. dazu Graf/Jäger/Wittig-*Dannecker* § 263 Rn. 455.

Beispielhaft könnte also dem Ausfall eines Schlüsselspielers ein ähnlicher Wert beigemessen werden wie der Manipulation des Schiedsrichters zulasten dieser Mannschaft. Dann ließe sich bestimmen, in welcher Höhe die tatsächliche Quote durch die Manipulation verschoben wird. Übersteigt dann die Differenz zwischen tatsächlicher und gebotener Quote die Gewinnmarge des Wettanbieters, so wäre ein Nullschaden auszuschließen und damit ein Mindestschaden begründet.

Jedoch gibt es auch Aspekte, die diesen Lösungsweg als schwierig umsetzbar erscheinen lassen. So ist zweifelhaft, ob die Wettanbieter tatsächlich hinreichend verbindliche Werte für die jeweiligen Ereignisse parat haben und ihre Quoten ausschließlich nach diesen bestimmen. Es erscheint realitätsnah, dass die Buchmacher auf einem von Konkurrenz bestimmten Wettmarkt ihre Quoten unter Umständen auch nach aus ihrer Sicht unwirtschaftlichen Gesichtspunkten bestimmen müssen, um etwa Wettkunden zu gewinnen, da die Konkurrenz diese hohen Quoten nicht mitgehen kann[298]. In diesem Fall funktionieren die oben angestellten Überlegungen nicht, da dann die Bildung der Quote von sportereignisexternen Überlegungen geprägt ist. Damit fehlt es an Vergleichskriterien für die Bestimmung des Werts der Manipulation. Allerdings wäre es natürlich nicht ausgeschlossen, einen Buchmacher als Sachverständigen[299] zu laden und diesen erklären zu lassen, wie die Quote im Einzelfall zustande kam[300]. Ob dies in der Praxis umsetzbar ist, wird nur der Tatrichter von Einzelfall zu Einzelfall beurteilen können. Sollten jedoch Restzweifel verbleiben, so ist der Angeklagte freizusprechen[301].

5. Erfassbarkeit des Verhaltens über § 265c StGB

Demnach stellt sich die Frage nach dem Umgang mit dieser Situation, die offensichtlich eine Strafbarkeitslücke öffnet, deren wirtschaftliches Volumen im Angesicht der denkbaren Wettbeträge beträchtlich sein dürfte.

Wie nun ausführlich dargestellt, sind die verfassungsrechtlichen Hürden für eine Betrugsstrafbarkeit enorm hoch. Dieser Umstand führt zu § 265c StGB, dessen Existenzberechtigung zu erläutern sich diese Arbeit verschrieben hat. Um den Anwendungsbereich des Paragrafen darzustellen, soll im Folgenden die

---

298 In diese Richtung: *Rönnau/Soyka* NStZ 2009, 12, 14.

299 Vgl. BGH NStZ 2013, 234, 237.

300 Hierzu: *Becker* in Fischer et. al., Dogmatik und Praxis des strafrechtlichen Vermögensschadens, 2015, 273, 278.

301 Graf/Jäger/Wittig-*Dannecker* § 263 StGB Rn. 77.

hypothetische Strafbarkeit der am Fall „Hoyzer“ Beteiligten Ante S. und R. Hoyzer erläutert werden, die gegeben gewesen wäre[302], wenn zum damaligen Zeitpunkt § 265c StGB bereits existiert hätte[303]:

§ 265c Sportwettbetrug

(1) Wer als Sportler oder Trainer einen Vorteil für sich oder einen Dritten als Gegenleistung dafür fordert, sich versprechen lässt oder annimmt, dass er den Verlauf oder das Ergebnis eines Wettbewerbs des organisierten Sports zugunsten des Wettbewerbsgegners beeinflusse und infolgedessen ein rechtswidriger Vermögensvorteil durch eine auf diesen Wettbewerb bezogene öffentliche Sportwette erlangt werde, wird mit Freiheitsstrafe bis zu drei Jahren oder mit Geldstrafe bestraft.

(2) Ebenso wird bestraft, wer einem Sportler oder Trainer einen Vorteil für diesen oder einen Dritten als Gegenleistung dafür anbietet, verspricht oder gewährt, dass er den Verlauf oder das Ergebnis eines Wettbewerbs des organisierten Sports zugunsten des Wettbewerbsgegners beeinflusse und infolgedessen ein rechtswidriger Vermögensvorteil durch eine auf diesen Wettbewerb bezogene öffentliche Sportwette erlangt werde.

(3) Wer als Schieds-, Wertungs- oder Kampfrichter einen Vorteil für sich oder einen Dritten als Gegenleistung dafür fordert, sich versprechen lässt oder annimmt, dass er den Verlauf oder das Ergebnis eines Wettbewerbs des organisierten Sports in regelwidriger Weise beeinflusse und infolgedessen ein rechtswidriger Vermögensvorteil durch eine auf diesen Wettbewerb bezogene öffentliche Sportwette erlangt werde, wird mit Freiheitsstrafe bis zu drei Jahren oder mit Geldstrafe bestraft.

(4) Ebenso wird bestraft, wer einem Schieds-, Wertungs- oder Kampfrichter einen Vorteil für diesen oder einen Dritten als Gegenleistung dafür anbietet, verspricht oder gewährt, dass er den Verlauf oder das Ergebnis eines Wettbewerbs des organisierten Sports in regelwidriger Weise beeinflusse und infolgedessen ein rechtswidriger

302 Es sei klargestellt, dass eine Strafbarkeit der Beteiligten am aus dem Jahr 2006 stammenden Fall „Hoyzer“ nach § 265c StGB nicht denkbar ist. Der Paragraf wurde durch das einundfünfzigste Gesetz zur Änderung des Strafgesetzbuchs eingeführt und ist erst am 19. 04. 2017 in Kraft getreten. Dass die mehr als zehn Jahre zurückliegenden Handlungen der Beteiligten nicht nach diesem Paragrafen strafbar sein können, ergibt sich aus § 2 I StGB sowie aus Art. 103 II GG. Wenn also die Strafbarkeit dieser Personen geprüft wird, dient dies lediglich dem Zweck der Veranschaulichung des Anwendungsbereichs der neuen Norm im Vergleich zur vorherigen Rechtslage und ist insofern selbstverständlich rein hypothetisch zu verstehen.

303 Es waren, wie dargestellt, noch andere Personen an den Taten beteiligt, darunter sowohl Spieler als auch Schiedsrichter. Um den Umfang der Arbeit nicht zu sprengen, sollen lediglich exemplarisch die hypothetischen Strafbarkeiten von Ante S. und R. Hoyzer nach § 265c StGB dargestellt werden.

Vermögensvorteil durch eine auf diesen Wettbewerb bezogene öffentliche Sportwette erlangt werde.

(5) Ein Wettbewerb des organisierten Sports im Sinne dieser Vorschrift ist jede Sportveranstaltung im Inland oder im Ausland,
1. die von einer nationalen oder internationalen Sportorganisation oder in deren Auftrag oder mit deren Anerkennung organisiert wird und
2. bei der Regeln einzuhalten sind, die von einer nationalen oder internationalen Sportorganisation mit verpflichtender Wirkung für ihre Mitgliedsorganisationen verabschiedet wurden.

(6) Trainer im Sinne dieser Vorschrift ist, wer bei dem sportlichen Wettbewerb über den Einsatz und die Anleitung von Sportlern entscheidet. Einem Trainer stehen Personen gleich, die aufgrund ihrer beruflichen oder wirtschaftlichen Stellung wesentlichen Einfluss auf den Einsatz oder die Anleitung von Sportlern nehmen können.

Im Ausgangsfall wurde der Angeklagte Ante S. wegen vollendeten Betrugs gemäß § 263 I StGB bestraft. Der Schiedsrichter R. Hoyzer wurde wegen Beihilfe zum Betrug gemäß § 263 I, 27 StGB verurteilt[304]. Zur Veranschaulichung sei dieser an den Fall „Hoyzer“ angelehnte und stark vereinfachte fiktive Sachverhalt zugrunde gelegt:

„S bietet dem ihm bekannten Bundesligaschiedsrichter H einen Geldbetrag in Höhe von 10.000 Euro an, damit dieser das DFB-Pokalspiel Borussia Dortmund gegen Bayern München durch unberechtigte Elfmeter sowie Platzverweise so beeinflusst, dass Borussia Dortmund gewinnt. H willigt ein, woraufhin S ihm auch den Geldbetrag auszahlt. Wie von Anfang an geplant, schließt daraufhin S bei einem Wettanbieter einen Wettvertrag ab, wobei er einen Geldbetrag in Höhe von 5000 Euro auf einen Sieg von Borussia Dortmund setzt. Borussia Dortmund gewinnt das Spiel mit 2: 0 und S gewinnt infolgedessen einen Geldbetrag in Höhe von 18.000 Euro. Dabei wusste H von den Plänen des S, eine Sportwette auf das Spiel abschließen zu wollen.“

a. *Strafbarkeit des Wettabschließenden*

Hinsichtlich des Wettabschließenden S käme eine Strafbarkeit gemäß § 265c IV StGB in Betracht. Demnach ist strafbar, wer einem Schieds-, Wertungs- oder Kampfrichter einen Vorteil für diesen oder einen Dritten als Gegenleistung dafür anbietet, verspricht oder gewährt, dass er den Verlauf oder das Ergebnis eines Wettbewerbs des organisierten Sports in regelwidriger Weise beeinflusse und infolgedessen ein rechtswidriger Vermögensvorteil durch eine auf diesen

304 Vgl. nochmals BGHSt 51, 165 = NStZ 2007, 151.

Wettbewerb bezogene öffentliche Sportwette erlangt werde. Indem S dem Bundesligaschiedsrichter H also einen Geldbetrag ausbezahlte, hat er einem Schiedsrichter einen Vorteil angeboten sowie gewährt[305]. Dies erfolgte auch gerade als Gegenleistung für die Beeinflussung eines Ergebnisses beziehungsweise des Verlaufs eines Fußballspiels des DFB-Pokals, mithin also eines Wettbewerbs des organisierten Sports[306].

Da S auch forderte, dass der H das Spiel durch unberechtigte Elfmeter und Platzverweise beeinflusst, geschah dies auch in regelwidriger Weise[307]. Dabei kam es dem S auch von Anfang an darauf an, einen rechtswidrigen Vermögensvorteil[308] durch eine auf diesen Wettbewerb, also das DFB-Pokalspiel bezogene öffentliche Sportwette zu erlangen. Der durch die Sportwette erlangte rechtswidrige Vermögensvorteil muss daher nicht tatsächlich eintreten. Es genügt bereits, dass der Vorteilgeber im Zeitpunkt der Unrechtsabrede die Absicht hat, eine dementsprechende Wette abzuschließen[309]. Der tatbestandliche Erfolg ist auch ohne den Abschluss einer Sportwette verwirklicht.

b. Vergleich zur Strafbarkeit im Originalfall

Die Tathandlung des S ist also nun nicht mehr eine Täuschung gegenüber einem Mitarbeiter des Wettbüros, sondern bereits das Anbieten eines Vorteils dem Schiedsrichter gegenüber. Dieser veränderte Anknüpfungspunkt bringt wesentliche Unterschiede im Vergleich zur vorherigen Strafbarkeit nach § 263 StGB mit sich: Zum einen bedeutet dies eine zeitliche Vorverlagerung der Strafbarkeit, da der Täter üblicherweise bereits vor dem Wettabschluss die Manipulationshandlung vornehmen wird. Der Wettvertragsabschluss ist für die Tatbestandsverwirklichung irrelevant. Die Konsequenz daraus ist zudem, dass die Täuschungshandlung, deren konkludent erklärter Inhalt eines durchaus aufwendigen Begründungsaufwands bedurfte, gar nicht mehr relevant für eine Strafbarkeit nach § 265c IV StGB ist. Insoweit wird mit der Täuschung ein zentrales Problem der Strafbarkeitsbegründung umgangen. Der auffälligste Unterschied jedoch ist zugleich der mit den weitreichendsten Folgen. Ein Vermögensschaden des Wettanbieters ist keine Voraussetzung mehr für die Strafbarkeit des Vorteilgebers. Damit entfallen die Notwendigkeit einer Schadensbegründung

305 Vgl. dazu *Fischer* § 265c StGB Rn. 22.
306 Vgl. dazu *Fischer* § 265c StGB Rn. 3.
307 Vgl. dazu *Fischer* § 265c StGB Rn. 23a.
308 Vgl. dazu *Fischer* § 265c StGB Rn. 25.
309 Vgl. dazu *Fischer* § 265c StGB Rn. 24.

und insbesondere die einer Schadensbezifferung. Somit werden auch sämtliche Bedenken hinsichtlich der verfassungsgemäßen Vereinbarkeit der Schadensbezifferung mit Art. 103 II GG hinfällig. Mithin handelt es sich damit bei § 265c StGB um ein abstraktes Gefährdungsdelikt[310].

c. *Strafbarkeit des Schiedsrichters*

Für die Strafbarkeit des H kommt § 265c III StGB in Betracht. Dieser normiert spiegelbildlich zum Abs. 4 die Strafbarkeit des Vorteilnehmers[311]. H nahm die Zahlung von 10.000 Euro als Gegenleistung dafür an, dass er das Spiel durch falsche Entscheidungen beeinflusst. Dabei wusste er auch, dass der S auf dieses Spiel eine Sportwette abschließen wird, um damit einen Vermögensvorteil zu gewinnen.

d. *Vergleich zur Strafbarkeit im Originalfall*

Im ursprünglichen „Hoyzer"-Fall war der Schiedsrichter wegen Beihilfe zum Betrug strafbar. Anknüpfungspunkt für die strafbare Handlung war das Hilfeleisten, also die Manipulation der Spiele selbst. Auch hier findet eine Vorverlagerung der Strafbarkeit dahingehend statt, dass der Tatbestand bereits durch die Annahme des Geldes verwirklicht ist[312]. Eine tatsächliche Manipulation ist also ebenso wie der tatsächliche Abschluss der Wette nicht erforderlich.

e. *Zusammenfassendes Fazit: Verzicht auf Schaden als Erleichterung für Strafbegründung*

Zusammenfassend ist also festzuhalten: § 265c StGB deckt die Strafbarkeit des manipulierenden Akteurs ebenso ab wie die desjenigen, der plant, einen Sportwettenvertrag abzuschließen. Mit der Täuschung und dem Vermögensschaden werden die beiden problematischsten Punkte der Strafbarkeitsbegründung über die Betrugslösung entbehrlich. Dies erleichtert es sicherlich, Strafbarkeitslücken zu schließen. Darüber hinaus entlastet es die Gerichte hinsichtlich des Begründungsaufwands dahingehend, dass sie nicht mehr gezwungen sind, mit unscharfen Schadensbezifferungen Gefahr zu laufen, ein verfassungsrechtlich bedenkliches Urteil zu sprechen.

---

310 Vgl. dazu Fischer § 265c StGB Rn. 2.

311 Vgl. dazu *Fischer* § 265c StGB Rn. 21.

312 *Fischer* § 265c StGB Rn. 28.

Somit ist ersichtlich, dass die erste dargestellte Konstellation, nämlich diejenige, in welcher sowohl eine Manipulation stattfinden als auch eine Sportwette abgeschlossen werden soll, von § 265c StGB erheblich einfacher erfasst werden kann als von § 263 StGB. Die praktischen Schwierigkeiten hinsichtlich der Schadensbezifferung machen eine Lösung über den Betrugstatbestand verfassungsrechtlich bedenklich. Diese Schwierigkeiten vermag § 265c StGB als abstraktes Gefährdungsdelikt, welches vor allem auf den Schadenseintritt komplett verzichtet, zu überwinden.

II. Fallkonstellation 2: Manipulation des Sportereignisses ohne das Setzen einer Sportwette

Darüber hinaus ist es denkbar, dass ein Sportereignis manipuliert wird, ohne dass eine Sportwette auf diese gesetzt wird. Diese Fallkonstellation resultiert aus einer völlig anderen Motivationslage des Bestechenden: Der Vorteilsgeber will sich nicht selbst bereichern, sondern möchte aus sportlichen Gründen die Wahrscheinlichkeit eines Erfolgs seiner Mannschaft erhöhen. Dies kann beispielsweise deshalb geschehen, weil der Verein vom Abstieg bedroht ist und im entscheidenden Spiel dringend ein Sieg benötigt wird, oder aber ein Endspiel ansteht, dessen Gewinn für den Verein sowohl finanziell als auch aus Prestigegründen reizvoll ist. Vorliegend soll das strafrechtlich relevante Verhalten hinsichtlich der Zahlung und Annahme von Bestechungsgeldern dargestellt werden[313].

Vorab sei jedoch bemerkt, dass die denkbaren Motivationen sowie die Personengruppen[314], die als Täter auf Geber- sowie Nehmerseite in Betracht kommen, verschiedene Konstellationen entstehen lassen, die für sich genommen jeweils eine ausführliche Erörterung notwendig machen würden, jedoch nicht alle dargestellt werden können[315]. Im Folgenden soll eine ausgewählte Konstellation[316]

313 Ferner wäre auch an eine Strafbarkeit von Funktionären wegen Eintrittskartenverkäufen oder dem Abschluss von Fernsehverträgen denkbar. Vgl. dazu ausführlich *Paringer* Korruption im Profifußball S. 29 ff.

314 Zu denken ist entweder an eine Bestechung von Schiedsrichtern oder von Spielern der gegnerischen Mannschaft auf der Nehmerseite. Als Geber kämen unter anderem Vereinsfunktionäre in Betracht.

315 Der Verfasser dieser Arbeit hat sein Hauptaugenmerk auf die Fallkonstellationen *mit* Sportwettenbezug gerichtet. Die Darstellungen der Manipulationen ohne Sportwettenbezug dienen der Abrundung der Darstellung dieses strafrechtlich relevanten Verhaltenskomplexes.

316 Zu nennen ist in diesem Zusammenhang jedenfalls noch eine weitere Konstellation: Im Bundesliga Skandal von 1971 wurden, anders als in der ausführlich darstellten

dargestellt werden, die dem Leser einen Eindruck von den relevantesten Delikten hinsichtlich dieses Verhaltens vermitteln sollen.

1. Der Fall „THW Kiel“

Auch der Handball blieb in der Vergangenheit von Manipulationsvorwürfen nicht verschont. Der Fall, der dabei den höchsten Bekanntheitsgrad erreichte, war der rund um das Handball-Champions League-Finale 2007. Dort standen sich der THW Kiel und die SG Flensburg-Handewitt gegenüber. Nach einem 28 : 28 Unentschieden in der ersten Begegnung gewann der THW Kiel das Rückspiel mit 29 : 27 und sicherte sich somit den lukrativen sowie prestigeträchtigen Champions League Titel. Daraufhin wurde berichtet, der Kieler Geschäftsführer Uwe Schwenker habe gegenüber dem Präsidenten des Handball Bundesligisten HSV Hamburg behauptet, der Erfolg sei nur aufgrund des Umstands möglich gewesen, dass Abmachungen mit den Schiedsrichtern getroffen worden seien[317].

Nach längeren Ermittlungen der Staatsanwaltschaft gegen den ehemaligen Trainer der Kieler Mannschaft, Zvonimir Serdarusic, sowie gegen den Kieler Geschäftsführer Uwe Schwenker erhob diese schließlich Anklage wegen Untreue, Beihilfe zur Untreue, Betrug und gemeinschaftlicher Bestechung. Jedoch eröffnete das Landgericht Kiel das Hauptverfahren gegen die beiden nur wegen Bestechung im geschäftlichen Verkehr[318]. Dieses endete letztlich im Jahre 2012 mit einem Freispruch der beiden Angeklagten aus Mangel an Beweisen[319].

2. Strafbarkeit der Beteiligten hinsichtlich der Zahlung des Bestechungsgeldes

Von diesem prominenten Fallbeispiel ausgehend, soll anhand eines fiktiven Falls die Strafbarkeit eines Vereinsfunktionärs sowie die eines Schiedsrichters bezüglich der Zahlung des Bestechungsgeldes dargestellt werden.

Fallkonstellation Spieler der gegnerischen Mannschaft bestochen, vgl. ausführlich zum Sachverhalt und der denkbaren Strafbarkeit in dieser Konstellation: *Bösing* Manipulation im Sport und staatliche Sanktionsmöglichkeiten, S. 22 ff, S. 48 ff, sowie *Schreiber/Beulke* JuS 1977, 656.

317 http://www.spiegel.de/sport/sonst/bestechungsvorwuerfe-hsv-praesident-rudolph-belastet-kiels-manager-schwenker-a-616355.html, zuletzt abgerufen am 29.01.2019.

318 Spiegel Online vom 10. November 2010, http://www.spiegel.de/sport/sonst/0,1518,728418,00.html, zuletzt aufgerufen am 08.01.2019.

319 Spiegel Online vom 19. April 2012, http://www.spiegel.de/sport/sonst/0,1518,828640,00.html, zuletzt aufgerufen am 08.01.2019.

„Der Verein K hat das Endspiel eines Turniers des Deutschen Fußballbundes erreicht und möchte um jeden Preis den Turniersieg erringen. Zu diesem Zwecke kontaktiert der Vereinsvorsitzende A den Schiedsrichter B, der das Endspiel leiten soll und bietet ihm die Summe von 20.000 Euro, die er als Vorsitzender vom Konto des Vereins abheben konnte, an, damit er auf das Spielgeschehen so Einfluss nimmt, dass der Verein K gewinnt. B willigt ein und nimmt das Geld entgegen. Wie abgesprochen nimmt der Schiedsrichter zugunsten des Vereins K auf das Spiel Einfluss. Daraufhin gewinnt K tatsächlich den Titel. Dadurch gewinnt der Verein eine Siegesprämie in Höhe von 3 Millionen Euro. Der gegnerische Verein L geht leer aus. Der Schiedsrichter der Begegnung gibt nach dem Spiel ordnungsgemäß den Spielbericht beim DFB ab und erhält vom Verband sein übliches Gehalt."

a. Die Strafbarkeit des Vereinsvorsitzenden

aa. Strafbarkeit gemäß § 299 II StGB

Zunächst kommt eine Strafbarkeit des Vereinsvorsitzenden wegen Bestechung im geschäftlichen Verkehr gemäß § 299 II StGB[320] in Betracht da er dem Schiedsrichter[321] Geld für die Manipulation des Spiels geboten hat. Gemäß § 299 II Nr. 1 StGB ist strafbar, wer im geschäftlichen Verkehr einem Angestellten oder Beauftragten eines Unternehmens einen Vorteil dafür gewährt, dass er bei dem Bezug von Waren oder Dienstleistungen ihn im inländischen oder ausländischen Wettbewerb in unlauterer Weise bevorzugt.

(1) Schiedsrichter als Beauftragter eines geschäftlichen Betriebs

Fraglich ist demnach zunächst, ob der Schiedsrichter überhaupt Angestellter oder Beschäftigter in einem geschäftlichen Betrieb ist. Davon ist jede Tätigkeit im Wirtschaftsleben umfasst, die sich durch Austausch und Leistung und Gegenleistung vollzieht[322]. Vorliegend wird der Schiedsrichter für den

320 Vorliegend ist im Rahmen der Korruptionsdelikte einzig die Verwirklichung des § 299 StGB denkbar. Eine Strafbarkeit des Vorsitzenden gemäß §§ 333 f. StGB scheitert offensichtlich daran, dass der Schiedsrichter kein Amtsträger ist vgl. *Fischer* § 11 StGB Rn. 12.

321 Werden anstatt des Schiedsrichters Spieler der gegnerischen Mannschaft bestochen, so ergeben sich hinsichtlich der Strafbarkeit auf Geber- und Nehmerseite Unterschiede. Vgl. zur Strafbarkeit des Vereinsvorsitzenden bei der Spielerbestechung ausführlich *Bösing* Manipulation im Sport und staatliche Sanktionsmöglichkeiten S. 48 ff.

322 BGHSt 2, 396; 10, 366; *Fischer* § 299 StGB Rn. 5.

Deutschen Fußball-Bund (DFB)[323] tätig. Nach einer in der Literatur weit verbreiteten Ansicht[324] stellt die Spielleitung für diesen Verband jedoch keine Tätigkeit in einem geschäftlichen Betrieb dar. Begründet wird dies vor allem damit, dass der DFB keine wirtschaftlichen Zwecke verfolgt[325], sondern als Idealverein im Sinne des § 21 BGB organisiert ist und insbesondere mit der Spielleitung keine Erwerbszwecke verfolgt[326].

Die Gegenansicht führt jedoch aus, dass auch ein Idealverein wirtschaftliche Zwecke verfolgen kann, solange diese den idealen Hauptzwecken untergeordnet seien[327]. Gleich welcher Ansicht man sich hier anschließen mag, die Strafbarkeit wegen § 299 II StGB kommt jedenfalls aus einem anderen Grund offensichtlich nicht in Betracht.

(2) Im geschäftlichen Verkehr

Richtigerweise besteht weitestgehend Einigkeit darüber, dass es jedenfalls am Merkmal des Tätigwerdens im geschäftlichen Verkehr mangelt und daher eine Strafbarkeit nach § 299 II StGB ausscheiden muss[328]. Geschäftlicher Verkehr meint alle Kontakte, die sich auf den geschäftlichen Betrieb beziehen[329], beziehungsweise alle Tätigkeiten, die einen beliebigen Geschäftszweck fördern sollen[330]. Auch wenn dieses Merkmal offensichtlich weit auszulegen ist, kann dessen Vorliegen hier nicht angenommen werden. Nach der Definition wird klar, dass gerade nicht jede beliebige Tätigkeit, die für einen Betrieb ausgeführt wird, vom Tatbestand erfasst sein soll. Dies muss doch insbesondere für den Idealverein gelten, der gerade nur teilweise wirtschaftliche Zwecke verfolgt[331]. Mag beispielsweise der Verkauf von Fernsehrechten noch geschäftlichen Zwecken dienen,

---

323 Zur Situation, wenn der Schiedsrichter für die DFL tätig wird, vgl. *Krack* ZIS 2011, 475, 477.

324 *Fischer* § 299 StGB Rn. 7; Graf/Jäger/Wittig-*Sahan* § 299 StGB Rn. 10; NK-*Dannecker* § 299 StGB Rn. 25; *Schlösser* NStZ 2005, 423, 424; a. A. *Krack* ZIS 2011, 475, 477; *Bösing* Manipulation im Sport und staatliche Sanktionsmöglichkeiten S. 83.

325 *Schlösser* NStZ 2005, 423, 424.

326 Vgl. *Schlösser* NStZ 2005, 423, 424.

327 *Krack* ZIS 2011, 475, 476.

328 *Krack,* ZIS 2011, 475, 477 f.; *Schlösser* NStZ 2005, 423, 424; *Bösing* Manipulation im Sport und staatliche Sanktionsmöglichkeiten S. 84.

329 *Fischer* § 299 StGB Rn. 20.

330 LK-*Tiedemann* § 299 StGB Rn. 21; S/S-*Heine/Eisele* § 299 StGB Rn. 14.

331 Treffend: *Krack* ZIS 2011, 475, 477.

so ist die Leitung eines Fußballspiels dem verbandsinternen Sportbetrieb und gerade nicht dem geschäftlichen Betrieb zuzuordnen[332].

(3) Ergebnis

Damit scheidet eine Strafbarkeit nach § 299 II StGB aus[333].

bb. Strafbarkeit gemäß § 266 I StGB

Weiterhin wäre an eine Strafbarkeit des Vereinsvorsitzenden aus § 266 I StGB zu denken.

(1) Vermögensbetreuungspflicht

Unabhängig davon, welche der beiden Tatbestandsalternativen einschlägig ist, müsste jedenfalls eine Vermögensbetreuungspflicht des Vereinsvorsitzenden gegeben sein, da diese für beide Alternativen erforderlich ist[334]. Diese Vermögensbetreuungspflicht wird von der Rechtsprechung[335] anhand einer Gesamtwürdigung ermittelt. Dabei greift sie auf einen Indizienkatalog zurück, dessen wesentliche Merkmale die folgenden sind: Die Pflicht zur Betreuung des Vermögens muss eine *Hauptpflicht* des Treunehmers sein, das Handeln muss eine gewisse *Fremdnützigkeit* aufweisen und dem Treunehmer muss ein Maß an *Eigenverantwortlichkeit* bei seiner Pflichtenerfüllung zukommen[336].

Diese Pflicht zur Betreuung des Vermögens kann entweder aufgrund Gesetz[337], Rechtsgeschäfts[338] oder eines behördlichen Auftrags[339] entstehen. Bei dem Vorsitzenden liegt eine Vermögensbetreuungspflicht dem Vereinsvermögen gegenüber ganz regelmäßig vor[340]. Diese kann sogar in der Satzung festgeschrieben sein[341].

332 *Krack* ZIS 2011, 475, 478; zustimmend: *Bösing* Manipulation im Sport und staatliche Sanktionsmöglichkeiten S. 84 f.

333 Darüber hinaus würde es auch an dem erforderlichen Vorliegen einer „Ware“ oder „gewerblichen Leistung“ fehlen. Vgl. dazu *Schlösser* NStZ 2005, 423, 424.

334 BGHSt 24, 386, 387 f.; vgl. schon RG 69, 58 f.; demnach ist der Missbrauchstatbestand ein Spezialfall des umfassenderen Treuebruchtatbestands, vgl. BGHSt 33, 244, 250; 46, 30; 47, 187; 50, 331, 342; *Fischer* § 266 StGB Rn. 6.

335 RGSt 69, 58, 62.

336 *Kudlich/Oğlakcıoğlu* Wirtschaftsstrafrecht Rn. 334.

337 Vgl. *Fischer* § 266 StGB Rn. 15.

338 Vgl. *Fischer* § 266 StGB Rn. 18.

339 Vgl. *Fischer* § 266 StGB Rn. 17.

340 *Fischer* § 266 StGB Rn. 48; vgl. auch *Eisele* GA 2001, 377 ff.; zustimmend: *Bösing* Manipulation im Sport und staatliche Sanktionsmöglichkeiten S. 57.

341 Vgl. *Triffterer* NJW 1975, 612, 613.

(2) Missbrauchsvariante

Vorliegend kommt die Verwirklichung der spezielleren Missbrauchsvariante in Betracht. Diese erfasst Fälle, in denen dem Treuepflichtigen, also vorliegend dem Vereinsvorsitzendem, die rechtliche Befugnis eingeräumt wurde, den Treugeber, also den Verein selbst, rechtswirksam zu verpflichten oder über dessen Vermögen zu verfügen[342].

Der Vorstand eines Vereins wird durch Beschluss der Mitgliederversammlung bestellt, gemäß § 27 I BGB. Die Bestellung ist dabei ein einseitiges empfangsbedürftiges Rechtsgeschäft[343]. Die Bestellung zum Vorstand erfasst insbesondere auch die Vertretung des Vereins gemäß § 26 I 2 BGB. Somit wird dem Vorstand also rechtsgeschäftlich die rechtliche Befugnis eingeräumt, den Verein im Außenverhältnis zu verpflichten[344] und über dessen Vermögen zu verfügen.

Zunächst müsste A überhaupt über fremdes Geld verfügt haben[345]. Da der A vorliegend das Geld vom Konto des Vereins abhebt, scheitert diese Tatbestandsalternative nicht schon daran, dass der Täter nicht über fremdes Geld verfügt[346]. Er müsste seine ihm eingeräumte Befugnis, über das Vermögen des Vereins zu verfügen, darüber hinaus auch missbraucht haben.

Der Missbrauch erfordert, dass der Täter im Rahmen seiner ihm eingeräumten Vertretungsmacht den Verein im Außenverhältnis wirksam verpflichtet beziehungsweise eine dem Verein gegenüber wirksame Verfügung vornimmt[347]. Etwas vereinfacht[348], aber dennoch treffend wird gefordert, dass der Täter im Rahmen seines rechtlichen Könnens die Grenzen des rechtlichen Dürfens

---

342 *Kudlich/Oğlakcıoğlu* Wirtschaftsstrafrecht Rn. 335.

343 Palandt-*Ellenberger* § 27 BGB Rn. 1.

344 Vgl. auch *Fischer* § 266 StGB Rn. 18; LK-*Schünemann* § 266 StGB Rn. 35; *Bösing* Manipulation im Sport und staatliche Sanktionsmöglichkeiten S. 56.

345 Zum Erfordernis der Fremdheit vgl. Graf/Jäger/Wittig-*Waßmer* § 266 StGB Rn. 60.

346 Vgl. dazu *Bösing* Manipulation im Sport und staatliche Sanktionsmöglichkeiten S. 56, der zutreffend darauf hinweist, dass der Tatbestand nicht verwirklicht wäre, wenn der Täter sein Privatvermögen verwendet. Darüber hinaus geht er zurecht von einer hohen praktischen Relevanz dieser Konstellation aus, da heutzutage eine Vielzahl von finanzkräftigen Mäzen bereit ist, ihr Privatvermögen in Vereine zu investieren.

347 Vgl. dazu BGHSt 5, 61, 63; *Fischer* § 266 StGB Rn. 24; LK-*Schünemann* § 266 StGB Rn. 47.

348 Kritisch dazu: LK-*Schünemann* § 266 StGB Rn. 47.

überschreitet[349]. Daraus ergeben sich nun zwei zu untersuchende Komponenten: Zum einen muss die Zahlung des Bestechungsgeldes gegen die Pflichten im Verhältnis des Vereinsvorstands zum Verein verstoßen. Darüber hinaus muss die Geldzahlung jedoch im Rahmen des rechtlichen Könnens des Vereinsvorstands möglich sein.

Die Pflichten von Vereinsorganen leiten sich primär aus den in der Satzung festgeschriebenen Grundsätzen ab[350]. *Bösing* führt dazu zutreffend aus, dass die Verwendung von Vereinsgeldern zu Bestechungszwecken im Grundsatz gegen die in der Satzung üblicherweise festgeschriebene Förderung des sportlichen Wettbewerbs verstößt[351]. Somit sei die Verwendung von Vereinsgeldern für Bestechungszwecke grundsätzlich nicht mit den Pflichten aus dem Innenverhältnis vereinbar. Insbesondere sei auch nicht von einem ausnahmsweise zulässigen Risikogeschäft auszugehen.

Wenn ein solch zulässiges Risikogeschäft getätigt wird, entfällt die Pflichtwidrigkeit der Handlung im Innenverhältnis[352]. Ob ein solches vorliegt, bestimmt sich maßgeblich danach, ob der Täter bewusst und entgegen den Regeln der kaufmännischen Sorgfalt eine äußerst gesteigerte Verlustgefahr in Kauf nimmt[353]. Daraus wird zutreffend geschlossen, dass die Bestechung von Schiedsrichtern nicht diesen Grundsätzen genügen kann und daher ein unerlaubtes Risikogeschäft, mithin eine Pflichtverletzung im Innenverhältnis darstellt[354]. Begründet wird dies damit, dass die eingegangenen Risiken im Falle einer Aufdeckung der Manipulation unüberschaubar sind. Es drohen nicht nur finanzielle Einbußen in Form von Bußgeldern, sondern auch ein erheblicher Ansehensverlust des Vereins in der öffentlichen Wahrnehmung[355]. Damit ist eine Überschreitung des rechtlichen Dürfens im Innenverhältnis zu bejahen.

---

349 BGHSt 5, 61, 63; 47, 293, 296; 50, 299, 313; 50, 331, 341; *Fischer* § 266 StGB Rn. 24 ff.; NK-*Kindhäuser* § 266 StGB Rn. 82; S/S-*Perron* § 266 StGB Rn. 18; *Kudlich/Oğlakcıoğlu* Wirtschaftsstrafrecht Rn. 336.

350 So: *Bösing* Manipulation im Sport und staatliche Sanktionsmöglichkeiten S. 57.

351 Vgl. *Bösing* Manipulation im Sport und staatliche Sanktionsmöglichkeiten S. 57, der sich dabei auf die Satzung des DSC Arminia Bielefeld bezieht.

352 *Fischer* § 266 StGB Rn. 63; NK-*Kindhäuser* § 266 Rn. 75; S/S-*Perron* § 266 StGB Rn. 20; zustimmend: *Bösing* Manipulation im Sport und staatliche Sanktionsmöglichkeiten S. 58.

353 BGH NJW 1975, 1234, 1236; BGH NJW 1990, 3219, 3220.

354 *Bösing* Manipulation im Sport und staatliche Sanktionsmöglichkeiten S. 59.

355 *Bösing* Manipulation im Sport und staatliche Sanktionsmöglichkeiten S. 59.

Überraschenderweise wird daraus bereits auf das Vorliegen eines Missbrauchs geschlossen[356]. Dies ist aus meiner Sicht nicht konsequent. Vielmehr erscheint eine exakte Abgrenzung der beiden Tatbestandsalternativen geboten[357]. Dabei wird jedoch die Wirksamkeit der Verfügung im Außenverhältnis völlig außer Acht gelassen[358]. Tatbestandliche Voraussetzung für die Missbrauchsalternative ist gerade die zivilrechtliche Wirksamkeit der vorgenommenen Verfügung. Ist die Verfügung aus zivilrechtlichen Gründen nichtig, so scheidet die Missbrauchsalternative tatbestandlich aus[359].

Vorliegend werden Bestechungsgelder gezahlt. In Betracht kommt insofern eine Nichtigkeit der Übereignung des Geldes. Diese wäre bereits gemäß § 134 BGB gegeben, wenn die Geldzahlung unter die §§ 299 ff. StGB fallen würde[360]. Da dies jedoch, wie eben dargestellt, nicht der Fall ist, könnte sich eine Nichtigkeit der Verfügung im Außenverhältnis allenfalls aus § 138 BGB ergeben. Gemäß § 138 I BGB sind Rechtsgeschäfte nichtig, die gegen die guten Sitten verstoßen. Dabei beruht gerade im Fall von Bestechungsgeldern beziehungsweise Schmiergeldzahlungen der Vorwurf der Sittenwidrigkeit auf dem Umstand, dass die Zuwendung verheimlicht wurde[361]. Dies wird unstrittig bejaht im Falle von Schmiergeldzahlungen an Vertreter, mithin also an Personen, denen eben durch diese Zahlungen ein Vertragsschluss ermöglicht werden oder dieser inhaltlich beeinflusst werden soll[362].

Ferner ist jedoch anerkannt, dass auch die Schmiergeldzahlung an eine sonstige Person der Sittenwidrigkeit unterfällt, wenn diesen Personen die Pflicht obliegt, fremde Interessen zu wahren[363]. Möglicherweise stellt der Schiedsrichter

---

356 *Bösing* Manipulation im Sport und staatliche Sanktionsmöglichkeiten S. 60.

357 Zwar ist die Frage, welche Tatbestandsalternative gegeben ist, für die Strafandrohung ohne Relevanz, jedoch sei mit Hinblick auf die richterliche Konkretisierungspflicht eine exakte Abgrenzung zwischen den beiden Alternativen wünschenswert. Zwingend sei dies darüber hinaus, wenn sich der Umstand auswirkt, dass Missbrauchs- und Treuebuchstatbestand zwei verschiedene Strafgesetze im Sinne des § 265 StPO darstellen, so: Graf/Jäger/Wittig-*Waßmer* § 266 StGB Rn. 67.

358 Auch bei: BGH NJW 1975, 1234; *Triffterer* NJW 1975, 612, 614.

359 *Fischer* § 266 StGB Rn. 24; *Kudlich/Oğlakcıoğlu* Wirtschaftstrafrecht Rn. 336; vgl. dazu BGH NStZ 2007, 579, 580; Graf/Jäger/Wittig-*Waßmer* § 266 StGB Rn. 68; a.A. *Arzt* FS-Bruns 1978, 365 ff.; LK-*Schünemann* § 266 StGB Rn. 47.

360 Staudinger/*Sack/Fischinger* 2017 § 138 BGB Rn. 498.

361 Staudinger/*Sack/Fischinger* 2017 § 138 BGB Rn. 498.

362 Staudinger/*Sack/Fischinger* 2017 § 138 BGB Rn. 498.

363 BGH NJW 1973, 363; BGH NJW 1991, 1817, 1819 f.; BGH NJW 1999, 2266; vgl. auch Staudinger/*Sack/Fischinger* § 138 BGB Rn. 498.

eine sonstige Person in diesem Sinne dar. Dieser wird, wie ausgeführt, als Beauftragter des DFB tätig. Damit hat er insbesondere dessen Interesse zu wahren, die Spielleitung nach sportlichen und vor allem regelkonformen Grundsätzen zu leiten. Ein regelwidriges Bevorzugen einer der beiden Mannschaften verstößt gegen diese Interessen aufs Gröbste. Der sportliche Gedanke fußt gerade auf der Überlegung, dass sich zwei Gegner unter fairen Wettkampfbedingungen aneinander messen. Eine Spielleitung, deren Ziel es ist, einer der beiden Mannschaften zum Sieg zu verhelfen, führt die Tätigkeit des „Unparteiischen" ad absurdum. Die regelwidrige Spielleitung läuft damit den Interessen des DFB zuwider. Damit ist die Geldzahlung von Vereinsseite an den Unparteiischen als sittenwidrig zu qualifizieren.

Somit fallen also sowohl die Übereignung des Geldes als auch schon die schuldrechtliche Abrede mit dem Schiedsrichter unter § 138 I BGB und sind daher zivilrechtlich nichtig[364]. Da die zivilrechtliche Wirksamkeit der Verfügung tatbestandliche Voraussetzung für die Missbrauchsvariante ist, scheidet diese vorliegend aus.

(3) Treuebruchvariante

In Betracht kommt damit lediglich die Verwirklichung der Treuebruchalternative. Ein Treuebruch liegt dann vor, wenn der Täter durch eine beliebige vermögensrelevante Handlung die ihm obliegende Vermögensbetreuungspflicht verletzt, wobei ein funktionaler[365] oder innerer[366] Zusammenhang zwischen Vermögensbetreuungspflicht und dem Handeln des Täters bestehen muss. Insbesondere ist nicht jede Pflichtverletzung eines Vermögensbetreuungspflichtigen auch die Verletzung einer Vermögensbetreuungspflicht[367].

Die Übereignung des Geldes an den Schiedsrichter stellt als Verfügungshandlung grundsätzlich eine taugliche Tathandlung dar[368]. Im konkreten Fall nutzt A auch gerade seine ihm eingeräumte Befugnis, die Gelder des Vereins zu verwalten, um auf das Konto des Vereins zugreifen und die 20.000 Euro abheben zu können. Mit anderen Worten, es hat ihm gerade seine Vermögensbetreuungspflicht

---

364 Darüber hinaus könnte sich die Nichtigkeit des Geschäfts auch aus § 134 BGB i. V. m. § 265d StGB ergeben, wenn Letzterer durch diese Handlungen tatbestandlich verwirklicht ist. Dies soll im Folgenden noch erörtert werden.

365 *Kudlich/Oğlakcıoğlu* Wirtschaftsstrafrecht Rn. 340; vgl. S/S-*Perron* § 266 StGB Rn. 36; *Eisele* GA 2001, 377, 388; *Rönnau/Hohn* NStZ 2004, 113, 114.

366 BGH NJW 1992, 250, 251; *Fischer* § 266 StGB Rn. 50.

367 *Kudlich/Oğlakcıoğlu* Wirtschaftsstrafrecht Rn. 340.

368 *Fischer* § 266 StGB Rn. 51.

ermöglicht[369], die Pflichtverletzung vorzunehmen. Damit ist die Treuebruchalternative verwirklicht.

(4) Vermögensnachteil

Weiterhin ist jedoch erforderlich, dass dem Verein ein Vermögensnachteil entsteht. Dieser könnte in dem Verlust der 20.000 Euro zu sehen sein. Jedoch ist zu beachten, dass im Rahmen einer Gesamtsaldierung[370] auch mögliche Kompensationen für die Nachteilsfeststellung berücksichtigt werden müssen. Insofern könnte im Hinblick auf das durch den Gewinn des Endspiels gewonnene Preisgeld in Höhe von 3 Mio. Euro ein Nachteil zu verneinen sein. Fraglich ist jedoch, inwieweit die durch Bestechung erworbene Siegesprämie bei der Gesamtsaldierung überhaupt berücksichtig werden kann. Schließlich handelt es sich dabei um einen durch sittenwidriges Verhalten erworbenen wirtschaftlichen Wert. Ob dies Berücksichtigung finden könne, ist letztlich eine Frage des Vermögensbegriffs[371]. Legt man wie die Rechtsprechung in mehreren Fällen[372] den rein ökonomischen Begriff zugrunde, so finden die 3 Mio. Euro, gleich ob sittenwidrig erworben oder nicht, dergestalt Berücksichtigung, dass sie den Nachteil grundsätzlich kompensieren könnten. In Bezug auf sittenwidrige wirtschaftliche Vorteile wird vertreten, dass diese bei der Beurteilung einer etwaigen Nachteilskompensation normativen Einschränkungen unterliegen[373]. Geht man von diesem juristisch-ökonomischen Begriff aus, so findet die Siegesprämie grundsätzlich keine Berücksichtigung, sodass ein Nachteil zu bejahen wäre.

Richtigerweise ist mit der herrschenden Meinung anzunehmen, dass grundsätzlich auch deliktisch erworbene Vermögenspositionen geschützt sind[374]. Insbesondere wurde bereits dargestellt, dass die verfassungsrechtlichen Anforderungen in Bezug auf die Schadensfeststellung zunächst eine nach wirtschaftlichen Gesichtspunkten ausgerichtete Betrachtung fordern und normative Gesichtspunkte zwar eine Rolle spielen können, diese jedoch nicht überlagern dürfen[375].

---

369 Dies wird als teilweise als Kriterium für den erforderlichen Zusammenhang zwischen der Vermögensbetreuungspflicht und der Pflichtverletzung herangezogen, vgl. *Bittmann* NStZ 2012, 57, 58.

370 *Fischer* § 266 StGB Rn. 115a; NK-*Kindhäuser* § 266 StGB Rn. 106.

371 LK-*Schünemann* § 266 StGB Rn. 98; zustimmend: *Bösing* Manipulation im Sport und staatliche Sanktionsmöglichkeiten S. 61.

372 BGH NJW 1975, 1235; BGH NJW 1966, 770.

373 *Fischer* § 266 StGB Rn. 112.

374 BGHSt 1, 186, 187; Graf/Jäger/Wittig-*Waßmer* § 266 StGB Rn. 174.

375 BVerfGE 126, 170.

Fraglich ist jedoch, ob diese Überlegungen auch auf die Fälle der manipulierten Sportereignisse übertragbar sind. Zwar hat die Rechtsprechung im Bundesliga-Skandal sogar den durch Schiedsrichterbestechung realisierten Verbleib in der Bundesliga als einen zu berücksichtigenden Vermögensvorteil eingestuft[376]. Jedoch wurde auch dort bereits angemerkt, dass es nicht gesichert erscheint, dass der Verbleib in der Bundesliga tatsächlich zu mehr Einnahmen führen wird, die die Vermögenseinbußen durch die Schmiergelder auszugleichen vermögen[377].

Im Rahmen der Gesamtsaldierung können nämlich nur die Vermögenspositionen Berücksichtigung finden, die im maßgeblichen Zeitpunkt der Vermögensverfügung auch hinreichend gesichert erscheinen[378]. Die Erwerbsaussichten müssen jedenfalls faktisch begründet sein wohingegen die vage Hoffnung auf deren Eintritt nicht ausreichen könne[379]. Zweifel wurden unter anderem dahingehend angemeldet, dass beispielsweise schlechte Wetterverhältnisse die Einnahmen bei Heimspielen schmälern könnten, selbst wenn der Verein in der höheren Spielklasse verbliebe[380]. Speziell bei Sportereignissen ergeben sich hinsichtlich dieses Erfordernisses nach meiner Ansicht noch andere Zweifel:

Wie die hohe Anzahl an fehlgeschlagenen Manipulationen zeigt, ist es alles andere als gewiss, dass die Zahlung von Bestechungsgeldern an Schiedsrichter tatsächlich zu dem erwünschten Ergebnis führt. Gewiss erhöht dies die Wahrscheinlichkeit dahingehend erheblich, jedoch bleibt der Ausgang des Sportereignisses von so vielen Unwägbarkeiten abhängig, die sich dem Einflussbereich des Schiedsrichters entziehen, dass man den Gewinn der Prämie zum Zeitpunkt der Verfügung nicht als gesichert betrachten kann. Spielentscheidenden Einfluss können etwa die Tagesform der einzelnen Spieler, zufällige Ereignisse wie ein überraschendes Tor oder die Wetterverhältnisse haben. Ohne die damalige Rechtsprechung als verfehlt zu bezeichnen, muss man doch wenigstens festhalten, dass im Falle eines manipulierten Sportereignisses jedenfalls eine Einzelfallbetrachtung vonnöten ist, in deren Rahmen ein besonderes Augenmerk auf die *Wahrscheinlichkeit des Manipulationserfolgs* zu legen ist. Dies ist meiner Ansicht nach ein maßgeblicher und bisher zu Unrecht nicht berücksichtigter Faktor bei der Frage der möglichen Kompensation eines Vermögensnachteils.

376 BGH NJW 1975, 1234, 1235.

377 BGH NJW 1975, 1234, 1235 f.

378 *Fischer* § 266 StGB Rn. 111; vgl. auch BGHSt 17, 147 f.; S/S-*Perron* § 266 StGB Rn. 46.

379 Graf/Jäger/Wittig-*Waßmer* § 266 StGB Rn. 174.

380 BGH NJW 1234, 1236.

Richtigerweise wird dies jedoch nur der jeweilige Tatrichter angemessen beurteilen können[381].

(5) Ergebnis

Festzuhalten bleibt demnach, dass eine Untreuestrafbarkeit des Vorsitzenden durchaus denkbar erscheint, da auch der subjektive Tatbestand regelmäßig in Form des dolus eventualis gegeben sein dürfte[382]. Letztlich hängt dies davon ab, inwieweit man im Rahmen des Nachteils etwaig eingetretene Vermögensvorteile als Kompensation anerkennt.

cc. Strafbarkeit gemäß § 263 I StGB

In Betracht kommt weiterhin eine Strafbarkeit gemäß § 263 I StGB.

(1) Täuschung

Auch wenn mehrere denkbare Anknüpfungspunkte für geschädigte Personengruppen in Betracht kommen, so fehlt es doch offensichtlich an einer erfolgten Täuschung durch den Vereinsvorsitzenden. Zwar könnte man auf die Bestechung als potenzielle Täuschungshandlung abstellen. Jedoch löst diese bei keinem der Geschädigten einen kausalen Irrtum oder eine kausale Vermögensverfügung aus[383]. So wird dabei nicht auf das Vorstellungsbild der Zuschauer eingewirkt, die in der Folge auch nicht kausal davon ausgehen, dass das Spiel manipulationsfrei ist. Selbiges gilt für die anderen potentiell Geschädigten, wie den gegnerischen Verein oder die Fernsehsender[384].

(2) Ergebnis

Eine Strafbarkeit des Vereinsvorsitzenden gemäß § 263 I StGB scheidet vorliegend aus.

---

381 Vgl. BGH NJW 1975, 1234, 1236.

382 Für eine exotische Fallvariante, in der der Vorsatz aufgrund eines Abweichens vom Kausalverlauf entfallen soll, vgl. LG Bielefeld JZ 1977, 692, 694; *Bösing* Manipulation im Sport und staatliche Sanktionsmöglichkeiten S. 64.

383 *Bösing* Manipulation im Sport und staatliche Sanktionsmöglichkeiten S. 66.

384 So im Ergebnis auch: *Bösing* Manipulation im Sport und staatliche Sanktionsmöglichkeiten S. 66.

dd. Gesamtergebnis hinsichtlich des Vereinsvorsitzenden

Eine Strafbarkeit des Vereinsvorsitzenden wegen Bestechung im geschäftlichen Verkehr sowie wegen Betrugs scheidet offensichtlich aus. Einzig eine Strafbarkeit wegen Untreue käme in Betracht. Diese zu begründen birgt jedoch wieder Probleme im Rahmen des Nachteils und wird unter Umständen von Fall zu Fall, beziehungsweise von Tatrichter zu Tatrichter, unterschiedlich beurteilt werden. Ein entscheidendes Kriterium im Rahmen der Nachteilsfeststellung ist nach der hier vertretenen Ansicht die Beurteilung des Grads der Wahrscheinlichkeit des Manipulationserfolgs. Diesen verlässlich zu beurteilen wird die Tatrichter vor praktische Schwierigkeiten stellen.

b. Die Strafbarkeit des Schiedsrichters

aa. Strafbarkeit gemäß § 299 I StGB

Wie bereits im Rahmen der Strafbarkeit des Vereinsvorsitzenden erörtert, ist die Leitung der Spiele durch den Schiedsrichter dem sportlichen Bereich des DFB zuzuordnen. Ein erforderliches Tätigwerden im geschäftlichen Verkehr liegt somit gerade nicht vor. Eine Strafbarkeit des Schiedsrichters wegen § 299 I StGB scheidet damit aus[385].

bb. Strafbarkeit gemäß § 266 I StGB

In Betracht käme weiterhin eine Untreuestrafbarkeit des Schiedsrichters gegenüber dem DFB. Voraussetzung wäre jedoch, dass dem Schiedsrichter eine Vermögensbetreuungspflicht gegenüber dem Vermögen des DFB zukommt. Vorliegend wird der Schiedsrichter im Auftrag des DFB tätig. Dies alleine jedoch vermag keine Vermögensbetreuungspflicht zu begründen. Vielmehr müsste die Hauptpflicht seiner Tätigkeit sein, das Vermögen des DFB zu betreuen[386]. Davon kann jedoch im Rahmen seiner Tätigkeit der Spielleitung nicht die Rede sein. Im Rahmen derer ist er nur zur regelkonformen Leitung des Spiels verpflichtet, ein spezifischer Bezug zum Vermögen des DFB besteht gerade nicht[387]. Damit ist der

---

385 Vgl. dazu auch *Bösing* Manipulation im Sport und staatliche Sanktionsmöglichkeiten S. 86.

386 Vgl. *Kudlich/Oğlakcıoğlu* Wirtschaftsstrafrecht Rn. 334.

387 *Hartmann/Niehaus* JA 2006, 432, 433; *Bösing* Manipulation im Sport und staatliche Sanktionsmöglichkeiten S. 85; MüKo-*Dierlamm* § 266 StGB Rn. 114; umfassend: *von Komorowski/Bredemeier* SpuRt 2005, 181.

Schiedsrichter mangels Vermögensbetreuungspflicht gegenüber dem DFB kein tauglicher Täter des Untreuetatbestands[388].

cc. Strafbarkeit gemäß § 263 I StGB

Ein Betrug des Schiedsrichters käme hinsichtlich mehrerer Geschädigter in Betracht. Zum einen wäre ein Betrug zulasten des geschädigten Vereins denkbar[389]. Weiterhin wäre ein Betrug zu Lasten der Eintrittsgelder bezahlenden Zuschauer denkbar. Dies wird zurecht bereits mit der Begründung abgelehnt, dass die absichtliche Fehlentscheidung des Schiedsrichters keine Täuschung im Sinne des § 263 StGB darstellt[390]. Sofern man die Täuschung bejaht, kommt eine Strafbarkeit dennoch mangels der erforderlichen Stoffgleichheit zwischen dem Bestechungsgeld und dem Schaden der Zuschauer nicht in Betracht[391]. Diesen stellt vorliegend das nicht Geltendmachen etwaiger Ansprüche dar[392].

Darüber hinaus ist noch ein Betrug zulasten der Wettanbieter und Wettteilnehmer anzudenken. Auch dieser scheitert jedoch bereits an der fehlenden Täuschung des Schiedsrichters gegenüber diesen Personengruppen. Dies wird richtigerweise maßgeblich mit dem fehlenden kommunikativen Kontakt zwischen dem Schiedsrichter und dem Angestellten der Wettannahmestelle begründet[393]. Hier sollen sich die Ausführungen auf eine Betrugsstrafbarkeit zulasten des Verbands DFB beschränken.

(1) Täuschung

Als betrugsrelevante Täuschungshandlung des Schiedsrichters kommt vorliegend die Abgabe des Spielberichts nach Ende des Spiels beim Deutschen

---

388 Ein erforderlicher Nachteil wäre unter Umständen zu bejahen gewesen, wenn der DFB nach Bekanntwerden der Manipulationen dem benachteiligten Verein Ausgleichzahlungen hätte erstatten müssen, vgl. dazu: *Hartmann/Niehaus* JA 2006, 432, 433.

389 Dabei wird bereits das Vorliegen einer Täuschung mangels Erklärungswert verneint, *Schlösser* NStZ 2005, 423, 429; a. A. *Hartmann/Niehaus* JA 2006, 432.

390 *Schlösser* NStZ 2005, 423, 429; a. A. *Bösing* Manipulation im Sport und staatliche Sanktionsmöglichkeiten S. 92; *Hartmann/Niehaus* JA 2006, 432.

391 *Bösing* Manipulation im Sport und staatliche Sanktionsmöglichkeiten S. 91; vgl. auch *von Komorowski/Bredemeier* SpuRt 2005, 181; *Valerius* SpuRt 2005, 91.

392 *Bösing* Manipulation im Sport und staatliche Sanktionsmöglichkeiten S. 93.

393 *Fasten/Oppermann* JA 2006, 69, 73; a. A. *Bösing* Manipulation im Sport und staatliche Sanktionsmöglichkeiten S. 93.

Fußball-Bund in Betracht[394]. Es ist festgelegt, dass der Schiedsrichter nach dem Ende der Partie einen Bericht hinsichtlich der Vorkommnisse der Begegnung verfasst[395]. Man kann richtigerweise davon ausgehen, dass der Schiedsrichter mit Abgabe dieses Berichts auch die Ordnungsgemäßheit des Fußballspiels bescheinigt[396]. Somit liegt also in der Abgabe des Spielberichts die konkludente Erklärung gegenüber dem DFB, das Ergebnis sei unter regelkonformen Bedingungen zustande gekommen[397] und insbesondere nicht Gegenstand einer Manipulation geworden[398].

(2) Irrtum

Der Verband geht als Auftraggeber des Schiedsrichters auch davon aus, dass dieser im Rahmen seiner vertraglichen Verpflichtungen regelkonform und damit unparteiisch handelt. Durch die Abgabe des Spielberichts bestätigt der Schiedsrichter dies auch noch einmal. Somit unterliegt der Verein mit der Einsicht in den Spielbericht auch der Fehlvorstellung, dass gerade dieses Spiel nicht Gegenstand einer Schiedsrichtermanipulation ist[399].

(3) Vermögensverfügung

Weiterhin ist eine kausale Vermögensverfügung erforderlich. Diese kann im Ausbezahlen des Schiedsrichtergehalts gesehen werden[400]. Erforderlich ist dabei jedoch, dass die Auszahlung in zeitlicher Hinsicht nach dem Einreichen des Spielberichts erfolgt[401]. Ansonsten fehlt es an der Kausalität zwischen dem

---

394 *Schlösser* NStZ 2005, 423, 429; a. A. *Bösing* Manipulation im Sport und staatliche Sanktionsmöglichkeiten S. 90, der auf die konkrete Fehlentscheidung während des Spiels als Täuschungshandlung abstellt.

395 Vgl. dazu § 8 Nr. 4 der DFB Schiedsrichterordnung.

396 *Triffterer* NJW 1975, 612, 614; *Schlösser* NStZ 2005, 423, 429.

397 *Triffterer* NJW 1975, 612, 614.

398 Zutreffenderweise könnte man anstatt von einer konkludenten Täuschung auch von einer Täuschung durch Unterlassen ausgehen. Erforderlich ist dann eine Aufklärungspflicht gegenüber dem DFB. Diese könnte man jedoch über die enge vertragliche Beziehung zwischen dem DFB und dem Schiedsrichter begründen, so *Schlösser* NStZ 2005, 423, 429.

399 So im Ergebnis auch *Schlösser* NStZ 2005, 423, 429; *Triffterer* NJW 1975, 612, 614.

400 *Schlösser* NStZ 2005, 423, 429; *Bösing* Manipulation im Sport und staatliche Sanktionsmöglichkeiten S. 90.

401 *Schlösser* NStZ 2005, 423, 429.

Irrtum hinsichtlich der Manipulationsfreiheit des Spiels und der Vermögensverfügung[402].

(4) Vermögensschaden

Weiterhin müsste der DFB einen Vermögensschaden erlitten haben. Dieser muss sich kausal aus der Vermögensverfügung ergeben. Der Lohn, den der DFB an den Schiedsrichter aufgrund seiner vermeintlich vertragsgemäßen Leistung bezahlt, mindert sein Vermögen und stellt daher einen Schaden dar[403].

(5) Subjektiver Tatbestand

Der Schiedsrichter handelt mit Vorsatz hinsichtlich aller objektiven Tatbestandsmerkmale. Darüber hinaus ist auch die erforderliche Bereicherungsabsicht gege-ben. Die Tat zielt subjektiv auf die Erlangung eines rechtswidrigen Vermögens-vorteils ab[404]. Weiterhin ist der erlangte Vorteil, der ausgezahlte Lohn, auch stoffgleich zum Schaden des DFB[405]. Er stellt gerade die unmittelbare Folge der täuschungsbedingten Verfügung dar[406].

(6) Ergebnis

Im Ergebnis ist der Schiedsrichter wegen Betrugs zulasten des Verbands DFB gemäß § 263 StGB strafbar[407].

3. Erfassbarkeit des Verhaltens über § 265d StGB

Weiterhin soll die Strafbarkeit des Vorstands sowie die des Schiedsrichters anhand des § 265 d StGB geprüft werden, um darzustellen, welcher Anwendungsbereich vom neuen Delikt umfasst wird.

---

402 Vgl. dazu *Schlösser* NStZ 2005, 423, 429, der auch noch klarstellt, dass man, sofern man im Rahmen der Täuschung nicht auf die Abgabe des Spielberichts, sondern auf ein Unterlassen abstellt, konsequenterweise fordern muss, dass die Vermögensverfügung der Manipulationsabrede zeitlich nachfolgt.

403 Vgl. *Schlösser* NStZ 2005, 423, 429; vgl. auch *Bösing* Manipulation im Sport und staatliche Sanktionsmöglichkeiten S. 90 f.

404 Vgl. dazu *Fischer* § 263 StGB Rn. 186.

405 Zu einer problematischen Konstellation hinsichtlich der Stoffgleichheit: *Triffterer* NJW 1975, 612, 615.

406 Vgl. zum Erfordernis der Stoffgleichheit: BGHSt 6, 116; 21, 384; 34, 379, 391; BGH NJW 1989, 918; *Fischer* § 263 StGB Rn. 187.

407 Sofern man dies bejaht, wäre auch eine Strafbarkeit des Bestechenden wegen §§ 263, 26 StGB gegeben, *Schlösser* NStZ 2005, 423, 429.

§ 265 d StGB lautet:

(1) Wer als Sportler oder Trainer einen Vorteil für sich oder einen Dritten als Gegenleistung dafür fordert, sich versprechen lässt oder annimmt, dass er den Verlauf oder das Ergebnis eines berufssportlichen Wettbewerbs in wettbewerbswidriger Weise zugunsten des Wettbewerbsgegners beeinflusse, wird mit Freiheitsstrafe bis zu drei Jahren oder mit Geldstrafe bestraft.
(2) Ebenso wird bestraft, wer einem Sportler oder Trainer einen Vorteil für diesen oder einen Dritten als Gegenleistung dafür anbietet, verspricht oder gewährt, dass er den Verlauf oder das Ergebnis eines berufssportlichen Wettbewerbs in wettbewerbswidriger Weise zugunsten des Wettbewerbsgegners beeinflusse.
(3) Wer als Schieds-, Wertungs- oder Kampfrichter einen Vorteil für sich oder einen Dritten als Gegenleistung dafür fordert, sich versprechen lässt oder annimmt, dass er den Verlauf oder das Ergebnis eines berufssportlichen Wettbewerbs in regelwidriger Weise beeinflusse, wird mit Freiheitsstrafe bis zu drei Jahren oder mit Geldstrafe bestraft.
(4) Ebenso wird bestraft, wer einem Schieds-, Wertungs- oder Kampfrichter einen Vorteil für diesen oder einen Dritten als Gegenleistung dafür anbietet, verspricht oder gewährt, dass er den Verlauf oder das Ergebnis eines berufssportlichen Wettbewerbs in regelwidriger Weise beeinflusse.
(5) Ein berufssportlicher Wettbewerb im Sinne dieser Vorschrift ist jede Sportveranstaltung im Inland oder im Ausland,
    1. die von einem Sportbundesverband oder einer internationalen Sportorganisation veranstaltet oder in deren Auftrag oder mit deren Anerkennung organisiert wird,
    2. bei der Regeln einzuhalten sind, die von einer nationalen oder internationalen Sportorganisation mit verpflichtender Wirkung für ihre Mitgliedsorganisationen verabschiedet wurden, und
    3. an der überwiegend Sportler teilnehmen, die durch ihre sportliche Betätigung unmittelbar oder mittelbar Einnahmen von erheblichem Umfang erzielen.
(6) § 265c Absatz 6 gilt entsprechend.

a. Strafbarkeit des Vorsitzenden gemäß § 265d IV StGB

Hinsichtlich des Vereinsvorsitzenden kommt eine Strafbarkeit gemäß § 265d IV StGB in Betracht. Demnach ist strafbar, wer einem Schiedsrichter einen Vorteil als Gegenleistung dafür anbietet, verspricht oder gewährt, dass er den Verlauf oder das Ergebnis eines berufssportlichen Wettbewerbs in regelwidriger Weise beeinflusst. An die Person des Täters sind somit keine besonderen Anforderungen zu stellen[408], der Vereinsvorsitzende ist tauglicher Täter im Sinne des § 265d StGB. Der Schiedsrichter, der das Finale leitet, fällt zudem unter den Schiedsrichterbegriff des § 265d IV StGB. Der Vereinsvorsitzende hat dem Schiedsrichter 20.000 Euro übereignet. Damit hat er ihm diesen Betrag sowohl angeboten als auch gewährt.

Die 20.000 Euro stellen darüber hinaus einen Vorteil im Sinne des § 265d StGB dar. Dieser Vorteil wurde auch gerade dafür gewährt, dass der Schiedsrichter das Ergebnis des Finalspiels durch seine bewusst falschen Entscheidungen beeinflussen sollte[409]. Von einer Unrechtsvereinbarung ist somit auszugehen.

Darüber hinaus müsste es sich bei dem Finale auch um einen berufssportlichen Wettbewerb handeln[410]. Gemäß § 265d Abs. 5 Nr. 1 StGB fallen darunter Veranstaltungen im In- und Ausland, die von einem Sportbundesverband veranstaltet werden. Da das Turnier vom Deutschen Fußball-Bund ausgerichtet wurde, liegt diese Voraussetzung unproblematisch vor. Das Finalspiel des Turniers des DFB stellt mithin auch einen berufssportlichen Wettbewerb dar. Vom Vorliegen des subjektiven Tatbestands ist auszugehen. Damit ist der Vorsitzende des Vereins strafbar gemäß § 265d IV StGB.

b. Strafbarkeit des Schiedsrichters gemäß § 265d III StGB

Der Schiedsrichter könnte sich gemäß § 265d III StGB strafbar gemacht haben. Er besitzt als Schiedsrichter des DFB Täterqualität[411]. Wie dargestellt, handelt es sich bei den 20.000 Euro um einen Vorteil im Sinne des § 265 d StGB.

Indem er sich die 20.000 Euro ausbezahlen ließ, hat er den Vorteil jedenfalls angenommen. Dies geschah auch gerade im Hinblick darauf, dass er das Ergebnis des Finalspiels zugunsten der Mannschaft des V regelwidrig durch falsche Entscheidungen beeinflussen sollte[412]. Der subjektive Tatbestand ist erfüllt. Somit ist spiegelbildlich zur Strafbarkeit des Vereinsvorsitzenden auch eine Strafbarkeit des Schiedsrichters gegeben.

---

408 Vgl. dazu *Fischer* § 265d StGB Rn. 13.
409 Vgl. dazu *Fischer* § 265d StGB Rn. 16.
410 Vgl. dazu *Fischer* § 265d StGB Rn. 9.
411 Vgl. dazu *Fischer* § 265d StGB Rn. 12.
412 Vgl. dazu *Fischer* § 265d StGB Rn. 16.

c. *Zusammenfassendes Fazit*

Damit ergibt sich hinsichtlich der Strafbarkeit des Vereinsvorsitzenden sowie des Schiedsrichters folgendes Bild: Der Vereinsvorsitzende ist strafbar gemäß § 266 I StGB, sofern man im konkreten Einzelfall die gewonnene Siegprämie nicht als Kompensation des Schadens betrachtet. Darüber hinaus ist er unproblematisch strafbar nach § 265d IV StGB. Der Schiedsrichter ist strafbar gemäß § 263 I StGB zulasten des Verbands DFB. Darüber hinaus ist er strafbar gemäß § 265 d III StGB. Hinsichtlich des Anwendungsbereichs des § 265d StGB lässt sich Folgendes festhalten:

Der neu eingeführte Tatbestand des § 265d StGB erfasst gerade die Fallkonstellationen, die in Ermangelung der Absicht, eine Sportwette abschließen zu wollen, nicht von § 265 c StGB erfasst werden. Dies ist nämlich tatbestandlich von § 265d StGB gerade nicht gefordert. Somit hat § 265d StGB im Hinblick auf seinen Anwendungsbereich schon daher seine Existenzberechtigung, weil sich aus der geschilderten Vielzahl der denkbaren Motivationslagen, aufgrund derer man ein Sportereignis manipulieren kann, eine ebenso hohe Anzahl an Begehungsvarianten entsteht, von denen nur ein Bruchteil den Abschluss einer Sportwette beinhaltet und daher tatbestandlich von § 265c StGB erfasst werden kann. Zudem kannte das Strafrecht bisher keinen spezifischen Tatbestand, der das bloße Verschieben von Sportereignissen pönalisierte. Sofern die aufgeführten Vermögensdelikte nicht einschlägig waren[413], war eine Strafbarkeitslücke gegeben, die nun durch § 265d StGB geschlossen wurde[414].

III. Fallkonstellation 3: Setzen einer Sportwette ohne Manipulation des Sportereignisses

Abschließend soll die dritte der denkbaren Fallkonstellationen im Verhaltenskomplex rund um Sportmanipulationen erörtert werden: Eine Strafbarkeit der Beteiligten ist nämlich auch unter speziellen Voraussetzungen denkbar, wenn eine Wette abgeschlossen wird, jedoch keine Manipulation vorgenommen wird. Die höchstrichterliche Rechtsprechung hatte sich bereits mehrere Male mit der Frage zu befassen, inwieweit eine Betrugsstrafbarkeit einer Person begründet werden kann, die einen Informationsvorsprung bezüglich des Ausgangs des Sportereignisses, auf welches sie eine Wette abschließt hat, ausnutzt.

---

413 Das ist etwa denkbar, wenn der Geber kein Vereinsangehöriger ist und ihm daher keine Vermögensbetreuungspflicht zukommt.

414 *Kubiciel* SpuRt 2017, 188, 190.

1. Der „Spätwetten"-Fall

Anfang der 1960er-Jahre entschied der Bundesgerichtshof den sogenannten „Spätwetten"-Fall[415]. Diesem liegt folgender Sachverhalt zugrunde:

a. Sachverhalt

Die beiden Angeklagten befanden sich zur Tatzeit in einem Berliner Wettbüro. Zeitgleich fanden in Frankreich Pferderennen statt. Ein Partner der beiden Angeklagten verfolgte diese vor Ort und teilte ihnen unmittelbar nach dem Ende des Rennens mit, welche Pferde gewonnen hatte. Sofort im Anschluss an das Telefonat setzen die beiden eben auf diese Pferde und gewannen daraufhin Geldbeträge. Das Berliner Wettbüro hatte zwar Kenntnis von dem laufenden Rennen, jedoch wurde das amtliche Endergebnis erst wenige Minuten später mitgeteilt, so dass es noch möglich war, eine Wette auf das Rennen abzuschließen. Das Landgericht Berlin verurteilte die Angeklagten wegen vollendeten Betrugs zulasten des Wettbüros[416].

b. Die Lösung des Bundesgerichtshofs

Die Revisionen hatten jeweils Erfolg. Zentrale Frage hinsichtlich der Betrugsstrafbarkeit der Täter war, ob eine betrugsrelevante Täuschung im Abschluss des Wettvertrags zu sehen war. Wie bereits ausführlich im Fall „Hoyzer" erläutert,[417] kommt bei Abschluss des Wettvertrags nur eine konkludente Täuschung oder eine Täuschung durch Unterlassen in Betracht, da der Wettende nichts ausdrücklich erklären wird, was eine Täuschung begründen könnte.

Jedoch ist im Gegensatz zum Fall „Hoyzer" der Bezugspunkt für die täuschungsrelevante Tatsache ein anderer: Eine Manipulation des Rennens durch die Angeklagten fand gerade nicht statt. Sie nahmen also – anders als in der Fallkonstellation 1 – keinen Einfluss auf den Verlauf des Sportereignisses. Kennzeichnend für diese Fallvariante ist jedoch, dass die Täter einen Informationsvorsprung gegenüber dem Wettbüro haben. Dieser liegt darin, dass sie bei Abschluss des Wettvertrags bereits wissen, welche Pferde gewonnen haben.

Der Senat führt jedoch aus, dass eine Aufklärungspflicht hinsichtlich der Offenbarung dieses Informationsvorsprungs bei Abschluss des Wettvertrags nicht besteht[418]. Demnach kommt eine Täuschung durch Unterlassen

---

415 BGHSt 16, 120 = BGH NJW 1961, 1934.

416 Vgl. BGHSt 16, 120 f. = BGH NJW 1961, 1934 f.

417 Vgl. dazu nochmals S. 27 ff.

418 BGHSt 16, 122 = BGH NJW 1961, 1935.

mangels Garantenstellung auch nicht in Betracht. Das Landgericht sah jedoch im Abschluss des Wettvertrags die konkludente Erklärung enthalten, man sei ein gewöhnlicher Wettender, der über keinerlei Informationsvorsprung verfüge. Demnach sei eine konkludente Täuschung gegeben, die den kausalen Irrtum über die Ehrlichkeit der Wettenden hervorruft[419]. Der Bundesgerichtshof schließt sich dieser Begründung nicht an. Maßgeblich begründet wird dies mit dem Umstand, dass der Vertrag in zeitlicher Hinsicht vor dem Stattfinden des Rennens erfolgt. Dies schließe aus, dass eine der beiden Vertragsparteien bereits Kenntnis vom Ausgang des Rennens hat[420]. Somit gäbe es keinen Anlass, seinem Vertragspartner zuzusichern, dass eben diese Kenntnis nicht besteht. Mithin sei die Annahme einer konkludenten Erklärung damit eine „willkürliche Konstruktion“[421]. Es treffe also nicht zu, dass der Wettende etwas konkludent falsch mitteilt, vielmehr verschweige er nur seinen Informationsvorsprung[422]. Mangels Offenbarungspflicht vermag dies jedoch keine Täuschung zu begründen.

Zusammenfassend kann man also folgende Erkenntnis aus diesem Fall gewinnen: Greift der Wettende nicht durch Manipulation in den Verlauf des Sportereignisses ein, sondern bedient sich lediglich eines erlangten Informationsvorsprungs, so ist nicht von einer konkludenten Täuschung des Wettanbieters auszugehen.

2. Tipp über angebliche Manipulation des Sportereignisses

a. Sachverhalt

In diesem Zusammenhang gilt es, eine weitere Konstellation darzulegen, in welcher die Strafbarkeit einer Person diskutiert wird, die das Sportereignis nicht manipuliert hat. Der Bundesgerichtshof sprach im Jahr 2014 den Angeklagten, der zuvor vom Landgericht Bochum wegen versuchten Betrugs verurteilt worden war, frei[423]. Zugrunde lag folgender Sachverhalt: Der Angeklagte erhielt in dem von ihm betriebenen Café von einer unbekannten Person einen „Tipp“, wonach eine Partie der österreichischen Bundesliga manipuliert sei. Demnach hätten Spieler der Heimmannschaft zugesagt, durch unsportliche, bewusste Zurückhaltung auf eine Niederlage des eigenen Vereins mit mindestens 2 Toren Unterschied hinzuwirken. Ob die Begegnung tatsächlich manipuliert wurde,

---

419 Vgl. BGHSt 16, 121 = BGH NJW 1961, 1935.
420 BGHSt 16, 121 = BGH NJW 1961, 1935.
421 BGHSt 16, 121 = BGH NJW 1961, 1935.
422 BGHSt 16, 121 = BGH NJW 1961, 1935.
423 BGH Beschluss v. 11.3.2014 – 4 StR 479/13 (LG Bochum) = BGH NStZ 2014, 317.

konnte das Landgericht nicht feststellen. Der Angeklagte stufte den „Tipp" zwar nicht als sicher ein, jedoch hielt er die Manipulation zumindest für möglich. Er wettete bei einem in Gibraltar registrierten Buchmacher im Rahmen von Kombinationswetten mit zwei Wettscheinen auf einen Sieg der Auswärtsmannschaft. Dabei verschwieg er den Mitarbeitern, dass er mit einer Manipulation des Spiels rechnete. Die Auswärtsmannschaft gewann tatsächlich das Spiel, wodurch der Angeklagte einen höheren Geldbetrag gewann[424].

b. Die Lösung des Bundesgerichtshofs

Bei der Frage nach einer etwaigen Betrugsstrafbarkeit geht es erneut maßgeblich darum, ob der Angeklagte die Mitarbeiter der Wettannahmestelle durch das Verschweigen der Tatsache, dass er eine Manipulation des Spiels für möglich hält, getäuscht hat. Dies verneinte der Senat mit überzeugender Begründung[425]. Zwar habe der Bundesgerichtshof zuvor wiederholt entschieden, dass ein Wettender, der den Gegenstand des Wettvertrags zu seinen Gunsten beeinflusst, einen Betrug begeht, wenn er diesen Umstand bei Abschluss des Vertrags verschweigt. Im Angebot auf Abschluss des Wettvertrags sei nämlich konkludent enthalten, dass er nicht auf das Sportereignis Einfluss genommen hat und somit auch nicht die Geschäftsgrundlage der Wette verändert hat[426]. In dieser Fallkonstellation liegt im Verschweigen der Manipulation eine konkludente Täuschung[427].

Jedoch weist die vorliegende Konstellation entscheidende Unterschiede auf. Unsicher ist, ob das Spiel überhaupt manipuliert wurde[428]. Und selbst wenn eine Manipulation vorlag, so wurde diese nicht vom Angeklagten vorgenommen. Vielmehr ging ihm nur ein vollkommen unverbindlicher „Tipp" zu[429]. Er selbst ging nicht mit Sicherheit davon aus, dass dieser Hinweis überhaupt der Wahrheit entspricht. Somit stelle das Verhalten des Angeklagten lediglich den Versuch dar, einen vermeintlichen oder tatsächlich bestehenden Informationsvorsprung auszunutzen[430]. Davon, dass er Einfluss auf die Geschäftsgrundlage der Wette nahm, kann nicht gesprochen werden. Vielmehr gehöre der Versuch, einen Informationsvorsprung auszunutzen, zum allgemeinen und insbesondere

424 BGH NStZ 2014, 317.
425 BGH NStZ 2014, 317.
426 BGHSt 29, 165, 167 f.; BGHSt 51, 165, 169; BGHSt 58, 102, 106 f.
427 BGHSt 29, 165, 167 f.; BGHSt 51, 165, 169; BGHSt 58, 102, 106 f.
428 Vgl. BGH NStZ 2014, 317, 318.
429 Vgl. BGH NStZ 2014, 317, 318.
430 BGH NStZ 2014, 317, 318.

straflosen Geschäftsrisiko bei Wetten[431]. Dem Angeklagten war bewusst, dass er die Wette auch verlieren kann und er akzeptierte diese den Wettvertrag prägende Unsicherheit. Damit überschreite er gerade nicht die identitätswesentlichen Merkmale einer Wette[432].

c. *Fazit: Grenze der Strafbarkeit*

An diesen beiden Fällen zeigt sich, dass der Bundesgerichtshof eine strikte Grenze hinsichtlich der Betrugsstrafbarkeit im Kontext von Sportwetten zieht. Diese verläuft zwischen dem noch strafbaren Eingreifen in die Geschäftsgrundlage des Wettvertrags und dem nicht mehr strafbaren Ausnutzen der vertraglichen Risikoverteilung zwischen Wettendem und Wettanbieter. In den Fällen die höchstrichterlich entschieden wurden, zeigt sich folgendes Bild: Versucht der Täter auf den Verlauf des Sportereignisses Einfluss zu nehmen, so greift er automatisch in die Grundlage des Wettvertrags ein[433]. Wenn der Wettende jedoch im Moment des Vertragsschlusses dem Wettanbieter gegenüber überlegenes Wissen hat, sei es, weil er den Ausgang des Sportereignisses bereits kennt oder er eine Manipulation für denkbar hält, die die Siegeschancen einer Mannschaft erhöhen, so fällt dies grundsätzlich in die Risikosphäre des Wettanbieters[434]. Er muss aufgrund der vertraglichen Risikoverteilung damit rechnen, dass ein Vertragspartner über einen Vorsprung an Wissen verfügt und daher den Ausgang des Sportereignisses zuverlässiger vorhersagen kann als er selbst.

Diese abstrakten Grundsätze bedeuten im Hinblick auf eine mögliche Betrugsstrafbarkeit Folgendes: Typischerweise ist die einzig in Betracht kommende Begehungsart der Täuschung die der Konkludenz. Um die Annahme einer konkludenten Täuschung des Wettanbieters zu rechtfertigen, bedarf es einer gewissen Bedeutung des Inhalts der stillschweigenden Erklärung für den Vertragspartner. Von einer solchen ist jedenfalls auszugehen, wenn die unverzichtbare Geschäftsgrundlage des Vertrags betroffen ist[435]. Beim Wettvertrag ist dies das Zufallsmoment, das die vertragliche Risikoverteilung zwischen den Parteien im Gleichgewicht hält[436]. Wird dieses Zufallsmoment zu sehr zugunsten

431 BGH NStZ 2014, 317, 318; *Saliger/Rönnau/Kirch-Heim* NStZ 2007, 361, 364; *Radtke* Jura 2007, 445, 450 f.

432 BGH NStZ 2014, 317, 318; *Kubiciel* HRRS 2007, 68, 70 f.; a. A. *Krack* ZIS 2007, 103, 105.

433 So in BGHSt 29, 165; sowie in BGHSt 51, 165.

434 So in BGHSt 16, 120; sowie in BGH NStZ 2014, 317.

435 Vgl. etwa BGHSt 29, 165, 167.

436 Vgl. BGHSt 29, 165, 167.

des Wettenden verschoben, so wird in die Geschäftsgrundlage des Vertrags eingegriffen. Von einer konkludenten Täuschung über die Tatsache des Nichteingreifens in die Grundlage des Wettvertrags ist dann auszugehen[437].

3. Konkretisierung der Grenze der Strafbarkeit im Fall des sicheren Wissens um Manipulation

Interessanterweise stellte der Bundesgerichtshof in seiner Entscheidung zum unverbindlichen „Tipp" klar, dass es im Fall keiner Entscheidung bedurfte, wie die Strafbarkeit des Wettenden zu beurteilen wäre, wenn er sicheres Wissen von der Manipulation gehabt hätte[438]. Damit stellt sich die Frage, ob das Ausnutzen dieses Wissens nicht bereits den Zufallsmoment beseitigt und damit die Annahme einer konkludenten Täuschung rechtfertigen kann. Die durch die Äußerungen des Bundesgerichtshofs gezogene Grenze der Strafbarkeit bedarf daher für diese Fallkonstellation einer Konkretisierung.

a. Äußerungen des Bundesgerichtshofs

Der Bundesgerichtshof hat sich aber bereits andeutungsweise zu einer ähnlichen Problematik geäußert. So wurde ausgeführt, dass jedenfalls dann, wenn der Wettende seine Informationen aus *allgemein zugänglichen Quellen* erfahren hat, keine konkludente Erklärung angenommen werden kann[439]. Das Einholen von Informationen, die öffentlich zugänglich sind, sei dem Risikobereich jedes Vertragspartners zuzurechnen. In diesem Kontext wird jedoch auch angemerkt, dass der Vertragspartner eines Wettvertrags berechtigterweise erwarten dürfe, dass der andere Teil nicht über Sonderwissen verfügt, das aus einer verwerflichen Manipulation des Sportereignisses herrührt[440]. Dabei ist auch erwähnenswert, dass bei Spiel und Wette gemäß § 762 BGB angenommen wird, dass Sonderwissen, welches zu einer erheblichen Verschiebung des Risikos zulasten eines Vertragspartners führt, eine Aufklärungspflicht begründet, die es der unwissenden Partei ermöglichen soll, vom Vertrag Abstand zu nehmen. Jedoch ist davon nur Glücksspiel, aber gerade nicht die Wette betroffen[441].

---

437 Vgl. BGHSt 29, 165, 167.

438 BGH NStZ 2014, 317, 318.

439 BGHSt 16, 120.

440 BGHSt 51, 165, 173.

441 MüKo-*Habersack* § 762 BGB Rn. 20.

b. *Differenzierung wettextern – wettintern*

Darüber hinaus werden verschiedene Lösungswege vorgeschlagen, um dieses Problem sachgerecht zu lösen. So wird vertreten, dass es sinnvoll ist, bei der Art und Weise der Informationsbeschaffung auf die Differenzierung „wettintern – wettextern" zurückzugreifen[442]. Demnach seien wettinterne Eingriffe, wie etwa die Bestechung von Schiedsrichtern im Fall „Hoyzer", ein Eingriff in die Geschäftsgrundlage der Wette selbst, da auf den Verlauf des Sportereignisses Einfluss genommen werde[443]. Im Gegensatz dazu soll das Anbringen von Abhörgeräten in den Spielerkabinen, um daraus Informationen zu erhalten, lediglich wettextern und damit ohne Einfluss auf die Geschäftsgrundlage sein[444]. Dies hätte zur Folge, dass auch bei sicherem Wissen um eine Manipulation durch Dritte keine konkludente Täuschung angenommen werden könnte, da auch hier kein Eingriff in den Verlauf des Sportereignisses durch den Wettenden stattfindet.

c. *Der Ansatz von Krack*

Krack äußert sich ausdrücklich zur Fallkonstellation des sicheren Wissens und führt dazu aus, dass der vom Bundesgerichtshof abgesteckte Erklärungsgegensand der konkludenten Erklärung zu eng gefasst ist[445]. Es werde demnach nicht nur miterklärt, an der Manipulation nicht mitgewirkt zu haben, sondern auch keine (sichere) Kenntnis von einer Manipulation zu haben[446]. Dabei zieht er vergleichend den Fall heran, bei dem ein Täter versucht, seine Rechnungen mit Falschgeld zu begleichen. Hier sei aufgrund der Täuschung über die Echtheit der Scheine eine Betrugsstrafbarkeit gegeben, gleich ob der Täter diese gefälscht hat oder selbst Opfer von Falschgeldzahlungen wurde. Dieser Grundsatz der einheitlichen Beurteilung, gleich wer für die Manipulation verantwortlich ist, soll demnach auf die Manipulation von Sportereignissen übertragbar sein und daher auch rechtfertigen, dass der Wettende schon von der Kenntnis der Manipulation durch Dritte eine konkludente Täuschung vornimmt[447].

---

442 *Saliger/Rönnau/Kirch-Heim* NStZ 2007, 361, 363 f.
443 Vgl. *Saliger/Rönnau/Kirch-Heim* NStZ 2007, 361, 364.
444 *Saliger/Rönnau/Kirch-Heim* NStZ 2007, 361, 364.
445 *Krack* ZIS 2007, 103, 105.
446 *Krack* ZIS 2007, 103, 105.
447 *Krack* ZIS 2007, 103, 105.

d. Eigene Stellungnahme

Letztere Ansicht vermag jedoch nicht zu überzeugen. Vielmehr ist davon auszugehen, dass auch das sichere Wissen des Wettenden um die Manipulation durch Dritte in den Risikobereich des Wettanbieters fällt und damit nicht in die Geschäftsgrundlage eingreift. Im Kern geht es um die wertungsmäßige Frage, ob der Wettende eine Manipulation, an der er selbst nicht mitwirkt, für sich ausnutzen darf. Dies wäre der Fall, wenn diese Möglichkeit vom Risiko des Wettanbieters umfasst ist. Dieses ist wie folgt zu skizzieren:

Der Wettvertrag fußt im Wesentlichen auf der Behauptung des Wettanbieters, er könne den Ausgang eines Spiels konkreter vorhersagen als der Wettende. Der Ausgang eines Sportereignisses ist jedoch nicht nur von der Qualität der Mannschaften abhängig, sondern auch von vielen Umständen wie dem Wetter, dem auf die Partie angesetzten Schiedsrichter, der Form oder der gesundheitlichen Verfassung einzelner Akteure. Somit behauptet der Wettanbieter letztlich, über die besseren Informationsquellen hinsichtlich der spielentscheidenden Faktoren zu verfügen[448]. Sollte dies nicht der Fall sein, so verspricht er, den Wettgewinn auszuzahlen.

Verfügt der Wettende, etwa weil er fachlich sehr gut informiert ist, über Sonderwissen, so darf er dieses selbstredend zu seinem Vorteil nutzen. Dies betrifft jedenfalls unstrittig die Fälle, in denen das Sonderwissen Umstände umfasst, wie etwa die Verletzung oder die schlechte Form eines Schlüsselspielers. Diese Umstände verschieben unter Umständen die Kräfteverhältnisse der beiden Mannschaften unvorhergesehen. Der Wettanbieter hat womöglich seine Quoten jedoch ohne Kenntnis der unvorhergesehenen Umstände kalkuliert und gerät so gegenüber dem gut informierten Wettenden ins Hintertreffen. In diesem Fall verwirklicht sich das vom Wettanbieter eingegangene Risiko. Findet nun eine Manipulation statt, so ist dies zugegebenermaßen nur bedingt mit dem Fall einer unvorhergesehenen Verletzung eines Schlüsselspielers vergleichbar. Denn die Manipulation eines Sportereignisses ist rechtlich missbilligt. Jedoch kann man insofern eine Parallele ziehen, als dass auch die Manipulation die Kräfteverhältnisse der beiden Mannschaften unvorhergesehen in die eine oder andere Richtung kippen lässt. Spätestens seit dem Fall „Hoyzer“ sind Spielmanipulationen

448 Vgl. dazu *Hennsler* Risiko als Vertragsgegenstand S. 472 f., der sogar davon ausgeht, dass der Wettende ausdrücklich behauptet, überlegene Kenntnisse zu besitzen und daher darauf schließt, dass der Vertragspartner kein Vertrauen auf das Fehlen eines Informationsvorsprungs haben kann. Dies gilt jedoch nur für die Umstände, die von den Parteien nicht beeinflussbar sein sollten.

auch kein Ereignis mehr, mit welchem nicht zu rechnen wäre. So gesehen gehören Manipulationen, obgleich sie rechtlich missbilligt sind, rein faktisch zu den Umständen, die ein Sportereignis entscheiden können. Mit anderen Worten: Der Wettanbieter behauptet - in Kenntnis der allgegenwärtigen Gefahr einer drohenden Manipulation - aufgrund seiner Informationsquellen die spielentscheidenden Faktoren besser einschätzen zu können als der Wettende. Verfügt nun der Wettende, etwa milieubedingt, über Informationsquellen, die ihm eine Manipulation des betreffenden Spiels vorhersagen, so gehört dieser Umstand zu der vom Wettanbieter durch Anbieten des Wettvertrags selbst geschaffenen und akzeptierten Risikosphäre. Denn hierbei ist insbesondere zu beachten, dass die Manipulation nicht von Wettenden veranlasst und möglicherweise von ihm nicht einmal sittlich gebilligt wird. Jedenfalls kann man dem Wettenden unter diesen Gesichtspunkten nicht den Vorwurf machen, alle Informationsquellen, die ihm zur Einschätzung des Spielausgangs zur Verfügung stehen, auszunutzen. Vielmehr ist es doch ein Anreiz für den Wettenden, an Informationen zu gelangen, die ihm einen Vorteil gegenüber den Buchmachern sichern.

Ein auf den ersten Blick gewichtiger Grund, der für die Erfassung dieses Verhaltens durch den Betrugstatbestand spricht, ist die drohende Strafbarkeitslücke. Dadurch könnte durch eine arbeitsteilige Begehungsweise zweier Täter im Vergleich zur Fallkonstellation „Hoyzer“ der Wettende straffrei bleiben, obwohl es rein tatsächlich um die gleichen Handlungen – nämlich das Setzen einer Wette und die Vornahme einer Manipulation – geht. Jedoch kann man diese Bedenken dadurch entkräften, dass, sobald von einer arbeitsteiligen Begehungsweise auszugehen ist, eine Betrugsstrafbarkeit wegen Mittäterschaft beziehungsweise nach den Grundsätzen der Teilnahme in Betracht käme[449]. Somit stellt sich das Problem der drohenden Strafbarkeitslücke in dieser Fallkonstellation nicht. Darüber hinaus ist es alleine durch eine vermeintlich drohende Strafbarkeitslücke nicht gerechtfertigt, das Merkmal der Täuschung normativ zu überdehnen. Wenn der Gesetzgeber diese Lücke schließen möchte, ist es seine Aufgabe, einen Tatbestand zu schaffen, der dieses Verhalten erfasst. Nicht angezeigt ist es jedoch, jedes beliebige Verhalten, welches als Unrecht empfunden wird, unter den Betrugstatbestand zu fassen[450].

---

449 Insofern würde die arbeitsteilige Begehungsweise wieder eher der Fallkonstellation 1 entsprechen, vgl. dazu S. 25 ff.

450 Vgl. dazu BVerfG NJW 2010, 3209, 3211.

e. *Keine Erfassung durch neue Straftatbestände*

Abschließend gilt es zu klären, ob diese Fallkonstellation von den neuen § 265c StGB oder § 265d StGB erfasst wird. Erforderlich wäre jedoch jedenfalls eine Unrechtsvereinbarung zwischen dem Vorteilsgeber und dem Vorteilsnehmer. Eine solche liegt in dieser Konstellation jedoch gerade nicht vor, da es offensichtlich an jedem Kontakt zwischen den betreffenden Personengruppen des Wettabschließendem und beispielsweise dem Schiedsrichter fehlt.

Alleine der Abschluss einer Sportwette genügt nicht, um die neu geschaffenen § 265c StGB oder § 265d StGB zu verwirklichen[451]. Demnach scheidet eine Strafbarkeit nach diesen Tatbeständen offenkundig aus.

IV. Gesamtergebnis

Blickt man auf die dargestellten Fallkonstellationen, so ergibt sich folgendes Bild: Die Rechtslage vor der Einführung der §§ 265c ff. StGB war nur bedingt geeignet, das strafrechtlich relevante Verhalten im Kontext von Sportereignissen und Sportwetten zu erfassen. Dies gilt insbesondere für die Konstellation, in welcher der Täter sowohl manipulativ auf das Sportereignis Einfluss nimmt, als auch eine Sportwette tätigt. Hier kam nach der alten Rechtslage lediglich eine Strafbarkeit gemäß § 263 I StGB bzw. §§ 263, 27 StGB in Betracht. Hierbei sind sowohl die Täuschung als auch der Irrtum und die Vermögensverfügung trotz vereinzelter Kritik aus der Literatur gegeben. Jedoch ist jedenfalls im Falle einer fehlenden Gewinnauszahlung ein Schaden des Wettanbieters kaum bezifferbar. Somit ist eine Strafbarkeit wegen Betrugs gerade im Hinblick auf Art. 103 II GG verfassungsrechtlich bedenklich. Diese sich aus diesen Umständen ergebende Strafbarkeitslücke vermag meiner Ansicht nach jedenfalls in Bezug auf seinen Anwendungsbereich die Existenz des § 265c StGB zu rechtfertigen. Dieser verzichtet gerade auf den Eintritt eines Vermögensschadens und umgeht somit die zentrale Problematik in der Strafbarkeitsbegründung dieses Verhaltenskomplexes.

In der Konstellation, in welcher der Täter manipulativ auf den Verlauf des Sportereignisses Einfluss nimmt, es jedoch unterlässt, eine Sportwette abzuschließen, können in Einzelfällen bereits nach bisheriger Rechtslage Vermögensdelikte verwirklicht werden. Exemplarisch kommt jedenfalls die Strafbarkeit eines Vereinsvorsitzenden gemäß § 266 I StGB sowie die eines Schiedsrichters

451 Vgl. BT-Drs. 18/8831 S. 16.

gemäß § 263 I StGB in Betracht. Sofern diese Tatbestände aber nicht greifen[452], war die bloße Manipulationsabrede ohne Sportwettenbezug bislang nicht erfassbar, da kein spezieller auf Manipulationsabreden im Sport gerichteter Straftatbestand existent war[453]. Damit schließt § 265d StGB eine Strafbarkeitslücke[454]. Dieser verzichtet im Vergleich zu den Delikten der alten Rechtslage auf den Eintritt eines Vermögensschadens. Im Vergleich zu § 265c StGB verzichtet er auf den Bezug zur Sportwette. Somit hilft § 265d StGB der Vielzahl an denkbaren Sachverhalten, von denen nur einige den Abschluss einer Sportwette beinhalten, Herr zu werden.

Die Grenze der Strafbarkeit ist erreicht, wenn der potenzielle Täter nicht mehr selbst manipulativ auf das Sportereignis Einfluss nimmt, sondern lediglich einen (vermeintlich) bestehenden Informationsvorsprung gegenüber dem Wettanbieter zu seinem Vorteil nutzen will und daher eine Sportwette abschließt. Von einer Täuschung des Wettanbieters kann durch die fehlende Offenlegung dieses Informationsvorsprungs nicht gesprochen werden. Daher scheidet eine Betrugsstrafbarkeit des Wettabschließenden aus. Erst recht ist diese Konstellation nicht von den neu eingeführten Paragrafen erfasst. Diese stellen das bloße Abschließen einer Sportwette nicht unter Strafe[455].

452 Das könnte etwa der Fall sein, wenn der Täter anstatt einem Vereinsvorsitzenden eine Privatperson ohne Vermögensbetreuungspflicht ist.

453 BT-Drs. 18/8831 S. 10 f.

454 *Kubiciel* SpuRt 2017, 188, 190.

455 Vgl. BT-Drs. 18/8831 S. 16.

B. Die abstrakte Ausgestaltung des Sportwettbetrugs: Rechtsgüterschutz und Deliktsnatur

Im folgenden Kapitel soll die abstrakte Ausgestaltung des Sportwettbetrugs untersucht werden. Hierbei gilt es zunächst, die Rechtsgüter, welche dem Schutz des Tatbestands unterstellt sein sollen, näher zu betrachten. § 265c StGB soll neben Vermögensinteressen auch dem Schutz der Integrität des Sports dienen[456]. Dieses Universalrechtsgut bedarf bereits deshalb ausführlicherer Erläuterungen, weil es seit die Einführung der §§ 265c ff. StGB erstmals durch Delikte des Strafgesetzbuchs geschützt wird. Vor diesem Hintergrund erscheint es fast schon naturgemäß, dass hinsichtlich dessen inhaltlicher Reichweite sowie dessen Legitimation Diskussionsbedarf besteht.

Das zweite zentrale Merkmal der abstrakten Ausgestaltung ist die Wahl der Deliktsnatur als abstraktes Gefährdungsdelikt. In diesem Kontext wird das Hauptaugenmerk auf die Frage zu richten sein, ob - gerade in Anbetracht der bisherigen Erfassung des Verhaltens durch den Betrugstatbestand als Erfolgsdelikt - die damit einhergehende Vorverlagerung der Strafbarkeit gerechtfertigt ist.

Um diese beiden Charakteristika des Straftatbestands zu untersuchen, soll zunächst aufgezeigt werden, dass der Rückgriff auf Rechtsgüter der Allgemeinheit und deren Schutz durch abstrakte Gefährdungsdelikte keinesfalls eine neumodische oder gar sportwettspezifische Erscheinung ist. Vielmehr ist diese in mehrerlei Hinsicht zu beobachtende Ausweitung des Strafrechts ein in verschiedenen Abschnitten des Strafgesetzbuchs niedergelegte und seit Jahrzehnten praktizierte Ausgestaltungsart. Im Folgenden sollen die Ursprünge und Gründe dieser Herangehensweise kurz erläutert und anschließend exemplarisch an mehreren Delikten veranschaulicht werden.

I. Auftreten neuer strafrechtlicher Tendenzen

1. Gesellschaftlicher Wandel als Ausgangspunkt

Bereits in der Mitte der 1980er-Jahre wurde zunächst von Soziologen, später auch von Juristen, die Diskussion geführt, wie sich die gerade stattfindenden gesellschaftlichen Veränderungen auswirken würden. So leistete der Soziologe

456 BT-Drs. 18/8831 S. 10.

Beck einen entscheidenden Beitrag zur Diskussion[457], indem er den Begriff der „Risikogesellschaft" prägte[458].

Darunter versuchte er die gesellschaftlichen Phänomene der damaligen Zeit zusammenzufassen. Demnach stand die Gesellschaft damals an einem Epochenwechsel: Es fand gerade der Übergang zwischen von der Industriegesellschaft in eine sogenannte „Risikogesellschaft" statt[459].

Präzisiert wurde dieser unbestimmte Begriff wie folgt: Es drohen neue, bis dahin nicht existente Risiken, die nach Ort und Zeit kaum einzugrenzen seien. Darüber hinaus seien diese weder mit den Kausalitätsgrundsätzen noch mit den allgemeinen Haftungsgrundsätzen zurechenbar oder versicherbar[460]. Hierbei hatte *Beck* vor allem Risiken atomarer, chemischer, ökologischer oder aber gentechnischer Natur im Sinn[461].

Die bis dahin von Soziologen geführte Diskussion wurde bald darauf von Juristen aufgegriffen. Schließlich kann die Rechtswissenschaft bedeutende gesellschaftliche Umbrüche keineswegs ignorieren. Die Frage, welche dann im Raum stand, war folgende: Wie sollte es dem Gesetzgeber gelingen, diese zu beherrschen oder zu steuern? Es lag auf der Hand, dass auch scheinbar unbeherrschbare Risiken, wie etwa die Gefahr einer Atomkatastrophe, letztlich doch auf menschengemachten Entscheidungen beruhen[462]. Daher stellte sich die Frage, ob man das Strafrecht als Steuerungselement für das menschliche Verhalten dergestalt modifizieren könne oder müsse, dass die eben genannten Risiken gemindert werden[463].

Dieser Ansatz war der Anstoß für eine fruchtbare Diskussion. *Prittwitz*[464] etwa pflichtete den Thesen der „Risikogesellschaft" im Kern bei und prognostizierte, dass die in dem Modell herausgearbeiteten Gefahren und Risiken und der zwangsläufig notwendige neue Umgang mit den Folgen menschlichen Handelns

---

457 Einen guten Überblick über den Stand der Diskussion liefert *Prittwitz* Strafrecht und Risiko S. 49 ff.

458 *Beck* Risikogesellschaft: Auf dem Weg in eine andere Moderne.

459 *Beck* Risikogesellschaft: Auf dem Weg in eine andere Moderne S. 14.

460 *Beck* (Herausg.) Politik in der Risikogesellschaft S. 10; vgl. dazu auch *Hilgendorf* NStZ 1993, 10, 11.

461 *Beck* (Herausg.) Politik in der Risikogesellschaft S. 10; vgl. dazu auch *Hilgendorf* NStZ 1993, 10, 11.

462 *Hilgendorf* NStZ 1993, 10, 11 f.

463 Vgl. *Hilgendorf* NStZ 1993, 10, 12 ff.

464 *Prittwitz* Strafrecht und Risiko S. 60 f.

in Zukunft auch und insbesondere das Strafrecht zu Lösungsansätzen zwingen werden[465].

Skepsis bezüglich der Idee, das Strafrecht als taugliches Mittel zur Bekämpfung der neuen Risiken zu erklären, verbreitete hingegen *Calliess*[466]. So befürchtet dieser, dass die Ausweitung des Strafrechts nur Scheinlösungen für die Probleme anbieten kann[467]. Er ging sogar davon aus, dass die weite Vorverlagerung des strafrechtlichen Schutzes darauf hinausläuft, dass das Strafrecht als „Steuerungsinstrument"[468] eines „sozial-autoritär verstandenen Staates"[469] dienen könnte.

Auch *Hassemer* hielt das Strafrecht als Mittel zur breit angelegten Prävention und zur Bekämpfung von schwer zu beherrschenden Risiken für ungeeignet[470]. Diese Bedenken begründete er damit, dass ein im Schwerpunkt auf Steuerung ausgelegtes Strafrecht mit einigen anerkannten Grundprinzipien des staatlichen Strafens in Konflikt geraten kann. So sei etwa der Zeitpunkt des Einsatzes des Strafrechts erst dann erlaubt, wenn sich das Unrecht bereits verwirklicht habe[471]. Eine wirksame Prävention setzt aber gerade im Vorfeld an. Auch untersage das in Art. 103 II GG verankerte Gesetzlichkeitsprinzip, ein vages und auf die jeweiligen Störungsfälle flexibel anwendbares Strafrecht zu schaffen[472]. Jedoch sah er diese Entwicklung bereits vorangeschritten[473]. Dies macht er im Wesentlichen an zwei Tendenzen fest:

Zum einen neige der Gesetzgeber zunehmend zur Schaffung abstrakter Gefährdungsdelikte. Diese erleichtern unter anderem die gerade im Präventionsbereich oft schwierige Zurechnung, indem sie etwa einen Schadenseintritt entbehrlich machen[474]. Zum anderen werde zunehmend auf symbolisches Strafrecht zurückgegriffen[475], welches eher politische Wirkung habe, anstatt dem Rechtsgüterschutz zu dienen. Auf diese Weise entstünden auch vage formulierte Universalrechtsgüter[476].

---

465 *Prittwitz* Strafrecht und Risiko S. 61.
466 *Calliess* NJW 1989, 1338.
467 *Calliess* NJW 1989, 1338, 1340.
468 *Calliess* NJW 1989, 1338, 1340.
469 *Calliess* NJW 1989, 1338, 1340.
470 *Hassemer* NStZ 1989, 553, 558.
471 *Hassemer* NStZ 1989, 553, 558.
472 *Hassemer* NStZ 1989, 553, 558.
473 So interpretiert das auch *Hilgendorf* NStZ 1993, 10, 14.
474 *Hassemer* NStZ 1989, 553, 558.
475 *Hassemer* NStZ 1989, 553, 558.
476 *Hassemer* NStZ 1989, 553, 559; dazu auch *Hassemer* StV 1990, 328, 330 f.

Die Diskussion rund um die zur damaligen Zeit „neuen Tendenzen" im Strafrecht war also von Skepsis geprägt. Es wird mithin bezweifelt, ob das Strafrecht durch die mittels abstrakter Gefährdungsdelikte und Universalrechtsgüter angestrebte „Flexibilisierung"[477] geeignet ist, der neuen Gefahren Herr zu werden. Jedenfalls lässt sich aber festhalten, dass diese Entwicklung der Modifizierung des Strafrechts auf einen gesellschaftlichen Wandel, nämlich den hin zur „Risikogesellschaft" mit bis dahin unbekannten Gefahren zurückzuführen ist.

2. Folgeerscheinung: Die Schaffung neuer Universalrechtsgüter

Veranschaulichen lassen sich die dargestellten Tendenzen an der Schaffung neuer Universalrechtsgüter. Diese wurden, zwar nicht ausschließlich, aber doch verstärkt, ab Anfang der 1980er-Jahre ins Leben gerufen[478].

Zwar stehen Universalrechtsgüter im Zentrum einiger, durchaus auch kritischer, Betrachtungen[479], ihre grundsätzliche Existenzberechtigung scheint jedoch unbestritten[480]. Es bedürfe ihrer, um ein geordnetes gesellschaftliches Leben zu garantieren[481]. So ist es selbstverständlich, dass ein Staat neben den Individualinteressen seiner Bürger[482], wie deren körperlicher Unversehrtheit und deren Vermögen, auch Universalrechtsgüter im Blick haben muss. Ein funktionsfähiger Geldverkehr[483] gehört ebenso zu den Grundvoraussetzungen eines funktionsfähigen Staates wie eine intakte Rechtspflege[484]. Jedoch wird vermehrt darauf hingewiesen, dass die grundsätzliche Legitimität von Universalrechtsgütern dort endet, wo der „Missbrauch" der Allgemeinrechtsgüter beginnt[485]. Dies

---

477 So: *Hilgendorf* NStZ 1993, 10, 16.

478 So trat etwa § 324 StGB 1980 in Kraft, während § 265b StGB bereits 1976 ins Leben gerufen wurde.

479 Vgl. etwa die Monografien von *Hefendehl* Kollektive Rechtsgüter; *Zieschang* Die Gefährdungsdelikte; *Wohlers* Deliktstypen des Präventionsstrafrechts.

480 Vgl. dazu etwa *Roxin* Strafrecht AT I § 2 Rn. 10, 75 ff., der jedoch den Missbrauch der Universalrechtsgüter in bestimmten Einzelfällen anprangert.

481 Vgl. *Roxin* Strafrecht AT I § 2 Rn. 9.

482 Zu den nachfolgenden Beispielen vgl. *Roxin* Strafrecht AT I § 2 Rn. 9.

483 Dessen Schutz dienen die §§ 146 ff. StGB, vgl. RG 67, 297; *Fischer* Vorbemerkung zu § 146 StGB Rn. 2.

484 Deren Schutz dienen die §§ 153 ff. StGB, vgl. BGHSt 10, 143; *Fischer* Vorbemerkung zu § 153 StGB Rn. 2.

485 So: *Roxin* Strafrecht AT I § 2 Rn. 10; ähnlich: *Hassemer* in Hefendehl/von Hirsch/Wohlers Die Rechtsgutstheorie S. 57; vgl. dazu auch die Monografie *Krüger* Die Entmaterialisierungstendenz beim Rechtsgutsbegriff.

sei insbesondere in den Bereichen der Fall, in denen besonders vage und generalisierte Rechtsgüter geschaffen werden[486].

Im Folgenden sollen ausgewählte Allgemeinrechtsgüter beziehungsweise die Delikte, die sie schützen, aus dem Umwelt-, dem Medizin- und dem Wirtschaftsstrafrecht kurz dargestellt werden. Dies soll einen kurzen Überblick über verschiedene Ausgestaltungsarten der inhaltlichen Reichweite von Universalrechtsgütern im Strafgesetzbuch geben. In diesem Kontext sollen auch einige typische Muster in der Ausgestaltung der entsprechenden Deliktsarten aufgezeigt werden.

a. Im Umweltstrafrecht: § 324 StGB

Im 29. Abschnitt des Strafgesetzbuchs finden sich Straftatbestände gegen die Umwelt. § 324 StGB stellt die Verunreinigung von Gewässern unter Strafe. Was genau das geschützte Rechtsgut des § 324 StGB ist, ist umstritten. Nach einer Ansicht, die sich auf die systematische Einordnung des Delikts stützt, ist „die Reinheit der Gewässer als Lebensgrundlage für Menschen, Tiere und Pflanzen“[487] das geschützte Rechtsgut des § 324 StGB. Darüber hinaus wird wahlweise auch auf „das Gewässer in seiner Funktion für Mensch und Umwelt“[488] oder die „Reinheit der Gewässer in deren status quo “[489] abgestellt. Diese Ansichten haben gemeinsam, dass sie anerkennen, dass das Umweltgut gerade mit seinen Funktionen für den Menschen geschützt ist[490].

Nach einer anderen Ansicht ist das geschützte Rechtsgut die „Reinheit des Gewässers iR der Ausgestaltung und Konkretisierung durch das Umweltverwaltungsrecht“[491]. Diese Ansicht ist aber zu Recht auf Widerspruch gestoßen. So findet sich kein Anhaltspunkt im Wortlaut der Norm, dass der Gesetzgeber bei Schaffung des Tatbestands vorrangig die Funktionsfähigkeit der Verwaltungseinrichtungen im Auge hatte[492].

Dem Gesetzgeber kam es bei der Einführung des § 324 StGB entscheidend darauf an, der Umwelt hinreichenden Schutz – und zwar gerade auch mit

486 *Hassemer* in Hefendehl/von Hirsch/Wohlers Die Rechtsgutstheorie S. 57.

487 *Fischer* § 324 StGB Rn. 2.

488 S/S-*Heine-Schittenhelm* § 324 StGB Rn. 1.

489 Graf/Jäger/Wittig-*Bock* § 324 StGB Rn. 1.

490 Vgl. BGHSt 38, 325, 332; BGH NStZ 1987, 323, 324; *Fischer* § 324 StGB Rn. 2; S/S-*Heine/Schittenhelm* § 324 StGB Rn. 1; Graf/Jäger/Wittig-*Bock* § 324 StGB Rn. 1.

491 NK-*Ransiek* § 324 StGB Rn. 2.

492 BGH NStZ 1987, 324; S/S-*Heine/Schittenhelm* § 324 StGB Rn. 1.

strafrechtlichen Mitteln – zu gewähren. Dies geschah auch mit breiter Mehrheit aus allen politischen Lagern[493]. Somit ist die Einführung des Tatbestands im Jahre 1980 durchaus als Teil der von *Hassemer*[494] angesprochenen, bereits vorangeschrittenen Modifizierung des Strafrechts als Reaktion auf neue Bedrohungen, welche in diesem Fall ökologischer Natur waren, zu verstehen.

b. Im Medizinstrafrecht: § 299a StGB

Dass die Schaffung abstrakter Universalrechtsgüter keine Vorgehensweise des Gesetzgebers ist, welche auf die Zeit vor der Jahrtausendwende beschränkt ist, beweist ein Delikt aus dem Medizinstrafrecht, welches im Juni 2016 in Kraft trat[495].

§ 299a StGB stellt die Bestechlichkeit im Gesundheitswesen unter Strafe. Die Norm soll verschiedene Rechtsgüter schützen. So soll der lautere Wettbewerb im Gesundheitswesen ebenso geschützt sein wie das Vertrauen in die Integrität des ärztlichen Heilberufes, es handelt sich also um einen doppelten Rechtsgüterschutz[496].

Dem Gesetzgeber ging es einerseits darum, eine drohende Strafbarkeitslücke zu schließen, da die entsprechenden Sachverhalte nicht von § 299 StGB erfassbar waren[497]. Und zum anderen ging der Gesetzgeber wohl davon aus, dass das Vertrauen der Allgemeinheit in die Integrität des ärztlichen Heilberufs eines besonderen Schutzes bedürfe[498]. § 299a StGB stellt ein unechtes Unternehmensdelikt dar[499]. Demnach tritt die Vollendung des Delikts dann ein, wenn die Tathandlung abgeschlossen ist. Bleibt etwa das tatbestandlich umschriebene „Fordern" erfolglos, weil die Gegenseite nicht darauf eingeht, hindert dies die Verwirklichung des Tatbestands nicht[500].

---

493 *Braun* Die kriminelle Gewässerverunreinigung S. 45.
494 Vgl. nochmals *Hassemer* NStZ 1989, 553, 558.
495 Vgl. Graf/Jäger/Wittig-*Sahan* § 299a StGB Rn. 2.
496 Vgl. Graf/Jäger/Wittig-*Sahan* § 299a StGB Rn. 3.
497 Vgl. BT Drs. 18/6446.
498 Vgl. BT Drs. 18/6446.
499 *Fischer* § 299a StGB Rn. 26.
500 *Fischer* § 299a StGB Rn. 26.

c. *Im Wirtschaftsstrafrecht*

aa. *§ 264a StGB*

Diese Tendenzen blieben nicht nur auf das Umweltstrafrecht und das Medizinstrafrecht beschränkt. Insbesondere im Wirtschaftsstrafrecht finden sich Universalrechtsgüter, die im Folgenden exemplarisch umrissen werden sollen. § 264a StGB stellt den Kapitalanlagenbetrug unter Strafe. Das Schutzgut des § 264a StGB ist ebenso umstritten wie das des § 324 StGB. Nach der Begründung des Gesetzgebers soll neben dem Individualrechtsgut des Vermögens auch das Allgemeinrechtsgut des Vertrauens in den Kapitalmarkt, was das „Funktionieren eines wesentlichen Bereichs der geltenden Wirtschaftsordnung" garantieren soll[501], geschützt sein. Nach anderer Ansicht sei es präziser, als Universalrechtsgut nicht das schwer zu erfassende Vertrauen in den Kapitalmarkt zu benennen, sondern dessen tatsächliche Funktionsfähigkeit[502].

Teilweise wurde auch vertreten, dass alleine das Allgemeinrechtsgut geschützt sei, nicht hingegen das Vermögen des einzelnen Anlegers[503]. Dies wird damit begründet, dass nur so zu erklären sei, warum der Gesetzgeber tatbestandlich die Täuschung eines größeren Personenkreises fordert und auf einen individuellen Irrtum verzichtet[504]. Darüber hinaus verstoße dieser Vermögensschutz der Kapitalanleger möglicherweise gegen Art. 3 I GG[505].

Im Gegensatz dazu wollen einige Stimmen in der Literatur nur das Vermögen und nicht das Universalrechtsgut der Funktionsfähigkeit des Kapitalmarkts geschützt wissen[506]. Für einen Schutz beider Rechtsgüter finden sich jedoch gewichtige Argumente. Für die Erfassung des überindividuellen Rechtsguts spricht, dass der Gesetzgeber auf eine Individualtäuschung sowie auf einen Irrtum und Schaden verzichtet[507]. Für den Vermögensschutz spricht die

501 BT-Drs. 10/318 S. 22.

502 Graf/Jäger/Wittig-*Bock* § 264a StGB Rn. 2; vgl. dazu auch MüKo-*Wohlers/Mühlbauer* § 264a StGB Rn. 4 ff. (2. Auflage); vgl. jetzt aber abweichend: MüKo-*Ceffinato* § 264a StGB Rn. 4 ff. (3. Auflage).

503 MüKo-*Wohlers/Mühlbauer* § 264a StGB Rn. 3 (2. Auflage); vgl. jetzt aber abweichend: MüKo-*Ceffinato* § 264a StGB Rn. 4 ff. (3. Auflage).

504 MüKo-*Wohlers/Mühlbauer* § 264a StGB Rn. 3 (2. Auflage); vgl. jetzt aber abweichend: MüKo-*Ceffinato* § 264a StGB Rn. 4 ff. (3. Auflage).

505 MüKo-*Wohlers/Mühlbauer* § 264a StGB Rn. 3 (2. Auflage); jetzt aber abweichend: MüKo-*Ceffinato* § 264a StGB Rn. 4 ff. (3. Auflage); vgl. dazu auch *Wohlers* Deliktstypen des Präventionsstrafrechts S. 159 ff.

506 *Joecks* wistra 1986, 142, 143 f.; *Worms* wistra 1987, 242, 245.

507 Vgl. Graf/Jäger/Wittig-*Bock* § 264a StGB Rn. 4; S/S-*Perron* § 264a StGB Rn. 1.

systematische Einordnung in den 22. Abschnitt[508] sowie die ausdrückliche Erklärung des Gesetzgebers, durch die Norm Beweisschwierigkeiten beim Betrug überwinden zu wollen[509].

Erkennt man dies an, ist darüber hinaus umstritten, im welchem Rangverhältnis die beiden geschützten Rechtsgüter stehen. Mit der Gesetzesbegründung geht auch die Rechtsprechung davon aus, dass neben diesem Allgemeinrechtsgut auch das Individualrechtsgut des Vermögens des einzelnen Kapitalanlegers von § 264a StGB geschützt wird[510]. Demnach werden das Individualrechtsgut Vermögen und das Allgemeinrechtsgut der Funktionsfähigkeit des Kapitalmarkts nebeneinander geschützt. Dagegen steht ein Teil der Literatur auf dem Standpunkt, dass das geschützte Rechtsgut „primär" die Funktionsfähigkeit des Kapitalmarkts sei[511]. Das Vermögen des Kapitalanlegers steht also demnach nur an zweiter Stelle.

Festzuhalten bleibt also, dass mit § 264a StGB ein neues Universalrechtsgut geschaffen wurde, dessen exakte inhaltliche Ausgestaltung umstritten ist. Weiterhin zeigt der Paragraf zwei deliktstypische Besonderheiten, die bei der Ausgestaltung des präventiv ansetzenden Strafrechts vermehrt zu finden sind. Erstens wird neben einem neu konzipierten Allgemeinrechtsgut ein „klassisches" Individualrechtsgut, nämlich das Vermögen des Kapitalanlegers, benannt. Darüber hinaus ist der Tatbestand als abstraktes Gefährdungsdelikt ausgestaltet. Gegenüber den klassischen Vermögensdelikten wie Betrug und Untreue verzichtet er insbesondere auf den Eintritt eines Vermögensschadens.

bb. § 265 StGB

§ 265 StGB pönalisiert den Versicherungsmissbrauch. Dieser Tatbestand wurde in seiner heutigen Form durch das 6. Gesetz zur Reform des Strafrechts geschaffen[512]. Die bereits bei den bisher vorgestellten Delikten auftretende Schwierigkeit, das geschützte Rechtsgut der Norm exakt zu bestimmen, ist hier ebenfalls zu beobachten. Zunächst geht die wohl herrschende Ansicht davon aus, dass das

---

508 Vgl. Graf/Jäger/Wittig-*Bock* § 264a StGB Rn. 3.

509 BT-Drs. 10/318, S. 12 ff.

510 BGH NJW 1992, 241, 243; 2004, 2664, 2665; OLG Köln NJW 2000, 598, 599; a.A. OLG Hamm ZIP 1990, 1331, 1333.

511 So: S/S-*Perron* § 264a StGB Rn. 1; vgl. dazu auch *Weber* NStZ 1986, 481, 486; *Hefendehl* Kollektive Rechtsgüter S. 267 ff.

512 *Engemann* Die Regelung des Versicherungsmißbrauchs S. 37; Zur alten Fassung: vgl. S/S-*Perron* § 265 StGB Rn. 1.

Vermögen der Versicherungsgesellschaften als geschütztes Rechtsgut anzusehen ist[513].

Dafür werden auch mehrere überzeugende Argumente ins Feld geführt. So ergebe die systematische Einordnung in den 22. Abschnitt des Strafgesetzbuchs nur dannSinn, wenn das Vermögen Schutzgut der Norm wäre[514]. Weiterhin spreche für den Vermögensschutz, dass § 265 StGB subsidiär gegenüber dem § 263 StGB ist[515].

Darüber hinaus ist umstritten, ob, wie bei § 264a StGB, der Schutz eines überindividuellen Universalrechtsguts bezweckt sein soll[516]. Dies sei vorliegend das Interesse der Allgemeinheit an einem funktionierenden Versicherungswesen[517]. Dafür spreche die nicht zu übersehende Parallele zu § 264 StGB, § 264a StGB, oder § 265b StGB[518]. Auch dort werden neben dem Individualrechtsgut des Vermögens noch Instrumente der Volkswirtschaft geschützt, die dem Gesetzgeber wohl als besonders wichtig erschienen[519]. Weiterhin sei die Vorverlagerung der Strafbarkeit in das Vorfeld des Betrugstatbestands ein Indiz für die aus der Sicht des Gesetzgebers besondere Schutzwürdigkeit der Leistungsfähigkeit des Versicherungswesens[520].

Folgt man also dieser Ansicht, so zeigt sich auch beim Versicherungsmissbrauch das gleiche Muster in der Rechtsgutskonzeption wie schon beim Kapitalanlagenbetrug. Neben dem Vermögensschutz eines Individualrechtsgutsträgers wird auch ein wirtschaftlich bedeutsames, überindividuelles Rechtsgut der Allgemeinheit geschützt. Es handelt sich also auch hier um ein Delikt, welches einen kumulativen Rechtsgüterschutz verfolgt[521]. Darüber hinaus lässt sich unschwer eine zweite Parallele zu §264a StGB entdecken. So handelt es sich auch bei § 265 StGB um ein abstraktes Gefährdungsdelikt[522]. Es ist für die Vollendung der Tat

---

513 S/S-*Perron* § 265 StGB Rn. 2; Graf/Jäger/Wittig-*Bock* § 265 StGB Rn. 3; Lackner/Kühl-*Heger* § 265 StGB Rn. 1; *Fischer* § 265 StGB Rn. 2; a. A. MüKo-*Wohlers/Mühlbauer* § 265 StGB Rn. 4 (2. Auflage); vgl. jetzt aber abweichend: MüKo-*Kasiske* § 265 StGB Rn. 4. (3. Auflage).

514 S/S-*Perron* § 265 StGB Rn. 2; Graf/Jäger/Wittig-*Bock* § 265 StGB Rn. 3.

515 S/S-*Perron* § 265 StGB Rn. 2.

516 Dies bejahen: S/S-*Perron* § 265 StGB Rn. 2; LK-*Tiedemann* § 265 StGB Rn. 6; Graf/Jäger/Wittig-*Bock* § 265 StGB Rn. 3; a.A. NK-*Hellmann* § 265 StGB Rn. 14 f.; SSW-*Saliger* § 265 StGB Rn. 1.

517 S/S-*Perron* § 265 StGB Rn. 2; Graf/Jäger/Wittig-*Bock* § 265 StGB Rn. 3.

518 Vgl. S/S-*Perron* § 265 StGB Rn. 2; Graf/Jäger/Wittig-*Bock* § 265 StGB Rn. 3.

519 S/S-*Perron* § 265 StGB Rn. 2.

520 S/S-*Perron* § 265 StGB Rn. 2.

521 Vgl. im Ergebnis Graf/Jäger/Wittig-*Bock* § 265 StGB Rn. 3.

522 Vgl. Graf/Jäger/Wittig-*Bock* § 265 StGB Rn. 4.

nämlich gerade nicht erforderlich, dass die Versicherung einen Vermögensschaden erleidet[523].

cc. § 265b StGB

Abschließend soll noch die Rechtsgutskonzeption des § 265b StGB umrissen werden. Dieses Delikt stellt den Kreditbetrug unter Strafe. Auch diese Vorschrift wurde bereits 1976 eingeführt[524] und reiht sich in die Gruppe der Delikte ein, deren Entstehung in die Zeit des Umbruchs zur Risikogesellschaft fällt und somit ihren Beitrag zur Modifizierung des Strafrechts hin zur zunehmenden Prävention leistet. Seit einigen Jahren vertritt der Bundesgerichtshof die Auffassung, dass auch hier ein doppelter Rechtsgüterschutz vorliegt[525]. Demnach sei sowohl das individuelle Vermögen des Kreditgebers als auch das Allgemeinrechtsgut der Kredit- und Volkswirtschaft geschützt[526].

Darüber hinaus ist in der Literatur umstritten, wie weit der Rechtsgüterschutz des § 265 StGB reicht. So wird teilweise vertreten, der Tatbestand diene alleine dem Allgemeinrechtsgut des funktionsfähigen Kreditwesens[527], welches für das Wirtschaftsleben unentbehrlich sei[528]. Es wäre systemwidrig, einen Tatbestand, der unabhängig vom Eintritt einer Vermögensverfügung und eines Vermögensschadens besteht, als reines Vermögensdelikt zu betrachten[529].

Dagegen versteht ein Teil des Schrifttums das Delikt als rein individualschützend[530]. Hierfür wird etwa ins Feld geführt, dass der Tatbestand keinen Mindestkreditbetrag nennt[531]. Demnach seien nur Kredite in erheblicher Höhe geeignet, die Kreditwirtschaft als solche zu gefährden. Da der Tatbestand auf eine solche Grenze verzichtet, könne richtigerweise nur das das Vermögen des Kreditgebers geschützt sein[532]. Die Deliktsnatur des § 265b StGB

523 Graf/Jäger/Wittig-*Bock* § 265 StGB Rn. 4.

524 Graf/Jäger/Wittig-*Bock* § 265b StGB Rn. 2.

525 BGH NJW 2015, 423; BGH wistra 2014, 484.

526 BGH NJW 2015, 423, 424; BGH wistra 2014, 485; zustimmend: Graf/Jäger/Wittig-*Bock* § 265b StGB Rn. 3.

527 MüKo-*Wohlers/Mühlbauer* § 265b StGB Rn. 1 f. (2. Auflage); vgl. nun aber abweichend: MüKo-*Kasiske* § 265b StGB Rn. 1 (3. Auflage).

528 Graf/Jäger/Wittig-*Bock* § 265b StGB Rn. 3.

529 MüKo-*Wohlers/Mühlbauer* § 265b StGB Rn. 2 (2. Auflage); vgl. nun aber abweichend: MüKo-*Kasiske* § 265b StGB Rn. 1. (3. Auflage); vgl. ferner: *Wohlers* Deliktstypen des Präventionsstrafrechts S. 159 ff.

530 NK-*Hellmann* § 265b StGB Rn. 9; vgl. auch *Kindhäuser* JR 1990, 520, 522.

531 NK-*Hellmann* § 265b StGB Rn. 9.

532 NK-*Hellmann* § 265b StGB Rn. 9.

als abstraktes Gefährdungsdelikt wird hingegen von der ganz überwiegenden Ansicht anerkannt[533].

3. Zwischenergebnis: Ausweitung der Strafbarkeit in zweierlei Hinsicht

Im Rahmen der vorgestellten Delikte zeichnen sich mehrere Muster ab: Es handelt sich um Delikte, die einen kumulativen Rechtsgüterschutz verfolgen. Neben Individualinteressen neigt der Gesetzgeber dazu, zunehmend neue Universalrechtsgüter ins Leben zu rufen, um überindividuelle Interessen zu schützen. Ihre inhaltliche Reichweite ist ebenso wie ihre Existenzberechtigung nicht immer unumstritten.

Speziell im Rahmen des 22. Abschnitts des Strafgesetzbuchs zeigt sich in der Rechtsgutskonzeption der Delikte häufig die gleiche Kombination. Neben einem neu geschaffenen Universalrechtsgut wird das Vermögen eines bestimmten Kreises von Individualpersonen geschützt. Im Rahmen der abstrakten Ausgestaltung der Delikte des Wirtschaftsstrafrechts wird meist auf eine Vorverlagerung der Strafbarkeit zurückgegriffen. Diese setzt zeitlich im Vorfeld des Betrugstatbestands an. Damit sind diese Delikte in der Regel als abstrakte Gefährdungsdelikte ausgestaltet. Insbesondere wird der Eintritt eines Vermögensschadens entbehrlich.

Die neuen strafrechtlichen Tendenzen führen also zu einer Ausweitung der Strafbarkeit in zweierlei Hinsicht: Erstens wird der Rechtsgüterschutz auf bis dahin nicht existente, überindividuelle Rechtsgüter erweitert. Darüber hinaus wird der Zeitpunkt der Strafbarkeit in zeitlicher Hinsicht nach vorne verlagert. Das wirft die Folgefrage auf, wo die Grenzen für den Gesetzgeber liegen, den strafrechtlichen Schutz auszuweiten. Im Folgenden sollen daher Kriterien erläutert werden, nach denen sich die Legitimität der Schaffung von Universalrechtsgütern und abstrakten Gefährdungsdelikten beurteilen lässt. Anhand derer sollen Rückschlüsse auf die Legitimität der abstrakten Ausgestaltung des § 265c StGB gezogen werden.

---

533 BGHSt 36, 130, 131 = BGH NJW 1989, 1868; BGH NStZ 2011, 279; BayObLGSt 90, 15 = BayObLG NJW 1990, 1677, 1678; *Fischer* § 265b StGB Rn. 2; S/S-*Perron* § 265b StGB Rn. 4; NK-*Hellmann* § 265b StGB Rn. 10; a.A. MüKo-*Wohlers/Mühlbauer* § 265b StGB Rn. 3 (2. Auflage) wonach § 265b StGB ein „Kumulationsdelikt" darstelle; vgl. nun aber abweichend: MüKo-*Kasiske* § 265b StGB Rn. 3 (3. Auflage).

II. Die Grundsätze der strafrechtlichen Rechtsgutskonzeption

1. Materieller Verbrechensbegriff und Rechtsgutstheorie

Bevor genauer auf die geschützten Rechtsgüter des § 265c StGB eingegangen wird, sollen zunächst einige grundlegende Aspekte der strafrechtlichen Rechtsgutskonzeption umrissen werden. Versucht man, diese Grundsätze zu erfassen, so stößt man auf grundlegende Fragen. Im Kern geht es um die inhaltlichen Anforderungen an ein Verhalten, damit der Staat dieses legitimerweise pönalisieren darf, mithin also um den „materiellen Verbrechensbegriff"[534]. Dieser soll dem Gesetzgeber einen Maßstab an die Hand geben, welches Verhalten noch straflos bleiben soll und welches hingegen bereits strafwürdig erscheint[535]. Dies ist wiederum eng mit der Frage verknüpft, worin eigentlich der Sinn und Zweck des staatlichen Strafens liegt, was also die eigentliche Existenzberechtigung des Strafrechts darstellt[536].

Nach *Roxin* etwa liegt die Aufgabe des Strafrechts darin, „ein freies und friedliches Zusammenleben unter Gewährleistung aller verfassungsrechtlich garantierten Grundrechte zu sichern"[537]. Somit diene das Strafrecht also letztlich dem Rechtsgüterschutz[538]. Dies ist in diesem Kontext jedoch wohl eine der wenigen gesicherten Erkenntnisse, während die meisten der sich auftuenden Folgefragen heillos umstritten erscheinen. So ist die Frage, was überhaupt ein Rechtsgut ist, nach wie vor Gegenstand von Diskussionen. Darüber hinaus wird der Rechtsgutsbegriff schlicht uneinheitlich verwendet. So stehen sich im Wesentlichen der systemimmanente sowie der systemtranszendente Rechtsgutsbegriff gegenüber[539].

Nahezu unbestritten ist wohl, dass das Rechtsgut als Auslegungshilfe für die jeweiligen Tatbestände dient[540]. In diesem Fall spricht man von einem „systemimmanenten" Rechtsgutsbegriff und von einem „positivistisch-dogmatischen" Verständnis[541]. Überdies wird es von einem nicht unerheblichen Teil der

534 *Roxin* Strafrecht AT I § 2 Rn. 1.

535 *Roxin* Strafrecht AT I § 2 Rn. 1.

536 *Roxin* Strafrecht AT I § 2 Rn. 1.

537 *Roxin* Strafrecht AT I § 2 Rn. 7; vgl. dazu auch *Roxin* JuS 1966, 377 ff.

538 *Roxin* Strafrecht AT I § 2 Rn. 7.

539 Dazu grundlegend: *Hassemer* Theorie und Soziologie des Verbrechens S. 19 f.; *ders.* in: Hefendehl/von Hirsch/Wohlers Die Rechtsgutstheorie S. 57, 59; vgl. auch *Hefendehl* Kollektive Rechtsgüter S. 19.

540 So: *Roxin* Strafrecht AT I § 2 Rn. 4.

541 S/S-*Eisele* vor §§ 13 ff. StGB Rn. 10.

Literatur für sinnvoll erachtet, dass darüber hinaus der Rechtsgutsbegriff auch als Grenze für das Tätigwerden des (Straf-)Gesetzgebers dient. Diese Funktion des Rechtsgutsbegriffs wird als „systemkritische" bezeichnet[542]. Dabei geht es maßgeblich darum, unter welchen Voraussetzungen welche Rechtsgüter strafrechtlichen Schutzes bedürfen[543].

2. Die verfassungsrechtlichen Vorgaben zur strafrechtlichen Rechtsgutskonzeption

Neben der Rechtsgutstheorie spielen bei der strafrechtlichen Rechtsgutskonzeption auch verfassungsrechtliche Grundsätze eine entscheidende Rolle. Jedoch hat das Bundesverfassungsgericht im Gegensatz zu Vertretern aus der Literatur die Rechtsgutstheorie nicht übernommen[544]. Somit gilt festzuhalten, dass aus verfassungsrechtlicher Sicht eine zusätzliche, spezifisch strafrechtliche Prüfung der Legitimität des Rechtsguts keine Wirksamkeitsvoraussetzung für eine strafrechtliche Norm darstellt[545]. Selbstverständlich aber muss das Rechtsgut einer strafrechtlichen Norm bestimmten verfassungsrechtlichen Legitimitätskriterien unterworfen werden[546].

a. Verhältnismäßigkeitsgrundsatz

Das Bundesverfassungsgericht zieht in seinen bisher ergangenen Entscheidungen maßgeblich den Verhältnismäßigkeitsgrundsatz heran, um die Legitimität einer strafrechtlichen Norm zu beurteilen[547].

Hierbei wird auf die Geeignetheit des Mittels zum Erreichen des Zwecks[548], auf die Erforderlichkeit des Mittels[549] und die Angemessenheit abgestellt[550].

---

542 S/S-*Eisele* vor §§ 13 ff. StGB Rn. 10; vgl. dazu NK-*Hassemer/Neumann* vor § 1 StGB Rn. 113.

543 S/S-*Eisele* vor §§ 13 ff. StGB Rn. 10.

544 BVerfGE 120, 224, 241 = BVerfG NJW 2008, 1137, 1138; vgl. dazu auch *Roxin* Strafrecht AT I § 2 Rn. 86.

545 BVerfGE 120, 224, 241 = BVerfG NJW 2008, 1137, 1138; vgl. dazu auch *Roxin* Strafrecht AT I § 2 Rn. 86.

546 Vgl. zu diesen: BVerfGE 23, 127, 133; 61, 126, 134; 69, 1, 35; 76, 256, 359; 80, 109, 120.

547 BVerfGE 23, 127, 133; 61, 126, 134; 69, 1, 35; 76, 256, 359; 80, 109, 120.

548 BVerfGE 90, 145, 172 ff.

549 BVerfGE 90, 145, 172 ff.

550 Vgl. *Roxin* Strafrecht AT I § 2 Rn. 86.

Die Angemessenheit ist dabei nach dem Bundesverfassungsgericht bereits dann gegeben, wenn die Pönalisierung „nicht schlechthin unangemessen“[551] ist. Daraus wird zutreffend geschlossen, dass dem Gesetzgeber bei der Ausübung seines Ermessens im Rahmen der Schaffung einer neuen Strafnorm ein weiter Spielraum vom Bundesverfassungsgericht eingeräumt wird[552] und sich die Rechtsprechung im Hinblick auf die verfassungsmäßige Kontrolle zurückhaltend gibt[553]. Insbesondere *Schünemann* sah die Zurückhaltung des Bundesverfassungsgerichts kritisch[554]. So wähnte er dadurch „die Potenz des Rechtsgüterschutzprinzips“[555] in Gefahr gebracht. In der Tat stellt sich in diesem Kontext die Frage, in welchem Verhältnis die auf dem Verhältnismäßigkeitsprinzip fußende Rechtsprechung des Bundesverfassungsgerichts zu den von der Literatur entwickelten Grundsätzen des Rechtsgüterschutzes steht.

Teilweise wird vorgetragen, die Rechtsgutstheorie habe in Anbetracht der Grundsätze des Bundesverfassungsgerichts ihre Bedeutung im Hinblick auf ihre strafbegrenzende Funktion gänzlich verloren[556]. Andererseits wird ausgeführt, dass die Rechtsgutstheorie zwar keine Grenze für den Gesetzgeber darstelle, sie jedoch als Konkretisierung des verfassungsrechtlichen Übermaßverbots dienen müsse[557]. Dies würde dem Umstand Rechnung tragen, dass das Übermaßverbot bislang nicht auf die Spezifika strafrechtlicher Normen eingehe[558].

Den Gedanken, dass die Rechtsgutstheorie die verfassungsmäßigen Grundsätze gewissermaßen ergänzen könnte, führt auch *Roxin*[559] fort. So habe die Rechtsgutstheorie eine Bedeutung für das Übermaßverbot[560]. Allerdings sei es verfehlt, das Rechtsgutskonzept in seiner Gänze als verfassungsmäßig bindend zu betrachten[561]. Dies sei schon deshalb nicht möglich, weil bereits innerhalb der Literatur die inhaltliche Reichweite des Rechtsgutsbegriffs so umstritten ist, dass ein Konsens weit entfernt erscheint[562]. Aber nur ein solcher könne für Gerichte

551 BVerfGE 90, 173.
552 *Roxin* Strafrecht AT I § 2 Rn. 87.
553 *Stächelin* Strafgesetzgebung im Verfassungsstaat S. 161 f.
554 *Schünemann* in: Hefendehl/von Hirsch/Wohlers Die Rechtsgutstheorie S. 133, 142 ff.
555 *Schünemann* in: Hefendehl/von Hirsch/Wohlers Die Rechtsgutstheorie S. 133, 145.
556 *Appel* Verfassung und Strafe S. 390, 597.
557 *Stächelin* Strafgesetzgebung und Verfassungsstaat S. 163 ff.
558 *Stächelin* Strafgesetzgebung und Verfassungsstaat S. 163 - 165.
559 *Roxin* Strafrecht AT I § 2 Rn. 92 ff.
560 *Roxin* Strafrecht AT I § 2 Rn. 92.
561 *Roxin* Strafrecht AT I § 2 Rn. 93.
562 *Roxin* Strafrecht AT I § 2 Rn. 93.

auch bindend wirken. Darüber hinaus erkennt auch er an, dass dem Gesetzgeber ein großer Spielraum einzuräumen ist[563]. Somit kommt er zum Schluss, dass das Rechtsgutskonzept vom Gesetzgeber zwar beachtet werden muss, dies ihn jedoch nicht binden kann[564].

Ähnlich wird dies auch von *Kudlich*[565] beurteilt. Auch nach seiner Argumentation hat die Rechtsgutstheorie neben den verfassungsrechtlichen Grundsätzen nach wie vor eine eigenständige Daseinsberechtigung[566]. Diese bestehe maßgeblich darin, dass der Rechtsgutsbegriff - trotz seiner Unschärfe - einen „space of reasons", gewissermaßen also einen Rahmen bildet, innerhalb dessen man Normen und deren Rechtsgüter an verschiedene Legitimitätskriterien messen könnte[567]. Insbesondere sei dies auch kein Widerspruch zur Normenhierarchie. Vielmehr sei es so, dass die Rechtsgutstheorie im Verhältnismäßigkeitsprinzip ihre „verfassungsrechtliche Weihe" erfährt[568].

b. Subsidiaritätsprinzip

Neben dem Verhältnismäßigkeitsgrundsatz spielt für das verfassungsrechtliche Verständnis des strafrechtlichen Rechtsgüterschutzes das Subsidiaritätsprinzip eine entscheidende Rolle. Dies meint, dass der Rechtsgüterschutz nicht primär durch das Strafrecht verwirklicht werden darf, sondern vielmehr, dass der strafrechtliche Schutz nur in den Fällen eingreift, in denen sämtliche andere Schutzmaßnahmen keinen Rechtsgüterschutz gewährleisten können[569]. Somit kommt dem Strafrecht ein „fragmentarischer" Charakter zu[570].

Als vorher zu ergreifende Mittel sind etwa die zivilrechtliche Klage oder eine nicht strafrechtliche Sanktion in Betracht zu ziehen[571]. Das Subsidiaritätsprinzip ist letztlich die Konsequenz des Verhältnismäßigkeitsgrundsatzes. Denn die Erforderlichkeit ist immer dann nicht gegeben, wenn ein milderes, aber gleich effektives Mittel als das Strafrecht den Rechtsgüterschutz verwirklichen könnte[572]. In Anbetracht der Vielfalt der denkbaren Varianten, den Rechtsgüterschutz

563 *Roxin* Strafrecht AT I § 2 Rn. 93.
564 *Roxin* Strafrecht AT I § 2 Rn. 94.
565 *Kudlich* ZStW 2015, 635 ff.
566 *Kudlich* ZStW 2015, 635, 650.
567 *Kudlich* ZStW 2015, 635, 651.
568 *Kudlich* ZStW 2015, 635, 651.
569 Vgl. *Roxin* Strafrecht AT I § 2 Rn. 97.
570 Zu dieser Begrifflichkeit: *Maiwald* FS-Maurach 1972, 9 ff.
571 *Roxin* Strafrecht AT I § 2 Rn. 97.
572 *Roxin* Strafrecht AT I § 2 Rn. 98.

subsidiärer zu verwirklichen als durch das Strafrecht, wird teilweise mehr Fantasie von Gesetzgeber und Wissenschaft gefordert[573].

Letzten Endes kann der Streit zwischen Rechtsgutstheorie und verfassungsrechtlichem Verständnis an dieser Stelle nicht weiter vertieft werden. Festzuhalten gilt jedoch, dass das Strafrecht dem Rechtsgüterschutz dient. Daher erscheint es denknotwendig, dass sich eine strafrechtliche Norm zumindest auch an der Legitimität ihrer zu schützenden Rechtsgüter messen lassen muss. Sinnvoll erscheint es, gerade im Hinblick auf die Konturenlosigkeit des Rechtsgutsbegriffs, unter dem Begriff des Rechtsguts verschiedene kriminalpolitische Ansätze zu erörtern[574].

Im Folgenden sollen daher ausgewählte Kriterien dargestellt werden, anhand derer sich die Tauglichkeit eines Rechtsguts zur Legitimation einer strafrechtlichen Norm beurteilen lässt. Hierbei soll der Fokus auf die Tauglichkeit von Universalrechtsgütern gelegt werden. Anhand dieser Kriterien soll darauffolgend die Legitimität der von § 265c StGB geschützten Rechtsgüter - und darunter insbesondere die Integrität des Sports als Universalrechtsgut - beleuchtet werden.

3. Kriminalpolitische Ansätze zur Differenzierung zwischen legitimen und illegitimen Universalrechtsgütern

a. Die personale Rechtsgutslehre

Einen Ansatz zur Beurteilung der Legitimität von Universalrechtsgütern liefert die personale Rechtsgutslehre. Wie der Name der Theorie bereits vermuten lässt, ist demnach die Person als Mittelpunkt der Werteordnung der Staats- und Rechtsordnung anzusehen[575]. Dem Staat kommt danach eine den Interessen des Individuums dienende Funktion zu[576]. Dadurch soll die Freiheit des Individuums gegenüber dem Staat gesichert werden, dessen Gesetzgebungsmacht beschränkt werden soll[577]. Aus dieser Grundüberlegung ergibt sich demnach,

---

573 Vgl. etwa *Roxin* Strafrecht AT I § 2 Rn. 100, der beispielhaft anführt, man könne im Falle einer Beleidigung nach § 185 StGB den Täter anweisen, eine Geldsumme an das Opfer zu zahlen. Damit wäre dem Geschädigten mehr geholfen, als ihn an das Strafrecht zu verweisen.

574 In diese Richtung auch: *Kubiciel* WiJ 2016, 256, 263.

575 Vgl. *Anastasopoulou* Deliktstypen S. 29.

576 *Anastasopoulou* Deliktstypen S. 29; *Hohmann* Umweltdelikte S. 66, 70 ff.; *ders.* GA 1992, 76, 77.

577 *Anastasopoulou* Deliktstypen S. 29 f.; *Hassemer* Theorie und Soziologie S. 69; *Hohmann* Umweltdelikte S. 61, 66.

dass die Interessen des Individuums gegenüber denen des Staates eine starke Stellung einnehmen[578]. Überträgt man dies auf die Zweiteilung der Rechtsgüter in solche der Allgemeinheit und solche des Individuums, so ergibt sich daraus die Wertung, dass den Rechtsgütern der Allgemeinheit ein höherer Grad an Legitimation abverlangt werden muss[579].

Nach *Hassemers* Ansicht darf nämlich der Schutz von Institutionen nur so weit reichen, als dass dieser auch die Möglichkeit des Schutzes menschlicher Interessen gewährleistet. Somit seien Universalrechtsgüter nur dann legitimiert, wenn sie auch dem Schutz der Interessen des Individuums dienen. Eine andere Ansicht stehe im Widerspruch zur systemkritischen Rechtsgutslehre[580]. Man müsste sich also bei Universalrechtsgütern stets die Frage stellen, ob diese mittelbar auch dem Schutz von Individualinteressen dienen. Nur wenn dies der Fall ist, wird nach dieser Ansicht die Legitimität eines Universalrechtsguts bejaht. Demnach dienen die Urkundendelikte nicht der Sicherheit des Rechtsverkehrs, sondern vielmehr dem Interesse des Einzelnen an der Integrität der Beweismittel[581].

Übertragen auf die oben dargestellten Delikte des Wirtschaftsstrafrechts, wird zu Recht davon ausgegangen, dass diese als legitim zu betrachten sind, da sie einen Bezug zu Individualinteressen aufweisen[582]. Konkret am Beispiel des § 264a StGB betrachtet, bedeutet dies, dass man anstelle des Universalrechtsguts der Funktionsfähigkeit des Kapitalmarktes auch auf die Interessen derjenigen, die am Kapitalmarkt teilnehmen, abstellen könne[583].

b. *Die Strafwürdigkeitslehre*

Erwähnenswert erscheinen in diesem Kontext auch die Überlegungen *Ottos,* welcher davon ausgeht, dass ein Verhalten lediglich dann pönalisiert werden sollte, wenn es „geeignet ist, die sozialen Beziehungen innerhalb der Rechtsgemeinschaft erheblich zu gefährden oder zu schädigen". Dafür seien „gravierende Rechtsgutsverletzungen" erforderlich, welche nicht durch „bloß lästige oder unerwünschte Verhaltensweisen" erreicht werden können[584].

---

578 Vgl. *Anastasopoulou* Deliktstypen S. 30.

579 Vgl. *Anastasopoulou* Deliktstypen S. 237.

580 *Hassemer* Theorie und Soziologie S. 231; vgl. dazu auch *Anastasopoulou* Deliktstypen S. 33 f.

581 *Hassemer* FS-Kaufmann 1989, 85, 92; vgl. dazu auch *Anastasopoulou* Deliktstypen S. 34.

582 *Anastasopoulou* Deliktstypen S. 238.

583 *Anastasopoulou* Deliktstypen S. 238.

584 *Otto* ZStW 1984, 339, 347; *ders.* NJW 1979, 681, 683; *ders.* Jura, 1989, 24, 27.

Als Maßstab für die Frage, welche Rechtsgüter geeignet sind, solch „gravierenden" Verletzungen zu unterliegen, solle das Grundgesetz als Ausdruck der „objektiven Wertordnung" herangezogen werden[585]. Je höher der Rang des betreffenden Rechtsguts innerhalb der Werteordnung des Grundgesetzes sei, desto eher erscheine die Verletzung dieses Rechtsguts strafwürdig[586]. Nehme dagegen ein Rechtsgut nur einen geringeren Rang innerhalb der Ordnung ein, sei eher davon Abstand zu nehmen, dessen Verletzung zu pönalisieren. Vielmehr sei es dann erforderlich, dass in diesen Fällen ein besonderer sozialer Unwert in der Tat hervortritt. Dies könne etwa dann gegeben sein, wenn eine darüberhinausgehende Schädigung anderer Rechtsgüter mit einhergeht[587].

c. *Vertrauensrechtsgüter*

Einen weiteren Ansatz, legitime von illegitimen Universalrechtsgütern zu unterscheiden, liefert *Hefendehl*[588]. So führt er aus, dass Vertrauen von Individuen sowohl in Personen als auch in Institutionen gefasst werden kann[589].

Seiner Argumentation zufolge ist ein Kollektivrechtsgut insbesondere dann legitimiert, wenn es eine hinreichende Verbindung zu Individualrechtsgütern hat[590]. Diese Verbindung sei dann gegeben, wenn die Individuen Vertrauen in eine bestimmte Institution legten[591]. Durch die Vertrauenskomponente erstreckt sich also das Individualinteresse auch auf das Bestehen der Institution[592]. Diese Überlegungen sind besonders im Hinblick auf das Wirtschaftsstrafrecht interessant. So sei es nämlich gerade in diesem Bereich nicht abwegig, dass gefasstes Vertrauen eine entscheidende Rolle spielt[593]. Diese ergebe sich aus den Umständen, die das Wirtschaftsleben prägen: So seien zwischen Vertragspartnern oft gegenläufige Interessen vorhanden, die dazu führen, dass kein vollständiger Informationsaustausch zustande kommt[594]. Somit sei auch eine umfassende Kontrolle im Wirtschaftssystem nicht umsetzbar[595]. Daraus entsteht die Notwendigkeit,

585 *Otto* ZStW 1984, 339, 347; *ders.* NJW 1979, 681, 683.
586 *Otto* ZStW 1984, 339, 347; *ders.* NJW 1979, 681, 683.
587 *Otto* ZStW 1984, 339, 347 f.; vgl. *ders.* NJW 1979, 681, 683.
588 *Hefendehl* Kollektive Rechtsgüter S. 124 ff.; 255 ff.
589 *Hefendehl* Kollektive Rechtsgüter S. 127 f.
590 *Hefendehl* Kollektive Rechtsgüter S. 124.
591 *Hefendehl* Kollektive Rechtsgüter S. 124.
592 Vgl. *Hefendehl* Kollektive Rechtsgüter S. 124.
593 *Hefendehl* Kollektive Rechtsgüter S. 255.
594 *Hefendehl* Kollektive Rechtsgüter S. 255
595 *Hefendehl* Kollektive Rechtsgüter S. 255.

dass die Teilnehmer am Wirtschaftsverkehr ein gewisses Maß an Vertrauen bilden[596]. Daran schließt sich die Frage an, was der Bezugspunkt dieses Vertrauens des Wirtschaftsteilnehmers ist. Aufgrund der Komplexität der Sozialordnung scheide ein rein personales Vertrauen aus[597]. Vielmehr erscheine es hier logisch, auf die Systeme und Institutionen der Wirtschaftsordnung abzustellen[598].

Die Literatur beäugt die Vertrauensrechtsgüter jedoch durchaus kritisch. Insbesondere wird vorgebracht, die Rechtsgüter, die sich maßgeblich auf das Vertrauen von Individuen stützen, seien letztlich zu vage, um strafrechtlichen Rechtsgüterschutz zu begründen[599]. Zudem seien kaum forensische Feststellungen vorhanden, die ein etwaig bestehendes Vertrauen belegen könnten[600].

Darüber hinaus wird zu bedenken gegeben, dass die Logik der Verletzung von Vertrauensrechtsgütern nur dann funktionieren kann, wenn auch die das Vertrauen zerstörenden Umstände tatsächlich bekannt werden[601]. Dies wird am Beispiel der Bestechung von Amtsträgern näher erläutert. Denn angenommen, die Allgemeinheit würde nichts von der Bestechung einiger weniger Beamter erfahren, so wäre auch das Rechtsgut des Vertrauens in die Sachlichkeit staatlicher Verwaltung nicht gefährdet[602].

d. Trennung von Unmoral und Rechtsgutsverletzung

Darüber hinaus wird von mehreren Vertretern behauptet, dass ein bloß unmoralisches Verhalten noch nicht geeignet ist, eine Rechtsgutverletzung zu begründen[603]. Dies sei nach diesem Verständnis jedenfalls dann der Fall, solange diese Unmoral das friedliche Zusammenleben nicht beeinträchtigen kann[604]. Dies wird insbesondere unter Heranziehung des Beispiels der in Deutschland bis 1969 unter Strafe gestandenen Homosexualität näher erläutert. Die Aufrechterhaltung der Strafbarkeit sollte in erster Linie damit begründet werden, dass das Praktizieren der Homosexualität ein ethisch verwerfliches Verhalten darstellt[605].

---

596 *Hefendehl* Kollektive Rechtsgüter S. 255.

597 *Hefendehl* Kollektive Rechtsgüter S. 257.

598 *Hefendehl* Kollektive Rechtsgüter S. 256.

599 *Roxin* Strafrecht AT I § 2 Rn. 84.

600 Vgl. *Roxin* Strafrecht AT I § 2 Rn. 84, der anmerkt, dass in diesem Kontext etwa Bevölkerungsumfragen dafür ungeeignet wären.

601 *Anastasopoulou* Deliktstypen S. 177.

602 *Anastasopoulou* Deliktstypen S. 177.

603 *Roxin* Strafrecht AT I § 2 Rn. 17 ff.; *Hefendehl* Kollektive Rechtsgüter S. 52.

604 *Roxin* Strafrecht AT I § 2 Rn 17.

605 E 1962, BT-Drucks. IV/650, 376.

Nach diesem Ansatz muss dieses Verhalten insbesondere deshalb strafbar bleiben, weil es sich erstens mit dem Einverständnis der Beteiligten vollzieht und zweitens im Privatbereich stattfindet[606]. Letztlich handelt es sich bei diesem Verständnis um eine konsequente Anwendung der Rechtsgutslehre[607], welche das Eingreifen des Strafrechts eben auf die Bereiche beschränken will, die dem friedlichen Zusammenleben und der freien Entfaltung des Einzelnen dienen.

Bei einem bloßen Moralverstoß, welcher sich im privaten Bereich unter der Zustimmung der Beteiligten abspielt, wäre also das friedliche Zusammenleben nicht beeinträchtigt und demnach auch keine Pönalisierung erforderlich.

Hefendehl leitet das Verbot, reine Unmoral zu pönalisieren, sogar direkt aus verfassungsrechtlichen Vorgaben ab[608]. Ausgangspunkt der Überlegung ist dabei Art. 20 II 1 GG, wonach alle Staatsgewalt vom Volke ausgeht. Daraus wird geschlossen, dass es dem Staat verwehrt ist, seine mündigen Bürger in moralischer Hinsicht verbessern zu wollen[609]. Darüber hinaus sei diese Beschränkung des Strafrechts dem in Art. 20 GG verankerten Rechtsstaatsgebot zu entnehmen. Die Bestrafung reiner Unmoral würde den Staat zu einem Vormund der Bürger werden lassen und somit deren Würde zerstören[610].

Somit widerspräche eine Pönalisierung den Grundprinzipien der Verfassung und würde darüber hinaus einen Widerspruch zum Grundrechtsschutz der Intimsphäre darstellen[611].

e. Punktuelle Beeinträchtigung ausreichend

Einen weiteren Ansatz zur Kategorisierung von Universalrechtsgütern liefert *Roxin*. Dieser geht davon aus, dass manche Universalrechtsgüter zu Unrecht als solche bezeichnet werden. Vielmehr sei es so, dass einige von diesen nur die Summe vieler Individualrechtsgüter darstellen, jedoch kein eigenständiges Universalrechtsgut bilden[612]. Entscheidendes Kriterium für die Differenzierung zwischen „echten" und bloß vermeintlichen, also „unechten" Universalrechtsgütern sei demnach der Umstand, dass bei Ersteren eine Verletzung des Rechtsguts

---

606 *Roxin* Strafrecht AT I § 2 Rn 17.
607 Vgl. nochmals etwa: *Roxin* Strafrecht AT I § 2 Rn. 7.
608 Vgl. *Hefendehl* Kollektive Rechtsgüter, S. 51 f.
609 *Hefendehl* Kollektive Rechtsgüter S. 51; vgl. auch: *Roxin* JuS 1966, 377, 381; zustimmend: *Amelung* Rechtsgüterschutz S. 320.
610 *Hefendehl* Kollektive Rechtsgüter S. 52; vgl. dazu *Amelung* Rechtsgüterschutz S. 318 f.
611 *Hefendehl* Kollektive Rechtsgüter S. 52; vgl. dazu *Amelung* Rechtsgüterschutz S. 320 ff.
612 *Roxin* Strafrecht AT I § 2 Rn. 79.

bereits begründet ist, sobald eine punktuelle Verletzung des entsprechenden Rechtsguts festzustellen ist. Nicht erforderlich für die Rechtsgutsverletzung ist eine Beeinträchtigung des Gesamtsystems[613].

Nach dieser Differenzierung stelle also etwa die Reinheit der Beweisführung ein „echtes" Universalrechtsgut dar. Diese sei nämlich schon durch bloß punktuelle Verletzung, namentlich den Gebrauch einer einzigen falschen Urkunde verletzt[614].

Dahingegen sei das Rechtsgut der „Volksgesundheit" gerade kein legitimes Universalrechtsgut[615]. Der vereinzelte Konsum von Drogen durch eine einzelne Person sei nicht geeignet, das proklamierte Rechtsgut auch nur punktuell zu gefährden. Das Rechtsgut, welches durch die Strafandrohung eigentlich geschützt werden soll, sei die Gesundheit zahlreicher Einzelner, jedoch nicht die „Volksgesundheit" per se[616]. Ebenso verhalte es sich etwa beim Subventionsbetrug. Auch hier sei das Rechtsgut, um das es dem Gesetzgeber bei der Pönalisierung eigentlich ging, das Vermögen der einzelnen Subventionsgeber, nicht aber das Subventionswesen als solches[617].

Die proklamierten Universalrechtsgüter seien somit lediglich „diffuse Belange der Allgemeinheit"[618] und damit nur die Summe zahlreicher Individualrechtsgüter. Dort wo der Gesetzgeber an die Grenze der schützenswerten Individualrechtsgüter stößt[619], erfinde er ein neues „Pseudorechtsgut"[620].

Diesem Muster steht *Roxin* insofern ausgesprochen kritisch gegenüber, als dass er darin den Versuch erkennt, die strafbarkeitsbegrenzende Funktion des Rechtsgutsbegriffs zu minimieren. Dabei handele es sich um einen „zu bekämpfender Missbrauch"[621].

Eng mit diesem Argumentationsmuster verknüpft ist die Erwägung, dass solchen Universalrechtsgütern die Legitimität abgesprochen werden müsse, die zu abstrakt erscheinen, um noch deutlich, also greifbar zu sein. Auch diese würden

613 *Roxin* Strafrecht AT I § 2 Rn. 83.
614 *Roxin* Strafrecht AT I § 2 Rn. 83.
615 *Roxin* Strafrecht AT I § 2 Rn. 76, 79.
616 *Roxin* Strafrecht AT I § 2 Rn. 79.
617 *Roxin* Strafrecht AT I § 2 Rn. 78 f.
618 *Roxin* Strafrecht AT I § 2 Rn. 75.
619 So wird klargestellt, dass nach den Pönalisierungsgrundsätzen des StGB weder die Selbstgefährdung, noch die fahrlässige Gefährdung oder Verletzung von Vermögen strafbar ist, *Roxin* Strafrecht AT I § 2 Rn. 76, 78.
620 *Roxin* Strafrecht AT I § 2 Rn. 82.
621 *Roxin* Strafrecht AT I § 2 Rn. 75.

letztlich lediglich dem Schutz von Individualrechtsgütern dienen[622]. Untermauert wird diese Ablehnung mit gewichtigen Argumenten. So werde der einzelne Täter deshalb bestraft, weil eine Vielzahl an anderen Tätern es ihm gleichtun[623]. Darüber hinaus führe dieses Vorgehen zu einer nicht berechtigten Legitimation von scheinbaren Universalrechtsgütern[624].

Diesem Problem widmet sich auch *Wohlers,* der zu bedenken gibt, dass insbesondere bei zahlreichen Tatbeständen aus dem Wirtschafts- und Umweltstrafrecht Verhaltensweisen pönalisiert werden, die für sich alleine genommen nicht geeignet sind, die proklamierten Rechtsgüter der jeweiligen Delikte zu gefährden[625]. Somit beruhe die Strafandrohung letztlich auf der Überlegung, dass die Rechtsgüter Schaden nehmen könnten, wenn sich eine breite Masse der Gesellschaft derart verhalten würde[626].

Festzuhalten bleibt, dass nach diesem Ansatz die Legitimität der Universalrechtsgüter maßgeblich davon abhängt, ob diese bereits bei einer bloß punktuellen Beeinträchtigung verletzt sind. Andernfalls kann man nach dieser Ansicht daraus schließen, dass es sich lediglich um die Summe von Individualrechtsgütern und damit den illegitimen Versuch handelt, anerkannte Pönalisierungsgrundsätze zu umgehen.

III. Die geschützten Rechtsgüter des § 265c StGB

Nach der Gesetzentwurfsbegründung soll § 265c StGB zweierlei Rechtsgüter schützen. Neben dem Vermögen als Individualrechtsgut soll mit der „Integrität des Sports" auch ein Universalrechtsgut dem Schutz des § 265c StGB unterfallen[627].

Im Nachfolgenden soll zunächst die Reichweite der beiden Rechtsgüter inhaltlich skizziert werden. Im Anschluss soll erörtert werden, ob und inwieweit die Rechtsgüter im Hinblick auf die oben genannten verfassungsrechtlichen sowie kriminalpolitischen Ansätze legitim erscheinen.

---

622 *Roxin* Strafrecht AT I § 2 Rn. 46 ff.
623 *Roxin* Strafrecht AT I § 2 Rn 82.
624 *Roxin* Strafrecht AT I § 2 Rn. 82.
625 *Wohlers* Deliktstypen des Präventionsstrafrechts S. 177.
626 *Wohlers* Deliktstypen des Präventionsstrafrechts S. 177.
627 BT-Drs. 18/8831 S. 10.

1. Die Integrität des Sports

a. Skizzierung der inhaltlichen Reichweite des Rechtsguts

Laut dem Gesetzgeber gefährdet der Sportwettbetrug die „Integrität des Sports"[628]. Diese Begrifflichkeit wird zwar nicht näher definiert, jedoch wird versucht, die inhaltliche Reichweite grob nachvollziehbar zu machen. So geht die Begründung zunächst sowohl auf die gesellschaftliche als auch die wirtschaftliche Bedeutung des Sports ein. Daneben wird erläutert, worauf die Integrität des Sports fußen soll. Diese Ausführungen sollen im Folgenden konkretisiert werden.

Die gesellschaftliche Bedeutung des Sports zeichne sich vor allem dadurch aus, dass dieser Träger positiver Werte sei. Zu diesen werden namentlich Leistungsbereitschaft, Fairness, Toleranz und Teamgeist gezählt[629]. Die gesellschaftliche Funktion des Sports bestehe unter anderem darin, diese Werte zu vermitteln. Darüber hinaus werden Vorbilder für junge Menschen geschaffen und diesen gelehrt, sich über Siege zu freuen und Niederlagen zu ertragen[630].

Diese Begründung des Gesetzgebers spricht einen Teilbereich der Funktion des Sports an, der der gesellschaftlichen Integration[631] dient. Gerade Kinder und Jugendliche sind vom Vorschulalter bis zur Volljährigkeit oft in einem Sportverein aktiv. So entsteht eine Vielzahl sozialer Kontakte und unter Umständen ganze Freundeskreise. Gerade in anonymen Großstädten oder Problembezirken kann die Existenz eines Sportvereins integrative Entwicklungen in Gang setzen[632]. Die regelmäßigen Treffen zu Spielbegegnungen und Trainingseinheiten fördern die Entstehung eines Zugehörigkeitsgefühls[633]. In Zeiten zunehmender Migration zum Teil fremdkultureller Menschen kommt der integrativen Funktion des Sports eine Rolle zu, die in ihrer Reichweite nicht zu unterschätzen ist und die jedenfalls geeignet ist, einen Beitrag zum friedlichen gesamtgesellschaftlichen Zusammenleben zu leisten[634]. In diesem Kontext werden von Sportdachverbänden auch regelmäßig umfangreiche Kampagnen betreut, deren Ziel es ist,

---

628 BT Drs. 18/8831 S. 10

629 BT Drs. 18/8831 S. 10; vgl. dazu auch *Hutz/Kaiser* NZWiSt 2013, 379, 384; *Schild* Jura 1982, 464, 468 ff.

630 BT Drs. 18/8831 S. 10.

631 *Jansen* GA 2017, 600, 604; vgl. auch *Kubiciel* WiJ 2016, 256 f.

632 Vgl. *Jansen* GA 2017, 600, 604; *Hutz/Kaiser* NZWiSt 2013, 379, 383.

633 *Kubiciel* WiJ 2016, 256; vgl. auch *Schild* Jura 1982, 464, 470 f.

634 *Kubiciel* WiJ 2016, 256; vgl. *Schild* Jura 1982, 464, 468, der dabei primär auf die Überwindung von Standesunterschieden abstellt.

den gesellschaftlichen Zusammenhang zu stärken, Rassismus und Intoleranz entgegenzutreten und gegenseitigen Respekt zu fördern.[635] Damit geht es nicht nur um die integrative Funktion innerhalb der Mannschaft. Vielmehr gebietet es auch der Gedanke der Fairness, bei aller Rivalität respektvoll und tolerant mit dem gegnerischen Team umzugehen.

Durch die Kommerzialisierung und Vermarktung des professionellen Sports ist es zudem für jedermann möglich, Begegnungen von Profimannschaften im Fernsehen zu verfolgen. Dadurch gelingt, ebenfalls gerade beim jüngeren Teil der Bevölkerung, die Schaffung von Vorbildern[636]. Man denke nur an die Auftritte der deutschen Fußballnationalmannschaft bei Welt- und Europameisterschaften. Gerade durch die allgegenwärtige Berichterstattung durch die Medien rücken Profisportler zwangsläufig in den alltäglichen Blickpunkt. Somit findet automatisch eine Identifizierung mit den Profis statt. Dies kann unter anderem dazu führen, dass junge Menschen lernen, ihren Vorbildern nachzueifern, sich Ziele zu setzen und deren Leistungsbereitschaft zu stärken[637]. In diesem Kontext werden auch Werte wie Gleichheit, Freiheit und das Betreiben eines fairen Konkurrenzkampfes vermittelt[638]. Damit kann festgehalten werden, dass unter dem Stichwort der gesellschaftlichen Funktion des Sports sowohl ein integrativer als auch ein wertevermittelnder Aspekt zu verstehen ist.

Darüber hinaus geht der Referentenentwurf jedoch auch auf die wirtschaftliche Bedeutung des Sports ein. Im Zuge der Kommerzialisierung und Professionalisierung wurde der Sport zu einem bedeutenden wirtschaftlichen Faktor[639]. Um diesen zu überblicken, lohnt sich ein Blick auf Statistiken des Bundesministeriums für Wirtschaft und Energie. So lag beispielsweise im Jahr 2008 die Bruttowertschöpfung des Sports bei 73,1 Milliarden Euro[640] und damit über der

635 Beispielhaft sei hier die Kampagne „say no to racism" der UEFA genannt: In diesem Kontext macht die UEFA regelmäßig vor internationalen Begegnungen durch Videobotschaften der jeweiligen Mannschaftskapitäne auf Rassismus aufmerksam. Daneben setzt sich der Verband unter anderem für härtere Strafen gegen rassistisches Verhalten ein, vgl. https://www.uefa.com/insideuefa/social-responsibility/respect/no-to-racism/index.html, zuletzt aufgerufen am 17.12.2018.

636 Vgl. auch *Hutz/Kaiser* NZWiSt 2013, 379, 384; *Kubiciel* WiJ 2016, 256.

637 Vgl. auch *Hutz/Kaiser* NZWiSt 2013, 379, 384.

638 *Kubiciel* WiJ 2016, 256; *Schild* Jura 1982, 464, 468.

639 Vgl. BT Drs. 18/8831 S. 10; vgl. dazu auch *Kubiciel* WiJ 2016, 256.

640 Bundesministerium für Wirtschaft und Energie, Zahlen und Fakten zur Sportwirtschaft, 2013, S. 6.

des Maschinen- und Fahrzeugbaus[641]. Die sportspezifische Produktion beträgt 165 Milliarden Euro[642]. Zudem schafft der Sport für 1,766 Millionen Menschen eine Beschäftigung[643]. Darüber hinaus spielen für die wirtschaftliche Bedeutung des Sports Großveranstaltungen wie Welt- und Europameisterschaften eine entscheidende Rolle[644]. Dort werden erhebliche Umsätze und Gewinne erzielt. Selbstverständlich ist dies jedoch bereits in den Ligen, sowohl auf nationaler wie auch auf internationaler Ebene, der Fall[645].

Alleine diese Zahlen belegen, dass der Sport zu einem herausragenden wirtschaftlichen Faktor geworden ist. Die wirtschaftliche Bedeutung des Sports per se kann damit nicht bestritten werden. Exemplarisch soll im Folgenden noch auf die wirtschaftliche Bedeutung des Profifußballs eingegangen werden. In der Vergangenheit war es vor allem diese Branche, die unter Korruptionsskandalen litt.

Anhand der drei folgenden zentralen wirtschaftlichen Kenngrößen lässt sich ablesen, welches Gesamtvolumen der Wirtschaftsfaktor Profifußball mittlerweile einnimmt[646]. Die Wertschöpfung des Profifußballs betrug im Jahr 2013/14 7,9 Milliarden Euro und entspricht damit 0,3 % des deutschen Bruttoinlandsprodukts im Jahr 2014[647]. Dieser Wert bedeutet eine Steigerung um über 50 % im Vergleich zur Wertschöpfung im Jahr 2007/08[648]. Darüber hinaus schafft der Profifußball Vollzeitarbeitsplätze für 110 000 Personen. Die rechnerischen Vollzeitstellen verteilen sich jedoch aufgrund des hohen Anteils an Teilzeitbeschäftigten auf insgesamt 165 000 Personen[649]. Dabei gilt es allerdings zu beachten, dass nicht einmal 8 % der Arbeitsnehmer direkt im Profifußball beschäftigt sind, sondern die Mehrheit in Branchen, die indirekt vom Profifußball profitieren. Allein in der Gastronomie- und Hotelbranche sind 17 000 Arbeitsplätze auf den Profifußball zurückzuführen[650].

---

641 Bundesministerium für Wirtschaft und Energie, Zahlen und Fakten zur Sportwirtschaft, 2013, S. 3.

642 Bundesministerium für Wirtschaft und Energie, Zahlen und Fakten zur Sportwirtschaft, 2013, S. 5.

643 Bundesministerium für Wirtschaft und Energie, Zahlen und Fakten zur Sportwirtschaft, 2013, S. 7.

644 BT Drs. 18/8831 S. 10.

645 BT Drs. 18/8831 S. 10.

646 Vgl. zu den folgenden Zahlen und Daten McKinsey &Company, Wachstumsmotor Bundesliga 2015, S. 9 f.

647 McKinsey &Company, Wachstumsmotor Bundesliga, 2015, S. 9.

648 McKinsey &Company, Wachstumsmotor Bundesliga, 2015, S. 9.

649 McKinsey &Company, Wachstumsmotor Bundesliga, 2015, S. 10.

650 McKinsey &Company, Wachstumsmotor Bundesliga, 2015, S. 10.

Als letzte der drei Kenngrößen dienen die Nettoeinnahmen des Staats aufgrund der Steuerzahlungen der Branche Profifußball. Die Höhe der Steuern und Abgaben, die von Beschäftigten und Beteiligten der Profifußballbranche stammen, wird auf 2,5 Milliarden Euro im Untersuchungszeitraum beziffert[651]. Ein Vergleich zum Wert 6 Jahre zuvor zeigt hier eine Steigerung von 0,8 Milliarden Euro[652]. Zieht man von diesem Wert noch die öffentlichen Ausgaben des Staats, etwa für Sicherheitsvorkehrungen oder Investitionen in Stadien, in Höhe von 200 Millionen Euro ab, ergeben sich immer noch Nettoeinnahmen von 2,3 Milliarden Euro jährlich[653]. Allein der Profifußball als Teilbereich des Sports besitzt also nicht nur ein bedeutendes wirtschaftliches Volumen, sondern ist darüber hinaus auch rasant am Wachsen.

Bei Betrachtung all dieser Zahlen ist jedoch eine differenzierte Betrachtung geboten. So bleibt es zu beachten, dass keineswegs die gesamte wirtschaftliche Bedeutung des Sports von der Verwirklichung eines Sportwettbetrugs betroffen wäre. So ist davon auszugehen, dass etwa die sportspezifische Produktion wohl im Falle eines Sportwettbetrugs kaum Beeinträchtigungen spüren würde. Es ist wohl lebensfremd, anzunehmen, dass die breite Masse der Bevölkerung etwa die Entscheidung über den Kauf von Sportkleidung davon abhängig macht, ob die Fußballbundesliga gerade von einem Korruptionsskandal erschüttert wird.

Interessanter hingegen erscheint ein Blick auf den wirtschaftlichen Zweig, der im Falle eines Sportwettbetrugs wohl unmittelbar betroffen wäre. Dies ist zweifellos derjenige, welcher einen direkten Bezug zum Vereinswesen aufweist, der des Sportkonsums aufgrund von Sportinteresse. Jährlich werden 19,8 Milliarden Euro für Sportinteressen konsumiert[654]. Unter diesen Begriff fallen unter anderem Eintrittsgelder (40 %), Ausgaben für Fanartikel und Sammelobjekte (9 %), sowie Spenden an Vereine und passive Mitgliedschaften (3 %)[655].

Im Gegensatz zur gesamten sportspezifischen Produktion handelt es sich bei dem Kauf von Fanartikeln oder dem Stadionbesuch um einen wirtschaftlichen Bereich, der einen unmittelbaren Bezug zu einem Sportverein aufweist. Dieser Konsum findet gerade aus einer Verbundenheit und einem Zugehörigkeitsgefühl zu einem bestimmten Verein statt. Wird die Glaubwürdigkeit dieses

651 McKinsey &Company, Wachstumsmotor Bundesliga, 2015, S. 10.

652 McKinsey &Company, Wachstumsmotor Bundesliga, 2015, S. 10.

653 McKinsey &Company, Wachstumsmotor Bundesliga, 2015, S. 10.

654 Bundesministerium für Wirtschaft und Energie, Zahlen und Fakten zur Sportwirtschaft, 2013, S. 15.

655 Bundesministerium für Wirtschaft und Energie, Zahlen und Fakten zur Sportwirtschaft, 2013, S. 15.

Vereins durch einen Sportwettskandal beeinträchtigt, wäre es nicht ausgeschlossen, dass aufgrund des Vertrauensverlusts gerade diese Einnahmen der Vereine beeinträchtigt werden[656]. Ob dies letztlich zu spürbaren Umsatzeinbußen der betroffenen Vereine führt, mag man in Zweifel ziehen. Schließlich erfreuen sich auch Sportler (und damit auch deren Fanartikel), die in Vergangenheit etwa mit Steuervergehen auffielen, ungebrochener Beliebtheit bei den Fans. In diesem Kontext gilt es aber auch zu beachten, dass dem Gesetzgeber hinsichtlich der Prognose der Gefahren, welche den Betroffenen drohen, ein Beurteilungsspielraum zugestanden wird[657]. Es ist also zunächst Aufgabe des Gesetzgebers, einzuschätzen, wie stark der umschriebene Wirtschaftszweig betroffen wäre.

Stellt man also im Rahmen der Integrität des Sports auf die wirtschaftliche Bedeutung des Sports ab, so ist richtigerweise zwischen den Wirtschaftszweigen, die tatsächlich von einer Verwirklichung des Delikts betroffen sein könnten und denjenigen, die durch einen Sportwettbetrug allenfalls unmerklich berührt werden, zu differenzieren. Nichtsdestotrotz handelt es sich bei dem unmittelbar betroffenen Teilbereich um einen wirtschaftlichen Faktor von ganz erheblichem Gewicht.

Nach den Ausführungen der Gesetzesbegründung wären diese Funktionen des Sports gerade dann erheblich beeinträchtigt, wenn die *Integrität* des Sports angegriffen wäre. Eben diese sieht der Gesetzgeber dann in Gefahr, wenn die Unverfälschtheit und Authentizität sportlicher Wettbewerbe durch Manipulation konterkariert werde[658]. Der Grundgedanke dieser Unverfälschtheit sei gerade dieser, dass sich die Teilnehmer unter Einhaltung der sportspezifischen Regeln fair aneinander messen[659]. Die Attraktivität des sportlichen Wettbewerbs für die Zuschauer liege auch im Besonderen in der Unvorhersehbarkeit des Ergebnisses und des Verlaufs des Wettbewerbs[660]. Diese Glaubwürdigkeit sei gerade im Fall einer Manipulation nicht mehr gegeben[661].

Somit versteht der Gesetzgeber unter dem Begriff der *Integrität des Sports* maßgeblich die Unversehrtheit der sportlichen Werte wie die Unverfälschtheit und die Authentizität des sportlichen Wettbewerbs, welche wiederum auf den Werten der Fairness und der Chancengleichheit beruhen. Zu erörtern gilt es

656 Vgl. dazu *Hutz/Kaiser* NZWiSt 2013, 379, 382, die eine „Entfremdung der Fans und Anhänger" für möglich halten.

657 BVerfGE 90, 145, 173.

658 BT Drs. 18/8831 S. 10.

659 BT Drs. 18/8831 S. 10.

660 BT Drs. 18/8831 S. 10.

661 BT Drs. 18/8831 S. 10.

nun, ob im Falle der Erschütterung dieser Werte durch einen Wettbetrug die gesellschaftliche und die wirtschaftliche Bedeutung des Sports tatsächlich beeinträchtigt wären. Nur dann wäre die Argumentation des Gesetzgebers schlüssig.

Hinsichtlich der gesellschaftlichen Funktion des Sports erscheint dies durchaus nicht ausgeschlossen[662]. Wie erläutert, ist hier insbesondere der integrative und wertevermittelnde Aspekt des Sports betroffen. Man stelle sich vor, ein Jugendlicher erfährt von seinem Sportidol, dass dieser Bestechungsgelder angenommen hat und an Spielmanipulationen beteiligt war. Gerade diese Vorbildfunktion birgt im Hinblick auf die wertevermittelnde Funktion eine besondere Gefahrenlage: So positiv sich der Umstand auswirken kann, sich an Vorbildern zu orientieren, die Fairness und Leistungsbereitschaft vorleben, so ernüchternd kann es sein, wenn gerade das Vertrauen in diese Personen enttäuscht und ins Gegenteil verkehrt wird[663].

Auch die integrative sowie soziale Kontakte fördernde Funktion des Vereinslebens könnte durch einen Sportwettskandal beeinträchtigt werden. Das Engagement, welches gerade von Jugendspielern in einem Verein an den Tag gelegt wird, könnte erheblich darunter leiden, wenn bekannt wird, dass ein Verein in einen Wettskandal verwickelt war[664]. Die Motivation, sich in einem Verein einzubringen, fußt gerade auf der Überlegung, sich mit dem Verein, mit seinen Werten zu identifizieren. Im Falle eines Sportwettskandals werden aber grundlegende Werte wie Fairness und Chancengleichheit unter Umständen durch Mitwirken von Repräsentanten aus dem Verein ad absurdum geführt. Durch diese Glaubwürdigkeitskrise würde die emotionale Bindung des Einzelnen an einen Verein leiden[665].

Zudem wäre die wirtschaftliche Funktion des Sports durch den Verlust von Glaubwürdigkeit betroffen. Insbesondere der Sportkonsum aufgrund von Sportinteresse würde wohl nicht unerheblich unter einem Wettskandal leiden. Rückgängige Stadionbesucherzahlen oder geringere Verkaufserlöse im Hinblick auf Fanartikel der betroffenen Vereine erscheinen jedenfalls nicht ausgeschlossen[666].

Somit erscheint jedenfalls die Argumentation des Gesetzgebers dahingehend schlüssig, dass der Sport in mehrerlei Hinsicht eine wichtige Funktion einnimmt

---

662 Vgl. *Hutz/Kaiser* NZWiSt 2013, 379, 382 f.

663 Ähnlich: *Jansen* GA 2017, 600, 605; *Hutz/Kaiser* NZWiSt 2013, 379, 382 f.; eher kritisch: *Krack* ZIS 2016, 540, 545, der bezweifelt, dass gerade die vom Tatbestand erfassten Sportlergruppen die Integrität des Sports in erheblichem Maße stützen.

664 Zweifelnd: *Jansen* GA 2017, 600, 605.

665 Ähnlich: *Hutz/Kaiser* NZWiSt 2013, 379, 382.

666 Ähnlich: *Hutz/Kaiser* NZWiSt 2013, 379, 382 f.

und dass gerade diese durch eine Beschädigung der Integrität, mithin also einen Glaubwürdigkeitsverlust des sportlichen Systems, gefährdet werden kann[667]. Ob die Integrität des Sports damit jedoch ein Rechtsgut darstellt, welches strafrechtlichen Schutz erfahren sollte, ist eine Frage, die davon zu trennen ist und die es im Folgenden zu erörtern gilt.

b. Kritik aus der Literatur bezüglich der Rechtsgutsqualität

Die Proklamation des neuen Universalrechtsguts der Integrität des Sports stieß in der Literatur auf breite Kritik[668]. Zwar wird grundsätzlich anerkannt, dass dem Sport eine herausragende gesellschaftliche Bedeutung zukommt[669]. Jedoch entstehe aus diesem Umstand kein Rechtsgut, welches strafrechtlichen Schutz erfahren sollte[670]. Es sei primär Aufgabe des Sports selbst, sich diese gesellschaftliche Bedeutung zu erarbeiten und zu erhalten[671]. Hingegen könne es weder Aufgabe des Gesetzgebers sein, diese Bedeutung einfach zu behaupten, noch Aufgabe des Strafrechts, diese Bedeutung zu sichern[672].

Die Aufgabe des Strafrechts sei darauf beschränkt, lediglich die Rechtsgüter zu schützen, die für ein gesellschaftliches Zusammenleben in Frieden und Freiheit unabdingbar sind[673]. Die Strafvorschrift verstoße damit letztlich gegen den ultima-ratio-Grundsatz des Strafrechts[674].

Auch aufgrund der wirtschaftlichen Bedeutung des Sports könne sich kein Bedürfnis für die Schaffung eines neuen Sonderstraftatbestandes (und damit wohl erst recht nicht der Schaffung eines neuen Universalrechtsguts) ergeben.

---

667 Daran zweifelnd: *Rübenstahl* JR 2017, 264, 268, der insbesondere anmerkt, dass es keine empirischen Nachweise darüber gibt, wie sich das strafbare Verhalten sozialpsychologisch auf die Öffentlichkeit auswirkt; vgl. auch Deutscher Anwaltverein Stellungnahme Nr. 12/16 S. 7.

668 Ablehnend etwa: *Bohn* KripoZ 2017, 88, 91 ff.; *Krack* ZIS 2016, 540, 544 f.; *ders.* wistra 2017, 289, 290; *Reinhard* SpuRt 2016, 235, 237; *Jansen* GA 2017, 600, 614; *Valerius* Jura 2018, 777, 778 f.; Stellungnahme Deutscher Richterbund Nr. 2/16 S. 1; Deutscher Anwaltverein Stellungnahme Nr. 12/16 S. 5; Bundesrechtsanwaltskammer Stellungnahme Nr. 8/16 S. 4.

669 *Sinner* FS-Neumann 2017, 1229, 1233; *Pfister* StraFo 2016, 441, 442.

670 Stellungnahme Deutscher Richterbund Nr. 2/16 S. 1.

671 Stellungnahme Deutscher Richterbund Nr. 2/16 S. 1; vgl. auch Deutscher Anwaltverein Stellungnahme Nr. 12/16 S. 3.

672 Stellungnahme Deutscher Richterbund Nr. 2/16 S. 1.

673 Deutscher Anwaltverein Stellungnahme Nr. 12/16 S. 5.

674 So: Bundesrechtsanwaltskammer Stellungnahme Nr. 8/16 S. 4; ähnlich: *Reinhart* SpuRt 2016, 235, 237.

Ganz im Gegenteil: Die unbestrittene wirtschaftliche Bedeutung der Großveranstaltungen eröffne den Anwendungsbereich des § 299 StGB. Damit seien die denkbaren strafbaren Handlungen hinreichend erfassbar[675].

Weiterhin wird in der Anerkennung der Integrität des Sports als schützenswertes Rechtsgut gar die Aufgabe der Trennung von Strafrecht und Moral erkannt[676]. Dem Sport fehle es damit insgesamt an der gesamtgesellschaftlichen Relevanz, die Integrität des Sports zu einem Rechtsgut von strafrechtlich schützenswertem Rang zu erheben[677].

Krack meint darüber hinaus, in der Schaffung des neuen Universalrechtsguts liege ein altbekanntes Muster[678]: Nachdem ein als Unrecht empfundenes Handeln, wie in diesem Fall die Spielmanipulationen, in den Fokus der Öffentlichkeit geraten ist und mit der bis dahin geltenden Rechtslage nicht handhabbar erscheint, wird ein neues Universalrechtsgut erfunden, welches durch eine Norm geschützt werden soll, die auf die problematischen Merkmale der bis dato geltenden Straftatbestände verzichtet[679].

Zusammenfassend kann festgehalten werden, dass dem Universalrechtsgut der Integrität des Sports von der wohl überwiegenden Meinung die Eignung als strafrechtlich schützenswertes Rechtsgut abgesprochen wird[680]. Im Kern der Argumentation steht die Behauptung, es könne nicht Aufgabe des Strafrechts sein, die Integrität des Sports zu sichern, da dieses Gut aus verschiedenen Erwägungen heraus keine strafrechtliche Rechtsgutsqualität aufweise.

Ob diese Kritik berechtigt ist, gilt es anhand der dargestellten verfassungsrechtlichen und kriminalpolitischen Ansätze zur Differenzierung zwischen legitimen und illegitimen (Universal-) Rechtsgütern zu untersuchen.

---

675 Vgl. Stellungnahme Deutscher Richterbund Nr. 2/16 S. 1.

676 Vgl. Bundesrechtsanwaltskammer Stellungnahme Nr. 8/16 S. 4; *Tsambikakis* StV 2018, 319, 323; ähnlich: *Jansen* GA 2017, 600, 669 f.

677 Bundesrechtsanwaltskammer Stellungnahme Nr. 8/16 S. 2.

678 *Krack* ZIS 2016, 540.

679 Vgl. *Krack* ZIS 2016, 540, 544; kritisch zu diesem Vorgehen auch: *Roxin* Strafrecht AT I § 2 Rn. 75 ff.

680 In diese Richtung etwa: Stellungnahme Deutscher Richterbund Nr. 2/16 S. 1; *Krack* ZIS 2016, 540, 544 ff.; *Nuzinger/Rübenstahl/Bittmann* WiJ 2016, 34, 35; *Swoboda/Bohn* JuS 2016, 686, 689; *Jansen* GA 2017, 600, 614; *Reinhard* SpuRt 2016, 235, 237; a. A. *Kubiciel* Schriftliche Fassung der Stellungnahme in der öffentlichen Anhörung vor dem Rechtsausschuss des Deutschen Bundestags am 28.09.2016, S. 16; *ders.* WiJ 2016, 261 f.

c. *Untersuchung der Rechtsgutsqualität anhand anerkannter Kriterien*

aa. *Tauglichkeit unter kriminalpolitischen Aspekten*

Sofern man die Integrität des Sports an der *personalen Rechtsgutslehre*[681] misst, ergeben sich durchaus Zweifel an der Legitimität der Integrität des Sports[682]. Demnach wären erhöhte Anforderungen an überindividuelle Rechtsgüter und insbesondere hinreichend konkrete Verbindungen zu Individualrechtsgütern erforderlich. Zwar könnte man argumentieren, dass die wirtschaftliche Funktion des Sports letztlich auch Vermögensinteressen bestimmter Kreise von Individualpersonen schützt. Dennoch überwiegen bei einer Gesamtbetrachtung die dargestellten überindividuellen Aspekte des Rechtsguts.

In diesen Kontext ist auch die Strafwürdigkeitslehre *Ottos* einzuordnen[683]. Auch diese tritt gewissermaßen dafür ein, dem Gesetzgeber Grenzen bei der Pönalisierung aufzuerlegen, indem er „gravierende Rechtsverletzungen"[684] durch das entsprechende Verhalten einfordert. Abzustellen ist hierbei auf den Rang des Rechtsguts innerhalb des Grundgesetzes. Jedoch ist die Integrität des Sports kein Rechtsgut von Verfassungsrang. Auch etwaige Bestrebungen, den Sport zu einer grundgesetzlichen Staatszielbestimmung zu erheben, sind verworfen worden[685]. Auch nach diesem Kriterium wäre die Integrität des Sports nicht unter strafrechtlichen Schutz zu stellen.

Diesen Ansichten ist gemeinsam, dass sie für ein subsidiäres Strafrechtsverständnis stehen, welches tendenziell dem systemkritischen, strafrechtsbegrenzenden Rechtsgutsbegriff nahesteht. Die Integrität des Sports garantiert nicht unmittelbar die „freie Entfaltung des Einzelnen" und die „Verwirklichung seiner Grundrechte"[686]. Insofern ist den Kritikern[687], die behaupten, der Schutz des Rechtsguts verstoße gegen den ultima-ratio-Grundsatz[688], dahingehend Recht zu geben, dass im Rahmen eines strafrechtsbegrenzenden Rechtsgutsverständnisses

---

681 Vgl. zur personalen Rechtsgutslehre nochmals S. 118 f.

682 Vgl. *Sowada/Bohn* JuS 2016, 686, 689.

683 Vgl. zur Strafwürdigkeitslehre nochmals S. 119 f.

684 *Otto* ZStW 1984, 339, 347.

685 Vgl. dazu etwa: *Zuck* NJW 2014, 276, 277.

686 *Roxin* Strafrecht AT I § 2 Rn. 7.

687 Bundesrechtsanwaltskammer Stellungnahme Nr. 8/16 S. 4; *Sinner* FS-Neumann 2017, 1229, 1233, 1239 f.

688 Während hier auf einen etwaigen Verstoß gegen den ultima-ratio-Grundsatz im kriminalpolitischen Sinne eingegangen wird, soll später nochmals der ultima-ratio-Grundsatz im verfassungsrechtlichen Kontext aufgegriffen werden, vgl. S. 138 ff.

darauf verzichtet werden müsste, die Integrität des Sports durch das Strafrecht zu schützen.

Es wurde aber bereits dargelegt, dass es vorzugwürdig erscheint, nicht von einem strikt systemkritischen Rechtsgutsverständnis auszugehen, sondern im Rahmen eines moderneren Verständnisses das entsprechende Rechtsgut an mehreren kriminalpolitischen Aspekten zu messen.

Selbst wenn man kein Anhänger eines systemkritischen Rechtsgutsverständnisses ist, kann richtigerweise dennoch nicht jeder positiv besetzte Begriff ein strafrechtliches Schutzgut darstellen. Insbesondere könnten dies nicht bloße Güter des „kulturellen Lebens" sein[689].

Hierbei gilt es jedoch, die inhaltliche Reichweite des Rechtsguts nicht zu verkennen. Es handelt sich bei den Funktionen des Sports um mehr als eine Facette des kulturellen Lebens, sondern es geht vielmehr um handfeste gesellschaftliche und wirtschaftliche Interessen[690]. Insofern wird die inhaltliche Reichweite der Integrität des Sports von einigen Kritikern des Rechtsguts wohl unterschätzt. Sofern man kein systemkritisches Rechtsgutsverständnis bevorzugt, liegt mit Hinblick auf die inhaltliche Reichweite des Rechtsguts kein Verstoß gegen den ultima-ratio-Grundsatz vor.

Weiterhin soll auf die Tauglichkeit der Integrität des Sports als *Vertrauensrechtsgut*[691] eingegangen werden. Entscheidend wäre hierbei eine hinreichende Verbindung des Kollektivrechtsguts zum Individualrechtsgut, welches dann bestünde, wenn Personen Vertrauen in Institutionen legten. Dies erscheint im Hinblick auf den Sport nicht fernliegend. So wäre es entweder denkbar, daran anzuknüpfen, dass Privatpersonen Vertrauen in bestehende Systeme, wie etwa das „System Profifußball" legen. Ein anderer denkbarer Anknüpfungspunkt für geschöpftes Vertrauen wären sportausrichtende Institutionen, wie etwa auf nationaler Ebene DFB und DFL oder auf internationaler Ebene die FIFA. Das Vertrauen bezieht sich gerade darauf, dass das System beziehungsweise die Institutionen selbst die Werte des Sports achten und in diesem Kontext insbesondere manipulatives Verhalten unterbinden. Somit scheint es grundsätzlich denkbar, die Integrität des Sports als Vertrauensrechtsgut einzuordnen.

Jedoch bleibt zu bedenken, dass die Logik der Vertrauensrechtsgüter in bestimmten Fällen zu kurz greift[692]. Dies gilt insbesondere für den Fall, in

---

689 *Kudlich* SpuRt 2010, 108, 109; vgl. dazu auch *Hörnle* Grob anstößiges Verhalten S. 15 f.

690 Vgl. nochmals S. 125 ff.

691 Vgl. zu den Vertrauensrechtsgütern nochmals S. 120 f.

692 Vgl. zur Kritik: *Anastasopoulou* Deliktstypen S. 177; *Roxin* Strafrecht AT I § 2 Rn. 84.

welchem das Einwirken auf das Rechtsgut, also im konkreten Fall des Sportwettbetrugs die Unrechtsabrede zwischen Bestechendem und etwa dem Schiedsrichter, nicht öffentlich wird. In diesem Fall kann denknotwendigerweise auch kein Vertrauen des Einzelnen in das System oder die Institution erschüttert werden. Es ist wohl davon auszugehen, dass die Dunkelziffer der Bestechungen von Schiedsrichtern und Sportlern deutlich höher liegt als die der Fälle, die aufgedeckt und medial verbreitet wurden. Nur in letzteren Fällen ist eine Gefährdung des vom Einzelnen geschöpften Vertrauens tatsächlich denkbar.

Weiterhin ist zu erörtern, ob der Integrität des Sports deshalb die Tauglichkeit als strafrechtliches Rechtsgut abgesprochen werden muss, weil sie nicht über *bloße Unmoral* hinausgeht[693]. Ein zentraler Kritikpunkt an der Integrität des Sports ist der Vorwurf der Aufgabe der Trennung von Strafrecht und Moral. Demnach seien die Verletzung der sportlichen Werte von strafrechtlich relevantem Verhalten zu unterscheiden[694]. Zwar ist anerkannt, dass bloße Moralverstöße nicht ohne Weiteres zu einer Pönalisierung dieses Verhaltens führen können. Jedoch erscheint fraglich, ob es sich bei der Erfüllung des tatbestandlichen Verhaltens des § 265c StGB tatsächlich lediglich um reine Unmoral handelt. Dies kann aus mehreren Gründen bezweifelt werden.

In der Literatur wurde ausgeführt, dass die Trennung von Strafrecht und Moral zumindest im Einzelfall auch daher rühren muss, dass ansonsten Handlungen eines Bereichs der Intimsphäre der Täter unter Strafe gestellt werden, die die Außenwelt gar nicht tangieren[695]. Gänzlich anders ist die Lage allerdings im Falle des Sportwettbetrugs. Hier wäre gerade aufgrund der medialen Berichterstattung, die ein Sportwettskandal zweifelsohne auslösen würde, innerhalb kürzester Zeit eine breite Masse der Bevölkerung informiert. Daraus resultiert wiederum, dass die Auswirkungen in Gestalt eines Glaubwürdigkeitsverlusts, ganz im Gegenteil etwa zum Vornehmen homosexueller Handlungen im privaten Umfeld, eine Vielzahl an Menschen unmittelbar und mittelbar betreffen.

Darüber hinaus geht es vorliegend um eine andere Qualität des Unrechtsgehalts als in den Fällen der bloßen Unmoral. Auch wenn vorliegend das Umfeld des Sports betroffen ist, so ändert dies nichts daran, dass es sich nach wie vor grundsätzlich um *korruptes* Verhalten handelt. Maßgeblich für die Beurteilung

693 Vgl. zum Kriterium der bloßen Unmoral nochmals S. 121 f.

694 Vgl. Bundesrechtsanwaltskammer Stellungnahme Nr. 8/16 S. 4; *Sinner* FS-Neumann 2017, 1229, 1233; *Rübenstahl* JR 2017, 264, 268; *Tsambikakis* StV 2018, 319, 323; in diese Richtung auch: *Reinhart* SpuRt 2016, 235, 237.

695 Vgl. *Roxin* Strafrecht AT I § 2 Rn. 17 ff.; *Hefendehl* Kollektive Rechtsgüter S. 52; vgl. dazu: *Amelung* Rechtsgüterschutz S. 320 ff.

eines Verhaltens muss doch primär sein, durch welche Angriffsform auf das Rechtsgut eingewirkt wird und erst sekundär, in welchem Umfeld es stattfindet[696]. Tatsächlich geht der Unrechtsgehalt korrupten Verhaltens grundsätzlich über das Stadium der bloßen Unmoral hinaus[697].

Freilich gilt es darüber hinaus noch zu differenzieren, welcher Lebensbereich im Einzelfall betroffen ist. Diese Bereiche sind auch zugegebenermaßen nicht alle gleichwertig, sodass etwa die Korruption in der öffentlichen Verwaltung als schädlicher einzustufen ist als die im Bereich des Sports[698]. Zwar stellt dieser richtigerweise für die meisten Bürger lediglich eine Freizeitbeschäftigung dar[699]. Allerdings überzeugt es in Anbetracht der inhaltlichen Reichweite der Integrität des Sports nicht, dem hier betroffenen Bereich jegliche strafrechtliche Schutzwürdigkeit abzusprechen und den in Rede stehenden Unrechtsgehalt unter dem Begriff der reinen Unmoral ein Stück weit zu bagatellisieren. Denn etwa die im Rechtsgut enthaltene Vorbildfunktion[700] für junge Menschen oder auch das medial geprägte Umfeld stützen die Annahme, dass es sich hierbei um einen sensiblen Lebensbereich handelt, der von Korruption frei gehalten werden sollte, auch um deren Vordringen in andere Lebensbereiche entgegenzuwirken[701]. Somit gilt es festzuhalten, dass korrupte Verhaltensweisen, welche in einem aus den genannten Gründen sensiblen Lebensbereich stattfinden, über bloße Unmoral hinausgehen und damit die diesbezüglich geäußerte Kritik nicht geteilt werden kann.

Weiterhin ist die Legitimität des Rechtsguts im Hinblick aufs *Roxins* Differenzierungskriterium[702] hin zu untersuchen. Dieser stellt unter anderem darauf

---

696 So wird etwa auch durch ein Foulspiel die Fairness als sportlicher Wert gefährdet, dennoch ist das (in aller Regel) nicht strafrechtlich relevant.

697 Deswegen ist auch der pauschale Verweis auf die Diskussion um die Schutzwürdigkeit der Intergrität des Sports durch das Anti-Doping-Gesetz nicht zielführend, vgl. dazu etwa: *Pfister* StraFo 2016, 441. Dort ging es nämlich nicht um die Angriffsform der Korruption, wodurch die beiden Situationen nur bedingt vergleichbar erscheinen.

698 Zu einem ausführlichen Vergleich der Integrität des Sports zu den anderen Rechtsgütern der Korruptionsdelikte: *Jansen* GA 2017, 600, 606 ff.

699 Bundesrechtsanwaltskammer Stellungnahme Nr. 8/16 S. 5; vgl. dazu *König* SpuRt 2010, 106; *Kudlich* SpuRt 2010, 108.

700 Vgl. BT-Drs. 18/8831 S. 10.

701 Vgl. *Kubiciel* WiJ 2016, 256, 261 f.: Dass der Eindruck der Käuflichkeit durch die Repräsentations- und Vorbildfunktion und den Umstand, dass der Sport gerade in seiner Freizeitfunktion alle Schichten der Bevölkerung erreicht, die Ausbreitung dieser Verhaltensweisen fördern kann, sollte nicht ausgeschlossen werden.

702 Vgl. dazu nochmals S. 122 ff.

ab, ob das Universalrechtsgut schon bei einer punktuellen Verletzung, mitunter also einer einmaligen Begehung des Delikts, Schaden nimmt[703]. Unter diesem Kriterium erscheint die Integrität des Sports als legitimes Universalrechtsgut. Selbst bei nur einer einmaligen Begehung des Delikts sind die gesellschaftliche und die wirtschaftliche Funktion des Sports jedenfalls abstrakt gefährdet. Dies ergibt sich aus den folgenden Begleitumständen: Diese Funktionen basieren, wie bereits dargestellt, maßgeblich auf dem Fortbestehen der Glaubwürdigkeit und der Authentizität des Sports.

Ein durch starke mediale Berichterstattung geprägtes Umfeld bedingt im Hinblick auf die Gefährdung der Rechtsgüter die Gefahr der Entwicklung einer gewissen Eigendynamik. Wie Manipulationsfälle im Bereich des Sports in der Vergangenheit bewiesen haben, werden für den Fall, dass die Manipulationen öffentlich bekannt werden, die verantwortlichen Personen und Vereine zum Gegenstand allgegenwärtiger Berichterstattung. Diese dauert womöglich auch über den Zeitraum eines etwaigen Strafprozesses an, sodass selbst eine einmalige Deliktsverwirklichung die öffentliche Wahrnehmung über viele Monate prägen kann.

Aber auch ein (noch) nicht öffentlich gewordener Sportwettbetrug gefährdet die Integrität des Sports jedenfalls abstrakt. Diese Gefahr resultiert auch aus der ständigen Gefahr des Bekanntwerdens. Schließlich ist es durchaus möglich, dass die Öffentlichkeit auch noch Jahre nach der Tatbegehung von einem Delikt Kenntnis erlangt. Somit handelt es sich bei der Integrität des Sports nicht lediglich um die Summe zahlreicher Individualrechtsgüter[704], sondern im Hinblick auf seine Glaubwürdigkeit und Authentizität um ein von Individualinteressen unabhängiges Universalrechtsgut. Darüber hinaus besteht auch nicht die Gefahr, dass ein einzelner Täter letztlich nur aus der Erwägung heraus bestraft wird, dass die Tatbegehung breiter Massen das Rechtsgut verletzen würde[705]. Die Pönalisierung des Sportwettbetrugs fußt nicht primär auf dem Aspekt der Generalprävention, sondern erfolgt gerade in dem Bewusstsein, dass eine einzelne Tatbestandsverwirklichung das Rechtsgut der Integrität des Sports bereits gefährdet. Dieser Aspekt spricht deutlich dafür, dass es sich bei der Integrität des Sports um ein selbstständiges Universalrechtsgut und gerade nicht lediglich um ein „Pseudorechtsgut“[706] handelt.

703 Vgl. nochmals *Roxin* Strafrecht AT I § 2 Rn. 79.
704 Vgl. nochmals *Roxin* Strafrecht AT I § 2 Rn. 79.
705 Vgl. nochmals *Wohlers* Deliktstypen des Präventionsstrafrechts S. 177.
706 Zu der Begrifflichkeit: *Roxin* Strafrecht AT I § 2 Rn 82.

bb. Tauglichkeit unter verfassungsrechtlichen Aspekten

Betrachtet man die Kritik der Bundesrechtsanwaltskammer[707] aus verfassungsrechtlicher Sicht, wäre entscheidend, ob der Schutz des Rechtsguts durch das Strafrecht noch den Grundsatz der Verhältnismäßigkeit wahrt.

Hierbei ist insbesondere zu beachten, dass das Bundesverfassungsgericht dem Gesetzgeber einen Beurteilungsspielraum einräumt, welcher von diesem nur begrenzt überprüfbar ist[708]. Der Gesetzgeber verfolgt mit der Einführung des § 265c StGB den Schutz der sportlichen Werte und somit den Schutz der gesellschaftlichen und wirtschaftlichen Funktionen des Sports. Zwar wurde Sport nie als Zielbestimmung in das Grundgesetz aufgenommen[709], jedoch genießt der Sport in mehreren Landesverfassungen eben diesen Status[710].

Darüber hinaus stellten die unter Umständen weitreichenden Folgen die Beschädigung der Integrität des Sports zu vermeiden, richtigerweise ein verfassungsrechtlich zulässiges Ziel dar[711], mithin also einen legitimen Zweck im Sinne der Verhältnismäßigkeit. Dies gilt nicht nur mit Hinblick auf die inhaltliche Reichweite des Rechtsguts. Es komme hinzu, dass eine vom Staat nicht konsequent pönalisierte Korruption in einem so gesellschaftlich bedeutenden Bereich wie dem des Sports dazu führen kann, dass sich das entsprechende Verhalten leichter auf andere gesellschaftliche Bereiche ausbreitet[712].

Damit kann auch die Kritik, das Rechtsgut sei willkürlich gewählt, nur in Teilen überzeugen[713]. Nach dieser Argumentation sind noch unzählige weitere Rechtsgüter ersichtlich, die der Integrität des Sports gleichstehen, aber keinen strafrechtlichen Schutz genießen. Die Logik dieser Kritik erscheint aber nicht überzeugend. Würde man jedoch den Ansatz der Kritik konsequent

---

707 Bundesrechtsanwaltskammer Stellungnahme Nr. 8/16 S. 4; ähnlich auch: *Reinhart* SpuRt 2016, 235, 237.

708 BVerfGE 90, 145, 173; vgl. dazu BVerfGE 77, 170, 215; 88, 203, 262.

709 *Jansen* GA 2017, 600, 603.

710 Vgl. dazu etwa in Bayern: Art. 140 III BV.

711 So: *Hutz/Kaiser* NZWiSt 2013, 379, 383 f.; *Kubiciel* Schriftliche Fassung der Stellungnahme in der öffentlichen Anhörung vor dem Rechtsausschuss des Deutschen Bundestags am 28.09.2016, S. 14; *ders.* WiJ 2016, 256, 261.

712 *Kubiciel* WiJ 2016, 256, 261 f.

713 Vgl. dazu *Krack* ZIS 2016, 540, 545, der einen Vergleich der Integrität des Sports zum Trauerwesen anstrengt. Nach dieser Argumentation könne man nahezu jede Institution zu einem Universalrechtsgut erklären, welches dem strafrechtlichen Schutz unterliegen müsse. Der Umstand, dass ausgerechnet die Integrität des Sports ausgewählt worden ist, sei in gewisser Hinsicht willkürlich.

weiterdenken, so entstünde eine Verpflichtung für den Gesetzgeber, Rechtsgüter von gleichem Rang auch jeweils durch strafrechtliche Normen zu schützen. Ein solches „Untermaßverbot" ist aber mit Ausnahme des Pönalisierungsgebots des Art. 26 GG gerade nicht existent[714]. Es ist eine Ausprägung der Einschätzungsprärogative des Gesetzgebers, dass dieser zwischen mehreren Rechtsgütern diejenigen auswählt, welche er im Rahmen seines Beurteilungsspielraums für besonders schützenswert erachtet[715]. Dass diese für sich betrachtet jeweils geeignet sein müssen, strafrechtlichen Schutz zu genießen und sich deren Auswahl damit nicht in bloßer Willkür erschöpfen darf, sei nochmals klargestellt. Der Vorwurf des willkürlich gewählten Rechtsguts geht aber dann ins Leere, wenn der Gesetzgeber, wie hier, seine Wahl mit dem Verweis auf die weitreichenden wirtschaftlichen und gesellschaftlichen Folgen der Gefährdung der Integrität des Sports überzeugend begründet. Die Schaffung des § 265c StGB hilft darüber hinaus dabei, die entsprechenden Handlungen einzudämmen. Somit fördert die Norm die Wahrung der Integrität des Sports und ist mithin geeignet[716].

Die entscheidende Frage ist darüber hinaus jedoch, ob die Schaffung einer Strafnorm noch erforderlich ist. Dem Gesetzgeber dürfte nach den Maßstäben des Bundesverfassungsgerichts kein anderes, jedoch gleich wirksames Mittel zur Verfügung stehen, welches die Grundrechte nicht oder weniger stark einschränkt[717]. Letztlich zielt die Kritik hinsichtlich des Verstoßes gegen den Ultima-Ratio Grundsatz auch auf die fehlende Erforderlichkeit der Norm im verfassungsrechtlichen Sinn. Sofern mildere, jedoch gleich effektive Mittel ersichtlich sind, wäre das Strafrecht nicht die letzte Möglichkeit, das Rechtsgut zu schützen. Denkbare mildere Mittel sind zum einen die Sanktion durch das Ordnungswidrigkeitsgesetz[718] sowie Sanktionen durch bloße verbandsinterne Maßnahmen[719].

Die Ahndung durch verbandsinterne Maßnahmen stellt sicherlich gegenüber dem Eingreifen des Strafrechts ein milderes Mittel dar. Für die Praktikabilität einer solchen Lösung würde sprechen, dass die Verbände aufgrund des

---

714 *Roxin* Strafrecht AT I § 2 Rn. 95 f.

715 Vgl. BVerfGE 50, 142, 162; 120, 224, 240; *Tsambikakis* StV 2018, 319, 321; *Roxin* Strafrecht AT I § 2 Rn. 95, der darlegt, dass diesbezüglich die Freiräume des Gesetzgebers größer sind, als die Reichweite seiner Bindung.

716 Vgl. BVerfGE 90, 145, 172; zweifelnd: *Tsambikakis* StV 2018, 319, 321.

717 BVerfGE 90, 145, 172; vgl. BVerfGE 30, 292, 316; 63, 88, 115; 67, 157, 173.

718 Deutscher Anwaltverein Stellungnahme Nr. 12/16 S. 11; vgl. auch *Tsambikakis* StV 2018, 319, 320.

719 *Jansen* GA 2017, 600, 611. *Tsambikakis* StV 2018, 319, 324.

Umstands, dass sie selbst ein Bestandteil der Sportwelt sind, wohl den größten Sachverstand und den engsten Bezug zu den betreffenden Personen besitzen[720]. Dies dürfte jedoch wiederum gegen deren konsequenten Aufklärungswillen sprechen[721].

In jedem Fall erwiese sich dieses Vorgehen im Vergleich zu strafrechtlichen Sanktionen als nicht gleich effektiv. Es gilt zu beachten, dass dem Staat gänzlich andere Mittel zur Verfügung stehen, den Sachverhalt hinreichend zu klären, als einem Verband. Befugnisse aus der Strafprozessordnung oder den Polizeiaufgabengesetzen kommen eben gerade nur Polizei und Staatsanwaltschaft beziehungsweise der Richterschaft zu[722]. Darüber hinaus sind verbandsinterne Maßnahmen nicht nur in ihrer Wirkungskraft, sondern auch in zeitlicher Hinsicht beschränkt: Denn sobald die betreffenden unter Manipulationsverdacht stehenden Spieler oder Verantwortlichen aus dem Verband oder Verein ausscheiden, stoßen die internen Maßnahmen an ihre Grenzen[723]. Mithin stellen also verbandsinterne Maßnahmen kein gleich effektives Mittel im Vergleich zur Pönalisierung durch das Strafgesetzbuch dar.

Jedoch wird darüber hinaus vorgebracht, die Ahndung der entsprechenden Tathandlungen durch das Ordnungswidrigkeitsrecht würde genügen, womit eine Strafbarkeit nach dem Strafgesetzbuch nicht mehr erforderlich wäre[724]. Tatsächlich hat der Gesetzgeber einige Tatbestände aus dem Strafgesetzbuch in Ordnungswidrigkeitsrecht umgewandelt[725]. Dies geschieht jedoch vorwiegend bei Delikten zweierlei Fallgruppen. Bei der einen handelt es sich um Delikte mit geringer Rechtsgüterbeeinträchtigung. Daneben sind Fälle mit geringem sozialethischen Unwert gemeint[726].

Diese Fälle erscheinen aber mit einem Sportwettbetrug nicht vergleichbar. Zum einen stellt dieses Delikt keines mit geringfügiger Rechtsgüterbeeinträchtigung dar. Selbst wenn man der Integrität des Sports die Qualität als taugliches Rechtsgut gänzlich absprechen will, so schützt § 265c StGB daneben das Vermögen der Wettanbieter. Wettskandale der Vergangenheit riefen Schäden in Höhe von Hunderttausenden Euro bei den Wettanbietern hervor. Von einer

---

720 *Jansen* GA 2017, 600, 611.

721 *Jansen* GA 2017, 600, 611.

722 *Rössner* FS-Mehle 2009, 567, 570; *Jansen* GA 2017, 600, 611.

723 *Kubiciel* in: Korruption im Sport (herausg. von Hoven/Kubiciel) S. 61, 74.

724 Deutscher Anwaltverein Stellungnahme Nr. 12/16 S. 11; ähnlich: *Tsambikakis* StV 2018, 319, 320; vgl. dazu *Trüg* FS-Rössner 2015, 686, 699 f.

725 Vgl. *Göhler* OwiG Kommentar-*Gürtler* vor § 111 Rn. 1.

726 *Roxin* Strafrecht AT I § 2 Rn. 99.

Geringfügigkeit kann daher nicht mehr gesprochen werden. Hinsichtlich des sozialethischen Unwertgehalts muss auf die Angriffsmodalität der Tathandlung, mithin also auf die Unrechtsabrede abgestellt werden. Diese birgt ein korruptes Element in sich, welches auch im Bereich des Sports zu missbilligen ist[727]. Insbesondere der Vergleich zu den §§ 111 ff. OwiG legt nahe, dass es sich bei Korruption um eine andere Qualität von sozialem Unwert handelt als bei den Straftatbeständen, die in Ordnungswidrigkeiten umgewandelt wurden. Somit ist ein Verstoß gegen den ultima-ratio-Grundsatz auch aus dem Blickwinkel des Verfassungsrechts nicht ersichtlich. Gleichzeitig sind damit auch das verfassungsrechtliche Subsidiaritätsprinzip[728] und der fragmentarische Charakter des Strafrechts gewahrt. Da auch keine konkreten Bedenken hinsichtlich der Angemessenheit ersichtlich sind, erweist sich die Pönalisierung des Verhaltens durch das Strafrecht als verhältnismäßig.

Davon unabhängig ist jedoch die Frage zu beurteilen, ob die Schaffung des § 265c StGB nicht einen Verstoß gegen die Verbandsautonomie des Art. 9 I GG darstellt[729]. Die Handhabung durch die Verbände selbst könnte nicht nur ein milderes Mittel im Vergleich zum Strafrecht darstellen, sondern womöglich das einzig zulässige, sofern die Wahrung der Sportregeln von der Verbandsautonomie umfasst ist.

Dieser Gedanke wird jedoch richtigerweise verworfen. Erstens handele es sich beim organisierten Sport gerade nicht um einen (straf-)rechtsfreien Raum[730]. Es ist dem Staat also nicht per se verboten, bestimmte Verhaltensweisen im Rahmen des Sports zu pönalisieren. Daran kann auch der Umstand, dass gerade sportinterne Wettbewerbsregeln kriminalisiert werden, nichts ändern[731]. Richtigerweise gehört es zwar zur Kernaufgabe der Verbände, diese selbst zu

727 Vgl. S. 135 f.

728 Vgl. dazu nochmals S. 117 f. Sofern andere Schutzmaßnahmen keinen (gleichwertigen) Schutz gewährleisten können, spricht in dieser Hinsicht nichts gegen das Eingreifen des Strafrechts.

729 Zu dieser Frage: *Kubiciel* Schriftliche Fassung der Stellungnahme in der öffentlichen Anhörung vor dem Rechtsausschuss des Deutschen Bundestags am 28.09.2016, S. 14 ff.; *ders.* WiJ 2016, 256, 262.

730 *Kubiciel* Schriftliche Fassung der Stellungnahme in der öffentlichen Anhörung vor dem Rechtsausschuss des Deutschen Bundestags am 28.09.2016, S. 14 f.

731 *Kubiciel* Schriftliche Fassung der Stellungnahme in der öffentlichen Anhörung vor dem Rechtsausschuss des Deutschen Bundestags am 28.09.2016, S. 16; *ders.* WiJ 2016, 256, 262.

schützen[732]. Jedoch ergibt sich daraus kein Verbot für das Strafrecht, diese unter Hinzuziehung zusätzlicher Voraussetzungen als Anknüpfungspunkt für eine Pönalisierung heranzuziehen[733].

cc. Zwischenergebnis: Legitimes Universalrechtsgut

Versucht man die Rechtsgutsqualität der Integrität des Sports abschließend zu beurteilen, so erscheint eine differenzierte Betrachtungsweise zwischen verfassungsrechtlichen Grundsätzen und kriminalpolitischen Erwägungen sinnvoll.

Die von der Literatur kritisierte kriminalpolitische Fragwürdigkeit des Rechtsguts kann nicht geteilt werden. Meist wird diese lediglich auf die eher pauschale Behauptung gestützt, dass es der Integrität des Sports an der nötigen Rechtsgutsqualität fehle[734], die für einen strafrechtlichen Schutz erforderlich ist. Dies trifft jedoch nur insofern zu, als dass man sich eher dem systemkritischen Rechtsgutsbegriff verschreibt, dem Gesetzgeber also durch den Rechtsgutsbegriff klare Grenzen hinsichtlich seiner Rechtsgutskonzeptionen auferlegen will[735]. Hier sind jedoch eine differenzierte Betrachtungsweise und insbesondere das Heranziehen mehrerer Legitimitätskriterien geboten. Dies erscheint schon deshalb angebracht, da auf diesem Weg auf die Spezifika des Rechtsguts eingegangen werden kann. Zwar sprechen mit der personalen Rechtsgutslehre und der Strafwürdigkeitslehre anerkannte Kriterien eher gegen die Legitimität der Integrität des Sports als strafrechtliches Universalrechtsgut. Diese Kriterien beruhen jedoch letztlich ebenfalls auf einem eher strafrechtsbegrenzenden Rechtsgutsverständnis.

Es erscheint jedoch vorzugswürdig, den Rechtsgutsbegriff in einem moderneren Gewand zu betrachten. Misst man das Rechtsgut demnach an mehreren kriminalpolitischen Maßstäben, so stellt man fest, dass andere anerkannte Kriterien zur Beurteilung der Rechtsgutsqualität eines Universalrechtsguts für die Legitimität der Integrität des Sports sprechen. Insbesondere ist hervorzuheben, dass Korruption auch im Bereich des Sports über bloße Unmoral hinausgeht[736]

---

732 Vgl. *Kubiciel* Schriftliche Fassung der Stellungnahme in der öffentlichen Anhörung vor dem Rechtsausschuss des Deutschen Bundestags am 28.09.2016, S. 16.

733 *Kubiciel* Schriftliche Fassung der Stellungnahme in der öffentlichen Anhörung vor dem Rechtsausschuss des Deutschen Bundestags am 28.09.2016, S. 16; *ders.* WiJ 2016, 256, 262.

734 Vgl. Bundesrechtsanwaltskammer Stellungnahme Nr. 8/16 S. 4; Deutscher Anwaltverein Stellungnahme Nr. 12/16 S. 6; Stellungnahme Deutscher Richterbund Nr. 2/16 S. 1; *Krack* ZIS 2016, 540, 544.

735 So etwa Deutscher Anwaltverein Stellungnahme Nr. 12/16 S. 5.

736 Vgl. S. 135 f.

und dass das Universalrechtsgut bereits bei einer einmaligen Verwirklichung des Delikts gefährdet wird[737]. Vor allem das letztgenannte Merkmal ist ein klares Argument dafür, dass es sich nicht um ein bloßes „Pseudorechtsgut“[738] oder „vage Allgemeininteressen“[739] handelt, sondern um ein selbstständiges Universalrechtsgut.

Darüber hinaus ermöglicht es diese differenzierte Betrachtungsweise, den rechtgutseigenen Spezifika angemessen Rechnung zu tragen. So kann auch der bisher weder von den Kritikern noch vom Gesetzgeber selbst beachtete Aspekt des extrem durch mediale Berichterstattung geprägten Umfelds beachtet werden. Dieses hat erheblichen Einfluss auf das Fortbestehen oder den Verlust von Glaubwürdigkeit in breiten Schichten der Bevölkerung. Sofern man also kein strafrechtsbegrenzendes Rechtsgutsverständnis pflegt, erscheint die Integrität des Sports als kriminalpolitisch legitimes Universalrechtsgut.

Auch im Hinblick auf verfassungsrechtliche Kriterien, also maßgeblich auf den Verhältnismäßigkeitsgrundsatz, kann der Schutz des Rechtsguts nicht beanstandet werden. Dies liegt in erster Linie daran, dass das Bundesverfassungsgericht dem Gesetzgeber einen Beurteilungsspielraum bei der Wahl der strafrechtlich schützenswerten Rechtsgüter einräumt. Insbesondere trifft den Gesetzgeber auch keine Pflicht, etwaig gleichrangige Schutzgüter ebenfalls unter strafrechtlichen Schutz zu stellen. Ein solches „Untermaßverbot“ existiert in diesem Kontext nicht. Weiterhin ist auch kein milderes, gleich effektives Mittel ersichtlich, den Schutz des Rechtsguts zu gewährleisten. Sowohl verbandsinterne Maßnahmen, als auch das die Ahndung durch das Ordnungswidrigkeitsrecht scheiden als gleich effektive Mittel aus. Damit lassen sich die Vorwürfe hinsichtlich Verstöße gegen den ultima-ratio-Grundsatz, gegen das Subsidiaritätsprinzip und die Missachtung des fragmentarischen Charakters des Strafrechts entkräften.

2. Das Vermögen

a. Vermögen als grundsätzlich schützenswertes Rechtsgut

Neben der Integrität des Sports will der Gesetzgeber das Vermögen anderer schützen. Zum Kreis derer gehören Wettanbieter, redliche Wettteilnehmer sowie in sonstiger Weise von der Manipulation sportlicher Wettbewerbe Betroffene[740].

---

737 Vgl. S. 136 f.

738 *Roxin* Strafrecht AT I § 2 Rn. 82.

739 *Krack* ZIS 2016, 540, 545.

740 BT Drs. 18/8831 S. 15.

Grundsätzlich ist das Vermögen von Bürgern im Hinblick auf Gefährdungen durch Sportwettbetrug ein schützenswertes Individualrechtsgut[741].

Es handelt sich hierbei jedoch um einen Vermögensschutz, der in zweierlei Hinsicht Besonderheiten aufweist. Zum einen versucht der Gesetzgeber hier einen stark „sektoralen" Vermögensschutz zu verwirklichen[742]. Diese Ausgestaltung ist dadurch geprägt, dass die Gruppe der Geschützten stark eingegrenzt ist. Der Umstand, weswegen ausgerechnet die Vermögensinteressen, welche aus dem Sport resultieren, eigens auf sich zugeschnittenen Vermögensschutz erhalten sollen, erscheint jedenfalls begründungsbedürftig. Darüber hinaus handelt es sich insbesondere im Vergleich zur Betrugsstrafbarkeit in zeitlicher Hinsicht um einen weit nach vorne verlagerten Vermögensschutz.

b. Kritik an konkreter Ausgestaltung des Vermögensschutzes

Die starke Eingrenzung des Personenkreises der Geschützten wird weitestgehend kritisch betrachtet[743]. So wird bezweifelt, dass gerade deren Vermögensinteressen eines eigens für sie geschaffenen Vermögensschutzes bedürfen[744]. Jedoch können die hierfür angeführten Begründungen nur teilweise überzeugen. Dies gilt jedenfalls für den Fall, in dem sich diese in einem Verweis darauf erschöpfen, dass § 263 StGB nicht zwischen verschiedenen Vermögensinteressen unterscheidet[745]. Dies wird wohl als ausreichendes Indiz dafür betrachtet, dass ein sektoraler Vermögensschutz grundsätzlich systemwidrig ist. Dabei wird übersehen, dass dem Strafgesetzbuch ein gesonderter Vermögensschutz für bestimmte Personenkreise nicht fremd ist[746].

---

741 *Kubiciel* WiJ 2016, 256, 261; vgl. *Pfister* FS-Lorenz 1991, 171, 175.

742 *Krack* ZIS 2016, 540, 544.

743 Vgl. etwa: *Bohn* KriPoZ 2017, 88, 92; *Krack* ZIS, 2016, 540, 544; Stellungnahme Deutscher Richterbund Nr. 2/16 S. 2 f.; *Sinner* FS-Neumann 2017, 1229, 1234; auf Wertungswidersprüche zum Betrugstatbestand abstellend: *Berberich* ZfWG 2017, 347, 349.

744 *Bohn* KriPoZ 2017, 88, 92; vgl. auch *Krack* ZIS, 2016, 540, 544; Stellungnahme Deutscher Richterbund Nr. 2/16 S. 2 f.; *Sinner* FS-Neumann 2017, 1229, 1234.

745 *Bohn* KriPoZ 2017, 88, 92.

746 So schützen insbesondere mehrere Delikte des 22. Abschnitts des StGBs die Vermögensinteressen von abgrenzbaren Personengruppen. Dabei handelt es sich jeweils ebenfalls um sektoral ausgestalteten Vermögensschutz, vgl. dazu nochmals S. 109 ff.

Entscheidend ist vielmehr, ob es im Einzelfall angezeigt ist, eben gerade diesen Personenkreis besonders zu schützen[747]. Alleine der Umstand, dass durch die Kommerzialisierung des Sports der Anreiz wuchs, sich an den erwirtschafteten Vermögensmassen zu bereichern, kann dafür richtigerweise kaum ausreichen[748]. Tragfähiger erscheint jedoch der Ansatz, darauf abzustellen, ob die bisherigen Straftatbestände geeignet sind, hinreichenden Schutz zu gewähren, oder ob speziell diese Gruppe nur über ein eigens für sie geschaffenes Delikt hinreichend geschützt werden kann[749]. Hinsichtlich der Wettanbieter ist insbesondere an einen Vermögensschutz über § 263 StGB beziehungsweise über § 263a StGB gegebenenfalls in Verbindung mit § 27 StGB zu denken. Es wurde ausführlich dargelegt, dass dies verfassungsrechtliche Bedenken erweckt, da die Bezifferung des Schadens auf erhebliche praktische Schwierigkeiten stößt. Der wohl pragmatischste Ausweg wäre die Bezifferung eines Mindestschadens[750]. Hinsichtlich der Vereine kam nach alter Rechtslage etwa ein Vermögensschutz über § 266 StGB in Betracht[751]. Allerdings war der zuvor gewährte Schutz gerade im Hinblick auf die Begehungsweise ohne Sportwettbezug nicht umfassend.

Die Begründung des Gesetzgebers kann also hinsichtlich des sektoral ausgestalteten Vermögensschutzes nur teilweise überzeugen. Sofern suggeriert wird, der genannte Personenkreis stehe durch Strafbarkeitslücken gänzlich schutzlos, ist dem entgegenzuhalten, dass jedenfalls Vereine und Wettanbieter – wenn auch teilweise unter der Überwindung der genannten Schwierigkeiten – bereits nach alter Rechtslage Vermögensschutz genießen. Den Kritikern ist also insofern recht zu geben, als dass diese die Gefahr einer Strafbarkeitslücke hinsichtlich der Wettanbieter nicht anerkennen wollen. Nichtsdestotrotz ist festzuhalten, dass der Gesetzgeber durch die Schaffung des § 265c StGB einen Vermögensschutz der Wettanbieter von verfassungsrechtlichen Bedenken hinsichtlich der Wahrung des Bestimmtheitsgrundsatzes befreit. Durch den Verzicht auf den Schaden umgeht er die zentrale Problematik im Rahmen der Betrugsstrafbarkeit.

---

747 In diese Richtung Stellungnahme Deutscher Richterbund Nr. 2/16 S. 2 f.; Bundesrechtsanwaltskammer Stellungnahme Nr. 8/16 S. 5; vgl. dazu auch: *Kubiciel* WiJ 2016, 256, 258.

748 *Bohn* KriPoZ 2017, 88, 92; vgl. *Hutz/Kaiser* NZWiSt 2013, 379, 382.

749 In diese Richtung argumentiert auch der Gesetzgeber, vgl. BT-Drs. 18/8831 S. 11; Die Kritiker wollen eine Strafbarkeitslücke gerade nicht erkennen, vgl. Stellungnahme Deutscher Richterbund Nr. 2/16 S. 2 f.; Bundesrechtsanwaltskammer Stellungnahme Nr. 8/16 S. 5.

750 Vgl. S. 65 ff.

751 Vgl. S. 77 ff.

Somit lässt sich konstatieren, dass mit Einführung des Delikts der Vermögensschutz der Wettanbieter zwar nicht erstmalig ermöglicht, wohl aber erheblich erleichtert und umfassender ausgestaltet wird.

3. Gesamtergebnis zum Rechtsgüterschutz des § 265c StGB

Der Gesetzgeber entschied sich bei der Rechtsgutskonzeption des § 265c StGB für einen kumulativen Rechtsgüterschutz aus der beinahe schon „klassischen" Kombination aus einem neuen Universalrechtsgut und dem Vermögensschutz eines ausgewählten Personenkreises.

Leider sind die inhaltlichen Konkretisierungsversuche des Gesetzgebers zum neuen Universalrechtsgut sehr überschaubar. Die inhaltliche Reichweite der Integrität des Sports wird in der Folge von zahlreichen Kritikern verkannt. Ein Blick auf diese macht deutlich, dass es sich letztlich um handfeste gesellschaftliche und wirtschaftliche Interessen handelt, welche sich hinter der Begrifflichkeit der Integrität des Sports verbergen.

Letztlich lassen sich die zentralen Kritikpunkte der Literatur im Rahmen eines modernen Rechtsgutsverständnisses widerlegen. So kann festgehalten werden, dass der strafrechtliche Schutz der Integrität des Sports weder aus kriminalpolitischen noch aus verfassungsrechtlichen Erwägungen heraus zu beanstanden ist.

Im Rahmen des Vermögensschutzes gilt es, den Kritikern der sektoralen Ausgestaltung ein Stück weit recht zu geben. Die vom Gesetzgeber proklamierte Strafbarkeitslücke besteht jedenfalls nicht in dem Maße, in welchem er diese vorträgt.

IV. Die Ausgestaltung als abstraktes Gefährdungsdelikt und unechtes Unternehmensdelikt

§ 265c StGB ist sowohl als abstraktes Gefährdungsdelikt[752] als auch als unechtes Unternehmensdelikt ausgestaltet. Im Folgenden sollen die damit einhergehenden deliktsspezifischen Besonderheiten kurz erläutert werden. Anschließend soll die von der Literatur vorgebrachte Kritik an dieser Ausgestaltungsart erläutert und anhand verschiedener Kriterien zur Beurteilung der Legitimität abstrakter Gefährdungsdelikte hinterfragt werden.

752 Vgl. *Fischer* § 265c StGB Rn. 28; *Bittmann/Nuzinger/Rübenstahl* Beck-OK § 265c StGB Rn. 3; Bundesrechtsanwaltskammer Stellungnahme Nr. 8/16 S. 8.

1. Deliktsspezifische Besonderheiten abstrakter Gefährdungsdelikte und unechter Unternehmensdelikte

Wesensmerkmal des abstrakten Gefährdungsdelikts ist es, dass das Delikt tatbestandlich bereits erfüllt ist, wenn die Tathandlung vom Täter vorgenommen wurde[753]. Ohne Bedeutung ist dabei, ob das vom Delikt geschützte Rechtsgut verletzt oder auch nur konkret gefährdet wurde[754]. Das in der Norm genannte Verhalten muss vollständig ausgeübt werden[755]. Weiterhin ist ein Vorsatz des Täters auf die abstrakte Gefährlichkeit seiner Handlung nicht erforderlich. Vielmehr obliegt die Beurteilung der Gefährlichkeit einer Handlung dem Gesetzgeber[756]. Die abstrakten Gefährdungsdelikte führen also zu einer Vorverlagerung des Rechtsgüterschutzes[757] und damit auch der Strafbarkeit. Der Sinn dieser Vorverlagerung ist eine Optimierung des Rechtsgüterschutzes in Wege einer auf Prävention ausgelegte „Verhaltenssteuerung"[758]. Durch die Vorverlagerung soll der Eintritt eines Schadens an den Rechtsgütern vermieden werden[759]. Als Begründung für diese Vorgehensweise wird angeführt, dass diese Delikte Handlungen kriminalisieren, die typischerweise ein schwer beherrschbares Risikopotenzial in sich tragen[760]. Durch die Begehung der entsprechenden Handlung wird also eine Kausalkette in Gang gesetzt, die vom Handelnden nicht mehr zu kontrollieren ist. Daher liegt regelmäßig der Eintritt der konkreten Gefährdung oder Verletzung eines Rechtsguts nicht mehr in seiner Hand, sondern hängt vom Zufall ab[761].

Ebenso ist es für das (unechte) Unternehmensdelikt kennzeichnend, dass die Tatbestandsverwirklichung nicht vom Eintritt eines Erfolgs abhängt[762]. Daher sind auch die Unternehmensdelikte Delikte mit vorverlagertem

---

753 *Anastasopoulou* Deliktstypen S. 63; *Zieschang* Gefährdungsdelikte S. 15; *Kindhäuser* Gefährdung als Straftat S. 225; *Jakobs* AT 6. Abschn. Rn. 86 ff.

754 *Anastasopoulou* Deliktstypen S. 63; *Zieschang* Gefährdungsdelikte S. 15; *Kindhäuser* Gefährdung als Straftat S. 225; *Jakobs* AT 6. Abschn. Rn. 86 ff.; *Satzger* NStZ 1998, 112, 114.

755 *Anastasopoulou* Deliktstypen S. 63.

756 *Anastasopoulou* Deliktstypen S. 64.

757 *Anastasopoulou* Deliktstypen S. 64.

758 *Anastasopoulou* Deliktstypen S. 64.

759 *Anastasopoulou* Deliktstypen S. 64.

760 *Anastasopoulou* Deliktstypen S. 64.

761 *Anastasopoulou* Deliktstypen S. 64; vgl. auch *Jakobs* AT 6. Abschn. Rn. 86a; *Wohlers* Deliktstypen des Präventionsstrafrechts S. 315.

762 *Berz* formelle Tatbestandsverwirklichung S. 133.

Vollendungszeitpunkt[763]. Zu unterscheiden sind innerhalb dieser Deliktsgruppe die echten von den unechten Unternehmensdelikten. Bei echten Unternehmensdelikten wird das „Unternehmen" eines bestimmten Verhaltens pönalisiert[764].

Der Täter des unechten Unternehmensdelikts hingegen begeht zur Erreichung eines von der Rechtsordnung missbilligten Ziels eine – unter Umständen, jedoch nicht zwingend – wertneutrale Handlung. Diese wird also erst durch seine Absicht, das missbilligte Ziel zu erreichen, kriminalisiert[765]. Darüber hinaus wird in der Literatur als Kennzeichen unechter Unternehmensdelikte ausgemacht, dass der Tatbestand derer mit „finalen Tätigkeitsworten"[766] umschrieben ist. Diese umschreiben Tathandlungen, welche zwar zu einem Taterfolg führen sollen, ob dieser jedoch eintritt, ist für die Verwirklichung des Tatbestands ohne Bedeutung[767].

Auch beim unechten Unternehmensdelikt wird der Zeitpunkt der formellen Deliktsvollendung im Vergleich zu Erfolgsdelikten nach vorne verlagert[768]. Konsequenz der Vorverlagerung ist auch, dass ein Rücktritt nach § 24 StGB ausscheidet[769]. Verglichen mit der Strafbarkeit nach § 263 I StGB begründet dieser Umstand neben der Vorverlagerung des Vollendungszeitpunkts die zweite Besonderheit, die sich aus der abstrakten Ausgestaltung des Delikts ergibt.

2. Einordnung des § 265c StGB als abstraktes Gefährdungsdelikt und unechtes Unternehmensdelikt

§ 265c StGB weist in seiner Ausgestaltung die klassischen Merkmale eines abstrakten Gefährdungsdelikts auf[770]: Bereits mit Vornehmen der im Delikt näher beschriebenen Tathandlung ist das Delikt formell vollendet. Es genügt also bereits etwa das *Anbieten* eines Vorteils gegenüber einem Sportler, Trainer oder Schiedsrichter oder spiegelbildlich das *Fordern* dieses Vorteils. Ob das Gegenüber

---

763 *Berz* formelle Tatbestandsverwirklichung S. 125.

764 *Berz* formelle Tatbestandsverwirklichung S. 125.

765 Vgl. *Berz* formelle Tatbestandsverwirklichung S. 134.

766 Darauf abstellend: LK-*Hilgendorf* § 11 Rn. 88; *Jakobs* AT 25. Abschn. Rn. 7; *Burkhardt* JZ 1971, 352, 354.

767 LK-*Hilgendorf* § 11 Rn. 88; vgl. *Saal* Das Vortäuschen einer Straftat S. 47, der dies am Beispiel der Wilderei nach § 292 StGB erläutert.

768 *Berz* formelle Tatbestandsverwirklichung S. 135.

769 *Berz* formelle Tatbestandsverwirklichung S. 136; *Jakobs* AT 25. Abschn. Rn. 7; nach einer anderen Ansicht sollen die Rücktrittsvorschriften in diesem Fall analoge Anwendung finden, so: *Schröder* FS-Kern 1968, 457, 467.

770 Vgl. dazu: BT-Drs. 18/8831 S. 15 f.

auf das Angebot eingeht, ist für die Tatbestandsverwirklichung irrelevant. Erst recht ist damit unerheblich, ob das Spielgeschehen tatsächlich manipuliert wird oder dem Wettanbieter ein Schaden entsteht.

Zudem liegen auch die Merkmale eines unechten Unternehmensdelikts vor. Die im Delikt genannten Tathandlungen „fordern", „sich versprechen lassen", „annehmen", „anbieten", „versprechen" und „gewähren" umschreiben allesamt Handlungen, welche auf den Abschluss einer Unrechtsvereinbarung abzielen, welche ein regelwidriges Austauschverhältnis begründen soll. Damit handelt es sich um „finale Tätigkeitsworte" in diesem Sinne. Ob es letztlich zum Austausch der Leistungen kommt, also ob die manipulative Handlung des Annehmenden tatsächlich vorgenommen wird, ist damit tatbestandlich irrelevant. Es handelt sich dabei um ein unechtes Unternehmensdelikt. Nicht das „Unternehmen" wird kriminalisiert, auf welches sich die Definition des § 11 Abs. 1 Nr. 6 StGB bezieht[771], sondern eine abstrakt wertneutrale Handlung, etwa das „Anbieten". Erst die Intention des Täters, das „Anbieten" als Teil eines regelwidrigen Austauschverhältnisses zu gestalten, begründet die Strafbarkeit.

3. Kritik aus der Literatur an der Ausgestaltung als abstraktes Gefährdungsdelikt

Auch die Vorverlagerung des Vermögensschutzes stößt auf kritische Stimmen[772]. Zwar ist die Verwirklichung eines vorverlagerten Vermögensschutzes dem Strafgesetzbuch nicht fremd. Insbesondere im 22. Abschnitt des StGB finden sich mehrere Delikte, bei denen der Vermögensschutz zeitlich nach vorne verlagert wurde. Der hier verwirklichte Vermögensschutz wurde ebenfalls aus der Notwendigkeit heraus entwickelt, die bei der Betrugsstrafbarkeit auftretenden Beweisschwierigkeiten zu überwinden[773]. Jedoch handele es sich bei den Schutzgütern aus dem 22. Abschnitt um anerkannte Schutzgüter mit gesamtgesellschaftlicher Relevanz. Eben diese fehle bei den Schutzgütern des § 265c StGB, insbesondere bei der Integrität des Sports. Daher sei auch die Vorverlagerung nicht gerechtfertigt[774]. Kern der Kritik ist also die Behauptung, die Vorverlagerung der

771 Vgl. dazu *Berz* formelle Tatbestandsverwirklichung S. 127.

772 Vgl. etwa Bundesrechtsanwaltskammer Stellungnahme Nr. 8/16 S. 5; Deutscher Anwaltverein Stellungnahme Nr. 12/16 S. 7 f.; *Krack* ZIS 2016, 540, 544; *Bohn* KriPoZ 2017, 88, 92; *Valerius* Jura 2018, 777, 779; *Rübenstahl* JR 2017, 264, 267.

773 Vgl. Bundesrechtsanwaltskammer Stellungnahme Nr. 8/16 S. 5.

774 Vgl. Bundesrechtsanwaltskammer Stellungnahme Nr. 8/16 S. 5; *Valerius* Jura 2018, 777, 779; *Sinner* FS-Neumann 2017, 1229, 1236; *Rübenstahl* JR 2017, 264, 267.

Strafbarkeit sei nur durch eine Gleichrangigkeit der Rechtsgüter im Vergleich zu den anderen Delikten des 22. Abschnitts gerechtfertigt.

Vergleicht man die Integrität des Sports mit etwa der Funktionsfähigkeit des Kapitalmarkts, welche von § 264a StGB geschützt wird, so muss man zu dem Schluss kommen, dass diese in ihrer Wertigkeit hinsichtlich ihrer gesamtgesellschaftlichen Bedeutung tatsächlich nicht gleichrangig sind[775]. Dies ist auch kein Wertungswiderspruch zu der Feststellung, dass die Integrität des Sports grundsätzlich geeignet ist, strafrechtlichen Schutz zu genießen. Diese Frage ist davon zu unterscheiden, ob es ein Rechtsgut auch rechtfertigt, den strafrechtlichen Schutz vorzuverlegen.

Während die Funktionsfähigkeit des Kapitalmarkts richtigerweise die Funktionsfähigkeit der modernen Gesellschaft sichert[776], hätte eine Beeinträchtigung der Integrität des Sports keine spürbaren gesamtgesellschaftlichen Auswirkungen[777]. Letztlich ist die Integrität des Sports zu partiell, um in ihrer Bedeutung der Funktionsfähigkeit des Kapitalmarkts gleichzukommen. Selbiges gilt für einen Vergleich zu der von § 265b StGB geschützten Funktionsfähigkeit der Kreditwirtschaft[778].

Sinnvoll wäre es jedoch, darüber hinaus die Interessen der Personengruppen zu vergleichen, deren Vermögensinteressen von den jeweiligen Delikten geschützt werden. Möglicherweise rechtfertigt eine vergleichbare Interessenlage im Hinblick auf diese die Vorverlagerung des Vermögensschutzes. Von einer solchen kann aber gerade nicht ausgegangen werden. Die von § 264a StGB geschützten Vermögensinteressen des Anlegers und die von § 265b StGB geschützten Vermögensinteressen der einzelnen Kreditgeber fußen jeweils auf schutzwürdigem Vertrauen. Im Fall des Kapitalanlagenbetrugs ist das Vertrauen des unter Umständen unerfahrenen Kapitalanlegers darauf gerichtet, im schwer überschaubaren Kapitalanlagemarkt[779] richtige Angaben über ein bestimmtes Anlageobjekt[780] zu erhalten. Im Rahmen des § 265b StGB bezieht sich nach dessen Wortlaut das Vertrauen der (potenziellen) Kreditgeber auf die Richtigkeit der Angaben über die Kreditwürdigkeit des Gegenübers.

Ein solches Vertrauen kann es doch bei den von § 265c StGB geschützten Personengruppen nicht oder wenn, dann nur in einem sehr abgeschwächten

775 *Sinner* FS-Neumann 2017, 1229, 1236.

776 Vgl. Bundesrechtsanwaltskammer Stellungnahme Nr. 8/16 S. 5.

777 *Tsambikakis* StV 2018, 319, 324.

778 *Rübenstahl* JR 2017, 264, 267; *Tsambikakis* StV 2018, 319, 324.

779 *Fischer* § 264a StGB Rn. 2.

780 Vgl. dazu *Fischer* § 264a StGB Rn. 4.

und daher nicht mehr vergleichbaren Maße geben[781]. Anknüpfungspunkt für das gefasste Vertrauen wäre der bestimmte Ausgang eines sportlichen Wettkampfs[782]. Die Vielzahl an Unwägbarkeiten, die diesen mitbestimmen, lässt doch aber ein schutzwürdiges Vertrauen entfallen[783]. Somit wird also ein vorverlagerter Vermögensschutz gerade in dem Bereich etabliert, in welchem ein gefasstes Vertrauen nur bedingt schutzwürdig sein kann[784].

Darüber hinaus entstehe durch die unzureichende Absenkung des Strafrahmens eine Diskrepanz zwischen Unrechtsgehalt der Handlung und dem Strafmaß[785]. Eine Absenkung des Strafmaßes von fünf Jahren auf drei Jahre Höchstfreiheitsstrafe im Vergleich zum Betrug genüge aber nicht, um die durch die Vorverlegung des Strafbarkeitszeitpunkts entstehende „gravierende Unrechtsverdünnung" auszugleichen[786]. Dies wird maßgeblich darauf gestützt, dass die in Rede stehenden geschützten Rechtsgüter die Höhe des Strafmaßes nicht legitimieren könnten[787].

Sofern die Kritik auf die Annahme gestützt wird, die Integrität des Sports sei kein strafrechtlich schützenswertes Rechtsgut[788], kann dem nicht gefolgt werden. Wie dargelegt wurde, ist die Integrität des Sports geeignet, strafrechtlichen Schutz zu erfahren. Dennoch hat die Kritik ihre Berechtigung. Auch wenn man nach der hier vertretenen Ansicht die Integrität des Sports als Universalrechtsgut anerkennt, kann man nicht darüber hinwegblicken, dass sie in ihrer Wertigkeit nicht mit den anderen Universalrechtsgütern des 22. Abschnitts des Strafgesetzbuchs gleichrangig ist[789].

---

781 Vgl. *Kudlich* SpuRt 2010, 108, 109, der diesen Gedanken zwar für die Einführung eines Sportschutzgesetzes entwickelt hat. Die Überlegung ist jedoch auf diesen Fall übertragbar.

782 Sicherlich könnte man an dieser Stelle entgegenhalten, Anknüpfungspunkt des Vertrauens sei in diesem Kontext nicht der Ausgang des Sportereignisses, sondern die Manipulationsfreiheit desselben. Das ändert aber nichts daran, dass es sich um einen Bereich handelt, der maßgeblich von einer gewissen Ungewissheit geprägt ist, die alle Beteiligten auch bewusst in Kauf nehmen.

783 *Kudlich* SpuRt 2010, 108, 109.

784 Vgl. *Kudlich* SpuRt 2010, 108, 109.

785 *Krack* ZIS 2016, 540, 544f.; *Bohn* KriPoZ 2017, 88, 92 f.

786 *Krack* ZIS 2016, 540, 544.

787 *Krack* ZIS 2016, 540, 544; ähnlich auch *Bohn* KriPoZ 2017, 88, 93, der einen geringeren Strafrahmen für denkbar hält, sofern man die Integrität des Sports nicht als Schutzgut anerkennt.

788 *Krack* ZIS 2016, 540, 544.

789 Für einen Vergleich zwischen der Integrität des Sports und den Rechtsgütern anderer Korruptionsdelikte: *Jansen* GA 2017, 600, 606 ff.

Ebenso sind die Individualinteressen derer, deren Vermögen durch § 265c StGB geschützt sind, nicht vergleichbar mit den Vermögensinteressen derer, die durch § 264a StGB oder durch § 265b StGB geschützt werden. Die Strafandrohung dieser beiden Delikte beträgt jedoch ebenso drei Jahre. Im Hinblick auf die Ungleichwertigkeit der Rechtsgüter – sofern man diese auch im Einzelnen anerkennt – erscheint die Wahl des gleichen Strafrahmens zunächst als nicht angebracht. Relativiert wird dieser Umstand allerdings dadurch, dass der gesamte besondere Teil des Strafgesetzbuchs nicht für jedes einzelne Delikt beziehungsweise Rechtsgut einen eigens ausdifferenzierten Strafrahmen schafft. Wie sich bei der Betrachtung der eben angeführten Delikte zeigt, ist bei dieser Deliktsgruppe die Höhe von bis zu drei Jahren Freiheitsstrafe üblich. Vor diesem Hintergrund erscheint die Festlegung des Strafrahmens als zwar etwas fragwürdig, jedoch nicht als untragbar.

Weiterhin wird kritisiert, dass § 265c StGB keine Regelung zur tätigen Reue enthält[790]. Eine solche sei aber wegen der Vorverlagerung der Strafbarkeit geboten. Auch in diesem Kontext wird auf die vergleichbaren Delikte des 22. Abschnitts aus dem Strafgesetzbuch verwiesen[791]. So enthalte der Kreditbetrug in § 265b Abs. 2 S. 1 StGB eine Regelung zur tätigen Reue. Demnach wird nicht bestraft, wer freiwillig verhindert, dass der Kreditgeber aufgrund der Tat die beantragte Leistung erbringt. Darüber hinaus bleibt der Täter im Falle des Fehlens seines Zutuns straflos, wenn er sich freiwillig und ernsthaft bemüht, das Erbringen der Leistung zu verhindern, gemäß § 265b Abs. 2 S. 2 StGB. Ebenso enthielten mit dem Subventionsbetrug in § 264 Abs. 6 StGB und dem Kapitalanlagenbetrug in § 264a Abs. 3 StGB weitere vergleichbare Delikte eine Regelung zur tätigen Reue[792]. Damit steht infrage, ob es sinnhaft war, auf eine vergleichbare Regelung im Rahmen des Sportwettbetrugs zu verzichten.

4. Untersuchung anhand anerkannter Kriterien

Letztlich erscheint es erforderlich, die Ausgestaltung als abstraktes Gefährdungsdelikt nicht nur anhand der der geäußerten Kritik aus der Literatur zu beleuchten, sondern darüber hinaus auch an anerkannten Kriterien, die entwickelt wurden, um legitime von illegitimen abstrakten Gefährdungsdelikten zu unterscheiden.

790 Bundesrechtsanwaltskammer Stellungnahme Nr. 8/16 S. 9; Deutscher Anwaltverein Stellungnahme Nr. 12/16 S. 9; *Valerius* Jura 2018, 777, 780; *Krack* ZIS 2016, 540, 550.

791 Bundesrechtsanwaltskammer Stellungnahme Nr. 8/16 S. 9.

792 Bundesrechtsanwaltskammer Stellungnahme Nr. 8/16 S. 9.

a. *Legitimationskriterien zur Differenzierung zwischen legitimen und illegitimen abstrakten Gefährdungsdelikten*

aa. *Legitimität zur Überwindung von Beweisproblemen und Ausschaltung von Zufallskomponenten*

Weber[793] versucht die Legitimität abstrakter Gefährdungsdelikte in folgenden Fällen zu begründen: Handelt es sich um Delikte, bei denen es typischerweise schwierig ist, den Verletzungserfolg festzustellen, so handele es sich um legitime Fälle der Vorverlagerung. Beispiele hierfür wären etwa § 227 StGB a.F. (= § 231 n. F.)[794]. Gleiches gelte für die Fälle, in denen es erforderlich ist, eine Zufallskomponente auszuschalten. Jedoch dürfe durch abstrakte Gefährdungsdelikte nicht der präventive Verwaltungszwang gestärkt werden[795].

Jedoch sieht sich dieser Differenzierungsansatz der Kritik ausgesetzt, dass er eine Begründung dafür schuldig bleibe, warum gerade in den Fällen der fehlenden Feststellbarkeit des Verletzungserfolgs oder der zu umgehenden Zufallskomponente die Vorverlagerung der Strafbarkeit legitimiert sein soll[796].

Auch *Schünemann* beruft sich auf den - gerade in der modernen Gesellschaft[797] - komplexer gewordenen Kausalzusammenhang zwischen einem deliktischen Handeln und einem Verletzungserfolg[798]. Diese komplexen Kausalzusammenhänge könnten kaum noch vollständig aufgeklärt werden[799]. Daraus ergebe sich die logische Konsequenz, dass der Gesetzgeber zum Ziele des Rechtsgüterschutzes abstrakte Gefährdungsdelikte schafft[800]. Um einen wirksamen Rechtsgüterschutz auch in einer modernen Gesellschaft zu gewährleisten, müsse das Strafrecht an den „kollektiven Schaltstationen“ ansetzen[801]. Dies dürfe legitimerweise auch mittels eines abstrakten Gefährdungsdelikts geschehen, sofern der Einzelne kein berechtigtes Interesse an der zu pönalisierenden Handlung habe[802]

---

793 *Weber* ZStW Beiheft 1987, 1, 23 ff., zitiert nach: *Wohlers* Deliktstypen des Präventionsstrafrechts S. 302.

794 Vgl. *Wohlers* Deliktstypen des Präventionsstrafrechts S. 302.

795 Vgl. *Weber* ZStW Beiheft 1987, 1, 30, zitiert nach: *Wohlers* Deliktstypen des Präventionsstrafrechts S. 302.

796 *Wohlers* Deliktstypen des Präventionsstrafrechts S. 302.

797 Vgl. dazu nochmals S. 103 ff.

798 *Schünemann* GA 1995, 201, 211 ff.

799 *Schünemann* GA 1995, 201, 211; vgl. dazu auch *Breuer* JZ 1994, 1077, 1088 f.; *Kuhlen* GA 1994, 347, 366.

800 *Schünemann* GA 1995, 201, 212.

801 *Schünemann* GA 1995, 201, 213.

802 *Schünemann* GA 1995, 201, 213.

und zudem der Bestimmtheitsgrundsatz gewahrt werde[803]. Letztlich beruft sich *Schünemann* also auf komplexer gewordene Kausalzusammenhänge und somit auf damit einhergehende Beweisschwierigkeiten[804].

Die Legitimation der abstrakten Gefährdungsdelikte durch andernfalls kaum zu überwindende Beweisschwierigkeiten wird teilweise abgelehnt[805]. So führe dieses Vorgehen dazu, dass an die Verhängung einer Strafe immer geringere Anforderungen gestellt werden. Man könnte im Folgenden etwa auch die Anforderungen des materiellen Rechts den Vorsatz des Täters herunterschrauben[806]. Auch dessen Feststellung stelle die Strafverfolgungsbehörden regelmäßig vor Schwierigkeiten. So gehöre die Problematik der Beweiserbringung in das Prozessrecht, könne aber nicht die materiell-rechtlichen Voraussetzungen für eine Strafbarkeit modifizieren, indem sie die Schaffung abstrakter Gefährdungsdelikte rechtfertige[807].

bb. Legitimität bei Eingriff des Täters in fremde Organisationskreise

Einen weiteren Ansatz zur Unterscheidung von legitimen und illegitimen abstrakten Gefährdungsdelikten beschreibt *Jakobs*. Dieser stellt zunächst klar, dass bei allem Bedürfnis nach umfassendem Rechtsgüterschutz die Anwendung abstrakter Gefährdungsdelikte ihre Grenzen finden muss[808]. Diese verliefen dort, wo ein dem Staat nicht zugänglicher Bereich des Individuums beginne[809]. Dieser Freiraum umfasse neben den Privatbereich auch den Bereich, in welchem der Bürger „unauffälliges externes Verhalten" pflege[810]. Legitim könne die Strafandrohung dahingegen in dem Bereich sein, in welchem der Bürger in „fremde

803 *Schünemann* GA 1995, 201, 214.

804 So interpretiert das *Zieschang* Gefährdungsdelikte S. 366.

805 *Zieschang* Gefährdungsdelikte S. 385 f., S. 366 ff.; vgl. auch *Kleine-Cosack* Kausalitätsprobleme im Umweltstrafrecht S. 178 f.; *Lin* Abstrakte Gefährdungstatbestände S. 101.

806 *Zieschang* Gefährdungsdelikte S. 367.

807 *Zieschang* Gefährdungsdelikte S. 368.

808 Insofern legt *Jakobs* seinen Überlegungen zugrunde, dass der Täter nicht primär eine potenzielle Gefahrenquelle für Rechtsgüter anderer darstellt, sondern schlicht Bürger ist. Diesem stehe auch ein Recht zu, in gewissen Bereichen frei von Kontrolle zu sein, vgl. *Jakobs* ZStW 1985, 751, 753.

809 *Jakobs* ZStW 1985, 751, 753 ff.

810 *Jakobs* ZStW 1985, 751, 762; vgl. auch *Wohlers* Deliktstypen des Präventionsstrafrechts S. 303, der dies unter anderem mit einvernehmlichen Kontakten und sozialadäquatem Verhalten präzisiert.

Organisationskreise" eingreife[811]. Um dies zu konkretisieren, unternimmt *Jakobs* eine Dreiteilung der Verhaltensweisen des Bürgers[812]:

Die erste Kategorie bilden externe Verhaltensweisen, die bereits von sich aus stören. Bei dieser Kategorie wird lediglich die Schadensneigung der Verhaltensweise generalisierend bestimmt. Darunter fielen etwa die Aussagedelikte der §§ 153 ff. StGB[813]. Die zweite Kategorie umfasst Verhaltensweisen, bei welchen bereits die externe Störung generalisierend festgelegt wird. Darunter fallen etwa die §§ 283, 328 StGB[814]. Die dritte Kategorie besteht aus den Verhaltensweisen, die ohne eine spätere deliktische Handlung des Täters selbst, oder eines Dritten ungefährlich, oder wesentliche ungefährlicher wären. Als Beispiel hierfür wird § 52a WaffG genannt[815].

Bei den ersten beiden Kategorien sei das gefährliche Verhalten bereits komplett vollzogen worden[816]. Daraus wird der Schluss gezogen, dass die Vorverlagerung der Strafbarkeit nicht weiter reiche als beim vollendeten Versuch und damit „kleinstmöglich" sei[817]. Diese kleinstmögliche Vorverlagerung hält *Jakobs* aus dem Grund für legitim, als dass das Verhalten abgeschlossen ist und gerade keine weitere deliktische Handlung erfolgt[818]. Somit sei die Legitimation der abstrakten Gefährdungsdelikte im Fall der ersten beiden Kategorien wohl grundsätzlich gegeben[819].

Problematisch hingegen erscheine die Vorverlagerung der Strafbarkeit im Hinblick auf die dritte Kategorie[820]. Zwar sei die Pönalisierung im Rahmen dieser Kategorie nicht per se ausgeschlossen. Jedoch bedürfe es innerhalb derer für die Beurteilung der Legitimität der Vorverlagerung nochmals einer Differenzierung. Diese wird anhand zweier Beispiele dargestellt: Die Bestrafung des Produzenten von „Deliktswerkzeugen"[821], welche später von einer dritten Person zur Begehung von Straftaten benutzt werden könnte[822], sei noch hinzunehmen[823].

---

811 *Jakobs* ZStW 1985, 751, 762.
812 *Jakobs* ZStW 1985, 751, 768 ff.
813 *Jakobs* ZStW 1985, 751, 768.
814 *Jakobs* ZStW 1985, 751, 768 f.
815 *Jakobs* ZStW 1985, 751, 769 f.
816 *Jakobs* ZStW 1985, 751, 769.
817 *Jakobs* ZStW 1985, 751, 769.
818 *Jakobs* ZStW 1985, 751, 769.
819 So interpretiert dies auch *Wohlers* Deliktstypen des Präventionsstrafrechts S. 303.
820 *Jakobs* ZStW 1985, 751, 769 f.
821 *Jakobs* ZStW 1985, 751, 770.
822 Beispiele wären Waffen, Falschgeld, gefälschte Pässe oder Rauschgift, so: *Wohlers* Deliktstypen des Präventionsstrafrechts S. 304.
823 *Jakobs* ZStW 1985, 751, 770 f.

Dahingegen bestünden Bedenken hinsichtlich der Legitimität, wenn eine Pönalisierung der Verhaltensweise nur durch eine Berücksichtigung des „Planungszusammenhangs“ des Täters möglich sei[824]. Dies sei etwa bei § 267 I Alt. 1 StGB der Fall. Das Herstellen einer unechten Urkunde könne nur im Einzelfall, nicht aber grundsätzlich abstrakt gefährlich sein[825]. Was der Hersteller damit plant, sei ein „Internum“, das Gesetz berücksichtige hier unzulässigerweise den „Planungszusammenhang“ des Täters[826]. Die Gleichsetzung der Herstellung zum Gebrauch mit dem Gebrauch der gefälschten Urkunde selbst sei letztlich eine „Bestrafung für Planung, also für Gedanken“.[827]

b. Beurteilung des § 265c StGB anhand dieser Kriterien

Bei der Schaffung des § 265c StGB ging es dem Gesetzgeber jedenfalls auch darum, die beim Betrugstatbestand aufgetretenen Beweisschwierigkeiten hinsichtlich des Vermögensschadens zu umgehen[828]. Selbst wenn man die Überwindung von Beweisschwierigkeiten zur Legitimation von abstrakten Gefährdungsdelikten heranziehen will, wogegen gewichtige Argumente sprechen, so sind die auftretenden Beweisschwierigkeiten in den beschriebenen Fällen aus mehreren Gründen nicht vergleichbar.

Zum einen könnten die beim Betrug entstehenden Probleme hinsichtlich der Ermittlung der Schadenshöhe möglicherweise im prozessualen Wege überwunden werden[829].

Darüber hinaus handelt es sich bei den von *Schünemann* beschriebenen Beweisschwierigkeiten um solche, die aus hochkomplexen Kausalketten in der modernen Gesellschaft entstehen. Beim Sportwettbetrug hingegen sind die Beweisschwierigkeiten aber letztlich auf die Notwendigkeit der Wahrung des Bestimmtheitsgrundsatzes zurückzuführen. Somit ist der Sportwettbetrug in dieser Hinsicht gedanklich von der Gruppe der Delikte zu trennen, die als Reaktion auf die modernen gesellschaftlichen Phänomene ins Leben gerufen wurden[830]. Auch wenn man für diese Delikte die Ausgestaltung als abstraktes

824 *Jakobs* ZStW 1985, 751, 773.
825 *Jakobs* ZStW 1985, 751, 769.
826 *Jakobs* ZStW 1985, 751, 773.
827 *Anastasopoulou* Deliktstypen S. 125.
828 BT-Drs. 18/8831 S. 11.
829 Vgl. dazu nochmals S. 65 ff.
830 Vgl. dazu *Schünemann* GA 1995, 201, 212 f.

Gefährdungsdelikt aus Gründen der Beweiserleichterung annehmen mag, kann dies jedenfalls nicht für § 265c StGB gelten.

Im Hinblick auf *Jakobs* Differenzierungskriterien ist primär danach zu fragen, ob das deliktische Verhalten des § 265c StGB bereits komplett vollzogen ist. Beispielhaft ist das Anbieten eines Vorteils seitens eines Dritten an einen Schiedsrichter heranzuziehen. Dieses ist zum Vollendungszeitpunkt des Delikts bereits vollzogen worden, für den Abschluss der Unrechtsvereinbarung zwischen Geber und Nehmer bedarf es keiner weiteren deliktischen Handlung.

Problematisch erscheint jedoch der Bezug zur Sportwette. Tatbestandlich ist zwar nicht gefordert, dass die Sportwette tatsächlich schon gesetzt wurde. Es muss jedoch die Vorstellung gegeben sein, dass aus der Manipulation ein Vermögensvorteil durch eine Sportwette erlangt werden kann.

Fehlt es an dieser Vorstellung, so wäre lediglich eine Strafbarkeit nach § 265d StGB, nicht aber nach § 265c StGB gegeben. Das deliktische Verhalten des § 265c StGB ist damit im Zeitpunkt der Vollendung des Delikts noch nicht vollständig vollzogen. Das Vermögen als Schutzgut wird erst mit dem Abschuss der Sportwette gefährdet. Ohne dieses nachfolgende deliktische Handeln wäre das Anbieten des Vorteils dahingehend ungefährlicher, als dass zumindest die Vermögensinteressen der Wettanbieter nicht berührt werden.

Letztlich ist also der Bezug der Norm zum Setzen der Sportwette ein Rückgriff auf den Planungszusammenhang des Täters. Was der Täter jedoch plant, ist nach *Jakobs* Verständnis ein bloßes Internum. Konsequenterweise handelt es sich damit um eine nach diesen Kategorien problematische Fallgruppe der vorverlegten Strafbarkeit.

c. Ergebnis: Bedenklich erscheinende Vorverlagerung

Abschließend soll beurteilt werden, ob die Ausgestaltung des Sportswettbetrugs als abstraktes Gefährdungsdelikt und unechtes Unternehmensdelikt angebracht erscheint. Zunächst ist dem Gesetzgeber zugutezuhalten, dass er einen pragmatischen Ansatz gefunden hat, die verfassungsrechtlichen Bedenken, die sich hinsichtlich einer etwaigen Betrugsstrafbarkeit ergaben, auszuräumen. Dieser Aspekt kann aber nicht über die in einer Gesamtbetrachtung bedenklich erscheinende Vorverlagerung hinwegtäuschen.

Es wurde herausgearbeitet, dass die geschützten Rechtsgüter des Sportwettbetrugs den Rechtsgütern anderer Delikte des 22. Abschnitts, die eine Vorfeldstrafbarkeit begründen, nicht gleichrangig sind. Dies gilt sowohl im Hinblick auf die Universalrechtsgüter als auch auf die Vermögensinteressen der jeweils betroffenen Personenkreise. Bereits aus diesem Grund ergeben sich Zweifel, ob es angebracht war, im vorliegenden Fall auf eine Vorfeldstrafbarkeit zurückzugreifen.

Auch in anderer Hinsicht ist der Sportwettbetrug mit den betreffenden Delikten des 22. Abschnitts nicht vergleichbar. Die Intention des Gesetzgebers zur Schaffung des § 265c StGB war primär, die auftretenden Beweisschwierigkeiten im Rahmen einer Betrugsstrafbarkeit zu umgehen, nicht jedoch, effektiven Rechtsgüterschutz in einer komplexer gewordenen Gesellschaft zu gewährleisten.

Erschwerend zu diesem Umstand kommen weitere Aspekte hinzu: Zum einen wurde der Strafrahmen des § 265c StGB in identischer Höhe, verglichen mit den genannten Delikten, festgelegt. Über dessen Festlegung könnte man zwar noch hinwegsehen. Jedoch wurde bei diesen Delikten eine Regelung zur tätigen Reue geschaffen, während diese bei § 265c StGB fehlt. Somit zeichnet sich im Zusammenspiel aus Höhe der Strafrahmen, Wertigkeit der Rechtsgüter und Regelungen zur tätigen Reue ein Wertungswiderspruch ab. Während bei identisch ausgestaltetem Strafrahmen die Delikte, welche höherrangige Rechtsgüter schützen, eine Regelung zur tätigen Reue enthalten, existiert diese Möglichkeit beim Sportwettbetrug nicht. In dieser Hinsicht ist die abstrakte Ausgestaltung zu kritisieren.

Auch anerkannte Kriterien zur Unterscheidung von legitimen und illegitimen abstrakten Gefährdungsdelikten sprechen gegen die Vorverlagerung der Strafbarkeit im konkreten Fall.

Es ist nicht angezeigt, die materiellen Anforderungen an die Strafbarkeit herunterzusetzen, um prozessuale und auf jenem Wege womöglich überwindbare Beweisschwierigkeiten zu umgehen. Ein prozessualer Versuch, den Bestimmtheitsgrundsatz zu wahren, wäre empfehlenswerter gewesen, als eine Vorfeldstrafbarkeit in einem Bereich zu etablieren, in welchem diese aus den dargelegten Gründen nicht stimmig erscheint. Indem die Norm durch den Bezug zur Sportwette auf den Planungszusammenhang des Täters abstellt, suggeriert die Norm eine Vermögensgefährdung, welche jedoch zum Zeitpunkt der Vollendung des Delikts nur in den Gedanken des Täters existiert.

Entscheidet man sich wie der Gesetzgeber dennoch für den Weg der Etablierung der Vorfeldstrafbarkeit, so sollte konsequenterweise der Strafrahmen herabgesetzt und eine Regelung zur tätigen Reue hinzugefügt werden.

V. Gesamtergebnis zur abstrakten Ausgestaltung des § 265c StGB

Die Rechtsgutskonzeption des § 265c StGB ist für sich betrachtet nur teilweise zu kritisieren. Insbesondere ist die Integrität des Sports ein legitimes Universalrechtsgut. Jedoch gilt es, die Rechtsgüter nicht isoliert, sondern im Kontext der Ausgestaltung des Delikts als abstraktes Gefährdungsdelikt und unechtes Unternehmensdelikt zu betrachten. Die Kombination der Rechtsgutskonzeption mit der Vorverlagerung der Strafbarkeit bietet Anlass zur Kritik. Im Vergleich der Universalrechtsgüter, mit denen sich die Integrität des Sports aufgrund der Parallelen in der Ausgestaltung der entsprechenden Delikte messen lassen muss, fällt diese in ihrer gesamtgesellschaftlichen Relevanz erheblich ab. Auch die Vermögensinteressen des geschützten Personenkreises sind mit denen vergleichbarer Delikte nicht gleichrangig.

Hinsichtlich der Ausgestaltung als abstraktes Gefährdungsdelikt bedient sich der Gesetzgeber eines pragmatischen Mittels, um prozessuale Probleme im Rahmen der Betrugsstrafbarkeit zu umgehen. Leider verzichtet er darauf, im konkreten Einzelfall zu prüfen, ob eine Vorverlagerung der Strafbarkeit legitimiert wäre. Dies ist sowohl im Hinblick auf vergleichbare Delikte als auch im Hinblick auf anerkannte Kriterien zur Beurteilung der Legitimität einer Strafbarkeitsvorverlagerung zu verneinen.

Darüber hinaus gilt es jedoch, nicht nur die Entscheidung für die Vorverlagerung der Strafbarkeit an sich zu kritisieren, sondern auch deren konkrete Ausgestaltung. Die Wertigkeit der Rechtsgüter rechtfertigt in Kombination mit der Vorverlagerung der Strafbarkeit nicht die Höhe des Strafrahmens und schafft durch den Wegfall der Möglichkeit des Rücktritts und der fehlenden Regelung zur tätigen Reue eine Diskrepanz im Vergleich zur vorherigen Erfassung des Verhaltens durch den Betrugstatbestand sowie Wertungswidersprüche zu vergleichbaren Delikten.

Damit erscheint der strafrechtliche Schutz zwar grundsätzlich begrüßenswert, die gewählte Ausgestaltung hingegen bietet Anlass zur Kritik. Dabei erweist sich die Norm zwar als verfassungskonform, wobei sich jedoch aus rechtspolitischer Sicht die erläuterten Veränderungsvorschläge aufdrängen.

C. Analyse des Tatbestands des Sportwettbetrugs

I. Tatbestandsübergreifende Merkmale

1. Der Begriff des Sportlers

Der Tatbestand des § 265c StGB greift in den ersten beiden Absätzen den Begriff des Sportlers auf. Dieser wird vom Gesetzgeber nicht legaldefiniert. Laut Gesetzesbegründung sind darunter „die an einem sportlichen Wettbewerb teilnehmenden Athleten" zu verstehen[831]. Der Grad der Professionalisierung des Athleten ist dabei ebenso irrelevant wie die Zugehörigkeit zu einer bestimmten Leistungsklasse[832]. Damit fallen sowohl Amateur- als auch Berufssportler unter den Begriff[833]. Somit kann der Tatbestand auch etwa Fußballer der Kreisklasse erfassen[834]. Entscheidend sei, dass die Person „formeller Teilnehmer" des Wettbewerbs ist, nicht hingegen, dass dieser auch mit dem Anspruch antritt, den Wettbewerb gewinnen zu wollen[835]. Dies wird auch dem Willen des Gesetzgebers entsprechen, da nur auf diese Weise die Personen erfasst werden können, die rein um der Manipulation willen am Wettbewerb teilnehmen[836]. Nicht erforderlich soll sinnvollerweise sein, dass der jeweilige Sportler auch tatsächlich eingesetzt wird, da nur so ein umfassender Schutz der Integrität des Sports hinreichend verwirklicht werden kann[837].

Bevor der Begriff des sportlichen Wettbewerbs näher erläutert wird, erscheint es sinnvoll den Begriff des „Sports" in diesem Kontext zu skizzieren[838]. Der Gesetzgeber selbst erkennt, dass es sich dabei um eine kaum abgrenzbare Begrifflichkeit handelt, die weltweit und umgangssprachlich verwendet wird[839]. Dies rühre auch daher, dass der Sport Teil des gesellschaftlichen Lebens und daher ständigem Wandel unterworfen sei[840]. Er verzichtete daher auf eine

831 BT-Drs. 18/8831 S. 15.
832 BT-Drs. 18/8831 S. 15.
833 BT-Drs. 18/8831 S. 15.
834 MüKo-*Schreiner* § 265c StGB Rn. 9.
835 *Fischer* § 265c StGB Rn. 10.
836 *Fischer* § 265c StGB Rn. 10.
837 *Valerius* Jura 2018, 777, 781; ähnlich: *Krack* wistra 2017, 289, 293.
838 Ausführlich dazu: S/S-*Perron* § 265c StGB Rn. 5.
839 BT-Drs. 18/8831 S. 19.
840 BT-Drs. 18/8831 S. 19.

Begriffsdefinition[841]. Maßgeblich für eine Einordnung sollen vielmehr „die jeweils herrschenden Anschauungen innerhalb der Gesellschaft" sein[842]. Der Gesetzgeber will insbesondere die Anerkennung durch einen nationalen oder internationalen disziplinübergreifenden Sportverband wie etwa den Deutschen Olympischen Sportbund als Anhaltspunkt dafür heranziehen, was aktuell unter dem herrschenden gesellschaftlichen Verständnis zu verstehen ist[843]. Gegen diesen Abgrenzungsversuch wird vereinzelt vorgebracht, man hätte im Hinblick auf das Gesetzlichkeitsprinzip und den Bestimmtheitsgrundsatz aus Art. 103 II GG als entscheidendes Kriterium die tatsächliche Anerkennung durch einen anerkannten Sportverband[844] heranziehen sollen, anstatt diese nur zu einem Anhaltspunkt zu erklären[845].

Sofern man den Sport als wandelbaren Begriff verstehen will, gilt es, wenigstens mehrere Kriterien, die für oder gegen eine Einordnung als Sportart sprechen, zu benennen. Zutreffend werden hier etwa Bewegung, Leistungsvergleich und einheitliche Regeln[846], im Hinblick insbesondere auf den „modernen Sport" auch Rollenspezialisierung, Bürokratisierung oder Hierarchisierung[847] genannt. Teilweise werden auch Denkspiele als Sport angesehen[848]. Schwierigkeiten im Einzelfall kann insbesondere die Abgrenzung zwischen „Sport" und „Unterhaltung" bereiten[849]. Hingegen fallen solche Aktivitäten nicht mehr unter den Sportbegriff, die sich alleine auf die „Übersteigerung von Alltagstätigkeiten und Körperfunktionen" beschränken oder lediglich der Körpergestaltung dienen[850].

Eine Sonderrolle nimmt die in den letzten Jahren an Relevanz gewinnende Aktivität des e-Sports (elektronischer Sport) ein. Hierunter versteht man

---

841 Kritisch: *Satzger* Jura 2016, 1142, 1148; MüKo-*Schreiner* § 265c StGB Rn. 21.

842 BT-Drs. 18/8831 S. 19; zustimmend: *Kubiciel* WiJ 2016, 256, 257; kritisch zu diesem Ansatz: *Pfister* StraFo 2016, 441, 443; *Valerius* Jura 2018, 777, 783; S/S-*Perron* § 265c StGB Rn. 5.

843 BT-Drs. 18/8831 S. 19.

844 Wie etwa die des Deutschen Olympischen Sportbunds oder des Internationalen Olympischen Komitees, *Rübenstahl* JR 2017, 264, 275.

845 *Rübenstahl* JR 2017, 264, 275; kritisch auch: *Satzger* Jura 2016, 1142, 1148.

846 Lehner/Nolte/Putzke-*Nolte* § 1 Rn. 27; *Krack* wistra 2017, 289, 291.

847 *Fischer* § 265c StGB Rn. 3a.

848 *Fischer* § 265c StGB Rn. 3; zweifelnd: *Krack* wistra, 2017, 289, 291.

849 *Fischer* § 265c StGB Rn. 4, der darauf verweist, dass etwa das „Baumstamm-Weitwerfen" noch als Sport angesehen werden könne, hingegen bei dem seit 1992 in Weltmeisterschaften ausgetragenen „Wetttragen von Frauen" Skepsis geboten ist.

850 *Fischer* § 265c StGB Rn. 4, wonach etwa „Wettessen" und „Kirschkern-Weitspucken" ebenso ausschieden wie das Bodybuilding.

Wettkämpfe zwischen Menschen mithilfe von Computer- oder Videospielen[851]. Zieht man alleine das Kriterium der Anerkennung durch einen disziplinübergreifenden Sportverband heran, so wäre die Einordnung als Sportart zu verneinen[852]. Dabei finden sich auch Merkmale, die eine Einordnung als Sport sinnvoll erscheinen lassen. So sind etwa Chancengleichheit und die Suche nach Rekorden als Merkmale von Sport anerkannt[853]. Ebenso existieren bereits seit 2003 erste Verbandsstrukturen und seit 2017 mit dem „eSports-Bund Deutschland e. V." eine Art deutscher Dachverband[854]. Insbesondere aber aus teleologischer Sicht wäre die Nichteinbeziehung sehr fragwürdig. Beim e-Sport eröffnet sich in ähnlicher Weise wie bei herkömmlichen Sportarten die Möglichkeit der Manipulation[855]. Ebenso ist es bereits möglich, öffentliche Wetten auf e-Sport-Wettkämpfe abzuschließen[856]. Womöglich zeigt sich an diesem Beispiel die Weitsicht des Gesetzgebers, der den Sport über die wandelbaren gesellschaftlichen Anschauungen definieren will. Während vor einigen Jahren die Einordnung von virtuellen Wettkämpfen als Sport noch abwegig erschien, könnte dies aufgrund der rasant steigenden Relevanz des e-Sports[857] in naher Zukunft bei breiten Schichten der Bevölkerung als Selbstverständlichkeit gelten, selbst wenn die Anerkennung durch Sportorganisationen (noch) nicht erfolgt.

Die jüngste Entwicklung rund um diese Diskussion markiert ein vom Deutschen Olympischen Sportbund in Auftrag gegebenes Gutachten. Dieses lehnt die Anerkennung von e-Sport als Sport ab und stützt diese Haltung argumentativ im Wesentlichen darauf, dass es dem elektronischen Sport an den Anforderungen an die Körperlichkeit fehlt[858]. Das Gutachten unterstreicht damit die Haltung des Verbands, der den e-Sport eher als Unterhaltung, nicht hingegen als Sport im rechtlichen Sinne qualifizieren will[859]. Dabei folgt der Verband der Auffassung der Rechtsprechung, die in der Vergangenheit ebenfalls das Maß an körperlicher Aktivität als zentrales Kriterium benannt hatte[860]. Unter Zugrundelegung des

851 *Holzhäuser/Bagger/Schenk* SpuRt 2016, 94.
852 *Valerius* Jura 2018, 777, 783.
853 *Fischer* § 265c StGB Rn. 3a.
854 *Frey/Pommer* MMR Beilage 2018, 7, 8.
855 Vgl. *Valerius* Jura 2018, 777, 783.
856 *Satzger* Jura 2016, 1142, 1148.
857 Vgl. dazu *Frey/Pommer* MMR Beilage 2018, 7.
858 https://www.faz.net/aktuell/sport/mehr-sport/dosb-rechtsgutachten-haelt-e-sport-nicht-fuer-sport-16353690.html, zuletzt abgerufen am 16.09.2019.
859 https://www.faz.net/aktuell/sport/mehr-sport/dosb-rechtsgutachten-haelt-e-sport-nicht-fuer-sport-16353690.html, zuletzt abgerufen am 16.09.2019.
860 BFH DStR 1998, 113, 114; BFH DStR 2017, 879, 881.

Merkmals der Körperlichkeit wird man freilich zu dem Schluss kommen, dass der Wettstreit an Spielkonsolen keine nennenswerten körperlichen Anstrengungen erfordert und damit nicht als Sport im herkömmlichen Sinne gelten kann.

Dies hätte für die Sparte der Konsolenwettkämpfe primär zur Folge, dass ihr etwa keine steuerlichen Vorteile zu Teil werden könnten[861]. Speziell im Hinblick auf den Straftatbestand des Sportwettbetrugs führt diese Einordnung dazu, dass der Anwendungsbereich der Norm im Falle einer Manipulation bei Konsolenwettkämpfen nie eröffnet wäre, da die teilnehmenden Akteure nicht als Sportler im Sinne des Tatbestands verstanden werden könnten. Dieser Umstand scheint jedoch aus teleologischer Sicht nicht hinnehmbar.

Die durch den Gesetzgeber offen gehaltene Definition des Sportlers erlaubt trotz der verweigerten Anerkennung durch einen Verband eine teleologisch sinnvolle Einbeziehung des e-Sports in den Tatbestand. Eben diese Möglichkeit sollte aber auch tatsächlich durch den Versuch eines moderneren Definitionsansatzes genutzt werden, um der sich ansonsten auftuenden Rechtsunsicherheit entgegen zu wirken. Dabei erscheint es zwingend, ein Stück weit von der bisherigen Linie der Rechtsprechung und der Verbände abzurücken und bei der Bestimmung der Reichweite des juristischen Sportbegriffs insbesondere das Merkmal der Körperlichkeit zu vernachlässigen. Demzufolge könnte Sport etwa definiert werden als ein auf der Suche nach Rekorden und Chancengleichheit[862] basierender Wettstreit, in dem die Wettstreitenden Geschick, Fertigkeiten, Präzision[863] oder Ausdauer aneinander messen.

Zugegebenermaßen hat dieser Definitionsansatz zunächst die Anwendbarkeit des § 265c StGB im Blick. Ganz unabhängig davon allerdings stellt sich die Frage, inwieweit es noch sinnvoll ist, auf Definitionskriterien zurückzugreifen, die mehrere Jahrzehnte zurückliegen und damit letztlich aus einer Zeit vor der Digitalisierung stammen. Das Recht sollte sich gerade in einer wandelbaren Branche wie dem Sport den gesellschaftlichen Veränderungen nicht verschließen. Ansonsten besteht die Gefahr, dass Deutschland - anders als etwa Schweden oder China, wo der e-Sport längst als Sportart anerkannt ist[864] - beim womöglich wichtigsten Sporttrend der vergangenen Jahrzehnte den Anschluss verliert.

---

861 Vgl. dazu *Bagger von Grafenstein* MMR Beilage 2018, 20, 23 f.

862 Vgl. dazu *Fischer* § 265c StGB Rn. 3a.

863 Insbesondere das Merkmal der Präzision könnte die Einbeziehung des e-Sports ermöglichen. Entscheidend für die Konsolenwettkämpfe ist gerade auch die Koordinierung bei der Bedienung des Eingabegeräts, *Jagnow/Baumann* MMR Beilage 2018, 12, 13.

864 Vgl. dazu *Bagger von Grafenstein* MMR Beilage 2018, 20.

2. Der Begriff des Trainers

Der in Absatz 1 und Absatz 2 des Delikts enthaltene Begriff des Trainers wird in § 265c Abs. 6 S. 1 StGB legaldefiniert. Demnach ist Trainer im Sinne der Norm derjenige, der bei einem sportlichen Wettbewerb über Einsatz und Anleitung von Sportlern entscheidet. Somit werden sowohl die Personen erfasst, „die einen Sportler oder eine Sportmannschaft anleiten", als auch die, die durch strategische Anweisung oder den Wechsel von Spielern „unmittelbar Einfluss auf das Wettbewerbsgeschehen nehmen können"[865]. Entscheidend ist hierbei die Übernahme der tatsächlichen Leitungsfunktion, sodass die Trainereigenschaft nicht von einer Lizensierung abhängig ist[866]. Nicht erfasst werden sollen dabei Personen, die keinen unmittelbaren Einfluss auf den Wettbewerbsverlauf nehmen, sondern im Vorfeld tätig werden. Dies gilt in der Regel für den Athletik-, Technik- oder Ko-Trainer[867]. Ausnahmsweise sollen diese Personen taugliche Täter sein, wenn sie nicht nur eine beratende Funktion einnehmen, sondern selbst „den Wettbewerbsverlauf unmittelbar betreffende Entscheidungsbefugnisse haben"[868].

Auch diese Definition begegnet Bedenken hinsichtlich ihrer hinreichenden Bestimmtheit und Abgrenzbarkeit[869]. Zutreffend wird eingewandt, dass solche unmittelbaren Einwirkungsmöglichkeiten nicht vom Tatbestand erfasst sein dürften, die in regelwidriger Weise erfolgen[870]. Daher kann insbesondere ein „Manager" oder „Spielerberater" die Voraussetzungen des Abs. 6 S. 1 nicht erfüllen, selbst wenn er faktisch die Möglichkeit zur Einwirkung hätte[871]. Würde eine rein faktische Möglichkeit zur Einflussnahme genügen, so droht die Gefahr, den Begriff der Einwirkungsmöglichkeiten uferlos werden zu lassen[872]. Der Gesetzgeber knüpft aber bewusst an die Trainereigenschaft an, um nur bestimmte, gewissermaßen wettbewerbstypische Einwirkungsmöglichkeiten zu erfassen[873].

§ 265c Abs. 6 S. 2 StGB stellt darüber hinaus Personengruppen Trainern gleich, die aufgrund ihrer beruflichen oder wirtschaftlichen Stellung wesentlichen Einfluss auf den Einsatz oder die Anleitung von Sportlern nehmen können. Unter

865 BT-Drs. 18/8831 S. 19 f.
866 BT-Drs. 18/8831 S. 20.
867 BT-Drs. 18/8831 S. 20.
868 BT-Drs. 18/8831 S. 20.
869 *Rübenstahl* JR 2017, 264, 270; kritisch auch: *Krack* wistra 2017, 289, 293.
870 *Rübenstahl* JR 2017, 264, 270.
871 *Rübenstahl* JR 2017, 264, 270.
872 Vgl. *Rübenstahl* JR 2017, 265, 270.
873 Dafür spricht auch, dass der Gesetzgeber als beispielhaft „strategische Anweisungen" und den „Wechsel von Spielern" nennt, vgl. nochmals BT-Drs. 18/8831 S. 20.

die Gleichstellung kraft beruflicher Stellung sollen insbesondere Personen fallen, die gegenüber Trainern aus S. 1 ein „arbeitgeberähnliches Weisungsrecht“[874] ausüben können. Hierbei hat der Gesetzgeber allen voran den Sportdirektor im Blick[875]. Daneben fallen auch Personen ohne formelles Weisungsrecht gegenüber dem Trainer unter den S. 2, wenn diese aufgrund ihrer „sonstigen Entscheidungsbefugnisse, wie etwa im Hinblick auf Vertragsverlängerungen, in der Lage sind, wesentlichen Einfluss auf Trainer bzw. Sportler zu nehmen“[876]. Darunter können insbesondere Personen aus der Leitung des Vereins oder Sportverbands oder aber sogar Mannschafts- oder sonstige Sportärzte fallen[877]. Bei Letzteren wäre jedoch erforderlich, dass diese nicht nur konsultiert werden, sondern dass diese maßgeblich über den Einsatz eines Sportlers im Wettbewerb mitentscheiden können[878].

Hinsichtlich der Gleichstellung kraft wirtschaftlicher Stellung kann sich der Anwendungsbereich auf Personen erstrecken, die entweder „Eigentümer eines Unternehmens sind, das sich mit seinen Sportlern an Wettbewerben beteiligt“[879], oder die einen Verein oder Einzelsportler persönlich als Mäzen oder über ein Unternehmen als Hauptsponsor finanziell unterstützen[880]. Der Gesetzgeber geht richtigerweise davon aus, dass mit dieser finanziellen Unterstützung auch der Einfluss auf sportliche Fragestellungen wachsen kann[881].

Ein Sonderproblem stellt die Frage dar, ob auch Mitglieder des Aufsichtsrats dem Trainer gleichgestellte Personen sind[882]. Soweit der Verein als eingetragener Verein organisiert ist, ist nicht davon auszugehen, dass den Mitgliedern des Aufsichtsrats Möglichkeit der Einflussnahme zukommen. Diese Frage ist jedoch insbesondere vor dem Hintergrund, dass viele Vereine in Kapitalgesellschaften umgewandelt wurden[883], von erhöhter praktischer Bedeutung. Zwar kommt ihnen, anders als dem Sportdirektor, kein formelles Weisungsrecht gegenüber dem Trainer zu. Für eine Gleichstellung kraft beruflicher Stellung könnte angeführt werden, dass die Mitglieder des Aufsichtsrats eine Entscheidungsbefugnis

---

874 BT-Drs. 18/8831 S. 20.
875 BT-Drs. 18/8831 S. 20.
876 BT-Drs. 18/8831 S. 20.
877 BT-Drs. 18/8831 S. 20.
878 BT-Drs. 18/8831 S. 20.
879 BT-Drs. 18/8831 S. 20.
880 BT-Drs. 18/8831 S. 20.
881 BT-Drs. 18/8831 S. 20.
882 Lackner/Kühl-*Heger* § 265c StGB Rn. 5.
883 Lackner/Kühl-*Heger* § 265c StGB Rn. 5.

im Hinblick auf Vertragsverlängerungen innehaben. Fraglich ist jedoch, ob dies tatsächlich dazu führt, dass sie wesentlichen Einfluss, etwa auf Fragen der Mannschaftsaufstellung, nehmen können[884]. Die Mitglieder des Aufsichtsrats fallen jedenfalls dann unter Abs. 6 S. 2, wenn sie den Verein neben ihrer Tätigkeit als Aufsichtsratsmitglied noch maßgeblich finanziell unterstützen[885]. Richtigerweise sind sie in diesem Fall kraft wirtschaftlicher Stellung gleichgestellt.

Diese Definition entlässt jedoch sämtliche Personen aus dem Täterkreis, die aus einer „anders geprägten Nähebeziehung" zum Sportler Einfluss auf diesen nehmen können[886]. Es wird darauf hingewiesen, dass mit der Beschränkung auf die berufliche oder wirtschaftliche Stellung etwa ehrenamtliche Sportfunktionäre aus dem Anwendungsbereich der Norm fallen, obwohl deren Manipulationsmöglichkeiten mit denen eines Trainers vergleichbar sind[887]. Selbiges gilt für Betreuungspersonal sowie Spielerberater und Verwandte von Sportlern[888].

Diese Beurteilung trifft nur teilweise zu. Es ist nicht davon auszugehen, dass ehrenamtliche[889] oder ehemalige[890] Vereinsfunktionäre eine dem Trainer gleichkommende Möglichkeit zur Einflussnahme haben. An dieser Stelle ist das begrüßenswerte Bemühen des Gesetzgebers erkennbar, den Tatbestand nicht ausufern zu lassen. In der Regel sind diese Personengruppen zwar im Verein bekannt und geschätzt, jedoch dürften sich deren Möglichkeit der Einflussnahme in den allermeisten Fällen lediglich auf gut gemeinte, jedoch in jeder Hinsicht unverbindliche Ratschläge gegenüber den in der sportlichen Verantwortung stehenden Personen beschränken[891]. Sinnvollerweise sind diese daher nicht vom Tatbestand umfasst.

---

884 Ablehnend: Lackner/Kühl-*Heger* § 265c StGB Rn. 5.

885 Lackner/Kühl-*Heger* § 265c StGB Rn. 5.

886 *Rübenstahl* JR 2017, 265, 271; diesbezüglich auch kritisch: *Pfister* StraFo 2016, 441, 446; S/S-*Perron* § 265c StGB Rn. 12.

887 Transparency International – Stellungnahme S. 2; zustimmend: *Rübenstahl* JR 2017, 265, 271; in diese Richtung auch: *Krack* wistra 2017, 289, 293.

888 Transparency International – Stellungnahme S. 2, die sich darum sorgen, dass insbesondere die Beratungs- und Betreuungsstrukturen im Tennissport von der organisierten Kriminalität ausgenutzt werden könnten; *Rübenstahl* JR 2017, 265, 270 f.

889 *Dittrich* ZWH 2017, 189, 193.

890 *Krack* wistra 2017, 289, 293.

891 Vgl. dazu aber *Krack* wistra 2017, 289, 293, der als Beispiel Uli Hoeneß anführt, der zeitweise seine Ämter im Verein niedergelegt hatte. In diesem Falle beschränkt sich die Möglichkeit der Einflussnahme unter Umständen nicht lediglich auf einen gut gemeinten Ratschlag. Dabei gilt es aber zu beachten, dass dieser einen extremen Einzelfall unter der Gesamtschau an ehemaligen und ehrenamtlichen Vereinsfunktionären

Dagegen ist insbesondere in einer Fallkonstellation von einer erhöhten Möglichkeit der Einflussnahme auszugehen: Nicht selten berufen Profisportler Mitglieder aus ihrer eigenen Familie auch zu ihren persönlichen Beratern oder Managern[892]. In dieser Konstellation besteht eine doppelte Nähebeziehung aus verwandtschaftlichem Verhältnis und beratender Tätigkeit. Bei realitätsnaher Betrachtung kommt diesen Personen eine größere Möglichkeit der Einflussnahme auf den Sportler zu als dem Trainer selbst. Dennoch sind diese Personen den Trainern nicht gleichgestellt und daher nicht vom Tatbestand erfasst[893]. Im Hinblick darauf wirkt die Gleichstellung nicht konsequent zu Ende gedacht.

Abseits der Sportarten, die meist im Fokus von Literatur und Öffentlichkeit stehen, sind noch weitere vom Tatbestand erfasste Personengruppen ersichtlich. Dies gilt etwa für den „Teamchef"[894] eines Formel-1-Rennstalls. Dieser dürfte sogar bereits gemäß Abs. 6 S. 1 erfasst sein, da er strategische Anweisungen während eines Rennens per Funk an die Fahrer übermitteln kann. Damit dürfte ihm eine tatsächliche Leitungsfunktion zukommen, da diese Anweisungen wohl als verbindlich zu verstehen sind. Selbst wenn man davon nicht überzeugt sein mag, dürfte der Teamchef aber jedenfalls unter den Auffangtatbestand des Abs. 6 S. 2 fallen. Kraft seiner beruflichen Stellung kommt diesem eine dem Trainer vergleichbare Einflussmöglichkeit zu.

3. Der Begriff des Vorteils

a. Der Vorteilsbegriff im Kontext der Korruptionsdelikte

Alle in § 265c StGB enthaltenen Straftatbestände knüpfen an den Begriff des Vorteils an. Laut Gesetzesbegründung sollen hierfür die Grundsätze, die zu § 299 StGB und zu den §§ 331 ff. StGB entwickelt wurden, herangezogen werden. Der Vorteilsbegriff des § 299 StGB ist identisch zu dem der §§ 331 ff. StGB[895]. Vorteil im Sinne der Korruptionsdelikte ist demnach jede Leistung, auf die der Täter keinen Rechtsanspruch hat und die seine wirtschaftliche, rechtliche oder persönliche Lage verbessert[896]. Umgekehrt fällt die Drohung des Entzugs

---

darstellen dürfte. Es ist nicht angezeigt, aufgrund eines Einzelfalls den Tatbestand dergestalt zu erweitern.

892 In diese Richtung auch: Transparency International – Stellungnahme S. 2; *Rübenstahl* JR 2017, 265, 270 f.

893 So im Ergebnis auch: *Rübenstahl* JR 2017, 265, 271.

894 Generell zu „Teamchefs": BT-Drs. 18/ 8831 S. 20.

895 LK-*Tiedemann* § 299 StGB Rn. 25.

896 BGHSt 31, 264, 279; BGH wistra 2001, 260, 261; BGH wistra 2005, 226; LK-*Tiedemann* § 299 StGB Rn. 25; *Fischer* § 299 StGB Rn. 8.

bestehender Positionen nicht unter Korruptionstatbestände, sondern unter § 240 StGB[897]. Dem Begriff der Leistung kommt dabei keine näher definierte Bedeutung, etwa wie im Rahmen des Bereicherungsrechts, zu, da der tatbestandsmäßige Vorgang bereits durch die Tathandlungsalternativen der Korruptionsdelikte charakterisiert wird[898].

Erfasst sind von dieser Definition allen voran materielle Vorteile. Darunter könnten neben Geldzuwendungen in Form von zinslosen Darlehen[899] auch etwa Honorare für Produktempfehlungen[900], Verkaufsprämien[901] oder die Stundung einer bestehenden Schuld[902] fallen[903]. Ausdrücklich einbezogen sind auch Drittvorteile, also solche Vorteile, die nicht dem Täter selbst zugutekommen, sondern einer ihm nahestehenden Person[904]. Auch im Rahmen des § 265c StGB werden bereits dem eindeutigen Wortlaut nach Drittvorteile vom Tatbestand umfasst. Irrelevant ist bei der Gewährung des Vorteils, ob die Zuwendungen aus dem Vermögen des Vorteilsgebers selbst stammen[905]. Die Höhe des Werts der Zuwendung ist für die Einordnung als Vorteil grundsätzlich irrelevant[906], sodass auch bereits geringwertige Zuwendungen wie etwa ein Kugelschreiber oder ein Kalender unter den Vorteilsbegriff fallen[907].

Neben materiellen Vorteilen kann auch das Geben und Nehmen von Vorteilen immaterieller Natur strafbar sein. Dies betrifft etwa die Befriedigung von Eitelkeit durch Auszeichnungen[908], die Verleihung von Ehrenämtern[909] oder auch sexuelle Zuwendungen, wobei jedoch hierbei wiederum eine gewisse Erheblichkeitsschwelle überschritten sein muss[910]. Auch der Grundsatz der immateriellen

---

897 *Fischer* § 299 StGB Rn. 8.

898 *Selle* Der Vorteil im Sinne der Bestechungsdelikte S. 24 f.

899 BGH wistra 2005, 226.

900 BGHSt 49, 214 ff.

901 RGSt 48, 291, 293.

902 BGHSt 16, 40, 41.

903 Vgl. zu noch weitergehenden Beispielen auch LK-*Tiedemann* § 299 StGB Rn. 25; *Fischer* § 299 StGB Rn. 9.

904 Neben natürlichen Personen können auch juristische Personen, wie Gesellschaften und darüber hinaus auch politische Parteien Empfänger eines Drittvorteils sein, LK-*Tiedemann* § 299 StGB Rn 26.

905 LK-*Tiedemann* § 299 StGB Rn. 26.

906 BGH NStZ 2000, 596.

907 Graf/Jäger/Wittig-*von Häfen* § 331 StGB Rn. 27; S/S-*Heine/Eisele* § 331 StGB Rn. 15.

908 BGHSt 14, 123, 128.

909 *Fischer* § 299 StGB Rn. 10.

910 Vgl. dazu BGH MDR 1960, 63 f., wonach insbesondere einmalige flüchtige Zärtlichkeiten nicht ausreichend sein können.

Zuwendungen ist auf den Vorteilsbegriff des § 265c StGB übertragbar[911]. Insgesamt führt die Einbeziehung von Drittvorteilen und geringwertigen Zuwendungen zu einem weit gefassten Vorteilsbegriff, woraus sich die Notwendigkeit ergibt, diesen wiederum tatbestandseinschränkend auszulegen[912].

b. Einschränkung des Tatbestands über die Figur der Sozialadäquanz

Obwohl dem Gesetz eine Privilegierung sozialadäquater Zuwendungen schon immer fremd war[913], ist sowohl in Rechtsprechung als auch in der Literatur zur Begrenzung des Tatbestands die Figur der Sozialadäquanz im Grundsatz anerkannt. Die Figur dient als Korrektiv für die Fälle, in denen das Rechtsgut der Bestechungsdelikte gar nicht gefährdet wird[914]. Sofern die Zuwendungen aufgrund ihres geringen Werts nicht den Eindruck der Käuflichkeit des Nehmers hervorrufen können, besteht auch keine abstrakte Gefahr für das Vertrauen der Allgemeinheit in die jeweils geschützten Institutionen[915]. Die dogmatische Einordnung der Lehre ist darüber hinaus jedoch umstritten. Nach überzeugender Ansicht erfüllt sozialadäquates Verhalten bereits den objektiven Tatbestand des Delikts nicht[916]. Dabei wird teilweise darauf abgestellt, dass bei bloß geringwertigen Zuwendungen, die gewohnheitsmäßig anerkannt sind und daher lediglich einen Ausdruck der Höflichkeit darstellen, nicht von einer Unrechtsvereinbarung im Sinne eines regelwidrigen Austauschverhältnisses gesprochen werden kann[917]. Nach anderer Ansicht fehlt es bei sozialadäquatem Verhalten bereits am Vorteil[918]. Dagegen kann die Annahme, in der Figur der Sozialadäquanz liege ein Rechtfertigungsgrund[919], nicht überzeugen. Die Handlungen sind nämlich gerade per se unverdächtig, sodass sich die Frage einer Erlaubnis eines grundsätzlich strafbaren Verhaltens gar nicht mehr stellen kann[920]. Während sich der

---

911 BT-Drs. 18/8831 S. 15.

912 Graf/Jäger/Wittig-*von Häfen* § 331 StGB Rn. 98.

913 *Selle* Der Vorteil im Sinne der Bestechungsdelikte S. 29.

914 MüKo-*Korte* § 331 StGB Rn. 135.

915 Vgl. für den Fall des § 331 StGB: MüKo-*Korte* § 331 StGB Rn. 138, Rn. 8.

916 BGH NStZ 2005, 335; Lackner/Kühl-*Heger* § 331 StGB Rn. 14; *Fischer* § 331 StGB Rn. 25; SSW-*Rosenau* § 331 StGB Rn. 16.

917 BGH wistra 2011, 392; BGH NStZ-RR 2002, 272; Lackner/Kühl-*Heger* § 331 StGB Rn. 14; *Fischer* § 331 StGB Rn. 25; LK-*Sowada* § 331 StGB Rn. 72.

918 SK-*Stein/Deiters* § 331 StGB Rn. 46.

919 So etwa: OLG Celle NStZ 1993, 291, 292 in Bezug auf Tierquälerei.

920 *Von Heintschel-Heinegg* Beck-OK § 331 StGB Rn. 33.1; vgl. auch BGHSt 23, 228; Graf/Jäger/Wittig-*von Häfen* § 331 StGB Rn. 100.

Vorteilsbegriff im Rahmen des § 299 StGB mit dem der §§ 331 ff. StGB deckt, ergeben sich im Rahmen der Sozialadäquanz Abweichungen.

aa. Der Begriff der Sozialadäquanz im Rahmen der §§ 331 ff. StGB

Sozialadäquates Verhalten im Sinne der §§ 331 ff. StGB liegt nach der Rechtsprechung vor, „wenn der aus Anlass oder bei Gelegenheit einer Diensthandlung dem Amtsträger gewährte Vorteil seinen Grund in den Regeln des sozialen Verkehrs und der Höflichkeit hat und der sozialen Stellung des Amtsträgers angemessen ist“[921]. So wurde mehrmals klargestellt, dass lediglich gewohnheitsmäßig anerkannte und relativ geringwertige Aufmerksamkeiten in Betracht kommen, die zu gegebenen Anlässen gewährt werden, um vom Tatbestand ausgenommen zu werden[922]. Ausgehend von diesen Grundsätzen ist davon festzuhalten, dass die Rechtsprechung die Lehre der Sozialadäquanz bei Amtsträgern eher zurückhaltend ausübt[923]. Dies wird etwa dadurch bekräftigt, dass eine Strafbarkeit nicht alleine deswegen ausscheidet, wenn ein Vorteil gewährt wird, der „branchenüblich“ ist[924]. Zudem lässt sich daraus ableiten, dass es der Rechtsprechung weniger darauf ankommt, eine feste Wertgrenze zu benennen, sondern eine Einzelfallbetrachtung vorzunehmen.

In der Literatur gibt es hingegen durchaus Bestrebungen, eine Wertgrenze für Zuwendungen an Amtsträger zu definieren. Maßgebliche Kriterien können etwa die konkrete Stellung des Amtsträgers, der Wert der Zuwendung sowie die jeweils üblichen Gepflogenheiten sein[925].

So gehen einige Stimmen davon aus, dass selbst bei Amtsträgern mit einer gehobenen Stellung ab einem Wert von 30 - 50 Euro nicht mehr von einer sozialadäquaten Zuwendung ausgegangen werden kann[926]. Dagegen wird diese Wertgrenze zumindest als pauschaler Wert unter dem Argument als zu hoch angesehen, dass es Amtsträgern schon verboten ist, kleinere Werbegeschenke von etwa 5 - 10 Euro anzunehmen[927]. Im Einzelfall werden etwa ein Weihnachtsgeschenk an die Lehrerin[928], die Einladung zu Getränken[929], gelegentliche

921 BGH NStZ-RR 2002, 272; vgl. dazu auch BGH NStZ 2005, 334.
922 BGHSt 15, 239, 251 f.; BGH NJW 2003, 763, 765; BGH NStZ 2005, 334.
923 Graf/Jäger/Wittig-*von Häfen* § 331 StGB Rn. 101.
924 BGH NJW 2003, 763, 765; BGH NStZ 2005, 2005, 334.
925 Graf/Jäger/Wittig-*von Häfen* § 331 StGB Rn. 102.
926 *Fischer* § 331 StGB Rn. 26a; SSW-*Rosenau* § 331 StGB Rn. 16.
927 MüKo-*Korte* § 331 StGB Rn. 138.
928 MüKo-*Korte* § 331 StGB Rn. 136.
929 BGH NStZ-RR 2002, 273.

Bewirtungen, sofern diese ihrem Umfang nach noch der Stellung des Amtsträgers entsprechen und nicht heimlich erfolgen[930] als sozialadäquat angesehen. Bei Trinkgeldern in angemessener Höhe ist die Sozialadäquanz wohl in der Regel zu bejahen[931], sofern deren Annahme nicht gegen gesetzliche Verbote verstößt. Die Annahme verbotener Zuwendungen kann nämlich nie sozialadäquat sein[932].

bb. Der Begriff der Sozialadäquanz im Rahmen des § 299 StGB

Auch im Rahmen des § 299 StGB ist anerkannt, dass sozialadäquate Zuwendungen grundsätzlich nicht unter den Tatbestand fallen[933]. Während dies nach einer Ansicht im Wege der Auslegung des Merkmals „in unlauterer Weise“ erfolgen soll[934], liegt nach der Gegenansicht bereits kein Vorteil vor[935]. Für letztere Ansicht spricht insbesondere, dass sich dem Wortlaut nach das Merkmal der Unlauterbarkeit nicht auf den Vorteil bezieht, sondern auf die Bevorzugung[936].

In diesem Kontext erscheint insbesondere ein Blick auf die Reichweite der Sozialadäquanz im Vergleich zu den §§ 331 ff. StGB interessant. Dabei soll die Lehre im Rahmen der Bestechlichkeit im geschäftlichen Verkehr großzügiger auszulegen sein als im Umfeld der öffentlichen Verwaltung[937]. Maßgeblich wird diese Differenzierung auf den Umstand gestützt, dass die Delikte unterschiedliche Rechtsgüter schützen[938]. § 299 StGB soll nach wohl herrschender Ansicht allen voran den freien Wettbewerb schützen[939]. Dies überzeugt auch im Hinblick auf die systematische Stellung und die Entstehungsgeschichte der Norm[940]. Dahingegen schützen die Amtsdelikte nach überzeugender Auffassung primär

930 MüKo-*Korte* § 331 StGB Rn. 136; Graf/Jäger/Wittig-*von Häfen* § 331 StGB Rn. 101.

931 *Fischer* § 331 StGB Rn. 25.

932 MüKo-*Korte* § 331 StGB Rn. 137; Graf/Jäger/Wittig-*von Häfen* § 331 StGB Rn. 105.

933 MüKo-*Krick* § 299 StGB Rn. 59; LK-*Tiedemann* § 299 StGB Rn. 28, 58; NK-*Dannecker* § 299 StGB Rn. 39; vgl. auch: BGH NStZ 2005, 334, 335.

934 S/S-*Heine/Eisele* § 299 StGB Rn. 20; Lackner/Kühl-*Heger* § 299 StGB Rn. 5.

935 Graf/Jäger/Wittig-*Sahan* § 299 StGB Rn. 21, 43; MüKo-*Krick* § 299 StGB Rn. 59; LK-*Tiedemann* § 299 StGB Rn. 28.

936 MüKo-*Krick* § 299 StGB Rn. 59; Graf/Jäger/Wittig-*Sahan* § 299 StGB Rn. 43.

937 MüKo-*Krick* § 299 StGB Rn. 59; Böttger/*Böttger* Kapitel 5 Rn. 145; *Thomas* FS-Jung 2007, 973 ff.; *Bach* wistra 2008, 47, 49 (Fn. 38).

938 MüKo-*Krick* § 299 StGB Rn. 59; Böttger/*Böttger* Kapitel 5 Rn. 145.

939 BGHSt 10, 358, 367 = BGH NJW 1957, 1604, 1607; BGH NStZ 2012, 35, 38; MüKo-*Krick* § 299 StGB Rn. 15; a.A. *Pieth* ZStW 1997, 756, 773, der primär auf das Vermögen der Mitbewerber abstellt; *Pragal* ZIS 2006, 63, 75, der primär auf das Vertrauen der Allgemeinheit in die Nichtkäuflichkeit übertragener Entscheidungen abstellt.

940 MüKo-*Krick* § 299 StGB Rn. 15.

das Vertrauen der Allgemeinheit in die Unabhängigkeit der Verwaltung[941]. Die höhere Wertigkeit des Rechtsguts der §§ 331 ff. schlägt sich also in einer strengeren Anwendung der Lehre der Sozialadäquanz im konkreten Einzelfall nieder. Darüber hinaus überzeugt auch die Begründung, dass sich dieser strengere Maßstab aus der engeren Unrechtsvereinbarung des § 299 StGB ableiten lässt[942]. Schließlich bleibt im Bereich des geschäftlichen Verkehrs die sogenannte „Klimapflege" straflos[943].

Zwar ist auch im Rahmen des § 299 StGB kaum eine Wertgrenze zu benennen[944], jedoch lässt sich in der Rechtsprechung und Literatur eine tendenziell großzügigere Auslegung der Zuwendungen erkennen, welche aus dem Tatbestand herausfallen sollen. So würden etwa Einladungen zu Geschäftsessen[945] oder Werbegeschenke[946] nicht den Tatbestand des § 299 StGB erfüllen, sofern diese jedenfalls ihrem Umfang nach noch geringfügiger Natur sind. Auch gestaffelte Mengenrabatte werden teilweise als sozialadäquat betrachtet, wenn diese nicht außer Verhältnis zum Wert des Produkts stünden und als wettbewerbsüblich betrachtet werden könnten[947].

Darüber hinaus ist umstritten, ob im Falle eines internationalen Bezugs[948] der Bestechung auch die im Ausland vorherrschenden Gegebenheiten Berücksichtigung finden müssen, sofern diese Korruption begünstigen[949]. Hierbei ist hinsichtlich derer zwischen den im Ausland tatsächlich vorherrschenden Gegebenheiten und der dortigen Rechtslage zu differenzieren[950]. Denn obwohl Korruption in beinahe allen Staaten der Strafbarkeit unterliegt[951], scheinen diese

941 MüKo-*Korte* § 331 StGB Rn. 8.

942 Graf/Jäger/Wittig-*Sahan* § 299 StGB Rn. 21.

943 Graf/Jäger/Wittig-*Sahan* § 299 StGB Rn. 21.

944 LK-*Tiedemann* § 299 StGB Rn. 28; Graf/Jäger/Wittig-*Sahan* § 299 StGB Rn. 21; vgl. auch *Beukelmann* FS-Roxin 2012, 201, 203.

945 BGHSt 15, 239, 252.

946 BGH wistra 2003, 59, 63.

947 S/S-*Heine/Eisele* § 299 StGB Rn. 35.

948 Ein grenzüberschreitender Sachverhalt ist gerade im Kontext des Sportwettbetrugs ohne weiteres vorstellbar. Man denke nur an Wettbewerbe, die international oder sogar interkontinental stattfinden. Selbstredend kann eine Unrechtsabrede auch grenzüberschreitend telefonisch, per Mail oder auf dem Postweg abgeschlossen werden und somit einen internationalen Bezug aufweisen.

949 Bejahend: LK-*Tiedemann* § 299 StGB Rn. 65; *Beukelmann* FS-Roxin 2012, 201, 204.

950 Vgl. dazu grundlegend die Monographie von *Hoven*: Auslandsbestechung S. 196 ff., S. 215 ff.

951 Im Kontext des wirtschaftlichen Bereichs: *Hoven* Auslandsbestechung S. 215.

drohenden Sanktionen in der Praxis häufig wirkungslos zu bleiben[952], etwa wenn in den jeweiligen Ländern Korruption im Alltag etabliert ist[953].

Im Einzelfall kann etwa bei Schmiergeldzahlungen im ausländischen Recht der Gesichtspunkt der Sozialadäquanz tatbestandsausschließend oder rechtfertigend wirken[954]. Dies muss sich nach einer Ansicht auch auf die Strafbarkeit nach deutschem Recht auswirken[955]. Die Gegenansicht verneint dies strikt. Sofern nach §§ 3 ff. StGB das deutsche Recht zur Anwendung gelangt, sei einzig das hierzulande vorherrschende Verständnis von Sozialadäquanz maßgeblich für die Beurteilung[956].

Aus rechtspolitischer Sicht wird zwar darauf hingewiesen, dass letzteres Verständnis für die Wettbewerbsfähigkeit deutscher Unternehmen auf ausländischen Märkten nicht förderlich sein dürfte[957]. Denn den deutschen Unternehmen entstehen dort Nachteile, wo auf internationalen Märkten die Zahlung von Schmiergeldern zur Erlangung von Aufträgen aufgrund der Einstufung als anerkannter Strafaufhebungsgrund als marktüblich hingenommen wird, während Vertretern deutscher Unternehmen aber die Pönalisierung droht. Jedoch sprechen gute Gründe dafür, die Sozialadäquanz dennoch ausschließlich nach deutschen Maßstäben zu beurteilen. Zum einen wird sonst die gesetzgeberische Wertung des § 9 Abs. 2 S. 2 StGB über die „Hintertür" der Sozialadäquanz unterlaufen[958]. Zum anderen existiert die Möglichkeit, über § 153c Abs. 1 Nr. 1 StPO auftretenden Härtefällen auf prozessualem Wege angemessen Rechnung zu tragen[959].

Zusammenfassend kann also festgehalten werden, dass im Rahmen des § 265c StGB auf den Vorteilsbegriff der §§ 331 ff. StGB beziehungsweise den inhaltlich identischen des § 299 StGB zurückgegriffen werden kann. Im Rahmen der Restriktionsbemühungen gilt es aber, den Besonderheiten des jeweiligen Delikts Rechnung zu tragen und danach zu fragen, ob diese im Vergleich zu

---

952 *Hoven* Auslandsbestechung S. 196 f.

953 *Hoven* Auslandsbestechung S. 215.

954 LK-*Tiedemann* § 299 StGB Rn. 65; Es genüge schon, dass diese als Straffreistellungsgrund jedenfalls praktisch anerkannt sind, so: *Beukelmann* FS-Roxin 2012, 201, 204.

955 LK-*Tiedemann* § 299 StGB Rn. 65.

956 MüKo-*Krick* § 299 StGB Rn. 59; *Rönnau* JZ 2007, 1084, 1086.

957 *Rönnau* JZ 2007, 1084, 1086.

958 Insbesondere enthalten § 3 StGB, sowie § 9 StGB keinen Raum für ausländische Maßstäbe, *Rönnau* JZ 2007, 1084, 1086.

959 *Rönnau* JZ 2007, 1084, 1086.

den bekannten Korruptionsdelikten im Rahmen des § 265c StGB einer Modifizierung bedürfen.

cc. Notwendigkeit der Modifizierung im Rahmen des § 265c StGB aufgrund heterogenem Anwendungsbereich

Parallel zu § 299 StGB und §§ 331 ff. StGB existiert keine gesetzlich geregelte Bagatellgrenze im Rahmen des Vorteilsbegriffs des § 265c StGB[960]. Jedoch erklärt der Gesetzgeber, dass auch beim Sportwettbetrug die Figur der Sozialadäquanz zur Einschränkung des Tatbestands Anwendung finden kann, sofern ein Vorteil nicht objektiv geeignet ist, auf das Verhalten der am sportlichen Wettbewerb Beteiligten, mithin also den Tätern auf Nehmerseite, Einfluss zu nehmen[961]. Da diese Figur jedoch keine starren Wertgrenzen kennt, sondern vielmehr den Eigenheiten des jeweiligen Delikts angepasst werden muss[962], gilt es zunächst zu erörtern, worin diese deliktsspezifischen Eigenheiten im Vergleich zu den herkömmlichen Bestechungsdelikten liegen.

Hier gilt es allen voran, die in mehrerlei Hinsicht bestehende Heterogenität des Anwendungsbereichs[963] des Sportwettbetrugs zu beleuchten. Zum einen bezieht sich das Delikt auf Wettbewerbe des organisierten Sports. Damit fallen grundsätzlich sowohl Wettbewerbe des Spitzen- und Leistungssports als auch Amateursportwettkämpfe unter den Anwendungsbereich der Norm[964]. Alleine dieser Umstand eröffnet im Hinblick auf die Gehaltsklassen der teilnehmenden Akteure einen Anwendungsbereich, der vom Hobbysportler bis zum Einkommensmillionär reicht.

Darüber hinaus beinhaltet § 265c StGB auch ein heterogenes Täterfeld. Sowohl Sportler und Trainer als auch Schieds-, Kampf- und Wertungsrichter können Nehmer im Sinne der Norm sein. Nach Abs. 6 S. 2 wird der Anwendungsbereich der Norm sogar nochmals auf die dem Trainer gleichgestellten Personen erweitert. Betrachtet man diese Personengruppen vor dem Hintergrund der Mannigfaltigkeit des organisierten Sports, reihen sich die verschiedensten Personengruppen in den Kreis der Täter ein. So könnte der hochbezahlte

960 BT-Drs. 18/8831 S. 15.

961 BT-Drs. 18/8831 S. 15.

962 Ebenfalls gegen einen starren Maßstab: *Bittmann/Nuzinger/Rübenstahl* Beck-OK § 265c StGB Rn. 40.

963 *Rübenstahl* spricht davon, dass die Gepflogenheiten der Personenkreise heterogen sind, JR 2017, 264, 272.

964 BT-Drs. 18/8831 S. 19.

Sportdirektor eines Bundesligavereins als ein dem Trainer Gleichgestellter, ebenso tauglicher Täter sein, wie der Vater des Jugendspielers, der spontan für einen verhinderten Verbandsschiedsrichter einspringt[965].

Die Nehmer der herkömmlichen Korruptionsdelikte sind im Hinblick auf ihren Beruf und damit zwangsläufig auch auf ihre Gehaltsklassen homogener als der hier skizzierte Täterkreis. Dies gilt im Besonderen für die Amtsträger[966]. Schon alleine deshalb verbietet sich eine starre Übernahme der für die bekannten Bestechungsdelikte entwickelten Wertgrenzen[967]. Um diesem Umstand Rechnung zu tragen, gilt es, Kriterien zur Einschränkung des Tatbestands herauszuarbeiten, die dem heterogenen Anwendungsbereich der Norm gerecht werden.

c. Reichweite des Vorteilsbegriffs im Rahmen des § 265c StGB

aa. Kriterien objektiver Natur

(1) Untauglichkeit einer festen Wertuntergrenze

Zunächst ist festzuhalten, dass sich Bestrebungen wie etwa bei den Amtsdelikten, eine feste Wertgrenze zu benennen, verbieten. Mit der fehlenden Einkommenshomogenität[968] erlischt auch die Chance, eine für den gesamten Täterkreis verlässliche Bagatellgrenze zu beziffern. Sofern für die Beamtenschaft konkrete Werte von der Literatur vorgeschlagen wurden, fußen diese wohl auf der Überlegung, dass eine relativ homogene Einkommensgruppe letztlich auch vergleichbare Lebensstandards pflegt. Dieser Lebensstandard kann ein Maßstab dafür sein, was in diesem konkreten Rahmen noch als sozialadäquat gilt. Dabei wird teilweise explizit darauf eingegangen, dass diese Wertgrenzen so gestaltet sind, dass sie auch für Führungskräfte mit gehobenen Stellungen und damit auch höheren Gehältern Geltung entfalten sollen[969]. Hier zeigt sich, dass die Gehaltsunterschiede innerhalb der Gruppe der Amtsträger noch relativ leicht zu überbrücken sind, sofern man die Wertgrenze gehaltsklassenübergreifend auf 30 Euro

---

965 *Bittmann/Nuzinger/Rübenstahl* Beck-OK § 265c StGB Rn. 27.

966 *Rübenstahl* JR 2017, 264, 272.

967 *Rübenstahl* JR 2017, 264, 272, der daher für eine „Flexibilisierung der Sozialadäquanzvorstellungen“ eintritt; vgl. auch *Bohn* KripoZ 2017, 88, 90, der insbesondere den Rückgriff auf die Grundsätze der Sozialadäquanz im Rahmen des § 299 StGB ablehnt; a. A. *Fischer* § 265c StGB Rn. 26.

968 Vgl. *Bittmann/Nuzinger/Rübenstahl* Beck-OK § 265c StGB Rn. 40.5.

969 *Fischer* § 331 StGB Rn. 26a.

beziffert[970]. Diese Überlegungen sind jedoch nicht direkt auf den Sportwettbetrug übertragbar[971].

Es liegt auf der Hand, dass zur Beantwortung der Frage, was noch als reines Gebot der Höflichkeit gilt, die enormen Gehaltsunterschiede zwischen Amateur- und Spitzensportlern, zwischen Kreisligatrainern und reichen Mäzenen von Bundesligavereinen, zwischen Jugendschiedsrichtern und international agierenden Spitzenunterparteiischen im Einzelfall Berücksichtigung finden müssen.

Während bei einem Jugendschiedsrichter das Gehalt pro geleitetem Spiel kaum höher als 50 Euro sein dürfte, erhielten die Schiedsrichter, die bei der FIFA-Weltmeisterschaft 2018 in Russland dabei waren, alleine 33.000 Euro pro Person für die Teilnahme am Turnier[972]. Die Unterschiede bei den wirtschaftlichen Verhältnissen der Nehmer werden noch deutlicher, wenn man die Spieler aus Bundesligavereinen mit Amateurspielern vergleicht. In der Fußballbundesliga sind Jahresgehälter der Spieler im einstelligen Millionenbereich Standard, wobei die Skala nach oben offen zu sein scheint[973]. Diese Diskrepanzen erschweren die Bezifferung einer für alle Nehmergruppen gleichermaßen geltenden Wertgrenze. Letztlich spricht dieser Umstand dafür, primär auf eine Beeinflussungstendenz anstatt auf konkrete Wertgrenzen abzustellen[974].

(2) Wertgrenze als Indiz für das Vorliegen einer Beeinflussungstendenz

Der bloße Verweis auf die Beeinflussungstendenz erscheint aber in mancherlei Hinsicht als unbefriedigend: Aus Sicht der Ermittlungsbehörde ist eine solche naturgemäß schwerer nachzuweisen als der konkrete Wert einer gemachten Zuwendung. Darüber hinaus gibt es – gerade im Hinblick auf die noch fehlende Rechtsprechung zu etwaigen Wertgrenzen in diesem Bereich – ein Interesse der Nehmer daran, abschätzen zu können, welche Zuwendungen sie annehmen dürfen und von welchen eher Abstand genommen werden sollte. Dies gilt im

970 *Fischer* § 331 Rn. 26a; bzw. 50 Euro: SSW-*Rosenau* § 331 StGB Rn. 16.

971 Im Ergebnis identisch: *Bittmann/Nuzinger/Rübenstahl* Beck-OK § 265c StGB Rn. 40; *Rübenstahl* JR 2017, 264, 272; *Bohn* KripoZ 2017, 88, 90; abweichend: *Fischer* § 265c StGB Rn. 26.

972 https://www.handelsblatt.com/sport/fussball/fussball-wm-gehaltserhoehung-fuer-wm-schiedsrichter/2642324.html?ticket=ST-9064908-5zyrNovsJuO2RiCQAPu0-ap1, Abruf vom 19. September 2018.

973 Zeitungsberichten zufolge verdiente etwa Franck Ribéry bereits im Jahr 2014 12 Millionen Euro pro Jahr beim FC Bayern München, so: https://www.tz.de/sport/fc-bayern/fc-bayern-muenchen-spieler-gehalt-ribery-goetze-lahm-schweinsteiger-meta-3362045.html, Abruf vom 19. September 2018.

974 *Bittmann/Nuzinger/Rübenstahl* Beck-Ok § 265c StGB Rn. 40.2.

Besonderen für Profisportler. Gerade diese Einkommensgruppe ist im Vergleich zu den Nehmergruppen der anderen Korruptionsdelikte am weitesten von den üblichen Einkommensverhältnissen der Durchschnittsbevölkerung entrückt, wodurch die bisher entwickelten Wertgrenzenmodelle am wenigsten zur Orientierung beitragen.

Eben dieser Umstand erschwert es aber auch, eine Wertgrenze zu beziffern: Betrachtet man die Lehre der Sozialadäquanz nämlich als Korrektiv, um durch die Existenz der Korruptionsdelikte nicht das höfliche Miteinander unmöglich werden zu lassen, ergibt sich daraus die Notwendigkeit, den Maßstab dessen für die jeweils in Rede stehende Gruppe zu konkretisieren. Die Gewohnheiten der Profisportler erscheinen aber so weit von der Lebenswirklichkeit entrückt, dass sich für diese kaum abschätzen lässt, was noch zu den üblichen Gepflogenheiten zählt[975]. Selbst wenn sich diese Gepflogenheiten vernünftigerweise konkretisieren ließen, ist davon auszugehen, dass sie einem ständigen Wandel unterworfen sind.

Andererseits kann man die Lehre aber auch in dem Kontext verstehen, dass diese Vorteile nicht erfasst sein sollen, die gar nicht geeignet sind, die Rechtsgüter der Delikte zu gefährden. Danach würden also die Vorteile ausgenommen, die so geringwertig sind, dass sich die Nehmergruppe davon ohnehin nicht beeinflussen lassen wird[976]. Mit anderen Worten: Die Grenze der Sozialadäquanz kann auch ein Indiz dafür sein, ab wann bei der Zuwendung eines Vorteils von einer Beeinflussungstendenz des Gebers auszugehen ist. Diese Überlegung erscheint hier zielführender, als auf die jeweiligen Gebote der Höflichkeit abzustellen. Bei lebensnaher Betrachtung ist davon auszugehen, dass sich Profisportler, die mehrere Millionen jährlich verdienen, auch dann noch nicht von Vorteilen beeinflussen lassen, wenn diese mehrere hundert Euro wert sind. Solche Beträge dürften etwa bei Einladungen in gehobene Restaurants oder bei der Zuwendung hochwertiger Sportausrüstung im Einzelfall erreicht werden, wobei davon auszugehen ist, dass diese Vorgänge Teil des Tagesgeschäfts sind. Umgekehrt muss man aber schon zu dem Schluss kommen, dass auch für diese Spitzenverdiener vierstellige Summen nicht völlig unbedeutend sein können. Zwar verdienen Profisportler, gemessen an der Durchschnittsbevölkerung bereits in jungen Jahren extreme Summen. Dennoch erwirtschaften sie diese

975 Als Beispiel dafür dient aus aktuellem Anlass Franck Ribéry, der zu einem angeblich 1200 Euro teurem Blattgold Steak eingeladen wurde, https://www.focus.de/sport/fussball/fc-bayern-star-franck-ribery-goennt-sich-ein-goldenes-steak-fuer-1-200-euro_id_10142280.html, zuletzt abgerufen am 16. 01. 2019.

976 In diese Richtung argumentiert auch der Gesetzgeber: BT-Drs. 18/8831 S. 15; vgl. auch SSW-*Rosenau* § 331 StGB Rn. 16.

Beträge meist nur über einen Zeitraum von etwa 15 Jahren und nicht ein volles Berufsleben lang. Somit erscheint es sachgerecht, für die Teilgruppe der Profisportler eine Wertgrenze von 1000 Euro als vorsichtigen Anhaltspunkt heranzuziehen. Jedenfalls kann diese Wertgrenze ein Indiz dafür darstellen, welches für das Vorliegen einer Beeinflussungstendenz seitens des Gebers spricht. Das bedeutet jedoch nicht, dass eine unter dieser Wertgrenze liegende Zuwendung den Tatbestand grundsätzlich nicht erfüllen könnte, wenn eine Beeinflussungstendenz im Einzelfall tatsächlich gegeben ist. Sie soll vielmehr als Faustformel dafür herangezogen werden, dass darüber liegende Zuwendungen den Verdacht einer Beeinflussungstendenz erwecken können und daher eher vermieden werden sollten.

Für Amateursportler würde eine als Indiz dienende Wertgrenze ohnehin deutlich darunter anzusetzen sein. Daher scheitert, anders als bei den übrigen Korruptionsdelikten eine für die gesamte Nehmergruppe geltende Wertgrenze an der beschriebenen Einkommensheterogenität der Nehmergruppe, aus welcher völlig divergierende Vorstellungen folgen, welche Zuwendungen üblich sind und welche nicht[977].

(3) Steigende Relevanz immaterieller Zuwendungen

Die besten wirtschaftlichen Verhältnisse aus dem vom Tatbestand erfassten Personenkreis werden wohl die über Abs. 6 S. 2 den Trainern gleichgestellten Mäzene und Hauptsponsoren haben. Unter diesen finden sich teilweise auch Milliardäre. Beispielhaft sei Dietrich Mateschitz erwähnt, der über die von ihm gegründete Red Bull GmbH mehrere Sportvereine, darunter in Deutschland RB Leipzig, maßgeblich finanziell unterstützt und aufgebaut hat und damit unter die Definition des Abs. 6 S. 2 StGB fallen würde. Laut Schätzungen beträgt das Vermögen von Herrn Mateschitz etwa 23 Milliarden US-Dollar[978]. Es erscheint realitätsfern, dass Personen mit Vermögen in diesen Größenordnungen auf Bestechungsgelder angewiesen sind. Bei dieser potenziellen Tätergruppe stellt sich die Frage, ob diese mit Geld überhaupt noch in spürbarem Maße beeinflusst werden können. Womöglich gewinnen mit dem Steigen der wirtschaftlichen Verhältnisse der Nehmer die immateriellen Vorteile an Bedeutung. Nicht selten ist es so, dass maßgebliche finanzielle Förderer auch eine emotionale Bindung zum Verein haben, sei es, weil es ihr Heimatverein ist, sei es, weil sie die Entwicklung des Vereins Jahre oder gar Jahrzehnte maßgeblich mitbeeinflusst und

977 *Fischer* § 265c StGB Rn. 26.

978 https://de.wikipedia.org/wiki/Dietrich_Mateschitz, Abruf vom 25. September 2018.

geprägt haben. Demzufolge könnte auch die Beeinflussung der weiteren sportlichen und wirtschaftlichen Entwicklung des Vereins ein Anreiz sein, manipulativ auf das sportliche Geschehen Einfluss zu nehmen. Denkbar wäre etwa, einem Mäzen, der seit vielen Jahren einen Verein mit seinem Privatvermögen unterstützt, den Bau einer neuen Austragungsstätte oder Sporthalle zu genehmigen, die andernfalls nicht genehmigungsfähig gewesen wäre. Darüber hinaus wäre denkbar, die Verleihung einer Ehrenmedaille oder die Ernennung zum Ehrenbürger als Anerkennung seiner Verdienste davon abhängig zu machen, ob er im Sinne des Gebers Einfluss auf sportliche Entscheidungen nimmt.

Auch diese Zuwendungen wären als immaterielle Vorteile vom Tatbestand erfasst[979]. Die Abgrenzung zwischen Vorteil und sozialadäquatem Verhalten kann hier im Einzelfall schwierig sein. Sicherlich kann das Inaussichtstellen einer rechtswidrigen Baugenehmigung nicht mehr als sozialadäquates Verhalten betrachtet werden. Dahingegen ist die Vornahme einer Ehrung für sich betrachtet nicht inadäquat, im Falle einer Verknüpfung der Ehrung mit einer Einflussnahme auf sportliche Entscheidungen womöglich jedoch schon. Hier zeigt sich erneut, dass es im Einzelfall geboten sein kann, sich eher an subjektiven Elementen, mithin an einer Beeinflussungstendenz des Gebers, zu orientieren[980].

(4) Berücksichtigung gewachsener Gepflogenheiten

Weiterhin muss betrachtet werden, welche Gepflogenheiten im Umfeld der Nehmergruppe üblich sind. Diese Vorgehensweise spielt auch bei der Bestimmung der Sozialadäquanz bezüglich der bisher bekannten Bestechungsdelikte eine Rolle. So kann etwa die Wettbewerbsüblichkeit der Gewährung eines Mengenrabatts für die Sozialadäquanz einer Zuwendung im Sinne des § 299 StGB sprechen[981], ebenso wie kleinere Aufmerksamkeiten zum Anlass eines Jubiläums im Rahmen des § 331 StGB[982]. Es erscheint sinnvoll, diese Überlegungen auch auf den Sportwettbetrug zu übertragen.

Sicherlich ist es bereits im Amateurbereich üblich, dass der gastgebende Verein dem Schiedsrichterteam eine Umkleidekabine samt Duschmöglichkeiten oder Getränke in der Halbzeitpause[983] zur Verfügung stellt. Darüber hinaus ist es auch in den unteren Spielklassen an sich nichts Ungewöhnliches, einen

---

979 BT-Drs. 18/8831 S. 15.

980 Im Ergebnis: *Bittmann/Nuzinger/Rübenstahl* Beck-OK § 265c StGB Rn. 40.2.

981 S/S-*Heine/Eisele* § 299 StGB Rn. 35.

982 MüKo-*Korte* § 331 StGB Rn. 136.

983 Dazu *Bittmann/Nuzinger/Rübenstahl* Beck-OK § 265c StGB Rn. 40.4.

Schiedsrichter nach der Partie zum Essen einzuladen. Hierbei ist jedoch zu beachten, dass Zuwendungen, die *nach* dem sportlichen Wettbewerb gemacht werden, ohnehin nicht unter den Tatbestand fallen, es sei denn, diese wurden bereits vorher versprochen[984]. Mithin kann also das Praktizieren gewachsener Gepflogenheiten als Anhaltspunkt dafür genommen werden, dass sich der Verein lediglich als guter Gastgeber gegenüber dem Schiedsrichter präsentieren will, sich also sozialadäquat verhält. Dies kann im Einzelfall problematisch werden, sofern die Gewährung üblicher Zuwendungen an eine Bedingung der manipulativen Einflussnahme geknüpft ist[985]. Macht man also vor der Partie deutlich, dass die nachträgliche Einladung ins Restaurant vom Spielausgang abhängig ist, kann diese per se nicht zu beanstandende Gepflogenheit nicht mehr sozialadäquat sein[986].

(5) Berücksichtigung der infrastrukturellen Umgebung und Sicherheitsvorkehrungen

Darüber hinaus kann auch die infrastrukturelle Umgebung der Sportveranstaltung ein Indiz für die Sozialadäquanz von Zuwendungen sein. Findet das Spiel etwa im ländlichen Raum ohne regelmäßige Anbindung durch den öffentlichen Nahverkehr statt, ist es nicht zu beanstanden, wenn ein Jugendschiedsrichter von einem Vereinsangehörigen der gastgebenden Mannschaft abgeholt oder nach Hause gefahren wird[987].

Im Umfeld des Sportwettbetrugs geht es bei der restriktiven Auslegung des Tatbestands jedoch nicht nur darum, die Höflichkeit zu wahren, sondern darüber hinaus auch um die Abwendung der sich aus der konkreten Situation ergebenden Sicherheitsrisiken. Hier sind insbesondere die örtlichen Rivalitätsverhältnisse der gegeneinander antretenden Mannschaften zu berücksichtigen. Leitet ein Schiedsrichter etwa ein brisantes „Derby" zwischen zwei Lokalvereinen, so können damit bereits in den niedrigeren Spielklassen Ausschreitungen und Sicherheitsrisiken verbunden sein. Nicht selten sind Schiedsrichter die „Zielscheibe" von gewaltbereiten Fangruppen. Sofern der Verein dem Schiedsrichter zusagt, durch entsprechende Maßnahmen für dessen Sicherheit zu garantieren,

---

984 BT-Drs. 18/8831 S. 15.

985 *Bittmann/Nuzinger/Rübenstahl* Beck-OK § 265c StGB Rn. 40.4.

986 Weitere Beispiele: *Bittmann/Nuzinger/Rübenstahl* Beck-OK § 265c StGB Rn. 40.4.

987 Vgl. dazu *Bittmann/Nuzinger/Rübenstahl* Beck-OK § 265c StGB Rn. 40.4, die zwar auf einen anderen Kontext abstellen, aber sich auch auf die Fahrt eines Jugendschiedsrichters beziehen.

wird dies im Einzelfall nicht zu beanstanden sein. Dies könnte etwa durch das Versprechen geschehen, zusätzliche Ordner zu organisieren, den Schiedsrichter nach dem Spiel vor randalierenden Fans durch zusätzliche Zäune abzuschirmen oder aber diesen mit einem Auto in Sicherheit zu bringen[988].

(6) Berücksichtigung ausländischer Gepflogenheiten

Wie im Rahmen der Bestechung im geschäftlichen Verkehr, werden auch im Rahmen des Sportwettbetrugs häufig internationale und grenzüberschreitende Sachverhalte auftreten. Schließlich will der Gesetzgeber auch solche Wettbewerbe erfassen, die etwa von einem internationalen Sportverband ausgerichtet werden[989]. Somit können also sowohl Länderspiele als auch Begegnungen zwischen Vereinen in der Champions League Gegenstand der Manipulation sein. Damit stellt sich auch in diesem Kontext die Frage, ob und wenn ja, inwieweit die im Ausland geltenden Gepflogenheiten und Wertvorstellungen auf die Auslegung des Vorteilsbegriffs im Rahmen des § 265c StGB Einfluss nehmen können. Während im Kontext des § 299 StGB mit dem Erhalt der Wettbewerbsfähigkeit deutscher Unternehmen noch so etwas wie ein rechtspolitisch sinnhaftes, berechtigtes Interesse an dieser Diskussion bestand, so kann dies im Rahmen des § 265c StGB nicht gelten. Ein berechtigtes Interesse deutscher Wettender, auf Akteure Einfluss zu nehmen, um illegal Wettgewinne zu erwirtschaften, ist nicht denkbar.

Damit bleibt zu erörtern, ob sich eine zu § 299 StGB vergleichbare Interessenslage ergibt, wenn die Manipulation ohne Abschluss einer Sportwette vorgenommen wird. In Betracht käme dann etwa eine Strafbarkeit nach § 265d StGB. Angenommen, der Markt der Wettmanipulationen floriert in den nächsten Jahren weiterhin[990], wäre folgende fiktive Situation nicht gänzlich unrealistisch: Eine deutsche Vereinsmannschaft aus der Fußballbundesliga tritt bei einem internationalen Wettbewerb im europäischen Ausland gegen die dort gastgebende Mannschaft an. Im Vorfeld ist allen Beteiligten bewusst, dass in diesem Land üblicherweise Bestechungsgelder an den Schiedsrichter gezahlt werden, um der eigenen Mannschaft einen Vorteil zu verschaffen. Die Vereinsangehörigen der deutschen Mannschaft wissen, dass sie ohne die Zahlung eigener Bestechungsgelder keine hohen Chancen auf den Sieg haben werden. Hier ergibt sich jedenfalls in groben Zügen ein zu § 299 StGB vergleichbares Phänomen. Ausländische

988 Ähnlich: *Bittmann/Nuzinger/Rübenstahl* Beck-OK § 265c StGB Rn. 40.4.
989 BT-Drs. 18/8831 S. 19.
990 Vgl. BT-Drs. 18/8831 S. 10.

Gepflogenheiten führen zu der Frage, ob es aus rechtspolitischer Sicht sinnvoll bleibt, die Zuwendung von Bestechungsgeldern zu pönalisieren. Schließlich sinken in diesem Fall faktisch die Wettbewerbschancen deutscher Mannschaften in internationalen Wettbewerben.

Im Ergebnis muss diese Frage bejaht werden. Zum einen müssten sich für eine vergleichbare Situation erst einmal Strukturen entwickeln, die eine Schmiergeldzahlung tatsächlich in der Praxis tatbestandsausschließend und rechtfertigend wirken lassen können. Selbst in diesem Fall könnte darauf aber keine Rücksicht genommen werden. Letztlich gelten die zu § 299 StGB vorgebrachten Argumente hier ebenso. Darüber hinaus war es auch Intention des Gesetzgebers, den florierenden Wettmanipulationsmarkt einzudämmen[991]. Es wäre widersprüchlich, eine im ausländischen Markt geduldete Manipulationspraxis auch auf Deutschland auszuweiten, um die Wettbewerbsfähigkeit deutscher Vereine im ausländischen Vergleich zu sichern. Vielmehr bedarf es im Falle solcher Phänomene einer grenzüberschreitenden Zusammenarbeit zur effektiven Korruptionsbekämpfung. Keinesfalls jedoch kann inkonsequente Strafverfolgung im Ausland Einfluss auf die Restriktionsbemühungen des Tatbestands nach deutschem Recht haben.

bb. Kriterien subjektiver Natur

Neben Kriterien objektiver Natur könnte man den Tatbestand im Falle sozialadäquater Zuwendungen auch über den subjektiven Tatbestand einschränken[992]. Denkbar wäre es, im konkreten Einzelfall ein „Mehr" an Vorsatz im Hinblick auf die Unrechtsvereinbarung zu verlangen[993]. Möglich wäre es etwa, bei einer geringwertigen Zuwendung oder bei einer Zuwendung, die aus Sicherheitsgründen notwendig ist, sicheres Wissen im subjektiven Tatbestand zu fordern. Letztlich führt auch dies dazu, dass es entscheidend auf eine Beeinflussungstendenz des Gebers und weniger auf feste Wertgrenzen oder äußere Umstände ankommt[994].

Die Vorteile dieser Herangehensweise liegen ebenso auf der Hand wie deren Nachteile: Zwar kann man Einzelfallgerechtigkeit dadurch schaffen, indem man die Einschränkung des Tatbestands auf die Frage reduziert: „Wendete der Geber

---

991 BT-Drs. 18/8831 S. 10.

992 *Kudlich/Oğlakcıoğlu* Wirtschaftsstrafrecht Rn. 189.

993 *Kudlich/Oğlakcıoğlu* Wirtschaftsstrafrecht Rn. 189.

994 Dafür plädierten bereits: *Bittmann/Nuzinger/Rübenstahl* Beck-OK § 265c StGB Rn. 40.2.

zu, um zu beeinflussen?“ Dies hilft über die Fälle hinweg, in denen objektive Kriterien aus den genannten Gründen an ihre Grenzen stoßen und allenfalls als Indizien herangezogen werden können. Jedoch birgt diese Lösung auch Schwierigkeiten in der Praxis. Der Nachweis des Vorsatzes ist für sich betrachtet bereits schwierig durchzuführen. Durch die Erforderlichkeit eines konkreten Maßes an Vorsatz wird dieser Umstand sicher nicht erleichtert.

d. Fazit: Heranziehen subjektiver Kriterien sachgerecht

Aufgrund des heterogenen Anwendungsbereichs der Norm verbietet sich zur Bestimmung der Reichweite des Vorteilsbegriffs ein bloßer Rückgriff auf die Grundsätze der bekannten Bestechungsdelikte. Insbesondere erscheint ein Rückgriff auf die für die Beamtenschaft entwickelten festen Wertgrenzen wenig hilfreich. Darüber hinaus sind insbesondere die sportspezifischen gewachsenen Gepflogenheiten und die steigende Relevanz immaterieller Vorteile im hochklassigen Vermögensbereich zu beachten.

Letztlich ergibt sich aber aus der unübersichtlichen Zahl an denkbaren Fallkonstellationen und der Heterogenität des Anwendungsbereichs des Tatbestands der Eindruck, dass objektive Kriterien nur bedingt geeignet sind, alle Einzelfälle abzudecken. Grenzfälle, in denen objektive Kriterien versagen, erscheinen unvermeidbar. Dies spricht dafür, das Problem über die Frage der Beeinflussungstendenz zu lösen[995]. Mit anderen Worten, die Frage der Strafbarkeit der Zuwendung eines Vorteils ist nicht primär von dessen Wert und objektiver Beschaffenheit, sondern vom Anlass der Zuwendung abhängig. Ein objektives Indiz für das Vorliegen einer Beeinflussungstendenz kann im Bereich von Profisportlern eine Zuwendung in Höhe eines vierstelligen Betrags sein, was jedoch nicht ausschließt, dass die Tendenz im Einzelfall auch schon wesentlich früher gegeben sein kann. Alternativ könnte man auch einen subjektiven Ansatz wählen und für die Fälle tendenziell sozialadäquater Zuwendungen einen erhöhten Grad an Vorsatz des Gebers als Korrektiv heranziehen.

4. Der Begriff des Wettbewerbs des organisierten Sports

§ 265c Abs. 5 StGB definiert den Begriff des Wettbewerbs des organisierten Sports. Demnach ist darunter jede Sportveranstaltung im Inland und im Ausland zu verstehen, die kumulativ zwei Voraussetzungen erfüllt. Zum einen muss sie von einer nationalen oder internationalen Sportorganisation oder in deren

---

995 So: *Bittmann/Nuzinger/Rübenstahl* Beck-OK § 265c StGB Rn. 40 ff.

Auftrag oder mit deren Anerkennung organisiert sein. Und darüber hinaus müssen Regeln einzuhalten sein, die von einer nationalen oder internationalen Sportorganisation mit verpflichtender Wirkung für ihre Mitgliedsorganisationen verabschiedet wurden. Diese Regelung entspricht § 3 Abs. 3 des Gesetzes gegen Doping im Sport und stellt parallel zur geltenden Fassung des § 299 StGB klar, dass auch Tathandlungen, die sich auf Sportwettbewerbe im Ausland beziehen, erfasst sind[996]. Der Begriff des Wettbewerbs umfasst sowohl einzelne Wettkämpfe wie Meisterschafts- oder Vorrundenspiele als auch mehrere miteinander verbundene oder aufeinander bezogene Veranstaltungen und ist daher weit zu verstehen[997]. Darunter fallen etwa Europa- oder Weltmeisterschaften sowie deren Qualifikationsrunden, zudem Meisterschaftsrunden oder Pokalwettbewerbe[998]. Dagegen sind rein privat organisierte Sportveranstaltungen nicht vom Tatbestand erfasst[999]. Daher fallen etwa „Firmenläufe", „privat veranstaltete Volleyballturniere" oder „Schulsportwettbewerbe"[1000] ebenso wenig unter den Tatbestand wie etwa „Autorennen auf Innenstadtstraßen"[1001].

Da Sportwetten sowohl unabhängig von einem bestimmten Leistungsniveau als auch vom Grad der Professionalisierung der teilnehmenden Sportler abgeschlossen werden, entschied sich der Gesetzgeber dazu, die erfassten Wettbewerbe nicht über diese Kriterien einzuschränken[1002]. Damit sind sowohl Wettbewerbe des Spitzensports als auch Wettbewerbe unter Amateursportlern, sofern diese die genannten Kriterien erfüllen, vom Tatbestand erfasst[1003]. Hinsichtlich der Sportorganisationen sind zum einen die auf einzelne Sportarten bezogenen Weltfachverbände, internationale Fachsportverbände (Kontinentalverbände) und die nationalen und inländischen regionalen Fachsportverbände erfasst[1004]. Darüber hinaus fallen auch nationale und internationale sportübergreifende Verbände unter den Tatbestand[1005].

---

996 Vgl. BT-Drs. 18/8831 S. 19.

997 BT-Drs. 18/8831 S. 19.

998 BT-Drs. 18/8831 S. 19; vgl. einschränkend: *Krack* wistra 2017, 289, 292 f. Dieser geht davon aus, dass die Liga entgegen der Gesetzesbegründung kein Wettbewerb im Sinne der Norm sein kann.

999 BT-Drs. 18/8831 S. 19.

1000 BT-Drs. 18/8831 S. 19.

1001 *Rübenstahl* JR 2017, 265, 274.

1002 BT-Drs. 18/8831 S. 19.

1003 BT-Drs. 18/8831 S. 19.

1004 BT-Drs. 18/8831 S. 19.

1005 BT-Drs. 18/8831 S. 19.

5. Der Begriff der öffentlichen Sportwette

Beim Begriff der Sportwette bezieht sich der Gesetzgeber auf § 17 Abs. 2 des Rennwett- und Lotteriegesetzes. Demnach sind Sportwetten Wetten aus Anlass von Sportereignissen. Dies umfasst insbesondere Wetten zu festen Quoten auf den Ausgang von Sportereignissen oder Abschnitten von Sportereignissen[1006]. Daneben fallen Wetten, bei denen ein Teil der Wetteinsätze unter den Gewinnern mit den richtigen Ergebnissen geteilt wird, unter den Begriff. Dies trifft etwa auf Pferderennen und andere Leistungsprüfungen für Pferde zu[1007]. Erforderlich ist die „Teilnahmemöglichkeit für einen größeren, nicht geschlossenen Personenkreis" oder dass es sich um „gewohnheitsmäßig veranstaltete Sportwetten in Vereinen oder sonstigen geschlossenen Gesellschaften" handelt[1008]. Ansonsten liegt eine vom Tatbestand nicht erfasste, nicht öffentliche Sportwette vor, die in einem rein privaten Rahmen abgeschlossen wird[1009]. Irrelevant ist sowohl, ob es sich um eine genehmigte oder genehmigungsfähige Sportwette handelt, als auch, ob der Sportwettanbieter seinen Sitz im In- oder Ausland hat[1010]. Würde man nicht genehmigte und nicht genehmigungsfähige Wetten[1011] aus dem Tatbestand herausnehmen, so würde dies ca. 80 – 90 % des tatsächlichen Wettaufkommens betreffen[1012].

Diese steuerrechtliche Definition der Sportwette ist nicht unumstritten[1013]. Teilweise wird im Hinblick auf drohende Wertungswidersprüche[1014] ein engeres – die nicht genehmigten oder genehmigungsfähigen Wetten ausnehmendes – Verständnis gefordert[1015]. Dafür könne die verwaltungsrechtliche Definition des

---

1006 BT-Drs. 18/8831 S. 17, unter Verweis auf § 3 Abs. 1 des Glücksspielstaatsvertrages vom 15. Dezember 2011.

1007 BT-Drs. 18/8831 S. 17, unter Verweis auf § 1 des Rennwett- und Lotteriegesetzes.

1008 BT-Drs. 18/8831 S. 17, unter dem Verweis auf § 284 Abs. 2 StGB sowie die Voraussetzungen für die Einordnung als erlaubnisbedürftiges öffentliches Glücksspiel in § 3 Abs. 2 des Glücksspielvertrags vom 15. Dezember 2011.

1009 BT-Drs. 18/8831 S. 17.

1010 BT-Drs. 18/8831 S. 17.

1011 Dies betrifft insbesondere unzulässige Ereigniswetten oder Livewetten auf Ereignisse oder Teilergebnisse. Diese seien wegen ihrer Manipulationsanfälligkeit derzeit kaum genehmigungsfähig, BT-Drs. 18/8831 S. 17.

1012 BT-Drs. 18/8831 S. 17.

1013 *Bittmann/Nuzinger/Rübenstahl* Beck-OK § 265c StGB Rn. 65 ff.; *Rübenstahl* JR 2017, 264, 277 f.

1014 MüKo-*Schreiner* § 265c StGB Rn. 26.

1015 *Rübenstahl* JR 2017, 264, 277.

§ 3 Abs. 1 S. 4 GlüStV herangezogen werden[1016]. Indem es der Gesetzgeber für unerheblich erklärt, ob die Sportwette genehmigt ist oder nicht, stelle er auch die Anbieter illegaler Sportwetten unter den Vermögensschutz des § 265c StGB[1017]. Deren Strafbarkeit im Hinblick auf § 284 StGB bleibt jedoch unberührt[1018]. Darin liege eine Privilegierung rechtswidrig handelnder Dritter, welche zumindest ein „Spannungsfeld" im Hinblick auf § 817 S. 2 BGB begründe[1019].

Diese Kritik hat zum Teil ihre Berechtigung. Der Umstand, dass der Staat es strafrechtlich untersagt, unerlaubte Wetten anzubieten, jedoch im Falle des Zuwiderhandelns das durch diese Wetten erwirtschaftete Vermögen schützen will, stellt einen gewissen Wertungswiderspruch dar. Es darf in diesem Kontext jedoch nicht übersehen werden, dass der Schutz rechtswidrig erworbener Vermögensvorteile dem Strafrecht nicht grundsätzlich fremd ist[1020]. Die Besonderheit im vorliegenden Fall besteht im Wesentlichen darin, dass hierbei dieselbe Handlung des Täters in Rede steht, welche zum einen die Pönalisierung und gleichzeitig den strafrechtlichen Schutz auslöst. Im Hinblick auf effektiven Rechtsgüterschutz und praktische Anwendbarkeit der Norm erscheint die entsprechend weitgehende Definition der Sportwette jedoch alternativlos[1021]. Gerade für die Gefährdung der Integrität des Sports kann es richtigerweise keine Rolle spielen, ob die Wette genehmigt war oder nicht[1022]. Durch den hohen Prozentsatz an Wetten, die aus dem Tatbestand herausfallen würden, wäre der Norm nahezu ihr vollständiger Anwendungsbereich genommen. Somit sind die durch die Privilegierung ausgelösten Wertungswidersprüche in Anbetracht der drohenden Strafbarkeitslücke hinzunehmen[1023].

1016 *Bittmann/Nuzinger/Rübenstahl* Beck-OK § 265c StGB Rn. 67; ähnlich: *Rübenstahl* JR 2017, 264, 277.

1017 Kritisch dazu auch: *Dittrich* ZWH 2017, 189, 190.

1018 BT-Drs. 18/8831 S. 17.

1019 *Bittmann/Nuzinger/Rübenstahl* Beck-OK § 265c StGB Rn. 66.

1020 Darauf weisen *Bittmann/Nuzinger/Rübenstahl* selbst hin: Beck-OK § 265c StGB Rn. 66; vgl. zur wirtschaftlichen Vermögenslehre die Entwicklung der Rspr.: RGSt 44, 230 ff; BGHSt 2, 364; abweichend: BGH NStZ 1987, 407; BGH NStZ 2016, 596; vgl. zur Kritik im Hinblick auf drohende Wertungswidersprüche: MüKo-*Hefendehl* § 263 StGB Rn. 383.

1021 So bereits: *Kubiciel* WiJ 2016, 256, 259.

1022 BT-Drs. 18/8831 S. 17; vgl. auch *Bittmann/Nuzinger/Rübenstahl* Beck-OK § 265c StGB Rn. 65.

1023 Im Ergebnis auch: *Kubiciel* WiJ 2016, 256, 259.

6. Begriff des Schieds-, Wertungs- und Kampfrichters

In § 265c Abs. 3 und Abs. 4 knüpft der Tatbestand an die Begriffe des Schiedsrichters, Wertungsrichters und des Kampfrichters an. Die Begriffe werden nicht legaldefiniert[1024], jedoch nimmt der Gesetzgeber in seiner Begründung auf sie Bezug. Schiedsrichter ist demnach, „wer dafür zuständig ist, den Wettbewerbsregeln unmittelbar Geltung zu verschaffen", worunter Personen fallen, „die befugt sind, Disziplinarmaßnahmen während des Wettbewerbs auszusprechen"[1025]. Im Falle des Zusammenwirkens Mehrerer sollen unabhängig vom Letztentscheidungsrecht alle an dieser Entscheidung Beteiligten unter den Begriff des Schiedsrichters fallen[1026]. Da es nicht entscheidend auf die Letztentscheidungskompetenz ankommt, sind auch Schiedsrichterassistenten beim Fußball vom Begriff umfasst[1027]. Vom Gesetzgeber ungeklärt bleibt, ob auch der sowohl in der Fußballbundesliga als auch bei internationalen Wettkämpfen eingeführte Videoschiedsrichter unter diese Definition fällt. Zwar ist dieser beim Wettkampfgeschehen nicht anwesend und kann nur bei Bedarf eingreifen. Jedoch ist dessen Rolle aufgrund seiner beratenden Funktion und der fehlenden Letztentscheidungskompetenz durchaus vergleichbar mit der des Schiedsrichterassistenten. Es erscheint daher sachgerecht, auch die Assistenten des Videobeweises unter den Begriff zu fassen[1028]. Die sich ansonsten auftuende Strafbarkeitslücke wäre auch aus teleologischer Sicht systemwidrig.

Wertungsrichter ist, wer „bei einem Wettkampf die Teilnehmer nach nicht uneingeschränkt objektiv messbaren Kriterien wie Ausdruck, Haltung, Eleganz oder Genauigkeit" bewertet[1029]. Sofern bei einem Wettbewerb ein Gesamtergebnis aus den Wertungen mehrerer Wertungsrichter gebildet wird, unterfallen alle Mitwirkenden diesem Begriff[1030]. Der Begriff des Kampfrichters umfasst die Personen, „die die Einhaltung der Regeln bei einer Sportveranstaltung überwachen"[1031]. Beispielhaft führt der Gesetzgeber hier „Zeitnehmer beim Handball"

1024 Kritisch dazu: *Rübenstahl* JR 2017, 264, 271.
1025 BT-Drs. 18/8831 S. 18.
1026 BT-Drs. 18/8831 S. 18.
1027 Lackner/Kühl-*Heger* § 265c StGB Rn. 7; kritisch: *Stam* NZWiSt 2018, 41, 43.
1028 So im Ergebnis auch: Lackner/Kühl-*Heger* § 265c StGB Rn. 7; *Bittmann/Nuzinger/Rübenstahl* Beck-OK § 265c StGB Rn. 27.
1029 BT-Drs. 18/8831 S. 18.
1030 BT-Drs. 18/8831 S. 18.
1031 BT-Drs. 18/8831 S. 18.

oder „Wenderichter beim Schwimmsport" an[1032]. Irrelevant soll die Bezeichnung der Personengruppen von der jeweils zuständigen Sportorganisation sein[1033].

Ausgehend von diesen Definitionen könnte sich die Abgrenzung zwischen Schiedsrichter und Kampfrichter in manchem Einzelfall als problematisch erweisen[1034]. Der Gesetzgeber äußert sich nicht zu etwaigen Abgrenzungskriterien. Richtigerweise wird dem Kampfrichter eine im Vergleich zum Schiedsrichter passivere Rolle zukommen. Dies wird etwa daran deutlich, dass dem Kampfrichter die Verhängung von Sanktionen nicht möglich ist, dem Schiedsrichter hingegen schon[1035]. Somit kann der Schiedsrichter aktiver in den Wettbewerbsverlauf eingreifen. Die Unterscheidung ist aufgrund der Gleichsetzung der Begriffe durch den Gesetzgeber für die Strafbarkeit jedoch letztlich irrelevant[1036].

II. Der Regelungsgehalt des § 265c Abs. 1 StGB

1. Täter

Nach § 265c Abs. 1 StGB macht sich strafbar, wer als Sportler oder Trainer einen Vorteil für sich oder einen Dritten als Gegenleistung dafür fordert, sich versprechen lässt oder annimmt, dass er den Verlauf oder das Ergebnis eines Wettbewerbs des organisierten Sports zugunsten des Wettbewerbsgegners beeinflusse und infolgedessen ein rechtswidriger Vermögensvorteil durch eine auf diesen Wettbewerb bezogene öffentliche Sportwette erlangt werde. Täter des § 265c Abs. 1 StGB können nur Sportler oder Trainer sein. Diese Begrifflichkeiten wurden bereits hinreichend erläutert. Damit ist der Tatbestand des § 265c Abs. 1 StGB ein Sonderdelikt[1037]. Diese Personenkreise können dann richtigerweise unmittelbare Täter, mittelbare Täter oder Mittäter sein[1038]. Nach dem Wortlaut können aber auch Dritte, mithin also Personen, die weder Trainer oder Sportler im Sinne der Norm sind, Empfänger des Vorteils sein[1039].

1032 BT-Drs. 18/8831 S. 18.

1033 BT-Drs. 18/8831 S. 18.

1034 Grundsätzlich eher kritisch zu der Ausgestaltung dieser Definitionen: S/S-*Perron* § 265c StGB Rn. 22; *Fischer* § 265c StGB Rn. 16.

1035 Auf das „Fehlen disziplinarischer Befugnisse" beim Kampfrichter abstellend: *Rübenstahl* JR 2017, 264, 271.

1036 *Bittmann/Nuzinger/Rübenstahl* Beck-OK § 265c StGB Rn. 30.

1037 Lackner/Kühl-*Heger* § 265c StGB Rn. 3.

1038 MüKo-*Schreiner* § 265c StGB Rn. 60.

1039 Vgl. MüKo-*Schreiner* § 265c StGB Rn. 34.

2. Tathandlung

Als Tathandlungen des Abs. 1 kommt in Betracht, als Nehmer einen Vorteil zu fordern, sich versprechen zu lassen oder anzunehmen. Da diese Tathandlungen denen des § 299 StGB entsprechen, kann sowohl auf die dazu entwickelten[1040] als auch auf die zu § 331 StGB und § 333 StGB entwickelten Grundsätze zurückgegriffen werden, weil sich auch diesbezüglich inhaltlich keine Unterschiede ergeben[1041].

Demnach ist das Fordern im Sinne der Korruptionsdelikte ein ausdrückliches oder auch konkludentes Verlangen eines Vorteils für eine gewisse Gegenleistung[1042]. Dabei muss die Erklärung zwar auf den Abschluss einer Unrechtsvereinbarung abzielen[1043], erforderlich ist aber gerade nicht, dass eine Übereinkunft von Geber und Nehmer getroffen wird[1044]. Somit ist lediglich der Zugang beim Gegenüber beziehungsweise bei einer mündlichen Übermittlung die Kenntnisnahme des (potenziellen) Gebers vorausgesetzt[1045]. Dabei reicht es auch aus, dass ein Mittelsmann des Gegenübers Kenntnis erlangt[1046].

Geht das Gegenüber nicht auf das Fordern ein, so ist das für die Strafbarkeit des Fordernden irrelevant[1047]. Insofern ist es auch nach überzeugender Ansicht nicht erforderlich, dass der potenzielle Vorteilsgeber den Sinngehalt der Erklärung versteht oder auch nur verstehen konnte[1048]. Notwendig ist hingegen schon, dass der Fordernde zu erkennen geben will, dass er den Vorteil als Gegenleistung für eine von ihm noch vorzunehmende Handlung erhalten will, mithin also, was der Sinn seines Angebots ist[1049], nämlich gerade die Verknüpfung von Vorteil und Gegenleistung[1050]. Richtigerweise wird darauf hingewiesen, dass es letztlich

1040 BT-Drs. 18/8831 S. 15.

1041 Vgl. *Bittmann/Nuzinger/Rübenstahl* Beck-OK § 265c StGB Rn. 31.

1042 In Bezug auf eine dienstliche Tätigkeit: BGH NStZ 2006, 628, 629; vgl. auch BGHSt 8, 214, 215 = BGH NJW 1956, 70; BGHSt 15, 88, 94 = BGH NJW 1960, 2154, 2155; MüKo-*Krick* § 299 StGB Rn. 63.

1043 BGHSt 15, 88, 97 = BGH NJW 1960, 2154, 2155; MüKo-*Krick* § 299 StGB Rn. 63.

1044 LK-*Tiedemann* § 299 StGB Rn. 48.

1045 LK-*Tiedemann* § 299 StGB Rn. 48; *Fischer* § 299 StGB Rn. 30; S/S-*Heine/Eisele* § 299 StGB Rn. 20.

1046 LK-*Sowada* § 331 StGB Rn. 23; MüKo-*Korte* § 331 StGB Rn. 74.

1047 BGHSt 10, 237, 243 = BGH NJW 1957, 1078, 1079; BGHSt 15, 88, 98 = BGH NJW 1960, 2154, 2155.

1048 BGHSt 10, 237, 241 f.; BGH NStZ 2006, 628, 629; LK-*Sowada* § 331 StGB Rn. 23.

1049 MüKo-*Krick* § 299 StGB Rn. 63.

1050 LK-*Sowada* § 331 StGB Rn. 22.

die Tatmodalität des Forderns ist, die die Tatbestandsverwirklichung weit ins Vorfeld verlagert[1051].

Unter der Tathandlung des Sich-Versprechen-Lassens versteht man die ausdrückliche oder konkludente Annahme des Angebots, für die entsprechende Handlung zukünftig einen Vorteil zu erhalten[1052]. Vorausgesetzt ist demnach nicht, dass der Vorteil tatsächlich angenommen wird, sondern lediglich, dass eine Unrechtsvereinbarung zustande kommt[1053]. Denn hierdurch wird bereits das jeweils von den Korruptionsdelikten geschützte Rechtsgut gefährdet[1054]. Das impliziert auch, dass für die Alternative des Sich-Versprechen- Lassens nach überzeugender Ansicht der Wille des Täters vorhanden sein muss, den Vorteil für sich oder einen Dritten entgegenzunehmen[1055]. Werden sich die Parteien der Unrechtsabrede nicht einig, so scheidet diese Tatbestandsalternative aus. Jedoch könne eine fehlgeschlagene Einigung wiederum ein konkludentes Fordern des Täters darstellen[1056]. Diese Tatbestandsalternative unterscheidet sich also vom Fordern insbesondere dadurch, dass ein beiderseitiges Mitwirken in Form einer Willensübereinstimmung erforderlich ist, während ein einseitiges Ansinnen nicht genügt[1057].

Dahingegen sei das Annehmen des Vorteils dadurch gekennzeichnet, dass der Täter den Vorteil, auf den sich die Unrechtsabrede bezieht[1058], tatsächlich entgegennimmt[1059]. Hierbei ist der Wille des Täters erforderlich, diesen auch im eigenen Interesse zu verwenden oder einem Dritten weiterzuleiten[1060]. Problematisch erscheint in diesem Zusammenhang die Fallkonstellation, in welcher die Annahme des Vorteils durch den Täter erfolgt, ohne dass dieser von dessen Bezug zur Gegenleistung weiß. Zu diesem Zeitpunkt kann richtigerweise noch von keiner Annahme gesprochen werden[1061]. Diese ist jedoch zum Zeitpunkt

---

1051 *Fischer* § 299 StGB Rn. 30; zustimmend: LK-*Tiedemann* § 299 StGB Rn. 48.

1052 BGH NJW 1989, 214, 915 f.; BGH NStZ-RR 2002, 272, 274; LK-*Sowada* § 331 StGB Rn. 26; *Fischer* § 331 StGB Rn. 19; NK-*Kuhlen* § 331 StGB Rn. 24.

1053 BGH NStZ-RR 2002, 272, 274.

1054 In Bezug auf das Vertrauen der Öffentlichkeit in die Lauterkeit der Amtsführung: BGH NStZ-RR 2002, 272; Graf/Jäger/Wittig-*von Häfen* § 331 StGB Rn. 91.

1055 BGH NJW 1989, 214, 916; BGH NStZ-RR 2002, 272, 274; LK-*Sowada* § 331 StGB Rn. 26.

1056 Graf/Jäger/Wittig-*von Häfen* § 331 StGB Rn. 92; *Fischer* § 331 StGB Rn. 19.

1057 BGHSt 10, 237, 241; 39, 45, 48; MüKo-*Korte* § 331 StGB Rn. 76; LK-*Sowada* § 331 StGB Rn. 27.

1058 BGH NStZ 1984, 24; BGH NJW 1985, 391.

1059 BGHSt 14, 123, 127; LK-*Sowada* § 331 StGB Rn. 28; MüKo-*Korte* § 331 StGB Rn. 77.

1060 BGHSt 14, 123, 127; LK-*Sowada* § 331 StGB Rn. 28; MüKo-*Korte* § 331 StGB Rn. 77.

1061 LK-*Sowada* § 331 StGB Rn. 28.

zu bejahen, in welchem der Täter trotz eintretender Kenntnis der Koppelung von Vorteil und der von ihm zu erbringenden Leistung die Zuwendung bewusst behält[1062]. Dies müsse jedoch über das bloße Unterlassen der Rückgabe hinausgehen[1063]. Der Vorbehalt des Nehmers hingegen, den Vorteil gegebenenfalls wieder zurückgeben zu wollen, verhindert die Verwirklichung der Tatbestandsalternative nicht[1064]. Entscheidend ist gerade, dass der Täter es sich vorbehält, zu einem späteren Zeitpunkt zu entscheiden, ob er den Vorteil in seinem Besitz behält[1065].

Umstritten ist die Fallkonstellation der Entgegennahme zur Sicherung des Vorteils als Beweismittel. Nach einer überzeugenden Ansicht fehlt es bereits an einer Verwendungsabsicht des Täters[1066]. Nach anderer Ansicht handelt es sich hierbei um ein Rechtfertigungsproblem. Demnach wird eine Lösung über § 34 StGB vorgeschlagen[1067]. Voraussetzung wäre hierbei jedoch die Erforderlichkeit der Mitwirkung des Vorteilsnehmers an der Unrechtsvereinbarung, die regelmäßig dann entfallen soll, wenn der Dienstherr des Nehmers rechtzeitig hätte unterrichtet werden können[1068]. Letzte Ansicht kann im Ergebnis nicht überzeugen. Jedenfalls für den Fall, dass der Nehmer den Vorteil nicht einem Dritten zukommen lassen will, muss in der Annahme richtigerweise ein eigennütziges Verwendungsmotiv zum Ausdruck kommen[1069]. An diesem fehlt es offensichtlich im Fall der Überführungsabsicht[1070].

Komplexer gestaltet sich die Annahme im Drei-Personen-Verhältnis. Unproblematisch ist der Fall, in welchem der Täter mit einem Dritten vereinbart hat, dass dieser den Vorteil zunächst entgegennehmen und ihn anschließend an den Täter weiterleiten soll. In diesem Fall ist von einer Annahme auszugehen[1071].

1062 BGHSt 15, 88, 102 f.; BGH NStZ 2008, 33, 34; LK-*Sowada* § 331 StGB Rn. 28.

1063 LK-*Sowada* § 331 StGB Rn. 28.

1064 BGH GA 1963, 147, 148; LK-*Sowada* § 331 StGB Rn. 28; *Fischer* § 331 StGB Rn. 20; S/S-*Heine/Eisele* § 331 Rn. 28.

1065 BGH GA 1963, 147, 148; S/S-*Heine/Eisele* § 331 StGB Rn. 28.

1066 BGHSt 15, 88, 97; Lackner/Kühl-*Heger* § 331 StGB Rn. 7; LK-*Sowada* § 331 StGB Rn. 28.

1067 NK-*Kuhlen* § 331 StGB Rn. 32.

1068 NK-*Kuhlen* § 331 StGB Rn. 32 (Fn. 106).

1069 RGSt 58, 263, 266 f.; BGHSt 15, 88, 97; LK-*Sowada* § 331 StGB Rn. 28.

1070 RGSt 58, 263, 266 f.; BGHSt 15, 88, 97; LK-*Sowada* § 331 StGB Rn. 28.

1071 BGHSt 14, 123, 127 f.; 47, 295, 304 ff.; MüKo-*Korte* § 331 StGB Rn. 79; LK-*Sowada* § 331 StGB Rn. 29.

Umstritten[1072] ist hingegen die Konstellation, in welcher der Vorteil direkt dem Dritten zufließt, was nach dem Inhalt der Unrechtsvereinbarung zu Beginn abgesprochen war, also mit Einverständnis des Täters geschah. Hier kann nach einer Ansicht nicht mehr von einem Annehmen durch den Täter gesprochen werden, vielmehr sei die Tathandlungsalternative des Sich-Versprechen-Lassens verwirklicht[1073]. Nach anderer Ansicht ist auch in dieser Situation die Alternative des Annehmens gegeben[1074].

Einigkeit besteht hingegen bezüglich der Frage, ob auch das Versprochene aus dem Vermögen des Gegenübers der Unrechtsvereinbarung herrühren muss. Hier wird davon ausgegangen, dass auch eine Leistung durch Dritte tatbestandsmäßig ist, sofern der Versprechende die Leistung veranlasst hat[1075].

3. Unrechtsvereinbarung

a. Inhaltliche Verknüpfung von Leistung und Gegenleistung

Parallel zu den Korruptionsdelikten erklärt der Gesetzgeber auch beim § 265c StGB die Unrechtsvereinbarung zum „Kern des Tatbestands“[1076]. Diese zwischen Vorteilsnehmer und Vorteilsgeber – je nach Tathandlung – getroffene oder bloß intendierte Absprache erfodert, dass zwischen dem Vorteil und der zu erbringenden Gegenleistung eine inhaltliche Verknüpfung besteht, wobei jedoch keine vertragsähnliche Vereinbarung vorausgesetzt ist[1077]. Auch an dieser Stelle will der Gesetzgeber erklärtermaßen auf die Auslegungsgrundsätze der anderen Korruptionsdelikte zurückgreifen[1078]. Nach ständiger Rechtsprechung des Bundesgerichtshofs ist erforderlich, dass der Vorteil mit der Gegenleistung in dem Sinne verknüpft ist, als dass er als Äquivalent erbracht wird[1079].

1072 Der Streit ist vor dem Hintergrund relevant, als dass die Einbeziehung von Drittvorteilen die Konstruktion der mittelbaren Eigenvorteile überflüssig werden lassen könnte, vgl. dazu LK-*Sowada* § 331 StGB Rn. 29, 41 ff.

1073 MüKo-*Korte* § 331 StGB Rn. 79.

1074 LG Wuppetal NJW 2003, 1405; *Kargl* JZ 2005, 503, 506 (Fn. 21).

1075 BGH NJW 1987, 1340, 1341; *Hassemer* JuS 1987, 662; *Letzgus* NStZ 1987, 309, 311; LK-*Sowada* § 331 StGB Rn. 29.

1076 BT-Drs. 18/8831 S. 15; vgl. die ständige Rechtsprechung des BGH: BGHSt 15, 88, 97; 217, 223; 352,355; 39, 45, 46; ferner: BGH NStZ 1994, 488, 489; 1999, 561.

1077 BT-Drs. 18/8831 S. 15.

1078 BT-Drs. 18/8831 S. 15.

1079 BGHSt 15, 88, 97; 217, 223; 352, 355; 39, 45, 46; ferner: BGH NStZ 1994, 488, 489; 1999, 561.

Der Begriff der Unrechtsvereinbarung bedarf zunächst einiger Konkretisierungen, da er für sich betrachtet missverständlich interpretiert werden könnte. So findet das Merkmal des „Unrechts" weder einen Anhaltspunkt im Wortlaut der Norm noch ist es tatbestandlich überhaupt vorausgesetzt, dass eine Absprache über „Unrecht" getroffen wird[1080]. Vielmehr begründet die tatbestandliche Verknüpfung von Vorteil und Gegenleistung erst das deliktsspezifische Unrecht aller Korruptionsdelikte[1081]. Im Wortlaut des Sportwettbetrugs etwa findet sich dieses lediglich in der Formulierung „als Gegenleistung dafür" wieder. Mit diesen knappen Worten umschreibt der Gesetzgeber also das Verhältnis[1082] der sich gegenüberstehenden Leistungen. Das Merkmal der Unrechtsvereinbarung ist also streng genommen ungeschrieben, lässt sich aber jedenfalls indirekt dem Wortlaut entnehmen.

Vor diesem Hintergrund ist die Unrechtsvereinbarung als regelwidriges Austauschverhältnis von Vorteil und Gegenleistung zu verstehen[1083]. Demnach hat die Unrechtsvereinbarung den Charakter eines synallagmatischen Austauschverhältnisses im Sinne einer „do ut des"–Beziehung[1084]. Diese bisher beschriebene Ausgestaltungsart der Unrechtsvereinbarung („als Gegenleistung dafür") findet sich in den klassischen Korruptionsdelikten bei § 299 StGB[1085] sowie §§ 331 Abs. 2, 332, 333 Abs. 2 und 334 StGB.

Abweichend davon spricht der Wortlaut der §§ 331 Abs. 1 und 333 Abs. 1 StGB davon, dass der Vorteil „für die Dienstausübung" gefordert werden muss[1086]. Ziel dieser „Lockerung der Unrechtsvereinbarung"[1087] war es, im Zuge der Umsetzung des Korruptionsbekämpfungsgesetzes die praktischen Schwierigkeiten beim Nachweis der Unrechtsvereinbarung aus dem Weg zu räumen[1088]. Aus der abweichenden Ausgestaltung wird gefolgert, dass in diesen Fällen kein

---

1080 LK-*Sowada* § 331 StGB Rn 65.

1081 LK-*Sowada* § 331 StGB Rn. 65; vgl. MüKo-*Korte* § 331 StGB Rn. 116.

1082 Zum angeblich asymmetrischen Charakter dieser Beziehung: vgl. *Kuhlen* NStZ 1988, 433, 438 ff.

1083 So: *Volk* GS-Zipf 1999, 419, 421 ff.; ferner: *Ambos* JZ 2003, 345, 349 f.; *Dölling* ZStW 2000, 334, 345; LK-*Sowada* § 331 StGB Rn. 65; NK-*Kuhlen* § 331 StGB Rn. 86 ff.; S/S-*Heine/Eisele* § 331 StGB Rn. 37.

1084 *Schünemann* FS-Otto 2007, 777, 782, 786 f., 791; ferner: *Geppert* Jura 1981, 42, 47.

1085 Vgl. zum Gegenseitigkeitsverhältnis der Unrechtsvereinbarung im Kontext des § 299 StGB etwa LK-*Tiedemann* § 299 StGB Rn. 29.

1086 Vgl. dazu auch LK-*Sowada* § 331 StGB Rn. 64.

1087 LK-*Sowada* § 331 StGB Rn. 64.

1088 LK-*Sowada* § 331 StGB Rn. 51.

Äquivalenzverhältnis zwischen den beiden Leistungen bestehen muss[1089], beziehungsweise, dass die Anforderungen an das Äquivalenzverhältnis jedenfalls herabgesetzt sind[1090]. Im Ergebnis sind somit geringere Anforderungen an die Bestimmtheit der Handlung des Amtsträgers zu stellen[1091]. Erfasst seien etwa auch Handlungen, die lediglich das allgemeine Wohlwollen des Amtsträgers sichern sollen[1092].

b. Die Spezifika der Unrechtsvereinbarung des § 265c Abs. 1 StGB

aa. Keine gelockerte Unrechtsvereinbarung

Bei der Ausgestaltung des § 265c StGB verzichtete der Gesetzgeber auf eine Lockerung der Unrechtsvereinbarung und entschied sich durch die Formulierung „als Gegenleistung für“ in Abs. 1 bis 4 für eine Verknüpfung von Leistung und Gegenleistung im Sinne eines „strengen“ Gegenseitigkeitsverhältnisses. Konkret bedeutet das, dass ein bloßes „Anfüttern“[1093] des Vorteilsnehmers, das etwa nur der „Klimapflege“[1094] dienen soll, nicht genügt. Vielmehr bedarf es damit im Rahmen des § 265c StGB einer Gegenleistung für den Vorteil, die „in groben Umrissen erkennbar und festgelegt“ ist[1095].

Der Verzicht auf die Lockerung der Unrechtsvereinbarung erscheint in mehrerlei Hinsicht begrüßenswert. Zum einen ergibt sich im Hinblick auf die Schutzrichtung der Delikte eine andere Interessenslage[1096]. Der Tatbestand des Sportwettbetrugs hat den Schutz der Integrität des Sports im Blick. Im Hinblick auf die Wertigkeit der Rechtsgüter hält diese einem Vergleich mit dem von den Amtsdelikten geschützten Vertrauen der Allgemeinheit in das Verwaltungshandeln[1097] nicht stand[1098].

1089 LK-*Sowada* § 331 StGB Rn. 64, der jedoch klarstellt, dass durch das Wort „für“ immer noch das Erfordernis einer Verknüpfung von Vorteil und dienstlicher Tätigkeit besteht.

1090 MüKo-*Korte* § 331 StGB Rn. 120.

1091 LK-*Sowada* § 331 StGB Rn. 51.

1092 LK-*Tiedemann* § 299 StGB Rn. 29.

1093 Graf/Jäger/Wittig-*Sahan* § 299 StGB Rn. 39.

1094 Graf/Jäger/Wittig-*Sahan* § 299 StGB Rn. 39.

1095 BGHSt 32, 290, 291.

1096 Vgl. S/S-*Heine/Eisele* § 299 StGB Rn. 22, die dieses Argument im Hinblick darauf entwickelt haben, dass bei der Schaffung des § 299 StGB richtigerweise auf die Lockerung verzichtet wurde.

1097 MüKo-*Korte* § 331 StGB Rn. 8.

1098 Für einen ausführlichen Vergleich der Integrität des Sports zu den Rechtsgütern anderer Korruptionsdelikte: *Jansen* GA 2017, 600, 606 ff.

Der gewichtigere Vorteil dieses Verzichts erklärt sich aber erst, wenn man nochmals die abstrakte Ausgestaltung des Sportwettbetrugs betrachtet. Der Gesetzgeber entschied sich bei der Schaffung des § 265c StGB und bei seiner Gestaltung samt Rechtsgüterschutz und Vorverlagerung der Strafbarkeit für eine in mehrerer Hinsicht zu beobachtende Ausweitung des Strafrechts. Durch den Verzicht auf die Lockerung der Unrechtsvereinbarung, der letztlich strafrechtsbegrenzend wirkt, kompensiert der Gesetzgeber diese Ausweitung jedenfalls ein Stück weit und kommt insofern den Kritikern, die den ultima-ratio-Charakter des Strafrechts gefährdet sehen, entgegen. Oder umgekehrt formuliert: Eine zusätzlich tatbestandlich verankerte Ausweitung des Strafrechts hätte im Hinblick auf die ohnehin schon bedenklich erscheinende Vorfeldstrafbarkeit „den Bogen überspannt".

bb. Verlauf oder Ergebnis eines Wettbewerbs des organisierten Sports beeinflussen

§ 265c Abs. 1 und Abs. 2 StGB nennen als Bezugspunkt der Unrechtsabrede unter anderem, dass der Verlauf oder das Ergebnis eines Wettbewerbs des organisierten Sports zugunsten des Wettbewerbsgegners beeinflusst werden soll[1099]. Damit kann Gegenstand einer Unrechtsvereinbarung etwa ein bestimmter Spielstand zum Ende des Wettbewerbs oder aber auch zur Halbzeitpause sein[1100]. Daneben sind auch bloße Wettbewerbsverläufe tauglicher Beeinflussungsgegenstand, womit auch etwa provozierte Einwürfe oder bestimmte Spielzüge vom Tatbestand erfasst sind[1101]. Zudem fallen nach dem Wortlaut auch die sportlichen Verläufe einzelner Wettbewerbsabschnitte in den Anwendungsbereich der Norm[1102]. Die Beeinflussung durch Sportler kann etwa dadurch erfolgen, dass diese bewusst hinter ihrem eigentlich vorhandenen Leistungsniveau zurückbleiben oder Gewinnchancen verstreichen lassen[1103]. Darüber hinaus ist eine Beeinflussung durch den Trainer insbesondere dann denkbar, wenn dieser bewusst seine besseren Spieler nicht zum Einsatz bringt oder aber Spielzüge vorschreibt, die dem Spiel der eigenen Mannschaft schaden[1104]. Grundvoraussetzung ist aber

1099 Vgl. BT-Drs. 18/8831 S. 16.
1100 BT-Drs. 18/8831 S. 16.
1101 BT-Drs. 18/8831 S. 16.
1102 Hier nennt der Gesetzgeber beispielhaft die Abfolge der gewonnenen Spiele innerhalb eines Satzes beim Tennis, BT-Drs. 18/8831 S. 16.
1103 BT-Drs. 18/8831 S. 16.
1104 BT-Drs. 18/8831 S. 16.

ein unmittelbarer Zusammenhang zwischen den Ereignissen und dem sportlichen Wettbewerb[1105].

In diesem Kontext wird kritisch angemerkt, dass es durchaus auch sportliche Gründe geben kann, nicht an sein Leistungslimit zu gehen, etwa zur vorausschauenden Schonung der leistungsstärksten Spieler, um diese in einem darauffolgenden, bedeutenderen Wettkampf einsetzen zu können[1106]. Obwohl dieser Kritikpunkt zutrifft, erscheint die Formulierung dieses Tatbestandsabschnitts ansonsten weitsichtig. Insbesondere die Miteinbeziehung des „Verlaufs" des sportlichen Wettbewerbs trägt dem Umstand Rechnung, dass die Wettanbieter mittlerweile auf nahezu alle denkbaren sportlichen Vorkommnisse innerhalb eines Wettbewerbs Wetten anbieten, seien diese noch so unbedeutend für den Ausgang des Wettbewerbs[1107]. Teilweise werden Wetten darauf angeboten, welche Mannschaft bei einem Fußballspiel den ersten Einwurf zugesprochen bekommt oder wer die durch Münzwurf bestimmte Seitenwahl vor dem Spiel gewinnt[1108]. In der Anpassung des Tatbestands an das tatsächliche Wettangebot kommt das Bemühen des Gesetzgebers zum Ausdruck, einen lückenlosen Vermögensschutz zu gewährleisten[1109].

Laut Gesetzgeber sind sowohl Manipulationshandlungen erfasst, die während des Wettbewerbs vorgenommen werden, als auch solche, die im Vorfeld stattfinden[1110]. Auch diese umfassende Regelung scheint im Hinblick auf die Zielsetzung der Norm schlüssig. Schließlich wird die Integrität des Sports in beiden Fällen gleichermaßen beeinträchtigt[1111]. Allerdings übersieht der Gesetzgeber wohl eine zeitliche Einschränkung im Rahmen der im Vorfeld des Wettbewerbs vorgenommenen Manipulationshandlungen. In der Literatur wurde bereits die Frage aufgeworfen, ob es sinnvoll sei, Manipulationshandlungen aus dem

1105 BT-Drs. 18/8831 S. 16.

1106 *Dittrich* ZWH 2017, 189, 191; zustimmend: *Fischer* § 265c StGB Rn. 23.

1107 Vgl. auch *Reinhart* SpuRt 2016, 235, 239 f.; *Pfister* StraFo 2016, 441, 444 (Fn. 32).

1108 Dass dieses Phänomen teilweise absurde Züge annehmen kann, beweist ein Blick nach England: Dort konnte man Wetten darauf abschließen, ob der übergewichtige Torwarttrainer eines Fünftligisten während des Spiels etwas essen würde. Richtigerweise würde dieses Ereignis aber nicht unter den Tatbestand des § 265c StGB fallen, da es am erforderlichen unmittelbaren Zusammenhang mit dem sportlichen Wettbewerb fehlt, *Valerius* Jura 2018, 777, 784, unter Verweis auf BT-Drs. 18/ 8831 S. 16.

1109 Zur Frage, ob auch Wetten auf für den Verlauf des Wettbewerbs irrelevante Ereignisse unter den Schutz der Norm gestellt werden sollten, vgl. S. 203 f.

1110 BT-Drs. 18/8831 S. 16.

1111 So auch *Krack* ZIS 2016, 540, 547.

Tatbestand auszunehmen, die so weit im Vorfeld stattfinden, dass noch nicht einmal die Wette für das Spiel aufgesetzt ist[1112]. In diesem Fall könnten Wettanbieter ihre Quoten an die veränderte Situation anpassen und ihre Vermögensinteressen wären ebenso wenig gefährdet wie die der Wettenden[1113]. Die Vermögensinteressen des Wettanbieters werden schließlich gerade dadurch beeinflusst, dass sich durch einen nicht bedachten Faktor in der Berechnung der Wettquote dieselbe zu seinen Lasten verschiebt[1114].

Richtigerweise sind die Vermögensinteressen in diesem Fall nicht mehr gefährdet, jedoch gilt dies nicht für die Integrität des Sports. Diese wird etwa durch den Ausfall eines wichtigen Spielers unabhängig von der Sportwette ebenso berührt, da auf die Chancengleichheit der beiden Mannschaften Einfluss genommen wird. Eine tatbestandliche Einschränkung ist daher an dieser Stelle abzulehnen[1115].

cc. Zugunsten des Wettbewerbsgegners

Von der Unrechtsabrede werden nur solche Beeinflussungen erfasst, die zugunsten des Wettbewerbsgegners erfolgen. Dies ist dann der Fall, wenn dieser durch die vereinbarte Manipulationshandlung einen irgendwie gearteten Vorteil im Wettbewerb erlangt[1116]. Mit Wettbewerbsgegner muss der unmittelbare Gegner des konkreten Wettkampfs gemeint sein und nicht etwa ein Konkurrent aus einem Ligawettbewerb oder Turnier, der durch das Ergebnis einen mittelbaren Wettbewerbsvorteil erlangen würde[1117]. Es ist gerade nicht erforderlich, dass der Wettbewerbsgegner durch die Beeinflussung den Wettbewerb auch gewinnen soll. Auch das Hinwirken auf ein Unentschieden kann tatbestandlich sein[1118]. Nicht tatbestandlich sind hingegen Beeinflussungen, die zugunsten der eigenen Mannschaft erfolgen, da sich Sportler und Trainer im Zuge dessen gerade im Sinne des sportlichen Wettbewerbs verhalten[1119]. Die gesetzgeberische Intention

---

1112 *Krack* ZIS 2016, 540, 547.

1113 *Krack* ZIS 2016, 540, 547.

1114 Vgl. nochmals BGHSt 51, 165, 175.

1115 Zur Frage einer teleologischen Reduktion im Fall des Ausschlusses der Gefährdung von Vermögensinteressen, vgl. S. 242 f.

1116 BT-Drs. 18/8831 S. 16; dazu kritisch: *Nuzinger/Rübenstahl/Bittmann* WiJ 2016, 34, 36.

1117 S/S-*Perron* § 265c StGB Rn. 17; *Fischer* § 265c StGB Rn. 6; *Krack* wistra 2017, 289, 292 f.

1118 BT-Drs. 18/8831 S. 16.

1119 BT-Drs. 18/8831 S. 16, unter Verweis auf *Bach* JR 2008, 57.

war, bei dieser Einschränkung des Tatbestands insbesondere zu verhindern, dass die Gewährung oder Inaussichtstellung von Siegprämien unter den Anwendungsbereich der Norm fällt[1120].

(1) Alternative Formulierungsvorschläge

i. Alternativvorschlag: Ersetzen durch „regelwidrig"

In der Literatur wurde bereits während des Gesetzgebungsverfahrens vorgeschlagen, diesen Passus zu streichen und stattdessen durch das Wort „regelwidrig" zu ersetzen[1121]. Dieser Vorschlag war nicht abwegig. Die gesetzgeberische Intention dieser Tatbestandseinschränkung wäre auch auf diese Weise problemlos zu erreichen gewesen. Der Gesetzgeber war maßgeblich darauf bedacht, wettbewerbsfremdes Verhalten zu erfassen, nicht hingegen Verhaltensweisen, die dem sportlichen Wettbewerb entsprechen[1122]. Insbesondere sind von Vereinsseite ausgelobte Siegprämien[1123] keine regelwidrigen Verhaltensmuster, sondern im Rahmen des sportlichen Wettbewerbs ein nicht zu beanstandender Vorgang. Damit wären diese auch mit der Einschränkung „regelwidrig" aus dem Tatbestand herausgefallen[1124]. Allerdings findet sich bereits in Abs. 3 und Abs. 4 des § 265c StGB mit dem Passus „in regelwidriger Weise" eine vergleichbare Formulierung. Dieser Umstand macht deutlich, dass dem Gesetzgeber die Möglichkeit dieser Wortlautwahl durchaus in den Sinn kam, er sich jedoch in den Absätzen 1 und 2 bewusst dagegen entschied.

ii. Alternativvorschlag: Entbehrlichkeit des Merkmals

Nach der hier vertretenen Ansicht handelt es sich bei der vom Gesetzgeber gewählten Formulierung um einen in Hinblick auf die Erreichung des damit verfolgten Zwecks gänzlich überflüssigen Passus. Ziel des Gesetzgebers war es, diejenigen nicht zu pönalisieren, die sich bei der Gewährung des Vorteils im Sinne des sportlichen Wettbewerbs verhalten[1125]. Dies gibt letztlich aber nur eine

---

1120 BT-Drs. 18/8831 S. 16.

1121 *Krack* ZIS 2016, 540, 546.

1122 Vgl. nochmals BT-Drs. 18/8831 S. 16.

1123 *Bach* bezieht sich auf vereinsfremde Siegprämien, JR 2008, 57; Der Gesetzgeber hingegen differenziert in seiner Begründung nicht zwischen vereinseigenen und vereinsfremden Prämien, womit davon auszugehen ist, dass er auch die von Vereinsseite ausgelobten Prämien im Sinn hatte, vgl. BT-Drs. 18/8831 S. 16.

1124 *Krack* ZIS 2016, 540, 546.

1125 Vgl. nochmals BT-Drs. 18/8831 S. 16.

sportspezifische Definition der Charakterisierung der Unrechtsvereinbarung als regelwidriges Austauschverhältnis wieder.

Wer sich im Sinne des sportlichen Wettbewerbs verhält, kann schon denknotwendigerweise kein regelwidriges Austauschverhältnis bei der Gewährung eines Vorteils begründen. Dies gilt insbesondere für das vom Gesetzgeber selbst angeführte Beispiel der Siegprämie. In dem Inaussichtstellen eines Geldbetrags als Ansporn, seine bestmögliche sportliche Leistung abzurufen, kann keine regelwidrige Verknüpfung von Leistung und Gegenleistung liegen. Vielmehr ist dies ein dem sportlichen Wettbewerb beinahe immanenter Vorgang. Leicht überspitzt zu Ende gedacht, läge ansonsten auch in der monatlichen Auszahlung des im Arbeitsvertrag vereinbarten Entgelts an den Spieler für die tägliche Erbringung seiner Trainings- und Spielleistung eine zu beanstandende Vorteilsgewährung.

Sofern es das alleinige Ziel war, diejenigen nicht zu pönalisieren, die sich im Sinne des Wettbewerbs verhalten, so ist der Zusatz „zugunsten des Wettbewerbsgegners" jedenfalls im Hinblick darauf bei einem entsprechenden Verständnis der Unrechtsvereinbarung überflüssig. Dies spricht insgesamt nicht dafür, dass das Einfügen des Passus konsequent zu Ende gedacht wurde. Einerseits wird eine nicht zu unterschätzende Anzahl von Fallkonstellationen vom Tatbestand ausgenommen. Andererseits wäre jedenfalls die Fallkonstellation, welche der Gesetzgeber primär im Blick hatte, ohnehin nicht strafbar.

Dennoch gilt es festzuhalten, dass das Merkmal *zugunsten des Wettbewerbsgegners* de lege lata nicht lediglich deklaratorischer, sondern konstitutiver Natur ist. Diese bemerkenswerte tatbestandliche Einschränkung führt dazu, dass eine Reihe von Fallkonstellationen aus dem Tatbestand fällt, die im Folgenden noch beleuchtet werden sollen. Darüber hinaus bleiben die sich durch diese tatbestandliche Einschränkung ergebenden Probleme zu erörtern und anhand derer die Sinnhaftigkeit der Einschränkung zu diskutieren.

(2) Folge: Nicht erfasste Fallkonstellationen

i. Die Beeinflussung zu eigenen Gunsten

Der Gesetzgeber geht selbst darauf ein, dass die Beeinflussung zu eigenen Gunsten gerade nicht unter den Tatbestand fallen soll. Dabei hat er jedoch offenbar vordergründig die Fallkonstellation im Blick, bei welcher sich die Sportler und Trainer noch im Rahmen der sportlichen Fairness aneinander messen. Darüber hinaus nimmt die Einschränkung des Tatbestands aber auch Fälle aus dem

Anwendungsbereich, in denen der Wettbewerb mit unfairen Mitteln zu eigenen Gunsten beeinflusst wird. Zur Veranschaulichung dienen folgende Beispielfälle[1126]:

Beispiel 1:

Der A hat vor, eine Sportwette auf einen Sieg der Fußballmannschaft M gegen die Mannschaft T zu platzieren. Um seine Gewinnchancen zu erhöhen, sucht er einen Tag vor der Begegnung den Spieler S der Mannschaft M auf und bietet ihm die Übereignung einer wertvollen antiken Vase dafür, dass dieser sich im Strafraum der gegnerischen Mannschaft bewusst unsportlich fallen lässt, sodass die eigene Mannschaft einen Elfmeter zugesprochen bekommt. S willigt ein.

Beispiel 2:

Da der A trotz dieser Hilfe seine Sportwette nicht gewinnen konnte, weil der Spieler Z der Mannschaft T mit drei erzielten Treffern einfach nicht zu bremsen war, beschließt er nun, auf „Nummer sicher“ zu gehen und den Z bei dem nächsten Aufeinandertreffen der beiden Mannschaften aus dem Spiel zu nehmen. Da er weiß, dass der Spieler S der Mannschaft M mit Z aus dem gegnerischen Team gut befreundet ist, bietet er dem S 10.000 Euro dafür, dass er dem Z während des Aufwärmens eine Trinkflasche mit einem das körperliche Wohlbefinden des Spielers beeinträchtigenden Inhalt reicht, sodass dieser nicht mehr in der Lage wäre, das Spiel zu bestreiten. S willigt ein.

In beiden Fallkonstellationen soll der Spieler S manipulativ auf das Spielgeschehen Einfluss nehmen. Jedoch sind beide Beispiele nicht von § 265c StGB erfasst, da der S jeweils zum Vorteil der eigenen Mannschaft eingreifen soll. An diesen Beispielen werden zwei Probleme deutlich, die der Passus mit sich bringt.

Im Beispiel 1 stellt sich letztlich die Frage danach, ob der Gesetzgeber sportimmanentes Verhalten als Anknüpfungspunkt für eine Strafbarkeit heranziehen sollte[1127]. Beispiel 2 wirft die Frage auf, warum der Gesetzgeber ein Verhalten, welches die sportlichen Werte aufs Gröbste verletzt, nur in eine Richtung – nämlich zugunsten des Gegners – pönalisiert, während es zugunsten der eigenen Mannschaft trotz identischer Wirkung für die geschützten Rechtsgüter straflos bleibt.

ii. Die neutrale Beeinflussung

Darüber hinaus stellt sich die Frage, ob es auch denkbar ist, manipulativ auf den Wettbewerbsverlauf Einfluss zu nehmen, ohne dass eine der beiden Parteien

1126 Vgl. zu den Beispielen: *Krack* ZIS 2016, 540, 546, der auf ähnliche Fallkonstellationen eingeht.

1127 In diese Richtung fragend: *Tsambikakis* StV 2018, 319, 320.

davon einen Vorteil hat. Auch hier sollen Beispielfälle mögliche Fallkonstellationen veranschaulichen:

Beispiel 3:

Der A ist Inhaber eines großen Import/Export-Unternehmens und hat nebenbei eine Leidenschaft für Sportwetten. Er hat entdeckt, dass man bei einem Sportwettanbieter Wetten darauf abschließen kann, welche Mannschaft zuerst einen Spieler auswechselt. Dies will er sich zunutze machen und wittert seine Chance, auf diesem Wege einen hohen Geldbetrag gewinnen zu können. Daher sucht er den ihm bekannten K auf. Dieser ist Hauptsponsor des Vereins U, zu dem auch die Fußballmannschaft U gehört. Die finanziellen Mittel, mit denen der K den Verein seit Jahren unterstützt, stammen aus dem vom K gegründeten Unternehmen, das in ähnlichen Geschäftsfeldern agiert wie das Unternehmen des A.

A bietet K den Zuschlag für einen großen Auftrag für sein Unternehmen dafür, dass dieser dergestalt auf den Trainer der Fußballmannschaft Einfluss nimmt, dass dieser bereits zur 10. Spielminute einen Spieler seiner Mannschaft auswechselt. Da A aber als Sportsmann das Spielgeschehen nicht verzerren, sondern nur einen hohen Geldbetrag gewinnen will, weist er den K an, er solle der Wechsel nicht nur positionsgetreu stattfinden lassen, sondern auch so, dass er zwei Spieler identischen Leistungsniveaus wechselt, seine eigene Mannschaft also weder einen Vor- noch einen Nachteil erleidet. Da der K den Auftrag für sein Unternehmen gut gebrauchen kann, willigt er ein.

Diese Fallkonstellation wäre dann nicht von § 265c StGB erfasst, wenn die Beeinflussung tatsächlich neutral wäre. Neutral wäre diese dann nicht mehr, wenn dem Gegner irgendein Vorteil im Wettbewerb entstünde[1128]. Vorliegend soll aber gerade so gewechselt werden, dass der gegnerischen Mannschaft kein Vorteil und damit der eigenen Mannschaft auch kein Nachteil entsteht. Man könnte dem jedoch entgegenhalten, dass jeder Mannschaft lediglich drei Wechselmöglichkeiten pro Spiel zustehen. Indem eine Mannschaft frühzeitig wechselt, beraubt sie sich einer dieser drei Möglichkeiten, die sie zu einem späteren Zeitpunkt im Falle der Verletzung oder Erschöpfung anderer Spieler womöglich noch benötigt. Sofern man diesen Umstand schon als Nachteil betrachten will, unterfällt diese Fallkonstellation noch dem Tatbestand. Jedoch zeigt sich daran ein Umstand, der in Zukunft für Strafbarkeitslücken nicht unerheblichen Umfangs sorgen könnte. Dadurch, dass Wettanbieter dazu neigen, ein immer umfassenderes Angebot an Sportwetten auch auf kleine und für den Gesamtverlauf des Wettbewerbs unbedeutende Ereignisse anzubieten, lassen sich Wetten zunehmend von einer Manipulation, die sich zugunsten oder zulasten einer Mannschaft auswirkt, abkoppeln. Je unbedeutender der Gegenstand der

1128 BT-Drs. 18/8831 S. 16.

Beeinflussung ist, desto größer ist die Wahrscheinlichkeit, dass durch deren Eintritt keiner der Mannschaften ein spürbarer Vorteil entsteht und die Einflussnahme nicht mehr unter den Tatbestand fällt.

Daraus ergibt sich weiterhin die Notwendigkeit, den Begriff der „irgendwie gearteten Vorteile im Wettbewerb“[1129] näher zu konkretisieren[1130]. Je enger man diesen Begriff auslegt, umso größer wird der Anwendungsbereich der neutralen Beeinflussung und damit auch die drohende Strafbarkeitslücke. Es erscheint daher für die Praxis angezeigt, möglichst viele Wettbewerbsvorteile darunter zu subsumieren. Ein Indiz für die Frage, ob bereits ein irgendwie gearteter Wettbewerbsvorteil vorliegt, könnte das Anbieten einer Wette auf den Eintritt dieses Ereignisses sein. Somit hätte man ein sportwettspezifisches Abgrenzungskriterium zur Hand. Strafbarkeitslücken sind damit jedenfalls in diesem Bereich kaum mehr denkbar. Immer dann, wenn eine Sportwette auf dieses Ereignis abgeschlossen werden kann, ist die Erheblichkeitsschwelle, die die Neutralität der Beeinflussung ausschließt, überschritten.

Gegen dieses Abgrenzungskriterium kann man jedoch vorbringen, dass es auf den ersten Blick zweifelhaft erscheint, auch solche Sportwetten durch das Strafrecht zu schützen, die sich auf Ereignisse beziehen, die letztlich für den fairen und sportlichen Verlauf des Wettbewerbs ohne Belang sind[1131]. Die Integrität des Sports dürfte hier nur noch in einem kaum spürbaren Maße beeinträchtigt sein. Ein fairer Wettbewerb kann auch dann noch stattfinden, wenn ein für den Verlauf völlig irrelevantes Ereignis bewusst herbeigeführt wird[1132]. Mit der Erfassung von „verlaufsirrelevanten“ Wetten würde man also in erster Linie einen sektoralen Vermögensschutz gewährleisten. Damit steht man an diesem Punkt vor dem Spannungsfeld zwischen der Gewährung lückenlosen Vermögensschutzes bei gleichzeitiger Wahrung des fragmentarischen Charakters des Strafrechts.

Einerseits kann man davon ausgehen, dass prozentual betrachtet die Wetten auf Endergebnisse oder wettbewerbsentscheidende Ereignisse den Großteil der abgeschlossenen Sportwetten ausmachen werden. Unter diesem Gesichtspunkt bliebe die Anzahl der aus dem Tatbestand herausgenommenen Wetten zwar überschaubar. Für eine Berücksichtigung aller Wetten spricht jedoch, dass mit der Bedeutung des Ereignisses für den Verlauf des Wettbewerbs auch die Gefahr

---

1129 BT-Drs. 18/8831 S. 16.

1130 Vgl. *Pfister* StraFo 2016, 441, 444 f.

1131 Zu diesen Wetten: Vgl. *Reinhart* SpuRt 2016, 235, 239 f.; *Pfister* StraFo 2016, 441, 444.

1132 Ein Beispiel aus dem Wettangebot des Dartsports: Wenn ein Spieler seinen letzten Pfeil bewusst auf grünfarbenes Feld wirft, würde niemand auf die Idee kommen deshalb den fairen und sportlichen Charakter der Begegnung infrage zu stellen.

des Bekanntwerdens der Manipulation[1133] und folglich die Hemmschwelle der Vorteilsnehmer sinken wird, diese vorzunehmen. Damit dürften unbedeutendere Ereignisse tendenziell manipulationsanfälliger sein als wettbewerbsentscheidende. Sofern man einen lückenlosen Vermögensschutz gewährleisten will, empfiehlt sich eine Orientierung am tatsächlichen Wettangebot. Zudem bleibt auch bei den Wetten auf unbedeutende Ereignisse der Eindruck der Käuflichkeit einzelner Akteure haften, sodass die Integrität des Sports über die beeinträchtigte Vorbildfunktion der Sportler[1134] nicht gänzlich unberührt bleibt.

Beispiel 4:

Bei einem Formel-1-Rennen liegen die beiden Fahrer des Rennstalls R uneinholbar auf Position 1 (X) und Position 2 (Y). In der letzten Runde weist der Motorsportchef des Rennstalls R, der während des Rennens per Funk mit den Fahrern verbunden ist, den Fahrer X an, sich von Y überholen zu lassen, da nur dieser noch Chancen auf den Weltmeistertitel hat und daher die Punkte dringender benötige als X. X beugt sich dieser „Stallorder" und lässt Y passieren. Die beiden Fahrer erreichen in dieser neuen Reihenfolge als Erste die Ziellinie. Wie sich später herausstellte, hatte der A vorher dem Motorsportchef 50.000 Euro angeboten, wenn dieser „dafür sorge, dass der Y das Rennen gewinnt", damit er selbst mittels einer Sportwette einen hohen Geldbetrag gewinnen kann.

In dieser Fallkonstellation zeigt sich der Anwendungsbereich der neutralen Beeinflussung deutlicher: Der Motorsportchef des Rennstalls R nimmt durch seine Anweisung zweifellos sowohl auf den Verlauf als auch auf das Ergebnis des Rennens Einfluss. Dazu ist dieser auch gemäß § 265c Abs. 6 S. 2 StGB als eine dem Trainer gleichgestellte Person ein tauglicher Täter. Da es sich jedoch bei beiden Fahrern um solche aus seinem eigenen Rennstall handelt, manipuliert er nicht zu Gunsten des Wettbewerbsgegners[1135]. Am Ende des Rennens erhält der

---

1133 Vgl. zu diesem Gedanken: *Kubiciel* WiJ 2016, 254, 259, der in anderem Kontext anmerkt, dass bei gewissen Handlungen ein deliktischer Zusammenhang leichter zu erkennen ist als bei anderen.

1134 BT-Drs. 18/8831 S. 10.

1135 Fraglich ist, wer hier überhaupt Wettbewerbsgegner ist. Man könnte hier nicht nur auf die einzelnen Rennfahrer, sondern auch auf die konkurrierenden Rennställe abstellen. Dies entspricht dem Verständnis, dass Wettbewerbsgegner nur der unmittelbare Gegner innerhalb des konkreten Wettkampfs sein kann, vgl. dazu nochmals: S/S-*Perron* § 265c StGB Rn. 17; *Fischer* § 265c StGB Rn. 6; *Krack* wistra 2017, 289, 292 f. Denn im konkreten Rennen konkurrieren auch die einzelnen Rennställe um Punkte für die Konstrukteurswertung. Auch der Umstand, dass der Motorsportchef faktisch zu Gunsten des Y in das Rennen eingreift, vermag die Anwendbarkeit des Tatbestands nicht zu begründen, da der Teamchef und der Fahrer Y Mitglieder des gleichen Rennstalls sind. Damit ist der Tatbestand auch dann nicht eröffnet,

Rennstall R die Punkte für die ersten beiden Plätze. Dies wäre ebenso der Fall gewesen, wenn X und Y in der ursprünglichen Reihenfolge die Ziellinie überquert hätten.

Damit handelt er in der Logik des § 265c StGB wettbewerbsneutral, nämlich weder zu Gunsten des Gegners, noch zu eigenen Gunsten und folglich nicht tatbestandlich. Dieser Fallkonstellation kann nicht mehr mit einer entsprechend weiten Auslegung des irgendwie gearteten Vorteils im Wettbewerb begegnet werden, da die Beeinflussung ihrer Natur nach neutral ist. Die Nichterfassung dieser Fallkonstellation steht in einem Wertungswiderspruch zur Rechtsgutskonzeption der Norm: hier wird nämlich sowohl das Vermögen der Wettanbieter als auch die Integrität des Sports in Form der Unvorhersehbarkeit des Ausgangs des sportlichen Wettkampfs beeinträchtigt.

(3) Sinnhaftigkeit der tatbestandlichen Einschränkung

i. Nichterfassung sportimmanenter Verhaltensweisen sinnvoll

Auch wenn die vom Gesetzgeber gemachten Ausführungen keinen Hinweis darauf geben, so wurde der Tatbestand womöglich auch deshalb bewusst so weit eingeschränkt, um letztlich dem fragmentarischen Charakter des Strafrechts gerecht zu werden. In diesem Kontext lohnt nochmals ein Blick auf die ausgeführten Fallbeispiele.

Im Fallbeispiel 1 besteht die Manipulationshandlung des Spielers in einer „Schwalbe“ im Strafraum des Gegners. Dabei handelt es sich letztlich um eine dem Fußballsport ureigene Verhaltensweise[1136], die gewiss unsportlich, aber dennoch dem sportlichen Wettkampf gewissermaßen immanent ist und vermutlich so lange praktiziert wird, wie die Sportart selbst existiert. Das Verhalten kann in diesem Fall auch einfach Ausdruck des Siegeswillens sein, also des Willens, notfalls auch mit unfairen sportlichen Mitteln gewinnen zu wollen[1137]. Letztlich ist der hier in Rede stehende Verzicht auf die Kriminalisierung des Verhaltens als eine Antwort des Gesetzgebers auf die Frage nach der Akzessorietät des Strafrechts zum Sportrecht zu verstehen[1138]. Damit entscheidet sich der Gesetzgeber offenkundig dafür, nicht im Sinne einer strengen Akzessorietät jeden irgendwie gearteten sportlichen Regelverstoß mit strafrechtlichen Sanktionen zu

wenn man im Rahmen des Begriffs des Wettbewerbsgegners auf die konkurrierenden Fahrer abstellt.

1136 *Krack* ZIS 2016, 540, 547.

1137 In diese Richtung auch *Krack* ZIS 2016, 540, 547.

1138 Vgl. zu diesem Gedanken in anderem Kontext: *Kubiciel* WiJ 2016, 254, 266.

bedrohen, sondern vielmehr limitierte, nur besonders auffällige Regelverstöße zu ahnden[1139]. Für ein solches Verständnis spricht richtigerweise der Umstand, dass das Strafrecht hier in einen Bereich eindringt, in welchem grundsätzlich von den Vereinen und Verbänden hinsichtlich der geltenden Regeln Autonomie geltend gemacht wird[1140].

Vor diesem Hintergrund erscheint es sinnvoll, dass der Gesetzgeber an dieser Stelle nicht das Strafrecht zur Pönalisierung heranziehen will[1141]. Nicht alles, was irgendwie unsportlich geartet ist, sollte auch unter Strafe gestellt werden. Das ist letztlich auch im Hinblick auf den Gedanken des fragmentarischen Charakters des Strafrechts begrüßenswert. Damit kann man festhalten, dass der Verzicht auf die Pönalisierung sportimmanenter, über Jahrzehnte gewachsener und praktizierter Verhaltensweisen grundsätzlich nachvollziehbar ist[1142]. Dieses Verständnis steht zudem in keinem Wertungswiderspruch zu anderen Korruptionsdelikten. Auch dort verzichtet der Gesetzgeber darauf, alle Verhaltensweisen zu pönalisieren, die in irgendeiner Art verwerflich erscheinen. Verschweigt man etwa bei der Beantragung einer Baugenehmigung gewisse Tatsachen, die der Genehmigungsfähigkeit entgegenstehen, ist das im Kontext der Beamtenbestechungsdelikte völlig irrelevant, auch wenn die daraufhin rechtswidrig erteilte Baugenehmigung sicher nicht geeignet ist, das Vertrauen der Allgemeinheit in das Verwaltungshandeln zu fördern.

ii. Einseitige Pönalisierung inkonsequent

Problematischer erscheint die Einschränkung des Tatbestands jedoch, wenn man sich das zweite Fallbeispiel vor Augen führt. Die Manipulationshandlung hat hier nichts mehr mit sportimmanentem Verhalten oder übersteigertem Siegeswillen zu tun. Bewusst darauf hinzuwirken, einen Konkurrenten in einen wettkampfunfähigen Zustand zu versetzen, verletzt die sportlichen Werte aufs Gröbste und ist wettbewerbsfremd[1143]. Teilweise wird an dieser Stelle daher auch ein Verstoß der Tatbestandseinschränkung gegen Art. 3 Abs. 1 GG für möglich gehalten[1144]. Tatsächlich ist ein sachlicher Grund für die durch die Einschränkung entstehende einseitige Pönalisierung nur schwer ersichtlich.

1139 Für dieses Verständnis im Rahmen des § 266 StGB: *Kubiciel* NStZ 2005, 353, 360.

1140 *Kubiciel* WiJ 2016, 254, 266.

1141 Ähnlich: *Krack* ZIS 2016, 540, 547.

1142 Im Ergebnis ähnlich: *Krack* ZIS 2016, 540, 547.

1143 *Krack* ZIS 2016, 540, 546; *Bittmann/Nuzinger/Rübenstahl* Beck-OK § 265c StGB Rn. 60; *Rübenstahl* JR 2017, 264, 276.

1144 *Bittmann/Nuzinger/Rübenstahl* Beck-OK § 265c StGB Rn. 60.

Diskutiert wurde bereits etwa, dass die Manipulation zugunsten des Gegners, im Vergleich zu der zu eigenen Gunsten wohl leichter durchgeführt werden kann[1145]. Zum anderen sei in der bewussten „Ausschaltung" des Gegners, etwa durch ein überhartes Foulspiel, auch häufig der Tatbestand der Körperverletzung verwirklicht, wodurch die Strafbarkeitslücke überschaubar bliebe[1146]. Man könnte darüber hinaus die Privilegierung der Manipulation zu eigenen Gunsten aufgrund des Umstands erklären, dass diese entgegen der Manipulation zugunsten des Gegners letztlich noch auf den – dem Sport innewohnenden – Siegeswillen zurückzuführen ist und daher nicht derart „sportuntypisch" erscheint, wie die Manipulation zugunsten des Gegners, da diese dem Gedanken des Wettstreits konträr entgegensteht[1147].

Diese Argumente können jedoch im Ergebnis keinen sachlichen Grund für diese tatbestandliche Differenzierung liefern. Eine Strafbarkeit wegen Körperverletzung wird dem Unrechtsgehalt in diesem Fall nicht gerecht. Tangiert werden nicht nur die sportliche Unversehrtheit, sondern gerade auch die Integrität des Sports sowie Vermögensinteressen[1148]. Weiterhin kann auch ein Berufen auf übersteigerten Siegeswillen die Differenzierung nicht rechtfertigen. Der dem Sport immanente Eifer, gewinnen zu wollen, findet dort seine Grenzen, wo die sportlichen Werte durch grob wettkampffremdes Verhalten missachtet werden[1149]. Denn der Wille, einen Wettkampf gewinnen zu wollen, beinhaltet doch zwingend die Voraussetzung, die grundlegenden Werte und Regeln dessen zu achten. Im Hinblick darauf ist die Manipulation zu eigenen Gunsten mit sportfremden Mitteln ebenso wettbewerbsfremd wie die Manipulation zugunsten des Gegners und verdient daher keine Privilegierung[1150]. Aus kriminalpolitischer Sicht müsste eine Pönalisierung hier einheitlich erfolgen. Schließlich ist es gerade das erklärte Ziel des Gesetzgebers, die „herausragende gesellschaftliche Bedeutung" des Sports zu schützen[1151], die jedenfalls beim Einsatz sportfremder Mittel gleichermaßen - gleich zu wessen Gunsten - verletzt ist[1152].

1145 *Kubiciel* WiJ 2016, 256, 259; *Bittmann/Nuzinger/Rübenstahl* Beck-OK § 265c StGB Rn. 61.

1146 *Bittmann/Nuzinger/Rübenstahl* Beck-OK § 265c StGB Rn. 61.

1147 *Kubiciel* WiJ 2016, 256, 259; vgl. auch *Krack* ZIS 2016, 540, 547.

1148 *Rübenstahl* JR 2017, 264, 276.

1149 *Rübenstahl* JR 2017, 264, 276.

1150 *Rübenstahl* JR 2017, 264, 276.

1151 BT-Drs. 18/8831, S. 10.

1152 *Rübenstahl* JR 2017, 264, 276; *Krack* ZIS 2016, 540, 546.

Darüber hinaus ist die einseitige Pönalisierung auch nicht mehr mit einem limitierten Akzessorietätsverständnis[1153] zum Sportrecht zu erklären. Ausdruck dessen wäre es, die Garantie eines Mindeststandards an Normbefolgung durch das Strafrecht dort durchzusetzen, wo besonders evidente Regelverstöße drohen[1154]. Eben diese werden aber nicht gleichermaßen erfasst. Im Hinblick darauf ist es schlicht inkonsequent, den Tatbestand nicht auf grob unsportliche Verhaltensweisen zu eigenen Gunsten zu erweitern[1155]. Die kriminalpolitische Sinnhaftigkeit der Tatbestandseinschränkung ist damit in Zweifel zu ziehen.

iii. Keine dogmatische Notwendigkeit zur Verankerung der Interessenswidrigkeit

Wenn schon nicht kriminalpolitische Aspekte für eine Tatbestandseinschränkung durch den Passus sprechen, dann womöglich aber dogmatische. Diesbezüglich könnte sich ein Ansatz aus folgender Überlegung ergeben: *Kindhäuser* legt dar, dass im Rahmen von Korruptionsdelikten eine Interessenswidrigkeit zwischen der in Rede stehenden Handlung und dem Vorteil als maßgebliches Element der Unrechtsvereinbarung vorhanden ist und darüber hinaus auch im Wortlaut der Norm Berücksichtigung finden muss[1156]. Um dies nachvollziehen zu können, muss man sich zunächst vor Augen führen, dass nach dieser Ansicht der Korruption stets ein Drei-Personen-Verhältnis von Bestechendem, Bestochenem und dem Dienstherrn oder Arbeitgeber des Bestochenem zugrunde liegen muss[1157]. Der Vorteil müsse einen Bezug zur Pflichtenstellung des Bestochenen haben, die dieser gegenüber seinem Arbeitgeber innehat[1158]. Zudem sei erforderlich, dass die vom Bestechenden geforderte Handlung den Interessen des Arbeitgebers zuwiderläuft[1159].

1153 Vgl. nochmals *Kubiciel* WiJ 2016, 254, 266.

1154 *Kubiciel* WiJ 2016, 254, 266.

1155 So im Ergebnis auch: *Bittmann/Nuzinger/Rübenstahl* Beck-OK § 265c StGB Rn. 61; *Krack* ZIS 2016, 540, 547.

1156 *Kindhäuser* ZIS 2011, 461, 464.

1157 *Kindhäuser* ZIS 2011, 461, 463.

1158 *Kindhäuser* ZIS 2011, 461, 463.

1159 Dabei führt *Kindhäuser* beispielhaft aus, dass das Leihen eines Motorrads durch einen Polizeibeamten, um einen flüchtigen Verdächtigen zu verfolgen, auch die Gewährung eines Vorteils für eine Diensthandlung darstellt. Diese Handlung fiele aber deswegen nicht in den Anwendungsbereich der Bestechungsdelikte, da die Verfolgungshandlung den Interessen des Dienstherrn des Polizisten entspreche, vgl. *Kindhäuser* ZIS 2016, 461, 463.

Überträgt man diese allgemeinen Grundsätze auf den Sportwettbetrug, so ergeben sich folgende Schlussfolgerungen: Auch hier ist das für die Korruption prägende Drei-Personen-Verhältnis vorhanden. Der Vorteilsgeber als außenstehender Dritter tritt an einen Sportler oder Trainer heran, der in einem Arbeitsverhältnis zum Verein steht. Dessen Interesse ist selbstverständlich darauf gerichtet, dass seine Sportler und Trainer ihre Fähigkeiten in den Dienst der eigenen Mannschaft stellen und gerade nicht „zugunsten des Wettbewerbsgegners" agieren. Der Zusatz stellt also klar, dass die Trainer beziehungsweise die Sportler nur dann tatbestandlich handeln, wenn sie den Interessen ihres Arbeitgebers, mithin den Sportvereinen, bei denen sie beschäftigt sind, zuwiderhandeln. Damit verankert der Zusatz die Interessenswidrigkeit der Tathandlung im Hinblick auf die Interessen des Dienstherrn im Wortlaut der Norm.

Kindhäusers Ausführungen zum Erfordernis einer Interessenswidrigkeit als Merkmal der Korruption ist zuzustimmen. Darüber hinaus fordert er aber auch, dass sich diese in der Formulierung des Tatbestands niederschlagen muss[1160]. Wenn man dieser Ansicht folgt, so könnte man zu dem Ergebnis gelangen, dass das Einfügen des Passus eine dogmatische Notwendigkeit ist, um den tatbestandlichen Ausgestaltungsspezifika der Korruptionsdelikte gerecht zu werden. Aus zweierlei Gründen kann jedoch im vorliegenden Fall an dieser Notwendigkeit gezweifelt werden. Erstens ergibt sich bei allen Unrechtsvereinbarungen, nicht nur in Bezug auf den Sportwettbetrug, die Interessenswidrigkeit aus dem Charakter der Unrechtsvereinbarung selbst. Ein regelwidriges Austauschverhältnis wird nicht begründet, wenn die Interessen des Arbeitgebers bei der Ausführung der Handlung, für die der Vorteil gewährt wird, gewahrt werden. Die Interessenswidrigkeit ist also materielle Voraussetzung für die Strafbarkeit, ist jedoch letztlich bereits in der Formulierung „als Gegenleistung dafür" enthalten. Insofern ist auf die bereits getätigten Ausführungen zu verweisen, in denen klargestellt wird, dass bei einem entsprechenden Verständnis der Unrechtsvereinbarung der Zusatz überflüssig wird.

Speziell auf den Sportwettbetrug bezogen, ergeben sich weitere Bedenken hinsichtlich der Notwendigkeit der tatbestandlichen Verankerung der Interessenswidrigkeit. Geht man davon aus, dass es dem Gesetzgeber darum ging, durch den Zusatz den Anwendungsbereich des Tatbestands auf die Fälle zu beschränken, die dem Interesse der Vereine widersprechen, so muss im Umkehrschluss gelten, dass alle Handlungen, die durch die Tatbestandsverkürzung aus dem Anwendungsbereich der Norm herausfallen, den Interessen des Vereins als

---

1160 *Kindhäuser* ZIS 2011, 461, 464.

Arbeitgeber entsprechen. Dies ist aber gerade nicht der Fall. Der Verein hat ein Interesse daran, dass Spieler und Trainer das Spiel auch nicht zu eigenen Gunsten manipulieren. Die Vereine verpflichten sich in der Regel selbst durch ihre Satzungen zu sportlichem und fairem Verhalten[1161]. Außerdem kann kein Verein ein Interesse daran haben, sich dem Risiko eines möglicherweise aufgedeckten Sportwettskandals auszusetzen. Nicht nur strafrechtliche oder verbandsinterne Sanktionen, sondern insbesondere auch ein Image- und Glaubwürdigkeitsverlust drohen[1162]. Dazu besteht die Gefahr ordnungswidrigkeitsrechtlicher Folgen nach §§ 30, 130 OwiG[1163]. Gerade diese Fallkonstellation ist aber durch den eingeschränkten Tatbestand nicht erfasst, obwohl sie den Interessen der Vereine zuwiderläuft. Damit ist das Einfügen der Tatbestandseinschränkung auch durch dogmatische Überlegungen nicht zu erklären.

(4) Fazit: kriminalpolitisch fragwürdiger Passus

Die tatbestandliche Einschränkung hat weitreichende Folgen. Hinsichtlich der Fallkonstellation der neutralen Beeinflussung ergeben sich zwei Problemkreise: Die notwendige Abgrenzungsfrage, wann der Gegner einen irgendwie gearteten Vorteil im Wettbewerb erhält, kann mit einem sportwettspezifischen Kriterium beantwortet werden. Dagegen können Verhaltensweisen, die sich gänzlich neutral auswirken, nicht mehr vom Tatbestand erfasst werden und öffnen damit Strafbarkeitslücken.

Darüber hinaus nimmt die tatbestandliche Einschränkung eine nicht zu unterschätzende Anzahl an Sachverhalten aus dem Anwendungsbereich der Norm heraus, die eigentlich der ratio legis nach unter den Tatbestand fallen müssten. Diese Sachverhalte sind für sich betrachtet geeignet, die vom Gesetzgeber unter Schutz gestellte Integrität des Sports und daneben auch Vermögensinteressen zu gefährden. Sofern die Einschränkung dazu führt, dass sportimmanente Verhaltensweisen nicht pönalisiert werden, ist sie im Hinblick auf den fragmentarischen Charakter des Strafrechts begrüßenswert. Sobald es hingegen um Verhaltensweisen geht, die gänzlich wettbewerbsfremd sind, findet sich keine kriminalpolitische Erklärung für eine vom Gesetzgeber vorgenommene Privilegierung der Manipulation zu eigenen Gunsten. Auch dogmatische

---

1161 Vgl. dazu etwa die Satzung von Eintracht Frankfurt, S. 6, abrufbar unter https://www.eintracht-frankfurt.de/fileadmin/upload/Verein/Vereinsorganisation/Satzung_Eintracht_Frankfurt_2016.pdf, zuletzt abgerufen am 6.12.2018

1162 *Kubiciel* SpuRt 2017, 188, 191.

1163 *Kubiciel* WiJ 2016, 256, 265; vertiefend dazu: *ders.* SpuRt 2017, 188, 192 f.

Ansätze versagen letztlich bei dem Versuch, die Einschränkung zu rechtfertigen. Damit muss die Formulierung „zugunsten des Wettbewerbsgegners“ im Ergebnis kritisiert werden. Ein alternativer Wortlaut oder ein gänzlicher Verzicht auf die Einschränkung wäre empfehlenswert.

4. Tatbestandlicher Bezug zur Sportwette

§ 265c Abs. 1 StGB beinhaltet darüber hinaus einen tatbestandlichen Bezug zur Sportwette. Der Vorteilsnehmer muss den Vorteil gerade dafür fordern, dass er den Verlauf oder das Ergebnis eines Wettbewerbs des organisierten Sports zugunsten des Wettbewerbsgegners beeinflusse *und infolgedessen ein rechtswidriger Vermögensvorteil durch eine auf diesen Wettbewerb bezogene öffentliche Sportwette erlangt werde.*

Die dogmatische Einordnung dieses Halbsatzes sowie dessen Auswirkungen auf den Anwendungsbereich der Norm sind wohl die bisher größten Streitfragen, die im Kontext des Sportwettbetrugs aufgetreten sind.

a. Umstrittene dogmatische Einordnung des Sportwettbezugs

aa. Gesetzesbegründung und Wortlaut

Nach der Begründung des Gesetzgebers handelt es sich bei dem Bezug zur Sportwette um einen Bezugspunkt der Unrechtsabrede. Es sei vorausgesetzt, dass die Erlangung eines rechtswidrigen Vermögensvorteils durch eine auf den manipulierten Wettbewerb bezogene öffentliche Sportwette Teil der zwischen Vorteilsnehmer und Vorteilsgeber getroffenen Unrechtsvereinbarung ist[1164]. Damit geht der Gesetzgeber also davon aus, dass dieses Erfordernis zum objektiven Tatbestand gehört. In der Folge müsste also bereits objektiv eine Vereinbarung über den Sportwettbezug getroffen werden.

Für diese Begründung spricht klar der Wortlaut der Norm. Zum einen wird durch die Formulierung „*und infolgedessen*“ ein Bezug in der Syntax der Norm zur Beeinflussung des Wettbewerbs hergestellt. Letztere ist unstrittig ein Teil der Unrechtsvereinbarung. Darüber hinaus findet sich in der doppelten Verwendung des Konjunktivs („*beeinflusse*“ und „*erlangt werde*“) eine weitere sprachliche Brücke zwischen der Beeinflussung als Teil der Unrechtsvereinbarung und dem Sportwettbezug[1165]. Dies legt im Ergebnis – gerade im Hinblick auf den im Lichte

1164 BT-Drs. 18/8831 S. 16.

1165 So beurteilt dies auch *Krack* wistra 2017, 289, 294.

des Art. 103 II GG hohen Stellenwert des Wortlauts – nahe, den Sportwettbezug als zusätzlichen Bezugspunkt der Unrechtsvereinbarung zu betrachten und damit im objektiven Tatbestand zu verorten. Damit ist die Unrechtsvereinbarung enger gefasst als bei den herkömmlichen Korruptionsdelikten[1166].

bb. Abweichende Beurteilungen

(1) Sportwettbezug nur als Teil des Vorsatzes (Krack)

Dieses Verständnis führte bereits in der Literatur zu Reaktionen und teilweise abweichenden Beurteilungen. Zunächst führte *Krack* aus, dass der Sportwettbezug nicht Teil der Unrechtsvereinbarung sein kann, da deren Charakter durch zwei sich gegenüberstehende Zusagen geprägt ist[1167]. Diese Zusagen stünden in einem Äquivalenzverhältnis, welches im Falle des Sportwettbetrugs folgendermaßen ausgestaltet sei: Der Vorteilsgeber verspricht, den Vorteil zu gewähren, wohingegen der Vorteilsnehmer verspricht, den sportlichen Wettbewerb zu manipulieren[1168].

Nehme man nun den Wortlaut und die Gesetzesbegründung ernst, so müsse der Spieler oder Trainer auch zusagen, dass ein rechtswidriger Vermögensvorteil durch die Sportwette erlangt werde. Dies zu ermöglichen sei aber nicht Sache des Nehmers, sondern des Gebers[1169]. Mit anderen Worten, *Krack* geht davon aus, dass jede Seite nur das zusagen kann, was auch in der Reichweite ihrer Einflussnahme liegt. Da aber der Trainer oder Sportler nicht beeinflussen kann, ob der Bestechende auch eine Sportwette abschließt, könnten diese auch keine verbindliche Zusage über diesen Umstand geben[1170]. Eine Ausnahme sei lediglich dann denkbar, wenn der Trainer oder Sportler selbst die Sportwette setze[1171]. Diese Überlegung ist aber wohl eher theoretischer Natur, da für den Vorteilsgeber die entscheidende Motivation zur Bestechung in der Erlangung des Vermögensvorteils liegt. Sofern er die Wette nicht selbst abschließt, fehle ihm aber richtigerweise die Aussicht darauf[1172]. Damit wird im Ergebnis davon ausgegangen, dass

1166 So im Ergebnis auch: *Bittmann/Nuzinger/Rübenstahl* Beck-OK § 265c StGB Rn. 43; *Stam* NZWiSt 2018, 41, 44.

1167 *Krack* ZIS 2016, 540, 547 f.

1168 *Krack* ZIS 2016, 540, 548.

1169 *Krack* ZIS 2016, 540, 548.

1170 *Krack* ZIS 2016, 540, 548; ähnlich: *ders.* wistra 2017, 289, 294; *Valerius* Jura 2018, 777, 785.

1171 *Krack* ZIS 2016, 540, 548 (Fn. 38).

1172 Vgl. *Krack* ZIS 2016, 540, 548 (Fn. 38).

der Sportwettbezug nur „Vorsatzgegenstand“, nicht jedoch Teil der objektiven Unrechtsvereinbarung ist[1173].

Dieser Lösungsansatz legt ein wichtiges Problem in der Ausgestaltung des Tatbestands offen, ist jedoch nicht konsequent zu Ende gedacht. Demnach würde sich der Vorsatz in Form der Möglichkeitsvorstellung zwar auf die Sportwette beziehen, diese soll jedoch nicht Teil des objektiven Tatbestands sein. Das widerspricht dem sich bereits aus § 16 Abs. 1 StGB folgenden Grundprinzip, dass der Vorsatz sich auf alle Merkmale des objektiven Tatbestands beziehen muss[1174]. Wenn man diesem Ansatz folgt, fehlt dem Tatbestandsvorsatz gewissermaßen sein ihm im objektiven Tatbestand entsprechender Bezugspunkt[1175]. Dadurch entsteht eine der Symmetrie von objektivem Tatbestand und Vorsatz widersprechende dogmatische Schieflage des Delikts.

(2) Lediglich Beschreibung der manipulationsbedingten Folgen (Krack)

Darüber hinaus liefert *Krack* noch eine andere Interpretation des Halbsatzes. Danach versteht er den Gesetzestext so, dass „das Erlangen des rechtswidrigen Vermögensvorteils als Gegenstand der Unrechtsvereinbarung die für möglich gehaltene Folge der Beeinflussung beschreibt“[1176]. Somit läge in dem Sportwettbezug nicht die Zusage weiterer vom Vorteilsnehmer vorzunehmender Handlungen, sondern lediglich die Beschreibung der aus der Manipulation resultierenden Folgen[1177]. Allerdings wird im gleichen Atemzug angemerkt, dass es sich dabei bereits um einen Lösungsansatz handelt, der mit der Wortlautgrenze in Konflikt geraten könnte. Zu lesen sei das Gesetz demnach wie folgt: „beeinflusse, wodurch der Vorteilsgeber oder ein anderer in die Lage versetzt wird, durch Platzieren einer Sportwette einen rechtswidrigen Vermögensvorteil zu erlangen“[1178].

1173 *Krack* ZIS 2016, 540, 548; wohl ähnlich: *Valerius* Jura 2018, 777, 785.

1174 Vgl. dazu nur *Roxin* Strafrecht AT I § 10 Rn. 62.

1175 Das gilt jedenfalls insofern, als man den von Krack verwendeten Begriff „Vorsatzgegenstand“ als Tatbestandsvorsatz im Sinne der §§ 15, 16 StGB interpretiert. Dies hat der Verfasser an dieser Stelle getan. Eine später verwendete Passage von *Krack* legt hingegen eher nahe, dass er dieses als zusätzliches subjektives Element verstehen möchte, vgl. dazu wistra 2017, 289, 294.

1176 *Krack* wistra 2017, 289, 294; Ferner spricht *Krack* aber auch davon, dass der subjektive Tatbestand weiterreicht als das allgemeine aus § 16 StGB folgende Vorsatzerfordernis. Damit deutet er wohl eine überschießende Innentendenz an, wistra 2017, 289, 294.

1177 *Krack* wistra 2017, 289, 294.

1178 *Krack* wistra 2017, 289, 294.

Diese Lösung ist relativ nahe an der Gesetzesbegründung, indem sie den Sportwettbezug als Teil der Unrechtsabrede begreift. Zudem vermeidet der Ansatz das korruptionsspezifische Problem, dass der Vorteilsnehmer die Wettsetzung nicht zusagen kann. Dennoch ergeben sich – neben der bereits angesprochenen Wortlautproblematik – dogmatische Bedenken, ob diese Interpretation angebracht ist.

Die Ausgestaltung der Unrechtsvereinbarung, bestehend aus zwei sich gegenüberstehenden Zusagen, ist unumstritten. Dieser Lösungsansatz bringt nun eine Art dritten Bestandteil der Unrechtsabrede ins Gespräch. Dadurch, dass der Sportwettbezug nicht zugesagt werden soll, steht er auch nicht mehr im Äquivalenzverhältnis. Es handelt sich also um eine außerhalb des Gegenseitigkeitsverhältnisses stehende Folgenbeschreibung, über die sich nach Ansicht *Kracks* dann wohl geeinigt werden müsste. Eine solche ist jedoch der Dogmatik der Unrechtsvereinbarung und den Korruptionsdelikten insgesamt fremd[1179]. In keinem anderen Bestechungsdelikt findet sich im Rahmen der Unrechtsvereinbarung eine zusätzliche – außerhalb des Leistungsaustausches stehende – Absprache. Dabei gilt es insbesondere zu beachten, dass sich der Gesetzgeber hier bewusst gegen eine gelockerte Unrechtsvereinbarung entschied. Diese Entscheidung zeugt von dem Willen, die Leistungsversprechen der Unrechtsvereinbarung tendenziell eng aneinander zu koppeln. Ein außerhalb des Äquivalenzverhältnisses stehendes Element widerspricht dieser Bestrebung aber. Wenn für dieses „losgelöste“ Element in einer gelockerten Unrechtsvereinbarung schon kein Platz ist, dann doch erst recht nicht in einer „engen“ Unrechtsvereinbarung. Darüber hinaus erscheint das Umschriebene letztlich als das Bewusstsein bezüglich des Eintritts einer zum jetzigen Zeitpunkt ungewissen Folge. Das ist damit eher ein Problem des kognitiven Elements des Vorsatzes als ein Bestandteil der objektiven Unrechtsvereinbarung.

(3) Nicht im Äquivalenzverhältnis stehende Zweckbestimmung (Rübenstahl)

Nach anderer Ansicht in der Literatur ist ein Verständnis, welches den Sportwettbezug auf den subjektiven Tatbestand beschränkt, verfehlt, sodass dieser richtigerweise bereits auf objektiver Seite zu berücksichtigen sei[1180]. Auch nach

---

1179 Ähnlich argumentiert *Krack* selbst, indem er feststellt, dass es sich dabei um ein Motiv handelt, was zwar Gegenstand der Kommunikation sein könne, aber nicht Gegenstand der Unrechtsvereinbarung: wistra 2017, 289, 295.

1180 *Rübenstahl* JR 2017, 264, 273 f.; *Bittmann/Nuzinger/Rübenstahl* Beck-OK § 265c StGB Rn. 42 ff.

dieser Auffassung bestehe das Äquivalenzverhältnis der Unrechtsvereinbarung lediglich im Vorteil und der intendierten Manipulationshandlung[1181]. Damit wird dem bereits von *Krack* erkannten Umstand Rechnung getragen, dass der Geber keine Zusage bezüglich eines aus einer Sportwette resultierenden Vermögensvorteils treffen könne. Jedoch wird hier maßgeblich darauf abgestellt, dass nur durch den Sportwettbezug der Unrechtscharakter des Tatbestands zum Tragen kommt. Wenn dieser bei der Unrechtsvereinbarung nicht hervortrete, fehle es bereits objektiv an einem Tatbestandsmerkmal des Sportwettbetrugs, und zwar unabhängig vom Vorsatz[1182]. Als Argument dafür wird angeführt, dass so eine Abgrenzung zum Unrechtscharakter des § 265d StGB ermöglicht wird[1183].

Erforderlich sei damit eine ausdrückliche oder konkludente, aber jedenfalls objektiv vorgenommene Einigung darüber, dass die Sportwette der eigentliche Anlass der Manipulation ist[1184]. Damit sei die Sportwette zwar ein Bestandteil der Unrechtsvereinbarung, jedoch stelle diese eine „außerhalb des Äquivalenzverhältnisses stehende Zweckbestimmung“ dar[1185]. Im Ergebnis sei im Rahmen der Unrechtsvereinbarung im objektiven Tatbestand damit Folgendes zu fordern: eine Absprache über die Manipulation des sportlichen Wettbewerbs, aufgrund derer ein rechtswidriger Vermögensvorteil erlangt werden soll, was wiederum durch eine auf diesen Wettbewerb platzierte öffentliche Sportwette realisiert werden soll[1186].

Dieser Ansicht ist zunächst zugutezuhalten, dass die Problematik umgangen wird, die dadurch entsteht, dass der Geber den Vermögensvorteil durch das Setzen der Sportwette nicht zusagen kann. Folgerichtig nimmt sie den Sportwettbezug aus dem Äquivalenzverhältnis heraus. Jedoch bietet auch dieser Lösungsvorschlag Anlass zur Kritik. Letztlich will auch er neben den im Äquivalenzverhältnis stehenden Leistungen ein weiteres Element in der Unrechtsvereinbarung etablieren, eine sogenannte Zweckbestimmung. Ähnlich wie bei *Kracks* Folgenbeschreibung muss kritisiert werden, dass Unrechtsvereinbarungen nach dem bisherigen Verständnis solche Elemente aber nicht kennen. Darüber hinaus vermögen die für diese Zweckbestimmung angeführten Argumente

---

1181 *Bittmann/Nuzinger/Rübenstahl* Beck-OK § 265c StGB Rn. 43.

1182 *Rübenstahl* JR 2017, 264, 273; *Bittmann/Nuzinger/Rübenstahl* Beck-OK § 265c StGB Rn. 43

1183 *Bittmann/Nuzinger/Rübenstahl* Beck-OK § 265c StGB Rn. 43.

1184 *Bittmann/Nuzinger/Rübenstahl* Beck-OK § 265c StGB Rn. 43.

1185 *Bittmann/Nuzinger/Rübenstahl* Beck-OK § 265c StGB Rn. 43.

1186 *Rübenstahl* JR 2017, 264, 273; *Bittmann/Nuzinger/Rübenstahl* Beck-OK § 265c StGB Rn. 43.

nicht zu überzeugen. Zum einen wird behauptet, die Notwendigkeit einer *objektiven Einigung* über den Sportwettbezug ergebe sich bereits aus dem Erfordernis, den Unrechtsgehalt der Norm abzubilden. Ferner fordere dies auch die Abgrenzung zu § 265d StGB.

Es erschließt sich nicht, woher das Erfordernis kommen soll, den Unrechtsgehalt eines Delikts dadurch zum Ausdruck zu bringen, dass man bestimmte Merkmale im objektiven Tatbestand verortet. Das suggeriert, dass lediglich die objektiven Tatbestandsmerkmale den Unrechtsgehalt einer strafrechtlichen Norm abbilden. Richtigerweise kommt dieser aber sowohl im objektiven als auch – und im Falle des Vorliegens besonderer subjektiver Merkmale sogar verstärkt – im subjektiven Tatbestand zum Ausdruck. Auch eine Abgrenzung zu § 265d StGB macht es nicht erforderlich, den Sportwettbezug im objektiven Tatbestand zu verorten. Freilich wird die Abgrenzung zwischen den beiden Delikten über das Element des Sportwettbezugs vorgenommen, was jedoch nicht ausschließt, diese über ein subjektives Merkmal vorzunehmen. Wenn man einen Menschen erschießt, begeht man zunächst einmal einen Totschlag. Erschießt man hingegen einen Menschen und lässt sich dabei von habgierigen Motiven leiten, hat sich an den objektiven Tatumständen nichts geändert. Der Unrechtsgehalt der Handlung sowie die Abgrenzung zwischen Mord und Totschlag folgen hingegen ausschließlich aus dem besonderen subjektiven Element der Habgier.

Das Grundproblem, die Unmöglichkeit, den Sportwettbezug in das Äquivalenzverhältnis zu integrieren, wird erneut dadurch zu lösen versucht, dass neben dem Äquivalenzverhältnis ein neues Element im Rahmen der Unrechtsvereinbarung geschaffen werden soll. So entsteht mit der Zweckbestimmung wiederum ein dogmatischer Fremdkörper im objektiven Tatbestand. Die für diese Lösung angeführten Argumente können weder über diesen Umstand hinwegtäuschen noch inhaltlich überzeugen.

cc. *Eigene Auffassung: Notwendigkeit einer korruptionsdogmatischen Betrachtungsweise*

Die bisherigen Lösungsansätze versuchen sich allesamt relativ nahe am Wortlaut zu orientieren, um die vom Gesetzgeber präferierte Verortung des Sportwettbezugs im objektiven Tatbestand zu ermöglichen. Dabei muss aber festgehalten werden, dass keiner der dargestellten Vorschläge vollends zu überzeugen vermag. Teilweise begegnen den Vorschlägen dogmatische Bedenken, teilweise wird von den Vertretern selbst eingeräumt, dass sich der Lösungsansatz bereits vom Wortlaut entfernt. Dieses zentrale Problem in der Tatbestandsstruktur liegt letztlich darin begründet, dass der Gesetzgeber die Intention bezüglich des

Abschlusses einer betrügerischen Sportwette über den Hilfsmechanismus einer Unrechtsvereinbarung pönalisieren will. Die daraus entstehende Komplexität der Unrechtsvereinbarung „überfrachtet" deren Struktur als regelwidriges Austauschverhältnis. In Ermangelung einer dem aktuellen Wortlaut gerecht werdenden Lösung soll der Versuch unternommen werden, eine Lösung darzustellen, die sich dem Problem zunächst aus korruptionsdogmatischer Sicht nähert (1), die Reichweite der Unrechtsvereinbarung des Sportwettbetrugs anhand korruptionsspezifischer Kriterien exakt bestimmt (2), daraus eine subjektivierende Betrachtungsweise ableitet (b.), deren Folgen für den Anwendungsbereich des Tatbestands (cc.) und die Deliktsnatur darstellt (dd.) und schließlich die Vereinbarkeit mit Gesetzgeberwillen und Wortlaut herzustellen versucht (ee.).

(1) Pflichtenstellung gegenüber Dienstherren als zentrales Korruptionsmerkmal

Erforderlich ist dafür zunächst, dass das Problem in der tatbestandlichen Struktur exakt herausgearbeitet wird. Dabei soll, anders als bei den bisher vorgebrachten Vorschlägen, der Fokus zunächst nicht auf den Wortlaut der Norm, sondern auf die der Norm zugrundeliegende Dogmatik als Korruptionsdelikt gelegt werden. Den erstmals von *Krack* dargelegten[1187] und in der Folge von mehreren Autoren[1188] im Kern übernommenen Ausführungen, der Nehmer könne den aus einer Sportwette resultierenden Vermögensvorteil nicht zusagen, da das Setzen der Wette nicht in seiner Sphäre liege, ist zuzustimmen. Diese Erkenntnis beschreibt die erhebliche Einengung des Anwendungsbereichs der Norm als zentrales Problem des Verständnisses des Sportwettbezugs als Teil der Unrechtsvereinbarung. Abgesehen von diesen rein praktischen Folgen für den Straftatbestand verstößt dieses Verständnis aber auch gegen korruptionsdogmatische Grundsätze, die im Folgenden näher beschrieben werden sollen.

Um sich dem zu nähern, muss man sich vor Augen führen, dass der Tatbestand des Sportwettbetrugs seiner Struktur nach dem eines Korruptionsdelikts entspricht. Daher ist erforderlich, sich die Reichweite der Unrechtsvereinbarung, die sich letztlich aus den Merkmalen der Korruption ergibt, im Detail

---

1187 *Krack* ZIS 2016, 540, 548; ähnlich: *ders.* wistra 2017, 289, 294; ebenso: *Kubiciel* WiJ 2016, 256, 264.

1188 *Bittmann/Nuzinger/Rübenstahl* Beck-OK § 265c StGB Rn. 43; *Stam* NZWiSt 2018, 41,44.

anzusehen, um zu bestimmen, wie weit sich diese im Fall des Sportwettbetrugs erstrecken kann[1189].

Die gängige Definition als regelwidriges Austauschverhältnis zwischen Vorteilsgeber und Vorteilsnehmer genügt in diesem Fall nicht mehr, um der Komplexität der Unrechtsvereinbarung des Sportwettbetrugs gerecht zu werden. Bei genauerer Betrachtung greift die Definition sogar in vielen Fällen zu kurz[1190]. Nimmt man diese ernst, so würden etwa auch Hehlerei oder die Beauftragung eines Auftragsmörders darunterfallen[1191]. Auch der Kauf gestohlener Gegenstände oder die Hingabe von Geld für die Ermordung eines Menschen sind Austauschverhältnisse, die in gewisser Weise regelwidrig sind, weil sie pönalisiert sind. Dies ändert jedoch nichts daran, dass die beschriebenen Handlungen nichts mit Korruption zu tun haben[1192].

Damit stellt sich also die Frage, welches Merkmal Korruption eigentlich zur Korruption, konkret, was eigentlich ein regelwidriges Austauschverhältnis zu einer Unrechtsvereinbarung im Sinne der Korruptionsdelikte macht. Nach *Kindhäusers* Verständnis müssen an dieser Stelle neben dem Austausch von Leistungen noch weitere wesentliche Elemente hinzukommen. Die Grundvoraussetzung sei zunächst, dass ein Drei-Personen-Verhältnis, bestehend aus dem Vorteilsgeber, dem Vorteilsnehmer und einem Dritten, vorliegt. In der Regel wird der Dritte der Dienstherr oder Arbeitgeber des Nehmers sein[1193].

Darüber hinaus bedürfe es einer besonderen Pflichtenstellung des Nehmers gegenüber diesem Dritten[1194]. Diese dürfe sich nicht in allgemeinen, jedermann betreffenden Verhaltensregeln erschöpfen, sondern müsse gerade den Nehmer in seinem Innenverhältnis zum Dritten betreffen[1195]. Zur Veranschaulichung: Die Anstiftung eines Auftragsmörders zur Tötung eines Menschen ist zwar strafbar, weil die allgemeine Pflicht für jedermann besteht, keine anderen Personen umbringen zu lassen. Vorliegend existiert aber keine besondere Pflichtenstellung des Auftragnehmers gegenüber einem Dritten, weswegen kein korruptes Verhalten vorliege[1196]. Andererseits ist die Annahme von Geld für die Ausstellung

---

1189 Den nachfolgenden Gedanken liegt maßgeblich das Verständnis der Korruption von *Kindhäuser* zugrunde, ZIS 2011, 461.

1190 *Kindhäuser* ZIS 2011, 461, 463.

1191 *Kindhäuser* ZIS 2011, 461, 463.

1192 Vgl. *Kindhäuser* ZIS 2011, 461, 463.

1193 *Kindhäuser* ZIS 2011, 461, 463.

1194 *Kindhäuser* ZIS 2011, 461, 463.

1195 *Kindhäuser* ZIS 2011, 461, 463.

1196 *Kindhäuser* ZIS 2011, 461, 463.

einer Baugenehmigung für ein nicht genehmigungsfähiges Wohnhaus strafbar nach Beamtenbestechungsdelikten. Hier besteht im Unterschied zum ersten Beispiel ein Drei-Personen-Verhältnis zwischen dem Vorteilsgeber, dem Beamten als Vorteilsnehmer und dem Staat als dessen Dienstherr. Darüber hinaus hat der Beamte auch nicht lediglich die allgemeine Pflicht, keine rechtswidrigen Baugenehmigungen auszustellen, sondern eine besondere Pflichtenstellung gegenüber seinem Dienstherrn, dies zu unterlassen[1197].

Der Nehmer müsse also verpflichtet sein, die Interessen des Dritten wahrzunehmen[1198]. Darüber hinaus müsse die für den Vorteil entgegengebrachte Leistung des Nehmers den Interessen des Dienstherrn auch zuwiderlaufen[1199]. Somit kann Korruption definiert werden als „interessenswidrige Verknüpfung eines Vorteils mit der Ausübung übertragener Entscheidungsmacht“[1200]. Liegen diese Merkmale nicht vor, so kann das Verhalten zwar dennoch pönalisiert sein, hat jedoch keinen korrupten Charakter. Bei der Ausgestaltung der Unrechtsvereinbarung eines Korruptionsdelikts muss also beachtet werden, dass diese nicht alle beliebigen Handlungsweisen erfassen kann, sondern eben nur diese, die den beschriebenen korruptionsspezifischen Anforderungen genügen.

(2) Reichweite der Unrechtsvereinbarung des § 265c Abs. 1 StGB

Überträgt man dieses Korruptionsverständnis auf den Sportwettbetrug, so kann man untersuchen, wie weit die objektive Unrechtsvereinbarung des § 265c Abs. 1 StGB reicht. In Betracht kommen drei tatbestandlich genannte Verhaltensweisen, die die Norm dem Wortlaut nach alle der Unrechtsvereinbarung zuordnet:

(1) Das Fordern/Sich-Versprechen-Lassen/Annehmen des Vorteils
(2) Die Manipulation des sportlichen Wettbewerbs zugunsten des Wettbewerbsgegners
(3) Die Intention, infolgedessen einen rechtswidrigen Vermögensvorteil aus einer öffentlichen Sportwette zu erlangen

1197 Vgl. *Kindhäuser* ZIS 2011, 461, 463, der beispielhaft weitere Beispiele anführt: So habe auch ein Polizeibeamter, der gegen Geld einen Untersuchungsgefangenen freilässt, eine besondere Dienstpflicht gegenüber seinem Dienstherrn und nicht lediglich die allgemeine Pflicht, keine Gefangenen freizulassen, verletzt.

1198 *Kindhäuser* ZIS 2011, 461, 463.

1199 *Kindhäuser* ZIS 2011, 461, 463.

1200 *Kindhäuser* ZIS 2011, 461, 463.

In § 265 c Abs. 1 StGB liegt zunächst das für die Korruption erforderliche Drei-Personen-Verhältnis vor. Der Trainer oder Sportler fordert einen Vorteil von einem Geber dafür, dass er den Wettbewerb zugunsten des Gegners manipuliert. Die Nehmergruppe wird in der Regel in einem Beschäftigungsverhältnis zu einem Sportverein stehen. Zudem trifft die Nehmergruppe die besondere Pflichtenstellung, das Spielgeschehen nicht zugunsten des Wettbewerbsgegners zu manipulieren. Diese Pflicht geht über eine bloße allgemeine Pflicht hinaus. Sie wird gerade durch den zwischen Nehmer und Verein geschlossenen Arbeitsvertrag in diesem Innenverhältnis begründet. Die Manipulation zugunsten des Gegners läuft auch den Interessen des Vereins zuwider. Damit erstreckt sich die Unrechtsvereinbarung unproblematisch auf das Fordern des Vorteils sowie auf die Manipulation des sportlichen Wettbewerbs zugunsten des Wettbewerbsgegners.

Untersucht man den Passus „*und infolgedessen ein rechtswidriger Vermögensvorteil durch eine auf diesen Wettbewerb bezogene öffentliche Sportwette erlangt werde*“ anhand der erläuterten Kriterien, so wird deutlich, warum dieser bereits aus korruptionsdogmatischen Erwägungen heraus kein Bestandteil der objektiven Unrechtsvereinbarung sein kann: Den Trainer oder Sportler trifft zwar eine besondere Pflicht gegenüber dem Verein als ihren Arbeitgeber, das Spielgeschehen nicht zu manipulieren. Jedoch hat die Nehmergruppe sicher keine *besondere* Pflichtenstellung gegenüber Sportwettanbietern, Handlungen zu unterlassen, aus welchen für Dritte rechtswidrige Vermögensvorteile aus Sportwetten entstehen könnten. Selbstverständlich besteht auch für Trainer und Sportler – sowie für jedermann – eine *allgemeine* Pflicht, dies nicht zu begünstigen. Wie aber eben dargelegt wurde, führt die bloße allgemeine Pflicht nicht dazu, einem bestimmten Verhalten einen korrupten Charakter zu verleihen.

Der korruptionsdogmatische Grund, warum der Sportwettbezug kein Teil der objektiven Unrechtsvereinbarung sein kann, liegt also darin, dass die Nehmer weder eine besondere Pflichtenstellung noch ein irgendwie geartetes Näheverhältnis zum Sportwettanbieter haben, welches eine solche begründen könnte. Weder kommt der Nehmergruppe eine besondere Pflicht zu, die Interessen der Sportwettanbieter zu wahren, noch haben die Sportwettanbieter den Trainern oder Sportlern Entscheidungsmacht übertragen.

(3) Zwischenergebnis: Sportwettbezug kein Teil der Unrechtsvereinbarung

Damit stößt die Einordnung des Sportwettbezugs in die Unrechtsvereinbarung auf erhebliche Bedenken. Erstens wird der Anwendungsbereich der Norm erheblich verkürzt[1201] beziehungsweise würde gänzlich wegfallen[1202]. Darüber hinaus widerspricht dieses Verständnis korruptionsdogmatischen Grundsätzen. Der vom Gesetzgeber als Unrechtsvereinbarung bezeichnete Passus umschreibt mit dem Sportwettbezug eine Verhaltensweise, die für sich betrachtet keinen Korruptionscharakter, sondern einen vermögensgefährdenden Charakter hat. Nun soll ein Ansatz dargestellt werden, der, ausgehend von den dogmatischen Erkenntnissen, die Tathandlungen so in den Tatbestand der Norm integriert, dass die aufgetretenen Probleme umgangen werden.

b. Lösungsansatz: subjektivierende Betrachtungsweise

aa. Zu berücksichtigende Problemfelder

Bei der Lösung dieser beiden zentralen Probleme gilt es, auch die Folgeproblematiken zu berücksichtigen, die bereits im Rahmen der bisher vorgeschlagenen Lösungsansätze aufgetreten sind. Demnach sollte die Systematik der Unrechtsvereinbarung bewahrt und damit kein außerhalb des Äquivalenzverhältnisses stehendes Element eingeführt werden. Darüber hinaus gilt, es die Balance zwischen objektivem und subjektivem Tatbestand zu wahren, wonach man insbesondere den Sportwettbezug nicht lediglich so verstehen kann, dass sich der Tatbestandsvorsatz des Nehmers ohne Pendant im objektiven Tatbestand darauf bezieht. Weiterhin muss der Sportwettbezug dergestalt berücksichtigt werden, dass er den Unrechtsgehalt des § 265c StGB abbildet und darüber hinaus eine Abgrenzung zu § 265d StGB ermöglicht. Schließlich muss ein Lösungsansatz auch dem Willen des Gesetzgebers entsprechen und demzufolge all dies in Einklang mit dem Wortlaut der Norm gebracht werden, um dem Bestimmtheitsgebot des Art. 103 Abs. 2 GG gerecht zu werden.

bb. Sportwettbezug als besonderes subjektives Unrechtselement

Als sinnvoll erscheint es, eine subjektivierende Betrachtungsweise zu verfolgen und damit den Bezug zur Sportwette als besonderes subjektives Unrechtselement zu verstehen[1203]. Demnach ist der Halbsatz *„und infolgedessen ein rechtswidriger*

1201 Zum wohl nur noch theoretisch denkbaren Anwendungsbereich vgl. nochmals: *Krack* ZIS 2016, 540, 548 (Fn. 38).

1202 *Krack* wistra 2017, 289, 294; *Stam* NZWiSt 2018, 41, 44.

1203 Auch *Krack* erkennt bereits, dass der subjektive Tatbestand des § 265c StGB gewissermaßen über den objektiven Tatbestand hinausgeht, wistra 2017, 289, 294. Dennoch versucht er sich enger am Normtext zu orientieren und daher den Sportwettbezug in die Unrechtsvereinbarung zu integrieren. Die hier angeführte Lösung hingegen stellt den Sportwettbezug als selbstständiges, besonderes subjektives Merkmal dar.

Vermögensvorteil durch eine auf diesen Wettbewerb bezogene öffentliche Sportwette erlangt werde" gedanklich von der objektiven Unrechtsvereinbarung zu trennen.

Dieses Verständnis birgt erhebliche Vorteile gegenüber den bisherigen Lösungsansätzen: Zunächst gilt es hervorzuheben, dass die Unrechtsvereinbarung im Rahmen dieser Auffassung korruptionsspezifischen Grundsätzen entspricht. Zum einen besteht diese dann einzig aus den beiden im Äquivalenzverhältnis stehenden Leistungen von Vorteil und intendierter Manipulationshandlung. Damit kann sie als „interessenswidrige Verknüpfung eines Vorteils mit der Ausübung übertragener Entscheidungsmacht" definiert werden, womit sie alle erforderlichen korruptionsspezifischen Merkmale enthält[1204]. Zum anderen findet sich kein Element in der Unrechtsvereinbarung, welches außerhalb des Äquivalenzverhältnisses steht und damit ein den Korruptionsdelikten unbekannter Fremdkörper im Tatbestand wäre.

Wenn man den Sportwettbezug dann folgerichtig im subjektiven Tatbestand verortet, darf sich diese Berücksichtigung nicht darin erschöpfen, dass sich der bloße Tatbestandsvorsatz des Täters darauf bezieht. Es fehlt in der Folge der Anknüpfungspunkt im objektiven Tatbestand der Norm. Dies ergibt sich bereits aus § 16 StGB, woraus letztlich folgt, dass sich der Tatbestandsvorsatz auf den gesamten objektiven Tatbestand beziehen muss[1205]. Vielmehr muss der Sportwettbezug nach der hier vertretenen Ansicht als ein subjektives Unrechtselement verstanden werden, welches neben dem Tatbestandsvorsatz selbstständig existiert[1206]. Darin unterscheidet sich dieser Lösungsvorschlag von *Kracks* erstem Lösungsansatz[1207]. Durch dieses subjektive Unrechtselement kommt selbstverständlich auch der Unrechtsgehalt der Norm hinreichend zum Tragen.

cc. Folgen für den Anwendungsbereich: „Entkoppelung" der Strafbarkeiten

Darüber hinaus ergeben sich unter dieser Interpretation des Sportwettbezugs erhebliche Vorteile für die Anwendung der Norm sowie im Hinblick auf eine

---

1204 *Kindhäuser* ZIS 2011, 461, 463.

1205 Vgl. dazu nur *Roxin* Strafrecht AT I § 10 Rn. 62.

1206 Vgl. zur selbstständigen Existenz der subjektiven Unrechtselemente neben dem Tatbestandsvorsatz: S/S-*Sternberg-Lieben/Schuster* § 15 StGB Rn. 24; *Jescheck/Weigend* AT S. 296.

1207 Vgl. nochmals *Krack* ZIS 2016, 540, 548, der von „Vorsatzgegenstand" spricht, was vom Verfasser als Tatbestandsvorsatz interpretiert wurde. Später deutet er jedoch auch die überschießende Innentendenz an, womit er relativ nahe an der hier vertretenen Lösung liegt, vgl. nochmals: *Krack* wistra 2017, 289, 294.

saubere Abgrenzung zu § 265d StGB. Geht man davon aus, dass aufgrund der Unfähigkeit des Nehmers, einen Vermögensvorteil aus der Sportwette zuzusagen, kein Anwendungsbereich mehr verbleibt[1208], so wird durch den mit der subjektivierten Betrachtungsweise einhergehenden Wegfall der Erforderlichkeit der Zusage durch den Nehmer der Anwendungsbereich der Norm für die vom Gesetzgeber bedachten Fälle sogar erstmals eröffnet. Aber selbst wenn man sich der genannten Ansicht nicht anschließen will[1209], führt die Betrachtung des Sportwettbezugs als besonderes subjektives Element zu Vorteilen im Anwendungsbereich der Norm.

Sofern man den Sportwettbezug im objektiven Tatbestand verortet, sei es als Teil des Äquivalenzverhältnisses der Unrechtsvereinbarung oder eines danebenstehenden Elements, ist stets eine objektive - jedenfalls konkludente - Einigung von Geber und Nehmer für die Strafbarkeit erforderlich[1210]. Dies setzt jedenfalls voraus, dass der Nehmer den Bezug zur Sportwette überhaupt erkennt[1211]. Dabei erklärt der Gesetzgeber es zu einem entscheidenden Indiz, ob nur der Abschluss einer Sportwette die Vorteilsgewährung wirtschaftlich sinnvoll erscheinen lässt[1212].

Gelingt es dem Geber, unter welchen Vorwänden auch immer, seine Wettabsichten gegenüber dem Nehmer glaubhaft zu verschleiern, kann sich die Unrechtsvereinbarung nicht auf die Sportwette beziehen[1213]. Der objektive Tatbestand wäre folgerichtig nicht verwirklicht. Warum sollte aber die Strafbarkeit des Gebers davon abhängig gemacht werden, ob der Nehmer dessen weiterführenden Plan durchschaut? Kritiker mögen behaupten, es sei unrealistisch, dass ein Sportler, Trainer oder auch Schiedsrichter, dem zur Manipulation des Wettbewerbs eine Summe Geld geboten wird, nicht davon ausgeht, dass dies einen Wettgewinn ermöglichen soll. Dem ist jedoch entgegenzuhalten, dass diese Fallkonstellation alles andere als abwegig ist. Vielmehr wurde bereits dargestellt, dass die Motivationen, einen Wettbewerb manipulieren zu lassen, mannigfaltig

1208 *Krack* wistra 2017, 289, 294; *Stam* NZWiSt 2018, 41, 44.

1209 Wie etwa: *Bittmann/Nuzinger/Rübenstahl* Beck-OK § 265c StGB Rn. 43; *Rübenstahl* JR 2017, 264, 273 f.

1210 *Bittmann/Nuzinger/Rübenstahl* Beck-OK § 265c StGB Rn. 43; *Rübenstahl* JR 2017, 264, 273.

1211 In diese Richtung: *Krack* wistra 2017, 289, 295.

1212 Zwar wird dies als Kriterium für die Bestimmung des Vorsatzes genannt, BT-Drs. 18/8831 S. 17, jedoch muss nach dem eben Ausgeführten gelten, dass dies bereits im objektiven Tatbestand relevant wird.

1213 Ähnlich: *Krack* wistra 2017, 289, 294 f.

sein können[1214]. Die hohe Relevanz dieser außerhalb des Wettgewinns liegenden Motivation erkannte auch der Gesetzgeber. Die Schaffung des § 265d StGB wäre nicht erforderlich gewesen, wenn jedes Herantreten an die Nehmergruppe zwangsläufig Hand in Hand mit dem Abschluss einer Sportwette gehen würde[1215]. Dass an der Sinnhaftigkeit, die Strafbarkeit eines Bestechenden von der Weitsichtigkeit seines Gegenübers abhängig zu machen, gezweifelt werden darf, zeigt folgendes Beispiel:

Der A bietet dem Trainer B für die Dauer von dessen Spanienurlaub die kostenlose Nutzung seiner dort gelegenen Finca dafür, dass der B zugunsten des Wettbewerbsgegners (Verein O) auf das Wettbewerbsgeschehen Einfluss nimmt. Er verschleiert seine Absichten, mittels einer Sportwette einen Vermögensvorteil erlangen zu wollen. Da der A ein prominenter Unterstützer des Vereins O ist, kommt B auch gar nicht auf die Idee, dass der A zudem eine Sportwette auf das in Rede stehende Spiel setzen will. Er verbleibt somit in dem Glauben, dass der A „seinem" Verein zu sportlichen Erfolgen verhelfen will. Trainer B willigt ein.

Versteht man den Sportwettbezug als Teil des objektiven Tatbestands, so ergeben sich folgende Strafbarkeiten: A bot dem Trainer B einen Vorteil dafür an, dass dieser zugunsten des Wettbewerbsgegners manipulativ auf den sportlichen Wettbewerb Einfluss nimmt. Da der Trainer auch einwilligt, könnte eine entsprechende Unrechtsvereinbarung zustande gekommen sein. Jedoch verkennt der B die Motivationslage des A. Diese ergibt sich jedenfalls auch daraus, mittels einer Sportwette einen Vermögensvorteil zu erlangen. Da B dies jedoch nicht erkennt und sich damit auch nicht (nicht einmal konkludent) über den Sportwettbezug einig werden kann, ist der objektive Tatbestand des § 265c Abs. 2 StGB nicht erfüllt. A ist nicht strafbar gemäß § 265c StGB, in Betracht käme eine Strafbarkeit nach § 265d StGB, obwohl der A die Vermögensinteressen der von § 265c StGB geschützten Personengruppen gefährden will. Spiegelbildlich dazu ist auch der Trainer mangels Unrechtsvereinbarung nicht strafbar nach § 265c Abs. 1 StGB. Auch hier käme allenfalls eine Strafbarkeit nach § 265d StGB in Betracht[1216].

1214 Ein Fall, in welchem kaum ein anderes Motiv außer dem Setzen einer Sportwette denkbar sein wird, wäre der, in welchem mehrere Wettkämpfe zugunsten unterschiedlicher Sportler beeinflusst werden sollen, so: *Krack* wistra 2017, 289, 294 f.

1215 *Krack* wistra 2017, 289, 295.

1216 Verschärft wird das hier aufgezeigte Problem im Anwendungsbereich dadurch, dass § 265d StGB bei Weitem nicht für alle Fallkonstellationen des § 265c StGB als Auffangtatbestand dienen kann. Zu beachten ist nämlich, dass durch die Beschränkung des sachlichen Anwendungsbereichs des § 265d StGB auf „berufssportliche

Versteht man hingegen den Sportwettbezug als besonderes subjektives Merkmal, so ergeben sich andere Ergebnisse: Die Unrechtsvereinbarung muss sich nun lediglich auf das Anbieten des Vorteils für die Vornahme der Manipulationshandlung beziehen. Damit kam vorliegend eine Unrechtsvereinbarung zustande. Der A hatte im subjektiven Tatbestand auch Vorsatz in Bezug auf den Abschluss der Unrechtsvereinbarung. Daneben weist er das besondere subjektive Merkmal auf, infolge der Manipulation einen rechtswidrigen Vermögensvorteil durch eine auf diesen Wettbewerb platzierte öffentliche Sportwette erlangen zu wollen. Er ist strafbar nach § 265c Abs. 2 StGB. Dahingegen verwirklicht der Trainer zwar den objektiven Tatbestand des § 265c Abs. 1 StGB, seine Strafbarkeit scheitert aber daran, dass er keine Vorstellung hat, dass sein Gegenüber infolge der Manipulation ein rechtswidriger Vermögensvorteil durch eine Sportwette erlangen will. Für ihn kommt jedoch wiederum eine Strafbarkeit nach § 265d StGB in Betracht[1217].

An dieser Gegenüberstellung zeigt sich der Vorteil der subjektivierenden Betrachtungsweise in besonderem Maße. Hier stehen sich Geber und Nehmer gegenüber, von denen nur einer die Vermögensinteressen der Wettanbieter gefährden will. Durch eine Verortung des Sportwettbezugs im objektiven Tatbestand werden die Strafbarkeiten der in Rede stehenden Personen enger „aneinandergekoppelt". Hierdurch können sich ungerechtfertigte Privilegierungen des Täters ergeben, der sein Gegenüber geschickt zu täuschen versteht. Dieses Problem wird durch die Verschiebung in den subjektiven Tatbestand gelöst. Sofern der Geber eine Wettsetzung anstrebt, ist seine Strafbarkeit unabhängig davon gegeben, ob sein Gegenüber die Wettpläne erkennt und billigt. Umgekehrt wird beim Nehmer die Frage zu stellen sein, ob dieser den weitergehenden Plan seines Gegenübers auch durchschaut hat. Fehlt ihm die diesbezügliche Vorstellung, so ist er nicht strafbar nach § 265c StGB, wohl aber nach § 265d StGB. In diesem Ergebnis liegt auch kein Wertungswiderspruch. Ahnt er nichts von den Wettsetzungplänen, ist ihm auch kein Vorwurf hinsichtlich der Gefährdung von Vermögensinteressen der Wettanbieter zu machen. Das verwirklichte Unrecht ist dahingehend als geringer einzustufen, als dass er mit der Integrität des Sports nur eines der beiden Schutzgüter des § 265c StGB bewusst gefährdet.

Wettbewerbe" sämtliche Fälle des Amateursports (auch des organisierten) nicht nach § 265d StGB strafbar sind. Vgl. zu diesem Umstand kritisch: *Kubiciel* WiJ 2016, 256, 261; ähnlich auch: *Krack* ZIS 2016, 540, 545 f.

1217 Vgl. auch *Kubiciel* SpuRt 2017, 188, 191: Der § 265d StGB ist ein Auffangtatbestand für die Fälle, in denen die Nehmergruppe nichts von den Wettplänen gewusst hat.

Dieser Lösungsvorschlag soll nicht als Plädoyer für die Ausweitung des Anwendungsbereichs des § 265c StGB verstanden werden. Vielmehr ist darin die einzig konsequente Lösung zu sehen, jeden Täter nach dem von ihm verwirklichten Unrechtsgehalt zu bestrafen. § 265c StGB wurde jedenfalls auch für den Schutz der Vermögensinteressen der Wettanbieter eingeführt[1218]. Vor diesem Hintergrund zeigt sich auch, dass nur auf subjektivem Wege eine trennscharfe Abgrenzung von § 265c StGB zu § 265d StGB möglich ist. Vielmehr wird deutlich, dass eine Verortung im Rahmen der Unrechtsvereinbarung eine sachgerechte Abgrenzung erschwert.

Zudem läuft dieses Verständnis dem vom Gesetzgeber verfolgten Sinn und Zweck der Integration des Sportwettbezugs in den Tatbestand nicht zuwider. Hintergedanke des Gesetzgebers war es, nur diese intendierten Manipulationshandlungen zu erfassen, die den Vorteilsgeber gerade in die Lage versetzen sollen, einen rechtswidrigen Vermögensvorteil aus einer öffentlichen Sportwette zu erlangen[1219]. Ein subjektiviertes Verständnis steht dieser Konkretisierung der Manipulationshandlung nicht im Wege, sondern fördert diese Zielsetzung sogar. Nur auf diese Weise ist es möglich, einen Vorteilsgeber, der auch die Erlangung eines rechtswidrigen Wettgewinns anstrebt, noch unter den Anwendungsbereich der Norm zu fassen, ohne dass der Vorteilsnehmer dessen Wettpläne billigend in Kauf nimmt. Es ist nicht davon auszugehen, dass der Gesetzgeber den Vorteilsgeber, der selbst einen rechtswidrigen Vermögensvorteil anstrebt, aufgrund der Naivität seines Gegenübers privilegieren will. Dessen Strafbarkeit sollte unabhängig vom Kenntnisstand des Nehmers beurteilt werden. Der Gesetzgeber entschied sich darüber hinaus bewusst für die getrennte tatbestandliche Erfassung der Fallgruppen mit Sportwettbezug und derer ohne Sportwettbezug[1220]. Die Existenz dieser beiden nebeneinanderstehenden Delikte alleine beweist schon, dass der Gesetzgeber in der geschilderten Fallkonstellation das Handeln des Gebers unter § 265c StGB fassen wollte[1221]. Mit anderen Worten sind also erst bei diesem subjektivierten Verständnis die vom Gesetzgeber ins Auge gefassten Fallkonstellationen von der Norm umfasst. Diese Einordnung hat darüber hinaus weitreichende Folgen für die Klassifizierung des Delikts als Ganzes, die nun erläutert werden sollen.

1218 Vgl. nochmals BT-Drs. 18/8831 S. 10.

1219 BT-Drs. 18/8831 S. 16.

1220 Vgl. BT-Drs. 18/8831 S. 21, wo nochmals klargestellt wird, dass im Rahmen des § 265d StGB kein Zusammenhang zu einer Sportwette gefordert wird.

1221 *Krack* wistra 2017, 289, 295.

dd. *Folgen für die Deliktsnatur: Sportwettbetrug als unvollkommen zweiaktiges Delikt*

Diese subjektivierte Betrachtungsweise verleiht dem Delikt des Sportwettbetrugs einen anderen Charakter. Der Tatbestand wird dadurch zu einem Delikt mit überschießender Innentendenz[1222]. Objektiver und subjektiver Tatbestand sind nun nicht mehr kongruent zueinander, sondern der subjektive Tatbestand beinhaltet mit dem Sportwettbezug ein Merkmal, welches objektiv gerade nicht vorliegen muss[1223]. Im Strafgesetzbuch finden sich mehrere Delikte mit überschießender Innentendenz, die sich nochmals kategorisieren lassen. Dogmatische Untergruppen bilden insbesondere die kupierten Erfolgsdelikte sowie die unvollkommen zweiaktigen Delikte[1224].

Beide Deliktskategorien haben gemeinsam, dass ein weiterer, tatbestandlich nicht geforderter Erfolg eintreten soll[1225]. Bei den kupierten Erfolgsdelikten soll dieser Erfolg durch die einmal begangene tatbestandliche Handlung eintreten. Dagegen bedarf es bei den unvollkommen zweiaktigen Delikten eines über die ursprüngliche Handlung hinausgehenden weiteren Handlungsakts des Täters, um diesen herbeizuführen[1226]. Der Wille des Täters muss im Tatzeitpunkt auf die Vornahme der zweiten Handlung gerichtet sein[1227]. Als kupierte Erfolgsdelikte lassen sich somit etwa der Betrug (§ 263 StGB) oder die Vereitelung der Zwangsvollstreckung (§ 288 StGB) einordnen[1228]. Im Rahmen des Betrugs wird tatbestandlich vom Täter gefordert, dass dieser täuscht. Ohne ein weiteres Zutun des Täters soll aber als Folge der Täuschung auch ein tatbestandlich nicht objektiv geforderter Erfolg, nämlich die Bereicherung, eintreten. Parallel dazu muss bei der Vereitelung der Zwangsvollstreckung die Befriedigung des Gläubigers zwar nicht objektiv vereitelt werden. Dieser Erfolg soll aber durch die einmal verwirklichte Handlung des Täters, der Veräußerung von Vermögensbestandteilen,

---

1222 So bereits: *Bittmann/Nuzinger/Rübenstahl* Beck-OK § 265c StGB Rn. 2, wobei sich dann nicht erschließt, warum diese den Bezug zur Sportwette dann im objektiven Tatbestand verorten wollen.

1223 Vgl. zu dieser Deliktskategorie etwa: *Roxin* Strafrecht AT I § 10 Rn. 84.

1224 S/S-*Sternberg-Lieben/Schuster* § 15 StGB Rn. 24; *Jescheck/Weigend* AT S. 266, 319; *Roxin* Strafrecht AT I § 10 Rn. 84.

1225 S/S-*Eisele* vor §§ 13 ff. Rn. 63; *Roxin* Strafrecht AT I § 10 Rn. 84.

1226 S/S-*Eisele* vor §§ 13 ff. Rn. 63; *Roxin* Strafrecht AT I § 10 Rn. 84; *Witzigmann* JA 2009, 488, 489.

1227 Vgl. *Witzigmann* JA 2009, 488, 489.

1228 *Witzigmann* JA 2009, 488, 489.

erreicht werden. Die Absicht des Täters bezieht sich dabei jeweils auf den weiteren Erfolg[1229].

Als unvollkommen zweiaktig werden allen voran die Urkundenfälschung (§ 267 StGB) und die Geldfälschung (§ 146 StGB) genannt[1230]. Im Rahmen des § 267 I Var. 1 StGB fordert der objektive Tatbestand lediglich das Herstellen einer unechten Urkunde. Dass diese Urkunde auch dazu verwendet wird, den Rechtsverkehr zu täuschen, muss nur Gegenstand der Absichten des Täters sein[1231]. Damit bedarf es also eines zweiten Akts des Täters, um einen weiteren Erfolg herbeizuführen, dessen Eintritt aber tatbestandlich nicht gefordert wird. Das Unrecht der Urkundenfälschung wird nicht dadurch verwirklicht, dass der Täter eine unechte Urkunde herstellt, sondern dadurch, dass er diese auch einem Dritten in einem zweiten noch vorzunehmenden Akt zugänglich macht[1232]. Man könnte auch sagen, das von § 267 StGB geschützte Rechtsgut - die Sicherheit und Zuverlässigkeit des Rechtsverkehrs mit Urkunden[1233] - wird erst gefährdet, wenn der zweite Akt vorgenommen wird. Dabei ist das Delikt aber schon mit dem Herstellen bei gleichzeitigem Vorliegen der Verwendungsabsicht vollendet[1234].

Parallel dazu ist bei § 265c Abs. 1 StGB das Fordern eines Vorteils ausreichend, um den objektiven Tatbestand zu erfüllen. Dabei muss, selbst wenn man sich der hier vertretenen subjektivierten Ansicht nicht anschließt, das Setzen der Sportwette nicht erfolgen, um den objektiven Tatbestand zu verwirklichen[1235]. Hier werden Merkmale, die typisch für unvollkommen zweiaktige Delikte sind, sichtbar: Die Erlangung des rechtswidrigen Vermögensvorteils durch eine Sportwette bildet einen vom objektiven Tatbestand nicht geforderten, weitergehenden Erfolg. Dieser kann gerade nicht ohne weiteres Zutun geschehen, sondern erfordert eine über das Fordern des Vorteils hinausgehende zweite Handlung, den Abschluss einer Sportwette. Ein weiteres Merkmal betrifft die Beeinträchtigung der geschützten Rechtsgüter. Typisch für unvollkommen zweiaktige Delikte ist ein Rechtsgüterschutz, bei welchem das Schutzgut erst mit Vornahme des zweiten Handlungsakts beeinträchtigt wird, obwohl das Delikt tatbestandlich

---

1229 *Witzigmann* JA 2009, 488, 489.

1230 S/S-*Eisele* vor §§ 13 ff. Rn. 63; *Roxin* Strafrecht AT I § 10 Rn. 84; *Witzigmann* JA 2009, 488, 489.

1231 MüKo-*Erb* § 267 StGB Rn. 202.

1232 MüKo-*Erb* § 267 StGB Rn. 202.

1233 BGHSt 2, 50, 52; MüKo-*Erb* § 267 StGB Rn. 1.

1234 BGHSt 5, 291, 293; S/S-*Heine/Schuster* § 267 StGB Rn. 94.

1235 Vgl. BT-Drs. 18/8831 S. 16.

bereits vollendet sein kann[1236]. So wird auch das vom Sportwettbetrug geschützte Vermögen anderer erst durch die Vornahme des zweiten Akts, das Setzen der Sportwette, gefährdet. Dennoch ist bereits mit dem Fordern des Vorteils der Tatbestand objektiv erfüllt, auch wenn noch keine Sportwette geschlossen wurde und damit das Vermögen anderer auch nicht abstrakt gefährdet wurde.

Dennoch sei auch darauf hingewiesen, dass jedenfalls kleinere Unterschiede zu den herkömmlichen, unvollkommen zweiaktigen Delikten erkennbar sind. So erfasst der § 265c StGB anders als meist die Urkundenfälschung ein Mehrpersonenverhältnis. Dies hat zur Folge, dass jedenfalls im Rahmen der Absätze 1 und 3 die beiden Akte (Fordern des Vorteils und Abschluss der Wette) wahrscheinlich von verschiedenen Personen ausgeführt werden. Weiterhin gibt es, anders als beim Herstellen einer Urkunde und deren Zuführung in den Rechtsverkehr, keine klare zeitliche Abfolge der beiden Handlungen. Ob zuerst ein Vorteil angeboten oder zuerst die Sportwette gesetzt wird, hängt von der Begehungsweise des Täters ab und ist nicht von vorneherein festgelegt.

Zusammenfassend kann dennoch festgehalten werden, dass der Sportwettbetrug bereits - unabhängig von der dogmatischen Einordnung des Sportwettbezugs - aufgrund seiner in ihm umschriebenen Handlungen im Zusammenhang mit dem Rechtsgüterschutz Merkmale eines unvollkommen zweiaktigen Delikts aufweist. Begreift man den Sportwettbezug als besonderes subjektives Merkmal, so wird diese Tatbestandskonstruktion wesentlich stimmiger als etwa im Vergleich mit einer dogmatisch unsauberen Lösung über ein neben dem Äquivalenzverhältnis stehendes Element im objektiven Tatbestand.

ee. *Vereinbarkeit der subjektivierenden Betrachtungsweise mit dem Gesetzgeberwillen*

(1) Vorsatzform der Innentendenz

Die subjektivierende Betrachtungsweise könnte etwa dadurch zum Ausdruck gebracht werden, dass der Sportwettbezug durch die Überleitung „um … zu“ oder „in der Absicht, dass“ in die Syntax der Norm eingefügt wird. Dieses Vorhaben wirft jedoch Folgeprobleme auf. Zunächst ist einleuchtend, dass durch den in Rede stehenden Wortlaut der Sportwettbezug dann zweifelsfrei als subjektives Merkmal zu verstehen wäre[1237]. Die Formulierung unterstreicht, dass der Vermögensvorteil aus der Sportwette nicht eintreten, die Sportwette noch

1236 Vgl. dazu: BGHSt 5, 291, 293; S/S-*Heine/Schuster* § 267 StGB Rn. 94.
1237 So: NK-*Puppe/Schumann* § 267 StGB Rn. 101.

nicht einmal abgeschlossen werden muss. Dies entspricht auch dem Willen des Gesetzgebers, der nach dem geltenden Wortlaut den Abschluss der Sportwette nicht für eine Begründung der Strafbarkeit voraussetzt[1238].

Hingegen ist umstritten, ob die Formulierung „um … zu“ daneben auch bedeutet, dass Absicht im technischen Sinne vorliegen muss. Dies stünde dann sehr deutlich im Konflikt mit der gesetzgeberischen Intention, da nämlich auf Seite des Vorteilsnehmers ausdrücklich dolus eventualis im Hinblick auf die Erlangung des rechtswidrigen Vermögensvorteils genügen soll[1239]. Voraussetzung soll nämlich sein, dass dieser damit rechnet, es also billigend in Kauf nimmt, dass sein manipulatives Eingreifen einer Wettsetzung dient, nicht hingegen, dass er diesen Umstand für sicher hält oder ihn anstrebt[1240]. Darüber hinaus ist dem Gesetzgeber zufolge ebenfalls nicht erforderlich, dass der Nehmer eine Vorstellung hat, wann, wo und in welcher Form die Wette platziert werden soll[1241].

Die Rechtsprechung[1242] ging teilweise früher davon aus, dass die Formulierung gleichbedeutend mit der Absicht im technischen Sinne ist. Demnach wäre also dolus directus 1. Grades in Bezug auf das besondere subjektive Merkmal erforderlich[1243]. Dieser Auffassung stehen breite Teile der Lehre und mittlerweile auch die Rechtsprechung selbst ablehnend gegenüber. Demnach ist weitgehend anerkannt, dass etwa im Rahmen der Urkundenfälschung[1244] der Täter nicht nach dem Tatziel der Täuschung des Rechtsverkehrs streben muss, sondern dass auch sicheres Wissen hinsichtlich dieser eintretenden Folge genügt[1245]. Jedoch stünde auch eine Übertragung dieses Verständnisses auf den Sportwettbetrug in einem Widerspruch zum dargestellten Gesetzgeberwillen.

1238 BT-Drs. 18/8831 S. 16.

1239 BT-Drs. 18/8831 S. 17; dazu *Krack* wistra 2017, 289, 294.

1240 BT-Drs. 18/8831 S. 17.

1241 BT-Drs. 18/8831 S. 17.

1242 BayOLG NJW 1967, 1476.

1243 BayOLG NJW 1967, 1476.

1244 Der Vergleich zur Urkundenfälschung bietet sich an, da dort ein besonderes subjektives Merkmal mit der Formulierung „zur (Täuschung im Rechtsverkehr)“ in den Tatbestand integriert wurde. Diese Formulierung entspricht quasi dem Passus „um…zu“. Ob man sich für die Formulierung „zur Täuschung im Rechtsverkehr“ oder „um den Rechtsverkehr zu täuschen“ entscheidet, macht keinen Unterschied.

1245 BayOLG NJW 1998, 2917; LK-*Zieschang* § 267 StGB Rn. 270; *Fischer* § 267 StGB Rn. 42; ausführlich zur Täuschungsabsicht: *Lenckner* NJW 1967, 1890.

Immer häufiger wird darüber hinaus nun im Kontext des § 267 StGB unter Heranziehung überzeugender Argumente vertreten, dass auch bereits dolus eventualis für die Verwirklichung des besonderen subjektiven Merkmals genügen kann[1246]. Erstens sei das Fordern von dolus directus 1. Grades schon deshalb nicht denkbar, weil Absicht im technischen Sinne nur der haben könne, der selbst die Handlung vornimmt oder aber in seinem eigenen Interesse durch einen Dritten vornimmt. Für den Fall, dass aber keine Personenidentität zwischen dem Täter des ersten und dem des zweiten Akts besteht, wäre das Erfordernis der Absicht nicht zu erfüllen[1247]. Darüber hinaus sei die sprachliche Verknüpfung „um ... zu" eben das einzige Mittel, welches es ermöglicht, eine überschießende Innentendenz im Wortlaut der Norm einzuleiten[1248]. Diese sprachliche Notwendigkeit der Beschreibung einer Tendenz ließe jedoch gar keine Rückschlüsse auf die Vorsatzform der Innentendenz zu, welche demnach auch in Vereinbarkeit mit dem Wortlaut unterhalb der Absicht liegen kann[1249]. Als Hauptargument für die Sinnhaftigkeit der Einbeziehung des dolus eventualis wird die Schließung von Strafbarkeitslücken genannt[1250].

Damit wäre grundsätzlich geklärt, dass alleine die Formulierung „um ... zu" nicht zwingend zur Folge hat, Absicht oder sicheres Wissen im Rahmen der Innentendenz zu fordern. Der Wortlaut spricht also nicht gegen eine vom Gesetzgeber präferierte Heranziehung von dolus eventualis in Rahmen des Sportwettbezugs. Zu erörtern bleibt aber, ob es im konkreten Fall des Sportwettbetrugs auch sachgerecht ist, dolus eventualis für die Verwirklichung des subjektiven Merkmals genügen zu lassen. Nur weil dies im Rahmen der Urkundenfälschung sachgerecht erscheint, lassen sich daraus noch nicht zwingend Rückschlüsse auf den Sportwettbetrug ziehen.

Im Ergebnis sprechen jedoch gute Gründe dafür, diese Überlegungen auf den Fall des § 265c StGB zu übertragen. Aufgrund der zweiaktigen Ausgestaltung des Sportwettbetrugs ergeben sich bereits dargestellte Parallelen zur Urkundenfälschung, von denen insbesondere eine nun relevant wird: In der Regel wird bei Begehung des Sportwettbetrugs, jedenfalls in den Fällen des Abs. 1 und Abs. 3,

1246 NK-*Puppe/Schumann* § 267 StGB Rn. 103; S/S-*Heine/Schuster* § 267 StGB Rn. 91; MüKo-*Erb* § 267 StGB Rn. 209.

1247 NK-*Puppe/Schumann* § 267 StGB Rn. 102, die sich dabei auf den gewerbsmäßigen Fälscher beziehen, der dann nicht vom Tatbestand erfasst wäre.

1248 NK-*Puppe/Schumann* § 267 StGB Rn. 103.

1249 MüKo-*Erb* § 267 StGB Rn. 209.

1250 NK-*Puppe/Schumann* § 267 StGB Rn. 103; S/S-*Heine/Schuster* § 267 StGB Rn. 91; MüKo-*Erb* § 267 StGB Rn. 209.

keine Täteridentität zwischen den Handlungsakten bestehen. So wird etwa der Sportler zwar einen Vorteil fordern, nicht jedoch die Sportwette abschließen. Diese Konstellation entspricht in etwa der, die sich im Rahmen der Urkundenfälschung beim professionellen Fälscher ergibt, der die Urkunde zwar herstellt, sie jedoch nicht selbst in den Verkehr bringen will, sondern einem Dritten überlässt. Diese fehlende Täteridentität wird im Rahmen des § 267 StGB für ein erweitertes Vorsatzverständnis, das sich insbesondere nicht auf Absicht im technischen Sinne beschränkt, angeführt[1251]. Da der Sportler es zwar unter Umständen *für möglich hält*, dass sein Gegenüber eine betrügerische Wettsetzung anstrebt, er selbst jedoch nicht beabsichtigen wird, einen rechtswidrigen Vermögensvorteil durch die Sportwette zu erlangen, kann er regelmäßig keine Absicht im technischen Sinne aufweisen. Dass sinnvollerweise nicht einmal sicheres Wissen des Sportlers gefordert werden kann, erschließt sich ebenfalls. Es ist schließlich davon auszugehen, dass der Vorteilsgeber seine Pläne dem Sportler nicht explizit erklärt. Ob der Vorteilsgeber oder ein Dritter schließlich eine Sportwette abschließt oder nicht, wird dem Sportler womöglich verborgen bleiben. Daher wären Strafbarkeitslücken wohl nur verlässlich zu schließen, wenn bereits die Möglichkeitsvorstellung des Sportlers genügt. Der Sportler braucht demnach (parallel zum professionellen Fälscher beim § 267 StGB[1252]) gerade kein sicheres Wissen, dass sein Gegenüber auch tatsächlich die Sportwette abschließt. Es muss vielmehr genügen, dass er es den Umständen nach für möglich hält, dass die Manipulation einem Wettgewinn dienen soll.

Dieses Verständnis der Vorsatzform läuft auch nicht dem allgemein anerkannten Grundsatz zuwider, dass für diese etwa im Rahmen des Betrugstatbestands im Einklang mit dessen Wortlaut „in der Absicht" tatsächlich Absicht im technischen Sinne, mithin also ein „zielgerichtetes Erstreben"[1253], gefordert wird[1254]. Ein wesentlicher Unterschied liegt darin, dass es sich bei dem genannten Delikt um ein kupiertes Erfolgsdelikt, hingegen bei der Urkundenfälschung und nach dem hier darlegten Verständnis auch beim Sportwettbetrug um unvollkommen zweiaktige Delikte handelt.

Bei Letzteren erscheint es aufgrund der Notwendigkeit der Vornahme einer zweiten Handlung sachgerecht, losere Anforderungen an die Vorsatzform der

---

1251 NK-*Puppe/Schumann* § 267 StGB Rn. 102.

1252 MüKo-*Erb* § 267 StGB Rn. 209.

1253 *Roxin* Strafrecht AT I § 12 Rn. 7; im Ergebnis ebenso: S/S-*Sternberg-Lieben/Schuster* § 15 StGB Rn. 66.

1254 Zur Vorsatzform der Bereicherungsabsicht beim Betrug: LK-*Tiedemann* § 263 StGB Rn. 249; *Fischer* § 263 StGB Rn. 190; S/S-*Perron* § 263 StGB Rn. 176.

Innentendenz zu stellen als bei den kupierten Erfolgsdelikten[1255]. Da die Vornahme des zweiten Handlungsakts zum Tatzeitpunkt noch nicht erfolgt ist[1256], wird der Eintritt des dadurch bezweckten Erfolgs in gewisser Weise unsicherer sein als der Eintritt des außertatbestandsmäßigen Erfolgs bei den kupierten Erfolgsdelikten. Denn dort soll dieser durch die bereits vorgenommene Tathandlung realisiert werden. Hinzu kommt, dass bei den unvollkommen zweiaktigen Delikten die fehlende Identität zwischen den die einzelnen Handlungen vornehmenden Personen die Wahrscheinlichkeit des Eintritts des weitergehenden Erfolgs aus Sicht des Täters nochmals herabsetzt[1257]. Der professionelle Fälscher stellt die Urkunde her, hat aber nicht selbst in der Hand, ob diese durch einen Dritten in den Rechtsverkehr gelangt. Ebenso nimmt etwa der Schiedsrichter den Vorteil zwar an, weiß jedoch nicht, ob tatsächlich eine Sportwette durch den Geber abgeschlossen wird. Aus diesen Umständen kann sich die Notwendigkeit ergeben, jedenfalls bei manchen unvollkommen zweiaktigen Delikten[1258] die Anforderungen an die Vorsatzform nicht zu hoch anzusetzen, da Absicht im technischen Sinne in den seltensten Fällen gegeben sein dürfte[1259].

Damit kann festgehalten werden, dass sich ein Formulierungsvorschlag, der den Sportwettbezug durch den Wortlaut „um … zu“ oder „in der Absicht“ in den subjektiven Tatbestand der Norm einbettet, dem Gesetzgeberwillen hierfür dolus eventualis genügen zu lassen, nicht entgegensteht.

(2) Vereinbarkeit mit der Wortlautgrenze

Auch wenn nach der hier vertretenen Ansicht diese Interpretation des Sportwettbezugs nahezu alle aufgezeigten Probleme lösen würde, so kann dennoch

---

1255 Dazu: *Lenckner* NJW 1967, 1890, 1894.

1256 In diese Richtung, da auf die Vorverlagerung der Strafbarkeit abstellend: *Leckner* NJW 1967, 1890, 1894; *Roxin* Strafrecht AT I § 12 Rn. 16.

1257 Vgl. S/S-*Heine/Schuster* § 267 StGB Rn. 91; MüKo-*Erb* § 267 StGB Rn. 209.

1258 Diese Ausführungen sollen nicht den Anspruch erheben, einen verallgemeinernden Maßstab zur Bestimmung der Vorsatzform des Absichtsbegriffs gefunden zu haben, sondern lediglich den scheinbaren Widerspruch auflösen, dass beim Betrugstatbestand die Vorsatzform der überschießenden Innentendenz trotz ähnlichen Wortlauts anders zu bestimmen ist als nach dem hier vertretenen Verständnis beim Sportwettbetrug.

1259 So in Bezug auf den professionellen Fälscher: S/S-*Heine/Schuster* § 267 StGB Rn. 91; vgl. dazu auch *Lenckner* NJW 1967, 1890, 1891, der dafür eintritt, zur Bestimmung der Vorsatzform beim Absichtsbegriff jeweils auf den Sinn und Zweck der Vorschrift abzustellen.

nicht ignoriert werden, dass der Wortlaut der Norm de lege lata eindeutig gegen eine Interpretation als besonderes subjektives Merkmal spricht. Um dem Bestimmtheitsgrundsatz des Art. 103 II GG gerecht zu werden, müsste der Wortlaut der Norm richtigerweise umgeschrieben werden. Konsequent würde etwa eine Anlehnung an die Formulierung der Urkundenfälschung erscheinen. Demnach müsste der Bezug zur Sportwette sprachlich anders in den Tatbestand eingebettet werden. Neben der Formulierung „um ... zu" kommt etwa auch die Einleitung „in der Absicht, dass" in Betracht[1260].

c. Rechtswidriger Vermögensvorteil

aa. Dogmatische Einordnung

Weiterhin nennt der Sportwettbezug des § 265c Abs. 1 StGB einen rechtswidrigen Vermögensvorteil als tatbestandliche Voraussetzung. Konsequenterweise versteht der Gesetzgeber auch diesen als Teil der objektiven Unrechtsvereinbarung, wobei jedoch nicht erforderlich ist, dass es zu einer Auszahlung des Wettgewinns oder auch nur zur Wettsetzung kommt[1261]. Demzufolge müsste nach dessen Verständnis für eine Verwirklichung des Tatbestands eine objektive Einigung von Geber und Nehmer über die Erlangung eines Vermögensvorteils und die Rechtswidrigkeit desselben stattfinden.

Dies kann nach der hier vertretenen Auffassung nach dem eben Ausgeführten nicht gelten. Sofern man den Sportwettbezug als besonderes subjektives Merkmal versteht, ist auch die Absicht, einen rechtswidrigen Vermögensvorteil aus einer Sportwette zu erlangen, ein Teil dessen[1262]. Hierzu sei erwähnt, dass, sofern das Strafgesetzbuch von rechtswidrigen Vermögensvorteilen spricht, diese in aller Regel subjektives Tatbestandsmerkmal sind. So verhält sich dies etwa beim Betrug[1263] oder bei der Erpressung[1264].

bb. Auslegung der Rechtswidrigkeit

Der Gesetzgeber unternimmt darüber hinaus einige Konkretisierungsversuche, um näher darzulegen, in welchen Fällen die Rechtswidrigkeit des Vermögensvorteils vorliegen soll. Zufallsgewinne von Personen, die hinsichtlich

---

1260 Vgl. dazu den Formulierungsvorschlag S. 270 f.

1261 BT-Drs. 18/8831 S. 17; zustimmend: *Rübenstahl* JR 2017, 264, 278.

1262 Vgl. *Fischer* § 265c StGB Rn. 27.

1263 BGHSt 3, 123; 4, 106; 42, 268; 48, 322; BGH NStZ 2003, 663, 664; *Fischer* § 263 StGB Rn. 194.

1264 BGHSt 3, 99; 4, 105; BGH NStZ 1998, 299; *Fischer* § 253 StGB Rn. 40.

der Manipulation arglos sind, genügen jedenfalls nicht für die Tatbestandsverwirklichung[1265]. Die Rechtswidrigkeit sei hingegen dann zu bejahen, wenn „der Wettteilnehmer selbst oder durch seine Vermittler bei der Abgabe einer Wette gegenüber dem Wettanbieter konkludent der Wahrheit zuwider erklärt hat, dass der Verlauf oder der Ausgang der gewetteten Spiele von ihnen nicht beeinflusst werden soll"[1266].

Mit dieser Umschreibung lehnt der Gesetzgeber die Bestimmung der Rechtswidrigkeit des Vermögensvorteils an eine Betrugsstrafbarkeit an[1267]. Mit anderen Worten, die Rechtswidrigkeit wäre jedenfalls dann gegeben, wenn sich der den Wettschein Abgebende im konkreten Einzelfall des Betrugs strafbar machen würde[1268].

Diese betrugsspezifische Auslegung erscheint auf den ersten Blick sinnvoll. Die Einordnung in den 22. Abschnitt[1269] und die Entstehungsgeschichte der Norm rücken den Tatbestand und damit auch seine einzelnen Merkmale in die systematische und historische Nähe des Betrugstatbestands. Darüber hinaus schafft diese Anlehnung ein gewisses Maß an Rechtssicherheit. Denn damit steht in jedem Fall fest, dass in den vom Bundesgerichtshof als Betrug qualifizierten Begehungsweisen auch ein rechtswidriger Vermögensvorteil im Sinne des § 265c StGB vorliegt. Ob diese Fälle der Betrugsstrafbarkeit jedoch die Rechtswidrigkeit des Vermögensvorteils im Sinne des § 265c StGB abschließend umreißen, lässt der Gesetzgeber offen[1270]. Hierbei erscheinen vor allem zwei Konstellationen relevant, die näher erläutert werden sollen:

Zunächst wurde bereits die Frage aufgeworfen, ob auch der Fall des Informationsvorsprungs bei Sportwetten[1271] bezüglich einer Manipulation erfasst werden könnte[1272]. Dies ist vor dem Hintergrund relevant, als dass der Bundesgerichtshof in diesem Fall die Betrugsstrafbarkeit verneinte, was mit der Begründung geschah, dass der Versuch, einen Informationsvorsprung auszunutzen, lediglich zum allgemeinen Geschäftsrisiko bei Wetten zählt und daher folgerichtig auch straflos bleiben muss[1273]. In der Regel dürfte sich diese Problematik aber

1265 BT-Drs. 18/8831 S. 17.

1266 BT-Drs. 18/8831 S. 17.

1267 So auch: *Bittmann/Nuzinger/Rübenstahl* Beck-OK § 265c StGB Rn. 71 f.; *Rübenstahl* JR 2017, 264, 278.

1268 So deutet dies auch *Krack* ZIS 2016, 540, 548.

1269 *Bittmann/Nuzinger/Rübenstahl* Beck-OK § 265c StGB Rn. 71.

1270 Der Gesetzgeber spricht ausdrücklich von „jedenfalls dann", BT-Drs. 18/8831 S. 17.

1271 BGH wistra 2014, 269.

1272 *Krack* ZIS 2016, 540, 548 f.; *ders.* wistra 2017, 289, 295.

1273 BGH wistra 2014, 269, 270.

gar nicht stellen. Denn kennzeichnend für diese Fallkonstellation war gerade, dass der Wettende das Sonderwissen zufällig erhalten hat. Daraus ist zu folgern, dass weder er noch eine aus seiner Sphäre stammende Person die Bestechungshandlung vorgenommen hat, womit also die Verwirklichung des § 265c StGB ohnehin nicht in Betracht kommt.

In der zweiten Fallkonstellation kommt die dargestellte Zweiaktigkeit des Sportwettbetrugs zum Tragen. Denkbar wäre es, dass ein potenzieller Wettbetrüger in zeitlicher Reihenfolge *zuerst* die Sportwette abschließt, wobei er in diesem Zeitpunkt noch gar nicht vorhat zu manipulieren, und erst *danach* die Manipulationshandlung veranlasst, indem er an einen Nehmer herantritt[1274]. Das Delikt zwingt die beiden Handlungsakte nicht in eine bestimmte Reihenfolge[1275]. Nun ergibt sich bei einer streng betrugsorientierten Auslegung folgendes Problem: Der Täter müsste für eine betrugsrelevante Täuschung dem Mitarbeiter im Wettbüro konkludent wahrheitswidrig erklären, dass er das Spiel nicht manipuliert hat. Da er zu diesem Zeitpunkt aber noch gar nicht vorhatte, einen Sportler, Trainer oder Schiedsrichter zur Manipulation zu bewegen, ist seine Erklärung insofern nicht wahrheitswidrig. Demzufolge läge mangels Täuschung auch keine Betrugsstrafbarkeit vor[1276]. Bei einer rein betrugsorientierten Auslegung wäre damit auch eine Strafbarkeit nach § 265c StGB mangels rechtswidrigem Vermögensvorteil ausgeschlossen.

Dies kann – obwohl es in der Begründung nicht ausdrücklich angesprochen wird – nicht dem Willen des Gesetzgebers entsprechen. Ein Motivationsgrund zur Neuschaffung der Norm war es gerade auch, die Strafbarkeitslücken, die eine Lösung über den Betrug offenbarte, zu schließen[1277]. Vielmehr gilt es an dieser Stelle, die zweiaktige Tatbestandskonstruktion des Delikts zu verstehen und daraus sachgerechte Rückschlüsse auf die Auslegung bestimmter

---

1274 *Krack* wistra 2017, 289, 295.

1275 Freilich wird diese Begehungsweise eher die Ausnahme als die Regel sein. Wer professionell manipulieren will, wird in aller Regel zuerst die Manipulationshandlung vornehmen. Es ist risikoreicher, zuerst einen (unter Umständen sehr hohen) Geldbetrag auf den Ausgang eines Sportereignisses zu setzen, während man noch nicht sicher sein kann, ob der Nehmer auch tatsächlich bereit ist zu manipulieren, als umgekehrt vorzugehen. Damit erscheint die vorangehende Manipulation wirtschaftlich sinnvoller. Dennoch ist diese Herangehensweise nicht ausgeschlossen.

1276 Vgl. nochmals die Rechtsprechung des Bundesgerichtshofs: BGHSt 29, 165; BGHSt 51, 165.

1277 BT-Drs. 18/8831 S. 11.

Tatbestandsmerkmale zu ziehen. Im vorliegenden Fall kann also der Verweis des Gesetzgebers auf die Betrugsstrafbarkeit nicht abschließend gemeint gewesen sein[1278].

Damit bleibt zu klären, nach welchem Maßstab die Rechtswidrigkeit des Vermögensvorteils beurteilt werden soll. Denkbar wäre, an die manipulationsbedingte Verschiebung der Wettquoten anzuknüpfen. Demnach wäre ein Vermögensvorteil dann rechtswidrig, wenn er aus dem Abschluss einer öffentlichen Sportwette auf einen Wettbewerb resultiert, bei welchem auf die Gewinnchancen der teilnehmenden Mannschaften von einer im Lager des Wettteilnehmenden stehenden Person manipulativ Einfluss genommen wurde, ohne dass der Wettanbieter darauf mit einer Anpassung der Quoten reagieren konnte. Der maßgebliche Zeitpunkt für die Beurteilung muss dabei das Stattfinden des Wettbewerbs und nicht der Abschluss der Sportwette sein. Damit wären alle Fallkonstellationen erfasst, die der Gesetzgeber mit einer betrugsnahen Auslegung erfassen wollte[1279]. Jedoch stellen sich nicht alle Probleme, die im Rahmen der Betrugsrechtsprechung zu überwinden waren[1280], und es werden unliebsame Strafbarkeitslücken geschlossen.

cc. *Erfordernis der Stoffgleichheit*

Weder der Wortlaut der Norm noch die Gesetzesbegründung klären die Frage, ob eine Stoffgleichheit zwischen dem nicht notwendigerweise einzutretenden Vermögensschaden und dem jedenfalls erstrebten Wettgewinn bestehen muss. Geht man von einer betrugsnahen Auslegung aus, so wäre es nicht abwegig, die Stoffgleichheit zur Voraussetzung zu erklären[1281].

Möglicherweise kann man aus den Erklärungen des Gesetzgebers Rückschlüsse darauf ziehen, wie genau das Tatbestandsmerkmal vorliegend auszulegen ist. In diesem Kontext ist ein wichtiges Indiz, dass der Gesetzgeber ausdrücklich auch das Vermögen der anderen Wettteilnehmer schützen will[1282]. Es gilt daher zu prüfen, ob zwischen dem potenziellen Vermögensvorteil des Täters und dem potenziellen Vermögensnachteil der redlichen Wettenden das

---

1278 So im Ergebnis wohl auch *Krack* wistra 2017, 289, 295.

1279 Ähnlich und auch überzeugend: S/S-*Perron* § 265c StGB Rn. 19: demnach soll es maßgeblich darauf ankommen, ob der Wettanbieter nach dem für ihn geltenden nationalen Recht die Gewinnauszahlung aufgrund der Manipulation verweigern kann.

1280 Vgl. dazu: *Bittmann/Nuzinger/Rübenstahl* Beck-OK § 265c StGB Rn. 73.

1281 *Bittmann/Nuzinger/Rübenstahl* Beck-OK § 265c StGB Rn. 74.

1282 BT-Drs. 18/8831 S. 10.

Kriterium der Stoffgleichheit überhaupt vorliegen könnte. Wenn dies nämlich nicht der Fall wäre, könnte das Delikt nie zu deren Lasten verwirklicht sein, wodurch das Fordern dieses Kriteriums in einem gewissen Widerspruch zur Erklärung des Gesetzgebers stünde, auch deren Vermögensschutz gewährleisten zu wollen.

Im Allgemeinen wird für das Vorliegen von Stoffgleichheit gefordert, dass der Täter den Vermögensvorteil unmittelbar aus dem Vermögen des Geschädigten anstreben muss, sodass der Vermögensvorteil letztlich die Kehrseite des Schadens darstellt[1283]. Nun könnte man davon ausgehen, dass es dem Täter gerade darauf ankommt, die Wetteinsätze der anderen Wettteilnehmer, aus welchen der Wettgewinn bei lebensnaher Betrachtung jedenfalls mitfinanziert wird, seinem Vermögen einzuverleiben. Diese Betrachtung würde aber im vorliegenden Fall zu kurz greifen. Anstatt dieser doch recht floskelhaften Formulierung der „Kehrseite des Schadens“ könnte man die Figur der Stoffgleichheit auch als Unmittelbarkeitsprinzip betrachten[1284]. Dies meint letztlich, dass Identität zwischen den Verfügungsobjekten vorliegen muss. Der Verfügungsgegenstand, welcher beim Opfer das Vermögen mindert, muss eben der sein, welcher beim Täter zur Bereicherung führt[1285]. Entscheidend sei daher, dass der Verfügungsgegenstand nach dem Willen des Täters direkt aus dem Vermögen des Opfers in das Vermögen des Täters übergeht[1286].

Dies ist beim Vermögensschaden des Wettteilnehmers aber nicht der Fall. Der Verfügungsgegenstand, der Wetteinsatz, geht vom Opfer in das Vermögen des Wettanbieters über. Der Wettgewinn des Täters speist sich aber ausschließlich aus dem Vermögen des Wettanbieters. Dieses besteht im vorliegenden Fall dann zufällig auch aus den Wetteinnahmen des gutgläubigen Wettteilnehmers. Das ändert jedoch nichts daran, dass es in der Folge an der Unmittelbarkeit der Vermögensverfügung fehlt, was durch folgende Kontrollüberlegung bewiesen wird: Wenn der gutgläubige Wettteilnehmer seine Wette nicht abgeschlossen hätte, wäre die Bereicherung beim Täter dennoch eingetreten. Der Wettanbieter hat bereits vorab einkalkuliert, mögliche Wettgewinne ausbezahlen zu können, unabhängig davon, ob der einzelne gutgläubige Wettteilnehmer seine Wette abschließt oder nicht. Das Vermögen des Wettanbieters wäre nur durch

1283 BGHSt 6, 115; BGH NStZ 1998, 85; BGH NStZ 2003, 264; S/S-*Perron* § 263 StGB Rn. 168.
1284 *Jäger* JuS 2010, 761, 765.
1285 *Jäger* JuS 2010, 761, 765.
1286 *Jäger* JuS 2010, 761, 765.

die zusätzlichen Wetteinnahmen des einzelnen gutgläubigen Wettteilnehmers wieder entlastet worden, diese Einnahmen fließen aber keineswegs direkt in das Vermögen des Täters. Durch die Zwischenschaltung des Wettanbieters kann also nie Stoffgleichheit zwischen dem Schaden des Wettteilnehmers und der Bereicherung des Täters bestehen. Wenn der Gesetzgeber ausdrücklich einen Personenkreis unter den Schutz eines Delikts stellen will, kann man davon ausgehen, dass er nicht durch die Auslegung eines Tatbestandsmerkmals verhindern will, dass das Delikt jemals zulasten dieses Personenkreises verwirklicht wird. Denn in diesem Fall würde der Vermögensschaden der redlichen Wettteilnehmer auch nie im Rahmen der Strafzumessung Berücksichtigung finden. Diese Überlegungen sprechen im Ergebnis dafür, dass der Gesetzgeber die Verwirklichung des Delikts nicht von dem Kriterium der Stoffgleichheit abhängig machen wollte.

dd. Fazit

Der Gesetzgeber versteht das Merkmal der Rechtswidrigkeit also wohl als Korrektiv, um die von § 265c StGB erfassten Verhaltensweisen in etwa denen des Betrugstatbestands anzupassen. Dementsprechend gehen der Gesetzgeber selbst und auch Teile der Literatur von einer sehr betrugsorientierten Auslegung des Merkmals der Rechtswidrigkeit aus. Dieser Auslegung kann aber nicht vollends zugestimmt werden. Die von § 265c StGB erfassten Verhaltensweisen müssen über die des Betrugstatbestands hinausgehen, um entsprechende Strafbarkeitslücken zu schließen. Darüber hinaus kann man aus der Erklärung des Gesetzgebers schließen, dass er auch die Vermögensschäden der redlichen Wettteilnehmer berücksichtigt sehen möchte. Dies spricht gegen das Erfordernis eines zusätzlichen Kriteriums der Stoffgleichheit, da dieses im Verhältnis zum Vermögen der Wettteilnehmer nie vorliegen und damit deren erlittener Schaden nie ins Gewicht fallen würde.

d. Die Relevanz des inneren Vorbehalts des Vorteilsnehmers

Eine bisher umstrittene Frage ist die Relevanz des inneren Vorbehalts des Nehmers. Gemeint ist die Konstellation, in welcher der Vorteilsnehmer sich insgeheim vorbehält, das Spielgeschehen nicht zu manipulieren. Dieser Sachverhalt wird auch bei anderen bekannten Korruptionsdelikten diskutiert und von Literatur und Rechtsprechung stets dahingehend beurteilt, dass er den Abschluss einer Unrechtsvereinbarung nicht zu hindern vermag und daher einer Strafbarkeit nicht im Wege steht[1287]. Der Gesetzgeber erklärt auch für den § 265c StGB

1287 Vgl. etwa zum Beispiel des § 331 StGB: BGH NJW 2004, 3569, 3571; S/S-*Heine/Eisele* § 331 StGB Rn. 36.

einen Vorbehalt des Nehmers, die Manipulationshandlung nicht vorzunehmen, für irrelevant[1288]. Dazu wird ausgeführt, dass maßgeblich für die Beurteilung der Strafbarkeit nicht der innere Vorbehalt, sondern der vom Vorsatz umfasste Erklärungswert des Verhaltens des Nehmers ist[1289].

Zunächst erfährt der Gesetzgeber in dieser Erklärung aus Teilen der Literatur Zustimmung, wobei sich im Wesentlichen dessen Begründung angeschlossen wird[1290]. Dabei wird insbesondere auch auf den Wortlaut Bezug genommen, der für die Unrechtsvereinbarung auf Geberseite neben der Manipulation nur noch den Sportwettbezug beinhalte. Diesen Voraussetzungen sei auch im Falle eines inneren Vorbehalts Genüge getan[1291]. Dieser Ansicht kann insofern auch nicht widersprochen werden, als auch im Falle des inneren Vorbehalts der Sportwettbezug vom objektiven Erklärungswert umfasst sein kann. Jedoch beschränkt diese Begründung ihre Ausführungen lediglich darauf, zu erörtern, dass trotz inneren Vorbehalts des Nehmers eine *Unrechtsvereinbarung* geschlossen werden kann. Dies trifft unstrittig zu, auch wenn man entgegen der hier vertretenen Ansicht den Sportwettbezug als Teil der objektiven Unrechtsvereinbarung betrachten will.

Richtigerweise wird das Problem des inneren Vorbehalts im Rahmen des § 265c StGB jedoch erst im subjektiven Tatbestand relevant. Dazu wurde angeführt, dass es einem Nehmer, der weiß, dass er den Wettbewerb nicht manipulieren wird, zwangsläufig an der Vorstellung fehlt, dass infolge einer Manipulation ein rechtswidriger Vermögensvorteil aus einer auf diesen Wettbewerb bezogenen Sportwette entstehen kann[1292].

aa. Konkretisierung des Vorsatzbezugspunktes

Dies wäre zutreffend, wenn der Bezugspunkt des Vorsatzes des Vorteilnehmers der wäre, dass infolge der Manipulation grundsätzlich ein rechtswidriger Vermögensvorteil aus einer auf den manipulierten Wettbewerb bezogenen Sportwette resultieren kann. Denn wenn der Nehmer weiß, dass er nicht manipulieren wird, hat er sicheres Wissen, dass keine manipulationsbedingte Verschiebung der Wettquoten und damit letztlich auch kein rechtswidriger Vermögensvorteil

1288 BT-Drs. 18/8831 S. 16.

1289 BT-Drs. 18/8831 S. 16.

1290 *Rübenstahl* JR 2017, 264, 274; Lackner/Kühl-*Heger* § 265c StGB Rn. 12.

1291 Lackner/Kühl-*Heger* § 265c StGB Rn. 12.

1292 *Krack* ZIS 2016, 540, 549; zustimmend: MüKo-*Schreiner* § 265c StGB Rn. 31; a. A. *Rübenstahl* JR 2017, 264, 274.

für den Vorteilsgeber entstehen wird. Dieses Wissen schließt dolus eventualis in Bezug auf den Eintritt eines rechtswidrigen Vermögensvorteils aus.

Jedoch unterliegt diese Schlussfolgerung einer Fehlannahme darüber, was eigentlich Bezugspunkts des Vorsatzes des Vorteilsnehmers ist. Der Gesetzgeber äußert sich dazu wie folgt: „Der Vorteilnehmer muss zumindest damit rechnen und es billigend in Kauf nehmen, dass seine Manipulationshandlung für eine betrügerische Wettsetzung genutzt werden soll.“[1293] Daraus lässt sich ableiten, dass der Gesetzgeber nicht die Möglichkeit des Eintritts eines rechtswidrigen Vermögensvorteils zum Bezugspunkt des Vorsatzes des Nehmers macht, sondern allein die Ausnutzungsabsicht des Vorteilgebers, einen solchen Vermögensvorteil mittels einer betrügerischen Wettsetzung zu erlangen[1294].

Dass der Geber die (eingeforderte) Manipulationshandlung des Nehmers für eine betrügerische Wettsetzung ausnutzen will, kann der Nehmer aber trotz seines inneren Vorbehalts, die Manipulationshandlung niemals durchführen zu wollen, erkennen und billigend in Kauf nehmen[1295]. Damit kann der Vorteilnehmer auch im Fall des inneren Vorbehalts dolus eventualis aufweisen. Folglich steht dieser einer Strafbarkeit des Nehmers nicht entgegen und ist grundsätzlich unbeachtlich[1296].

Dieses Ergebnis steht dann im Einklang mit der Lösung dieser Fallkonstellation bei den anderen Korruptionsdelikten, wo der innere Vorbehalt des Nehmers ebenfalls die Strafbarkeit nicht auszuschließen vermag. Als maßgebliches Argument dient bei diesen der zutreffende Umstand, dass bereits durch den Anschein der Käuflichkeit ein Schutzgut des Delikts verletzt wird und daher von einer Strafbarkeit nicht abgesehen werden kann[1297]. Insofern ergibt sich beim Sportwettbetrug grundsätzlich keine andere Situation als bei den anderen Korruptionsdelikten. Die Integrität des Sports wird bereits durch den Eindruck der Käuflichkeit des Sportlers oder Trainers berührt[1298].

1293 BT-Drs. 18/8831 S. 17.

1294 Ähnlich: *Rübenstahl* JR 2017, 264, 274.

1295 Vgl. *Rübenstahl* JR 2017, 264, 273 f.

1296 Im Ergebnis ebenso aber mit teilweise abweichenden Begründungen: *Bittmann/Nuzinger/Rübenstahl* Beck-OK § 265c StGB Rn. 45; *Rübenstahl* JR 2017, 264, 274; Lackner/Kühl-*Heger* § 265c StGB Rn. 12; S/S-*Perron* § 265c StGB Rn. 19; a. A. Krack ZIS 2016, 540, 549; MüKo-*Schreiner* § 265c StGB Rn. 31; *Dittrich* ZWH 2017, 189, 192.

1297 BGH NJW 2004, 3569, 3571.

1298 S/S-*Perron* § 265c StGB Rn. 25.

bb. Möglichkeit einer teleologischen Reduktion

Auch wenn der innere Vorbehalt grundsätzlich dem Vorsatz des Vorteilnehmers nicht entgegensteht, so kann man doch eine Strafbarkeit des Nehmers in eben diesem Fall für verfehlt halten. Durch die Nichtvornahme der Manipulationshandlung schließt der Nehmer eine Gefährdung der Vermögensinteressen der Wettanbieter und der redlichen Wettteilnehmer aus. Damit wird letztlich nur eines der beiden von § 265c StGB geschützten Rechtsgüter gefährdet. Es wurde bereits vorgeschlagen, in den Fällen, in welchen eine Vermögensgefährdung ausgeschlossen ist, eine teleologische Reduktion des Tatbestands vorzunehmen[1299].

Dabei kommt es maßgeblich darauf an, ob der Straftatbestand kumulativ eine Gefährdung beider Rechtsgüter voraussetzt[1300]. Diese Frage bleibt vom Gesetzgeber selbst unbeantwortet. Für diese Annahme wird ins Feld geführt, dass die Integrität des Sports alleine nicht pönalisiert ist[1301], sondern stets nur kumulativ mit der Gefährdung von Vermögensinteressen in der Rechtsgutskonzeption abgebildet wird[1302]. Daraus wird geschlossen, es laufe dem Gesetzgeberwillen zuwider, dass eine alleinige Gefährdung der Integrität des Sports, insbesondere aufgrund deren schwachen Legitimation, an strafrechtliche Rechtsfolgen geknüpft wird[1303]. Dem kann im Ergebnis nicht zugestimmt werden. Es wurde bereits dargelegt, dass die Integrität des Sports ein hinreichend legitimes Universalrechtsgut darstellt. Ferner ist auch nicht davon auszugehen, dass die Integrität des Sports nur nachrangig geschützt werden sollte. Zwar spricht die Positionierung des Delikts im 22. Abschnitt für die Betonung des Vermögensschutzes[1304], dies bedeutet jedoch im Umkehrschluss nicht zwingend, dass der Integritätsschutz zweitrangig sein soll. Gegen diese Annahme spricht bereits der Begründungsaufwand des Gesetzgebers zur Integrität des Sports[1305].

Dies bekräftigt auch die Ausgestaltung des Sportwettbetrugs als Korruptionsdelikt. Der Gesetzgeber entschied sich bei der Neuschaffung des § 265c StGB bewusst für die tatbestandliche Handlungsform der Unrechtsvereinbarung, eine Angriffsform, die unter anderem mit der Intention verwendet wird, zu

---

1299 *Bittmann/Nuzinger/Rübenstahl* Beck-OK § 265c StGB Rn. 10.

1300 *Bittmann/Nuzinger/Rübenstahl* Beck-OK § 265c StGB Rn. 10.

1301 *Bittmann/Nuzinger/Rübenstahl* Beck-OK § 265c StGB Rn. 10.

1302 Auch im Rahmen des § 265d StGB bezieht sich der Gesetzgeber auf Vermögensinteressen, vgl. BT-Drs. 18/8831 S. 20.

1303 *Bittmann/Nuzinger/Rübenstahl* Beck-OK § 265c StGB Rn. 10; *Rübenstahl* JR 2017, 264, 269.

1304 *Bittmann/Nuzinger/Rübenstahl* Beck-OK § 265c StGB Rn. 10.

1305 *Kubiciel* WiJ 2016, 256, 261.

vermeiden, dass der Eindruck der Käuflichkeit des Vorteilnehmers das Vertrauen in ein bestimmtes System gefährdet[1306]. Die Wahl dieser Ausgestaltungsart legt nicht nahe, dass die Integrität des Sports nur die „kleine Schwester des Vermögens"[1307] sein soll, sondern im Gegenteil, dass sie in den Überlegungen des Gesetzgebers eine solch zentrale Rolle einnimmt, dass die Tatbestandsstruktur maßgeblich auf deren Gefährdung abgestimmt wurde. Der Gesetzgeber knüpft die Strafbarkeit damit primär an die Gefährdung der Integrität des Sports, während die Gefährdung von Vermögensinteressen zu diesem Zeitpunkt nur intendiert sein muss[1308]. Allein den Wegfall Letzterer für eine teleologische Reduktion des Tatbestands heranzuziehen kann daher im Ergebnis nicht genügen.

Damit kann die Gefährdung der Integrität des Sports selbst bei Ausschluss der Gefährdung von Vermögensinteressen nicht unbeachtet bleiben. Somit ist im Ergebnis eine teleologische Reduktion im Falle des Ausschlusses des inneren Vorbehalts des Vorteilnehmers abzulehnen.

cc. Sonderproblem: Anwendbarkeit der Teilnahmevorschriften

Wenn man von der hier vertretenen Ansicht ausgeht, dann gelangt man zu dem Ergebnis, dass der innere Vorbehalt des Nehmers keine Auswirkungen auf dessen Strafbarkeit hat. Der Nehmer verwirklicht den Tatbestand des § 265 Abs. 1 StGB, welcher auch nicht teleologisch reduziert werden darf. Sofern man dieser Ansicht nicht folgen und den inneren Vorbehalt des Nehmers als relevant betrachten will[1309], gelangt man zu dem Ergebnis, dass der Geber nach § 265c Abs. 2 StGB strafbar sein kann, während der Nehmer gemäß § 265c Abs. 1 StGB straffrei bleibt. Darin liegt eine Durchbrechung der Symmetrie der Strafbarkeiten von Geber und Nehmer[1310], die für Bestechungsdelikte eigentlich untypisch ist[1311]. Es wurde deshalb die Folgefrage aufgeworfen, ob diese Durchbrechung zu einer Anwendbarkeit der Teilnahmevorschriften führen könnte[1312]. Da diese Frage

---

1306 Vgl. dazu im Kontext des § 331 StGB: BGHSt 15, 88, 91; 49, 275, 283; LK-*Sowada* § 331 StGB Rn. 61.

1307 *Tsambikakis* StV 2018, 319, 323.

1308 Der tatsächliche Abschluss einer Sportwette ist gerade nicht gefordert, BT-Drs. 18/8831 S. 17.

1309 *Krack* ZIS 2016, 540, 549; MüKo-*Schreiner* § 265c StGB Rn. 31; *Dittrich* ZWH 2017, 189, 192.

1310 Vgl. MüKo-*Schreiner* § 265c StGB Rn. 31.

1311 *Krack* ZIS 2016, 540, 549.

1312 *Krack* ZIS 2016, 540, 549.

bisher nicht abschließend geklärt ist, soll ihr hier nachgegangen werden, auch wenn sie sich aus den genannten Gründen nach meiner Ansicht nicht stellt.

Im Kern der Überlegung steht folgende Frage: Sollte also der gemäß § 265c Abs. 1 StGB straflose Vorteilsnehmer wegen Beteiligung an der Haupttat, welche die Verwirklichung des § 265c Abs. 2 StGB durch den Geber darstellt, bestraft werden?[1313] Der den Korruptionsdelikten zugrunde liegenden Systematik nach zu urteilen, könnte diese Frage verneint werden. Hintergrund dessen ist die Annahme, dass aufgrund der parallelen Formulierung der Bestechungstatbestände angenommen wird, dass diese eine abschließende Regelung für Geber und Nehmer darstellen können[1314]. Falls es sich auch bei § 265c StGB jeweils um abschließende Regelungen handeln sollte, würden diese eine Sperrwirkung gegenüber den Teilnahmevorschriften auslösen[1315]. Damit würde sich ein Rückgriff auf die Teilnahmevorschriften grundsätzlich verbieten, weil dieser zur Anwendbarkeit der Straftatbestände des Gegenübers führen und damit eine Umgehung gesetzgeberischer Wertungen darstellen würde[1316].

Grundvoraussetzung dafür wäre zunächst, dass es sich bei den in § 265c StGB enthaltenen Straftatbeständen um spiegelbildlich ausgestaltete handelt[1317]. Dies ist mit Blick auf die einzelnen Tatbestände zu bejahen. Sowohl § 265c Abs. 1 und Abs. 2 als auch § 265c Abs. 3 und Abs. 4 weisen jeweils dieselben Tatbestandsmerkmale mit jeweils spiegelbildlich vertauschten Tätergruppen und Begehungsweisen auf. In seiner Begründung spricht der Gesetzgeber sogar ausdrücklich davon, dass es sich um „spiegelbildlich" ausgestaltete Tatbestände handelt[1318].

Für diese Art der tatbestandlichen Gestaltung kann es mehrere Gründe[1319] geben, wobei nicht jeder dafür spricht, dass die Regelungen als abschließend zu betrachten sind[1320]. So könnte der Grund für die spiegelbildliche Ausgestaltung

---

1313 *Krack* ZIS 2016, 540, 549.

1314 *Joecks/Jäger* vor §§ 331 ff. StGB Rn. 7; Arzt/Weber-*Heinrich* Strafrecht BT § 49 Rn. 45; MüKo-*Korte* § 331 StGB Rn. 213; S/S-*Heine/Eisele* § 331 StGB Rn. 72; LK-*Sowada* § 331 StGB Rn. 136; *ders.* FS-Tiedemann 2008, 273, 283.

1315 LK-*Sowada* § 331 StGB Rn. 136.

1316 LK-*Sowada* § 331 StGB Rn. 136; *ders.* FS-Tiedemann 2008, 273, 283; vgl. *Krack* ZIS 2016, 540, 549.

1317 Vgl. LK-*Sowada* § 331 StGB Rn. 136.

1318 BT-Drs. 18/8831 S. 17, S. 18.

1319 Vgl. ausführlich zu den möglichen Gründen: *Sowada* Die notwendige Teilnahme als funktionales Privilegierungsmodell im Strafrecht S. 122 ff.

1320 Zu beachten ist, dass diese spiegelbildliche und damit voneinander getrennt formulierte Strafbarkeit für zwei Täter keinesfalls zwingend ist. So gibt es weitere Delikte,

etwa schlicht mit der Zielsetzung erfolgen, die Strafbarkeiten nicht mehr dem Akzessorietätsprinzip unterfallen zu lassen[1321]. Beispielhaft soll etwa die aktive Bestechung immer strafbar und nicht lediglich als Teilnahme der Bestechlichkeit erfassbar sein. Dann bliebe sie nämlich mangels rechtswidriger Haupttat immer straflos, sofern der Nehmer das Angebot ablehnt[1322].

Daneben ist die Installation eines sogenannten „Privilegierungsmodells“[1323] der häufigste Grund für die spiegelbildliche Ausgestaltung. Diese Konstruktion beschreibt ein für zwei Parteien ausgestaltetes Strafbarkeitsgebilde, bei dem eine Seite gegenüber der Gegenseite aufgrund gesetzgeberischer Wertungen dergestalt privilegiert sein soll, dass sich ihre Strafbarkeit nicht so weit wie die der Gegenseite erstreckt[1324]. Zu beobachten ist eine solche Besserstellung etwa im Rahmen der §§ 331 ff. StGB. Dort ging der Gesetzgeber früher davon aus, dass die Annahme eines Vorteils seitens des Amtsträgers ein Mehr an Unrecht gegenüber dem Anbieten eines solchen Vorteils durch den Dritten darstellt[1325]. Diese Wertung schlug sich derart im Tatbestand nieder, dass etwa die Gewährung eines nachträglichen Vorteils für eine nicht pflichtwidrige Diensthandlung für den Geber nach § 333 StGB a.F. straflos, für den Nehmer hingegen nach § 331 StGB a.F. strafbar war[1326]. Diese Privilegierung wurde zwar mittlerweile beseitigt. Dennoch ergeben sich mehrere Unterschiede zwischen Geber und Nehmer im Rahmen des § 331 StGB. So sind etwa einige Zuwendungen an ausländische Amtsträger nur für den Geber strafbar[1327]. Diese Unterschiede stellten letztlich gesetzgeberische Wertungen dar und schließen den Rückgriff auf die Teilnahmevorschriften auch nach heutiger Rechtslage aus[1328].

---

bei denen der Gesetzgeber sich bewusst gegen eine solche Ausgestaltung entschieden hat, *Sowada* FS-Tiedemann 2008, 273, 282. Damit muss im Umkehrschluss gelten, dass sich der Gesetzgeber bei der spiegelbildlichen Ausgestaltung von irgendwelchen Motiven hat leiten lassen.

1321 *Sowada* FS-Tiedemann 2008, 273, 282.

1322 *Sowada* FS-Tiedemann 2008, 273, 282; *ders.* Die notwendige Teilnahme als funktionales Privilegierungsmodell im Strafrecht S. 123.

1323 *Sowada* FS-Tiedemann 2008, 273, 283; *ders.* Die notwendige Teilnahme als funktionales Privilegierungsmodell im Strafrecht S. 124.

1324 *Sowada* FS-Tiedemann 2008, 273, 283.

1325 *Sowada* FS-Tiedemann 2008, 273, 283; vgl. BT-Drs. 7/550, S. 274.

1326 *Sowada* FS-Tiedemann 2008, 273, 283; vgl. BT-Drs. 7/550, S. 274.

1327 LK-*Sowada* § 331 StGB Rn. 136.

1328 *Joecks/Jäger* vor §§ 331 ff. StGB Rn. 7; Arzt/Weber-*Heinrich* Strafrecht BT § 49 Rn. 45; MüKo-*Korte* § 331 StGB Rn. 213; S/S-*Heine/Eisele* § 331 StGB Rn. 72; *Sowada* FS-Tiedemann 2008, 273, 284.

Läge im Fall des § 265c StGB die Motivation der spiegelbildlichen Ausgestaltung alleine in dem Bemühen, das Akzessorietätsprinzip keine Anwendung finden zu lassen, so spräche nichts gegen einen Rückgriff auf die Teilnahmevorschriften. Würde hingegen ein Privilegierungsmodell existieren, so wären die Tatbestände des § 265c StGB als zur Wahrung dieser Privilegierungen abschließend zu betrachten, womit sich ein Rückgriff auf die Teilnahmevorschriften verbieten würde. Ob dies der Fall ist, sei stets unter Betrachtung des konkreten Einzelfalls, etwa anhand der beiden in Rede stehenden Parteienkreise zu ermitteln[1329]. Ein etwaig bestehendes Privilegierungsmodell müsste also eine der beiden Tätergruppen des § 265c StGB bevorzugen.

Im Rahmen des § 265c StGB findet sich jedoch kein Ansatzpunkt einer solchen Besserstellung, gleich für welche Seite. Zum einen verwendet der Gesetzgeber bewusst und ausdrücklich identische Täterbegriffe, ohne eine Teilgruppe aus diesen Definitionen für einen bestimmten Fall herauszunehmen, so wie das etwa bei ausländischen Amtsträgern im Rahmen der §§ 331 ff. StGB geschehen ist[1330]. Damit gilt, sofern der Nehmer kein tauglicher Täter ist, kann spiegelbildlich auch nicht strafbar sein, wer als Dritter diesem Nehmer einen Vorteil anbietet.

Darüber hinaus ist zu beachten, dass, sofern der Gesetzgeber auf eine aus dem Tatbestand herausfallende Begehungsweise eingeht, dies für beide Seiten identisch wirkt. So verhält sich dies etwa bei der Gewährung eines nachträglichen Vorteils[1331]. Der Gesetzgeber spricht davon, dass diese „ohnehin nicht erfasst" sind[1332], womit klargestellt wird, dass diese Tatbestandsausnahme keine der beiden Seiten einseitig privilegieren, sondern gerade die Strafbarkeit in Gänze ausschließen soll. Ebenso gilt dies für die nicht tatbestandlichen Zufallsgewinne[1333].

Damit stünden einem Rückgriff auf die Teilnahmevorschriften keine Bedenken entgegen. Solche könnten sich allenfalls hinsichtlich der Abgrenzung zu § 265d StGB ergeben. Der Nehmer, der sich insgeheim vorbehält, nicht zu manipulieren, könnte bei entsprechendem Verständnis Teilnehmer an § 265c Abs. 2 StGB und Täter des § 265d Abs. 1 StGB sein. Dieses Problem ist jedoch auf konkurrenzrechtlicher Ebene zu klären[1334] und vermag nicht die Anwendbarkeit der Teilnahmevorschriften per se zu vereiteln.

1329 *Sowada* FS-Tiedemann 2008, 273, 281 f.
1330 Vgl. LK-*Sowada* § 331 StGB Rn. 136.
1331 BT-Drs. 18/8831 S. 15.
1332 BT-Drs. 18/8831 S. 15.
1333 BT-Drs. 18/8831 S. 17.
1334 Vgl. *Bittmann/Nuzinger/Rübenstahl* Beck-OK § 265c StGB Rn. 85.

Was die Teilnahmevorschriften in Bezug auf außenstehende Dritte angeht[1335], so gilt festzuhalten, dass diese konsequenterweise erst recht Anwendung finden müssen. Wenn das beschriebene Trennungsprinzip bereits für die Parteien der Unrechtsvereinbarung keine Anwendung findet, können diese Grundsätze auch nicht die Teilnahme außenstehender Dritter verhindern[1336]. Dabei bleibt zu beachten, dass es sich bei Abs. 1 ebenso wie bei Abs. 3 des § 265c StGB um Sonderdelikte handelt, wodurch § 28 Abs. 1 StGB Anwendung findet[1337]. Damit ist die Strafe des Teilnehmers zwingend nach § 49 I StGB zu mildern[1338]. Diese Milderung kommt nicht mehr in Betracht, wenn der Täter eines Geberdelikts gleichzeitig Teilnehmer eines Nehmerdelikts ist, ohne das persönliche Merkmal zu erfüllen, da in diesem Fall die Teilnahme am Nehmerdelikt verdrängt wird[1339].

III. Der Regelungsgehalt des § 265c Abs. 2 StGB

1. Täter

Das Gesetz beschränkt den Täterkreis auf der Geberseite nicht wie in Abs. 1 auf einen bestimmten Personenkreis. Tauglicher Täter des § 265c Abs. 2 StGB kann damit jedermann sein. Es handelt sich mithin um ein Jedermann-Delikt[1340] oder ein von jedermann begehbares Allgemeindelikt[1341]. In Betracht kommen richtigerweise auch hier die unmittelbare Täterschaft, mittelbare Täterschaft sowie die Mittäterschaft[1342].

2. Tathandlung

Als Tathandlung des Abs. 2 kommt in Betracht, als Geber einem tauglichen Nehmer einen Vorteil anzubieten, zu versprechen oder zu gewähren. Auch hierbei verweist der Gesetzgeber auf die zu § 299 StGB und den §§ 331 ff. StGB entwickelten Auslegungsgrundsätze[1343].

1335 Vgl. dazu etwa LK-*Sowada* § 331 StGB Rn. 137.

1336 Vgl. dazu LK-*Sowada* § 331 StGB Rn. 137.

1337 *Bittmann/Nuzinger/Rübenstahl* Beck-OK § 265c StGB Rn. 85.

1338 *Bittmann/Nuzinger/Rübenstahl* Beck-OK § 265c StGB Rn. 85; *Berberich* ZfWG 2017, 347, 349.

1339 *Bittmann/Nuzinger/Rübenstahl* Beck-OK § 265c StGB Rn. 85.

1340 *Bittmann/Nuzinger/Rübenstahl* Beck-OK § 265c StGB Rn. 14.

1341 Lackner/Kühl-*Heger* § 265c StGB Rn. 3.

1342 MüKo-*Schreiner* § 265c StGB Rn. 61.

1343 BT-Drs. 18/8831 S. 17.

Unter Anbieten versteht man das auf den Abschluss einer Unrechtsvereinbarung gerichtete Angebot des Vorteilgebers[1344]. Dies stellt eine einseitige Willenserklärung dar, für deren Wirksamkeit Voraussetzung ist, dass das Gegenüber, mithin der Nehmer, Kenntnis erlangt[1345]. Nicht erforderlich ist dabei wiederum, dass das Gegenüber das Angebot versteht[1346] oder gar annimmt[1347]. Nach überzeugender Ansicht wird jedoch gefordert, dass zumindest die Möglichkeit bestehen muss, dass das Gegenüber den Inhalt versteht. Die Erklärung kann zudem sowohl konkludent als auch ausdrücklich erfolgen[1348].

Im Rahmen der Tathandlung des Versprechens ist im Detail umstritten, ob dies ebenfalls eine einseitige Willenserklärung darstellt[1349] oder ob hierfür bereits eine Unrechtsvereinbarung zustande kommen muss, somit also ein Sich-Versprechen-Lassen des Nehmers erforderlich wäre[1350]. Sofern man keine Unrechtsvereinbarung voraussetzt, fände eine Abgrenzung zum Anbieten alleine über den zeitlichen Aspekt statt[1351]. So könne ein gegenwärtiger Vorteil angeboten, ein zukünftiger hingegen versprochen werden[1352]. Überzeugender erscheint hingegen die überwiegende Auffassung zu sein, die eine systematische Lösung anbietet und den Abschluss einer Unrechtsvereinbarung fordert. Damit steht das Versprechen spiegelbildlich dem Sich-Versprechen-Lassen gegenüber[1353], wo parallel ebenfalls der Abschluss einer Unrechtsvereinbarung Voraussetzung ist[1354].

Unter dem Gewähren wird die tatsächliche Zuwendung des Vorteils an den Nehmer verstanden, welche insbesondere auch an einen Mittelsmann erfolgen kann[1355]. Einigkeit besteht auch dahingehend, dass diese Gewährung von einer Willensübereinstimmung der Parteien getragen werden muss[1356]. Umstritten

1344 BGH NStZ 2008, 33, 34; LK-*Sowada* § 333 StGB Rn. 4.

1345 BGHSt 15, 88, 97; MüKo-*Krick* § 299 StGB Rn. 97.

1346 BGHSt 15, 88, 102.

1347 LK-*Sowada* § 333 StGB Rn. 4.

1348 MüKo-*Krick* § 299 StGB Rn. 97; NK-*Dannecker* § 299 StGB Rn. 108.

1349 MüKo-*Korte* § 333 StGB Rn. 13.

1350 LK-*Sowada* § 333 StGB Rn. 8; NK-*Dannecker* § 333 StGB Rn. 5; Lackner/Kühl-*Heger* § 333 StGB Rn. 3.

1351 Vgl. LK-*Sowada* § 333 StGB Rn. 8.

1352 MüKo-*Korte* § 333 StGB Rn. 12.

1353 LK-*Sowada* § 333 StGB Rn. 8.

1354 BGH NStZ-RR 2002, 272, 274.

1355 BGHSt 43, 270, 275; LK-*Sowada* § 333 StGB Rn. 9; NK-*Kuhlen* § 333 Rn. 6.

1356 BGHSt 15, 184, 185; MüKo-*Korte* § 333 StGB Rn. 15; LK-*Sowada* § 333 StGB Rn. 9; NK-*Kuhlen* § 333 StGB Rn. 6.

ist hingegen, wie weit sich diese erstrecken soll. Während die Rechtsprechung genügen lassen will, dass sich diese auf die Erlangung des Vorteils bezieht[1357], fordert die überwiegende Ansicht in der Literatur, dass der Vorteil der Erfüllung der Unrechtsvereinbarung dienen muss[1358]. Dieser Streit hat aber für die Praxis insofern keinerlei Auswirkungen, da ohnehin im Fall, in welchem der Nehmer den Vorteil seiner Vorstellung nach nicht für die Gegenleistung der Unrechtsvereinbarung annimmt, ein konkludentes Anbieten seitens des Gebers vorliegen dürfte[1359].

3. Unrechtsvereinbarung

Spiegelbildlich zu Absatz 1 fordert auch Absatz 2 das Vorliegen einer zumindest intendierten Unrechtsvereinbarung. Auch hier muss der Vorteil dafür angeboten, versprochen oder gewährt werden, dass der Nehmer den Verlauf oder das Ergebnis eines Wettbewerbs des organisierten Sports zugunsten des Wettbewerbsgegners beeinflussen und infolgedessen ein rechtswidriger Vermögensvorteil durch eine auf diesen Wettbewerb bezogene öffentliche Sportwette erlangt werden soll.

Alle zu Absatz 1 gemachten Ausführungen gelten hier entsprechend, insbesondere die Problematik des Umstands, dass nach hier vertretener Ansicht der Bezug zur Sportwette kein Teil der Unrechtsvereinbarung, sondern ein besonderes subjektives Merkmal des Gebers ist. Vereinzelt wird vorgeschlagen, in den Absätzen 2 und 4 bezüglich der auf die Unrechtsvereinbarung bezogenen Vorsatzform Absicht, mithin also dolus directus 1. Grades zu fordern[1360]. Dafür findet sich aber aktuell weder ein Anhaltspunkt im Wortlaut der Norm noch in der Begründung des Gesetzgebers[1361].

1357 BGHSt 15, 184, 185.

1358 LK-*Sowada* § 333 StGB Rn. 9; NK-*Kuhlen* § 333 StGB Rn. 6; S/S-*Heine/Eisele* § 333 StGB Rn. 5.

1359 LK-*Sowada* § 333 StGB Rn. 9; MüKo-*Korte* § 333 StGB Rn. 15; *Fischer* § 333 StGB Rn. 4.

1360 Lackner/Kühl-*Heger* § 265c StGB Rn. 13; Dieser Vorschlag soll später noch einmal aufgegriffen werden, vgl. dazu: S. 270 ff.

1361 Vgl. dazu auch MüKo-*Schreiner* § 265c StGB Rn. 42.

IV. Der Regelungsgehalt des § 265c Abs. 3 StGB

1. Täter

Täter des § 265c Abs. 3 StGB können nur Schieds-/, Wertungs-/ oder Kampfrichter sein. Parallel zu Absatz 1 normiert Absatz 3 also wieder die Strafbarkeit des Nehmers. Der einzige Unterschied besteht insofern darin, dass es sich nun um eine andere Tätergruppe handelt. Damit stellt § 265c Abs. 3 StGB wiederum ein Sonderdelikt dar[1362]. Ansonsten kann auf die vorangegangenen Ausführungen verwiesen werden.

2. Tathandlung

Die Tathandlungen umfassen das Fordern, Sich-Versprechen-Lassen oder Annehmen eines Vorteils und sind insofern identisch mit den Tathandlungen des Absatz 1. Die hierzu gemachten Ausführungen gelten uneingeschränkt.

3. Unrechtsvereinbarung

Während die Unrechtsvereinbarung der ersten beiden Absätze identisch ausgestaltet war, ergeben sich im Rahmen des dritten Absatzes deutliche Abweichungen. Nach Absatz 3 ist strafbar, wer als tauglicher Täter einen Vorteil für sich oder einen Dritten dafür fordert, dass er den Verlauf oder das Ergebnis eines Wettbewerbs des organisierten Sports in regelwidriger Weise beeinflusse und infolgedessen ein rechtswidriger Vermögensvorteil durch eine auf diesen Wettbewerb bezogene öffentliche Sportwette erlangt werde.

Gegenstand der Unrechtsvereinbarung muss nach Erklärung des Gesetzgebers eine Beeinflussung des Sportwettbewerbs sein, die gerade *in regelwidriger Weise* erfolgen soll. Dass diese Modifizierung im Vergleich zu den ersten beiden Absätzen erfolgen muss, ist logisch. Da die Tätergruppe hier im Gegensatz zum Trainer oder Sportler eine ist, die in keinem der beiden Mannschaftslager steht, mithin neutral sein soll, kann sie denknotwendigerweise auch nicht *zugunsten des Gegners* manipulieren.

Zur Konkretisierung dieses Begriffs nimmt der Gesetzgeber in seiner Erklärung auf die Regeln der Sportorganisationen Bezug. Schließlich erstreckt sich gemäß Absatz 5 der sachliche Anwendungsbereich der Norm nur auf diese Wettbewerbe, bei denen Regeln einzuhalten sind, die von nationalen oder internationalen Sportorganisationen mit verpflichtender Wirkung für ihre Mitglieder

---

1362 Lackner/Kühl-*Heger* § 265c StGB Rn. 3.

aufgestellt wurden[1363]. Regelwidrig sind demnach nur die Entscheidungen, die nicht im Einklang mit diesen aufgestellten Regeln stehen[1364]. Diesem Definitionsansatz ist maßgeblich zugrunde zu legen, dass die Schiedsrichter bei der Ausübung ihrer Tätigkeit stets zur Unparteilichkeit verpflichtet sind[1365]. Nach dieser Maßgabe ist eine regelwidrige Beeinflussung bereits dann gegeben, wenn der Schiedsrichter die Interessen des Vorteilsgebers über seine Neutralitätspflicht stellt[1366]. Im Gegensatz dazu ist gerade nicht erforderlich, dass sich der Schiedsrichter gegenüber dem Vorteilsgeber verpflichtet, objektiv falsche Entscheidungen zu treffen[1367]. Diese relativ weite Auslegung des Begriffs der Regelwidrigkeit macht insbesondere bei Betrachtung der Tätergruppe Sinn. Dem Gesetzgeber kam es entscheidend darauf an, auch die bei der Urteilsfindung von Wertungsrichtern unabdingbaren subjektiven Elemente mit in den Tatbestand einzubeziehen[1368]. Wenn vom Tatbestand eine objektiv falsche Entscheidung gefordert wäre, bliebe für subjektive Elemente kein Raum. Wie bei Absatz 1 und 2 ist nicht erforderlich, dass diese regelwidrige Beeinflussung tatsächlich stattfindet, sondern nur, dass diese Gegenstand einer mindestens intendierten Unrechtsvereinbarung ist[1369]. Der Gesetzgeber erklärt auch in diesem Kontext innere Vorbehalte des Nehmers für irrelevant[1370]. Hierzu kann auf die im Rahmen des Absatzes 1 getätigten Ausführungen verwiesen werden.

Im Übrigen ist die hier gewählte Formulierung wesentlich unproblematischer als ihr Pendant in den ersten beiden Absätzen. Sämtliche dort angefallenen Probleme rund um vom Tatbestand ausgenommene Fallkonstellationen stellen sich hier nicht, da alle regelwidrigen Beeinflussungen gleichermaßen erfasst werden.

Jedoch wäre ein Bemühen des Gesetzgebers zur Klarstellung wünschenswert gewesen, was genau unter den von den Sportorganisationen aufgestellten Regeln zu verstehen ist. Es dürfte wohl in der Verbandshierarchie von weltweit oder kontinental agierenden Dachverbänden bis hin zu nationalen und regional organisierten Verbänden eine Art Verweisungsstruktur existieren, welche die von den unteren Verbänden aufgestellten Regeln zur Auslegung der Regeln

1363 BT-Drs. 18/8831 S. 18.
1364 BT-Drs. 18/8831 S. 18.
1365 BT-Drs. 18/8831 S. 18.
1366 BT-Drs. 18/8831 S. 18.
1367 BT-Drs. 18/8831 S. 18.
1368 BT-Drs. 18/8831 S. 18.
1369 BT-Drs. 18/8831 S. 18.
1370 BT-Drs. 18/8831 S. 18.

der Dachverbände für zulässig erklärt[1371]. Für den Fall, dass ein internationaler Sportverband erklärt, die Regelinterpretationen der nationalen Verbände seien zur Auslegung der Regeln heranzuziehen, sind diese richtigerweise noch mit in den Anwendungsbereich der Norm mit einzubeziehen[1372]. Problematisch ist allerdings die Einbeziehung von Regeln, die von regional ansässigen Verbänden aufgestellt werden[1373]. Es erscheint fragwürdig, ob die Regelwidrigkeit einer Beeinflussung davon abhängig gemacht werden kann, in welcher Region, in welchem Bundesland und damit, in welchem Geltungsbereich regionaler Regeln sie stattfindet, selbst wenn diese der Konkretisierung überregionaler Regeln dienen. Da der Gesetzgeber auf die Regeln der internationalen und nationalen Sportverbände abstellt, sollte man zu dem Schluss kommen, dass die nationalen Regeln neben denen der internationalen Anwendung finden können beziehungsweise diese modifizieren können. Darüber hinaus sollte jedoch keine Abstufung nach unten vorgenommen werden[1374].

Insgesamt zeigt sich mit diesem Verständnis der Regelwidrigkeit eine sehr weitreichende Erfassung der Verhaltensweisen der Tätergruppe. Nach dem Verständnis des Gesetzgebers soll nämlich nicht erforderlich sein, dass der Schiedsrichter die bestehenden Regeln bricht, sondern auch genügen, dass er innerhalb eines ihm eingeräumten Ermessens eine seiner Neutralitätspflicht zuwiderlaufende Entscheidung zugunsten des Vorteilgebers trifft[1375]. Dies ist sowohl bemerkenswert als auch weitsichtig, da dieser Tätergruppe durch die entsprechenden Regelwerke eine Vielzahl an Ermessensentscheidungen eingeräumt werden dürfte[1376]. Gemäß den offiziellen Fußballregeln des Deutschen Fußball-Bundes in der Saison 2018/19 wird dem Schiedsrichter, der beauftragt ist, ein Fußballspiel zu leiten, etwa eine weiträumige Ermessensentscheidung über die Verhängung von Disziplinarmaßnahmen eingeräumt („Der Schiedsrichter darf vom Betreten des Spielfeldes für die Spielfeldkontrolle bis zum Verlassen des Spielfeldes nach dem Spiel (…) Disziplinarmaßnahmen ergreifen“[1377]). Damit wird

1371 *Krack* wistra 2017, 289, 292.

1372 *Krack* wistra 2017, 289, 292, der auf den Basketball-Weltverband FIBA abstellt, dessen Regelwerk durch die des nationalen Verbands DBB ergänzt werden.

1373 In diese Richtung: *Krack* wistra 2017, 289, 292.

1374 *Krack* wistra 2017, 289, 292, wonach dann etwa die „Platzregeln eines Golfvereins“ nicht mehr entscheidend für die Regelwidrigkeit einer Beeinflussung sein können.

1375 Vgl. *Krack* wistra 2017, 289, 292.

1376 *Valerius* Jura 2018, 777, 784; *Krack* wistra 2017, 289, 292.

1377 DFB-Spielregeln 2018/19 S. 72, abrufbar unter https://www.dfb.de/fileadmin/_dfbdam/179710-AU1801301_Fussballregeln_2018_LowRes.pdf, zuletzt abgerufen am 06.12.2018.

dem Schiedsrichter ein Ermessen eingeräumt, welches ihm ermöglicht, rechtmäßigerweise und damit insbesondere ohne die Regeln zu *brechen*, im Sinne des Vorteilgebers zu entscheiden[1378].

Darüber hinaus findet sich auch im Rahmen von gebundenen Entscheidungen eine Vielzahl von auslegungsbedürftigen Begrifflichkeiten, die dem Schiedsrichter einen zusätzlichen Beurteilungsspielraum einräumen. So ist ein Spieler des Feldes zu verweisen, wenn er „brutales Spiel" betreibt, mithin also die „Sicherheit des Gegners" gefährdet[1379]. Wann jedoch schon die Sicherheit des Spielers beeinträchtigt ist und wann noch ein zwar sanktionierbarer, aber unter dem Gewinnstreben und der sportlichen Rivalität innewohnender Härte noch entschuldbarer Zweikampf vorliegt, wird der Schiedsrichter zwangsläufig unter dem Eindruck der jeweiligen konkreten Einzelsituation beurteilen müssen. Daher wird der Schiedsrichter wohl in den meisten Manipulationsfällen nicht gezwungen sein, gegen Regeln zu verstoßen, sondern lediglich sich im Rahmen seiner Ermessensentscheidungen von den Motiven des Vorteilgebers leiten lassen. Darüber hinaus sind es gerade diese Entscheidungen, die sich für Manipulationshandlungen eignen. Daraus ergibt sich einerseits die Notwendigkeit, diese zu erfassen, es kann aber nicht über die praktischen Schwierigkeiten hinweghelfen, die entstehen, solche Verhaltensweisen auch tatsächlich nachzuweisen[1380].

Im Übrigen gelten auch hier die zu den vorangegangenen Absätzen gemachten Ausführungen entsprechend.

V. Der Regelungsgehalt des § 265c Abs. 4 StGB

1. Täter

Der Täterkreis des Absatzes 4 wird parallel zu der Regelung in Absatz 2 nicht beschränkt. Es handelt sich demnach hierbei um ein Jedermann-Delikt[1381].

1378 Vgl. auch S/S-*Perron* § 265c StGB Rn. 23.

1379 DFB-Spielregeln 2018/19 S. 70, abrufbar unter https://www.dfb.de/fileadmin/_dfbdam/179710-AU1801301_Fussballregeln_2018_LowRes.pdf, zuletzt abgerufen am 06.12.2018.

1380 MüKo-*Schreiner* § 265c StGB Rn. 50; *Satzger* Jura 2016, 1142, 1149; diesbezüglich auch kritisch: *Pfister* StraFo 2016, 441, 446 f.

1381 Vgl. Lackner/Kühl-*Heger* § 265c StGB Rn. 3.

2. Tathandlung

Die Handlungsalternativen des Absatzes 4 umfassen das Anbieten, Versprechen oder Gewähren eines Vorteils. Insoweit ergeben sich keine Unterschiede zu Absatz 2.

3. Unrechtsvereinbarung

Hinsichtlich der Unrechtsvereinbarung kann auf die Ausführungen zu Absatz 3 verwiesen werden. Damit regelt Absatz 4 spiegelbildlich zu Absatz 3 die Strafbarkeit des Vorteilgebers[1382]. Hinsichtlich der Anforderungen an den Vorsatz bezüglich der Unrechtsvereinbarung wird auf die Ausführungen zu Absatz 2 verwiesen.

VI. Zu den besonders schweren Fällen des § 265e StGB

§ 265e StGB normiert eine erhöhte Strafandrohung für besonders schwere Fälle des Sportwettbetrugs und der Manipulation berufssportlicher Wettbewerbe. Damit umfassen die Regelbeispiele mit § 265c StGB und § 265d StGB zwei Delikte. Die erhöhte Strafandrohung reicht gemäß § 265e S. 1 StGB von 3 Monaten bis hin zu 5 Jahren Freiheitsstrafe. Gemäß § 265e S. 2 StGB liegt ein solch besonders schwerer Fall in der Regel vor, wenn die Tat sich auf einen Vorteil großen Ausmaßes bezieht oder wenn der Täter gewerbsmäßig handelt oder als Mitglied einer Bande, die sich zur fortgesetzten Begehung solcher Taten verbunden hat. Aufgrund der inhaltlichen Nähe zu § 300 StGB sollen hier die zu diesem entwickelten Auslegungsgrundsätze Berücksichtigung finden[1383].

1. Vorteil großen Ausmaßes

Zunächst gilt zu konkretisieren, was mit der Begrifflichkeit des Vorteils großen Ausmaßes gemeint ist. Nach dem Wortlaut der Norm und der Erklärung des Gesetzgebers[1384] muss sich dies auf die Höhe der Zuwendung des Vorteilgebers an den Nehmer beziehen und für den Fall des § 265c StGB gerade nicht auf die Höhe des durch die Wettsetzung angestrebten Vermögensvorteils[1385]. Nach anderer Ansicht kann das auch für die Fälle des § 265c Abs. 2 und Abs. 4 StGB

1382 Vgl. BT-Drs. 18/8831 S. 18.
1383 BT-Drs. 18/8831 S. 22.
1384 BT-Drs. 18/8831 S. 22.
1385 So auch *Bittmann/Nuzinger/Rübenstahl* Beck-OK § 265e StGB Rn. 2; *Krack* wistra 2017, 289, 297; Im Rahmen des § 300 StGB: BGH NStZ-RR 2015, 278.

gegeben sein, wenn der angestrebte Vermögensvorteil eine bestimmte Höhe erreicht[1386]. Das ist aber wohl kaum mit dem eindeutigen Wortlaut vereinbar, womit richtigerweise davon ausgegangen werden muss, dass die Höhe des durch die Sportwette angestrebten Vermögensvorteils zwar nicht unbeachtet bleiben darf, diese jedoch allenfalls einen unbenannten besonders schweren Fall begründen kann[1387].

Ein Vorteil großen Ausmaßes liegt grundsätzlich vor, wenn der Wert des verabredeten, nicht notwendigerweise gewährten Vorteils erheblich über dem Durchschnittswert dessen liege, was man normalerweise als Vorteil erlangen kann[1388]. Nach allgemeiner Meinung ist der Begriff den Eigenheiten des jeweiligen Tatbestands nach auszulegen[1389]. Es besteht jedoch Uneinigkeit hinsichtlich der maßgeblichen Kriterien sowie der exakten Höhe einer solchen Grenze. Richtigerweise kann eine an einer parallel formulierten Strafzumessungsvorschrift, wie § 263 Abs. 3 S. 2 Nr. 2 Alt. 1 StGB oder § 335 Abs. 2 Nr. 1 StGB orientierte Lösung nur bedingt weiterhelfen, da gerade eine deliktsspezifische Auslegung gefragt ist[1390]. Jedenfalls sind aber objektive Maßstäbe bei der Bestimmung einer Wertgrenze maßgeblich[1391].

Als konkrete Werte im Rahmen des § 300 StGB werden 25.000 Euro[1392], 20.000 Euro[1393] und im Einzelfall auch 10.000 Euro[1394] genannt. Die Grenze von 10.000 Euro soll im Einzelfall insbesondere daher gerechtfertigt sein, weil bei Taten mit internationalen Bezügen im Ausland gänzlich andere Gehaltsstrukturen vorliegen[1395]. Letzterer Ansicht ist zugutezuhalten, dass sie die Notwendigkeit der von der Rechtsprechung vorgegebenen tatbestandsspezifischen Auslegung des Begriffs ernst nimmt und folgerichtig zu dem Schluss kommt, dass die Höhe der Wertgrenze maßgeblich von den individuellen Verhältnissen der Nehmer

1386 Lackner/Kühl-*Heger* § 265e StGB Rn. 1.

1387 *Bittmann/Nuzinger/Rübenstahl* Beck-OK § 265e StGB Rn. 5.

1388 *Fischer* § 300 StGB Rn. 4; S/S-*Heine/Eisele* § 300 StGB Rn. 3.

1389 BGHSt 48, 360, 364; 53, 71, 83; BGH NStZ-RR 2015, 278; *Fischer* § 300 StGB Rn. 4; S/S-*Heine/Eisele* § 300 StGB Rn. 3; *Wittig* wistra 1998, 7 f.; *Wolters* JuS 1998, 1100, 1103.

1390 S/S-*Heine/Eisele* § 300 StGB Rn. 3; gegen eine „schematische Übertragung": MüKo-*Krick* § 300 StGB Rn. 13.

1391 BGHSt 53, 71, 81, 84; BGH NJW 2012, 2599; MüKo-*Krick* § 300 StGB Rn. 13.

1392 NK-*Dannecker* § 300 StGB Rn. 5.

1393 LK-*Tiedemann* § 300 StGB Rn. 4.

1394 *Fischer* § 300 StGB Rn. 4.

1395 *Fischer* § 300 StGB Rn. 4.

beeinflusst wird[1396]. Damit ist letztlich nicht nur eine tatbestandsspezifische, sondern insbesondere auch eine nehmergruppenbezogene Betrachtungsweise sinnvoll[1397].

Aufgrund der Notwendigkeit der deliktsspezifischen Auslegung des Begriffs scheint eine direkte Übertragung der für § 300 StGB entwickelten Wertgrenzen nicht hilfreich[1398]. Eine Besonderheit des Tatbestands des § 265 c StGB besteht darin, dass die Nehmergruppe sehr heterogen ist. Diese reicht vom hochbezahlten Profisportler bis zum Amateursportler[1399]. Damit dürfte auch die Höhe der potenziellen Bestechungsgelder erheblich variieren, je nachdem, in welcher Spielklasse eine Manipulation erfolgen soll. Ausgehend davon erscheint eine für den gesamten Nehmerkreis verbindliche Wertgrenze kaum zu beziffern zu sein[1400]. Im Rahmen der Einzelfallbetrachtung könnte aber die Differenzierung zwischen Profi- und Amateursportlern[1401] ein zentraler Aspekt zur Beurteilung der Frage sein, ob der konkrete Vorteil erheblich über dem Durchschnittswert dessen liegt, was man normalerweise als Vorteil erlangen kann. Die im Profisport gezahlten Schmiergelder werden wohl als relativ hoch einzustufen sein[1402]. Vor diesem Hintergrund wurde für diesen Bereich bereits eine Wertgrenze von 50.000 Euro vorgeschlagen[1403]. Bei Zuwendungen im Amateursportbereich hingegen dürfte dieser Wert sicher realitätsfern sein. Für eine nach diesem Kriterium differenzierende Betrachtungsweise spricht auch, dass es für die Beeinträchtigung der

1396 *Fischer* § 300 StGB Rn. 4; ablehnend: MüKo-*Krick* § 300 StGB Rn. 13.

1397 Im Rahmen des § 300 StGB: NK-*Dannecker* § 300 StGB Rn. 10; LK-*Tiedemann* § 300 StGB Rn. 4.

1398 Grundsätzlich gegen eine starre Heranziehung der zu Vermögensdelikten entwickelten Grenzen: *Fischer* § 265e StGB Rn. 3.

1399 Natürlich gibt es auch innerhalb der Nehmergruppen der anderen Korruptionsdelikte nicht unerhebliche Gehaltgefälle. § 265c StGB weist aber schon die Besonderheit auf, dass er sowohl Millionäre als auch Personen, die mit dem Betreiben von Sport nicht einmal ihren Lebensunterhalt verdienen in einer Nehmergruppe vereint. Damit sind die Einkommensgefälle extremer als etwa im Beamtentum.

1400 *Fischer* § 265e StGB Rn. 3.

1401 Zu beachten ist, dass sich § 265e StGB auf den Sportwettbetrug und auf die Manipulation berufssportlicher Wettbewerbe bezieht. Das genannte Differenzierungskriterium ist nur im Rahmen des § 265c StGB von Belang, da § 265d StGB lediglich berufssportliche Wettbewerbe erfasst.

1402 *Bittmann/Nuzinger/Rübenstahl* halten einen Mittelwert von 50.000 Euro für nicht realitätsfern, Beck-OK § 265e StGB Rn. 4.

1403 *Bittmann/Nuzinger/Rübenstahl* Beck-OK § 265e StGB Rn. 4; *Rübenstahl* JR 2017, 333. 338.

Integrität des Sports ohnehin nicht primär ausschlaggebend ist, welchen Wert der zugewendete Vorteil hat[1404].

Eine differenzierende, die Finanzkraft der individuellen Täterkreise berücksichtigende Lösung soll aber den Nachteil bergen[1405], dass dies mit dem Grundsatz in Konflikt geraten könnte, dass Deliktsfolgen grundsätzlich vorhersehbar sein müssen[1406]. Versteht man dies als logische Konsequenz einer deliktsspezifischen Auslegung des Begriffs, kann man dieses Maß an Unvorhersehbarkeit aber durchaus hinnehmen. Der sachliche Anwendungsbereich unter Heranziehung des Amateursports ist eben ein vom Gesetzgeber bewusst geschaffenes deliktsspezifisches, das Delikt prägende Merkmal des § 265c StGB. Zudem ist auch zu bedenken, dass es Ausdruck von Verfassungsprinzipien ist, einen Richter im Einzelfall die schuldangemessene Strafe bemessen zu lassen[1407], was zwingend einen gewissen Grad an Flexibilisierung erfordert.

Darüber hinaus ist an einen unbenannten besonders schweren Fall zu denken, wenn minderjährige Nehmer bestochen werden[1408]. Dabei folgt der erhöhte Unrechtsgehalt aus dem Umstand, dass diese einer erhöhten Beeinflussbarkeit unterliegen und darüber hinaus in ihrer weiteren persönlichen Entwicklung beeinflusst werden können[1409]. Abgesehen davon wird diskutiert, auch im Falle einer gravierenden und öffentlichkeitswirksamen Verletzung des Vertrauens der Öffentlichkeit in die sportliche Fairness einen unbenannten besonders schweren Fall anzunehmen[1410]. Dies erscheint insbesondere mit Blick auf das Rechtsgut der Integrität des Sports als sinnvoller Ansatzpunkt. Bedenken ergeben sich jedoch im Hinblick auf die Frage, inwieweit durch das Merkmal „in öffentlichkeitswirksamer Weise" das Maß der medialen Berichterstattung zur Voraussetzung für eine Strafschärfung gemacht werden sollte.

Im Einzelfall kann gegen die Verwirklichung eines Regelbeispiels sprechen, dass der Täter beruflich oder in seiner konkreten Funktion, etwa als ehrenamtlicher Sportfunktionär, unter Druck gesetzt wurde[1411]. Darüber hinaus soll von

1404 *Fischer* § 265e StGB Rn. 3.

1405 In diese Richtung: MüKo-*Krick* § 300 StGB Rn. 13.

1406 Vgl. BVerfG NJW 2002, 1779, 1780 f.

1407 BVerfG NJW 2002, 1779, 1780; vgl. BVerfG NJW 1987, 43.

1408 BT-Drs. 18/8831 S. 23.

1409 BT-Drs. 18/8831 S. 23; kritisch dazu *Valerius* Jura 2018, 777, 785 f., der die Gefahren für die (seelische) Weiterentwicklung des Jugendlichen nicht ohne Weiteres erkennen will.

1410 *Fischer* § 265e StGB Rn. 6.

1411 *Fischer* § 265e StGB Rn. 5.

einem erhöhten Strafrahmen Abstand genommen werden, wenn der Täter das Delikt zwar durch Abschluss der Unrechtsvereinbarung vollendet, die Manipulationshandlung letztlich jedoch niemals vorgenommen hat[1412].

2. Gewerbsmäßig oder bandenmäßig

Nach § 265e S. 1 Nr. 2 StGB tritt die Strafschärfung in der Regel ein, wenn der Täter entweder gewerbsmäßig oder als Mitglied einer Bande handelte, die sich zur fortgesetzten Begehung solcher Taten verbunden hat. Unter gewerbsmäßigem Handeln wird verstanden, dass der Täter in der Absicht handelt, sich aus einer wiederholten Tatbegehung eine nicht nur vorübergehende Einnahmequelle von einigem Umfang zu verschaffen[1413]. Dabei kann das Merkmal auch bereits bei der ersten Tatbegehung verwirklicht sein, sofern er zu diesem Zeitpunkt schon die beschriebene Absicht aufweist[1414].

Aus einer Gesamtwürdigung der Umstände[1415] kann jedoch die Indizwirkung des Regelbeispiels im Einzelfall widerlegt werden, insbesondere in den Fällen geringer Beträge oder nur unwesentlicher Bevorzugungen[1416]. Ob dies auf den Sportwettbetrug übertragbar ist, erscheint fraglich. Spiegelbildlich zur geringfügigen Bevorzugung im geschäftlichen Verkehr könnte man etwa an eine nicht spielentscheidende Manipulation des sportlichen Wettbewerbs denken. Gegen eine Übertragung dieser Überlegung spricht der Umstand, dass die Manipulationen im Rahmen des § 265c StGB stets darauf gerichtet sein müssen, den Verlauf oder das Ergebnis des sportlichen Wettbewerbs zu verändern, was zwangsläufig eine gewisse Erheblichkeit voraussetzt. Andererseits wurde dargelegt, dass es bereits genügen kann, während eines Fußballspiels etwa einen Einwurf für den Gegner zu provozieren, um die Manipulationshandlung zu verwirklichen. Damit wird zwar auch auf den Verlauf Einfluss genommen, jedoch weist diese Art der Manipulation doch eine deutlich geringere Eingriffsqualität in den sportlichen Wettbewerb auf als etwa die Verursachung eines Tores.

1412 *Fischer* § 265e StGB Rn. 5.

1413 BGHSt 49, 177, 181 = BGH NJW 2004, 2840, 2841; BGH NStZ 2008, 282; MüKo-*Krick* § 300 StGB Rn. 15; S/S-*Heine/Eisele* § 300 StGB Rn. 4; NK-*Dannecker* § 300 StGB Rn. 16.

1414 S/S-*Heine/Eisele* § 300 StGB Rn. 4.

1415 NK-*Dannecker* § 300 StGB Rn. 9.

1416 NK-*Dannecker* § 300 StGB Rn. 18.

Um von einer Bande im Sinne des Regelbeispiels sprechen zu können, wird das Zusammenwirken von mindestens 3 Personen vorausgesetzt[1417], wobei der Wechsel der Mitglieder ebenso unbeachtlich ist[1418] wie das Bestehen von festen Organisationsstrukturen[1419]. In Abgrenzung zur Mittäterschaft bedarf es für das Vorliegen einer Bande jedoch der jedenfalls konkludenten Absprache, sich mit mindestens zwei Personen in einer gewissen Dauerhaftigkeit zur künftigen Deliktsbegehung zusammenzutun[1420]. Unerheblich sei zudem der Umstand, ob auch alle Mitglieder der Absprache nach an allen Bandentaten teilnehmen sollen. Es genügt insofern, dass sich die Absprache darauf bezieht, im Einzelfall spontan in wechselnden Personenkonstellationen zu agieren[1421].

Im Rahmen des Sportwettbetrugs könnte von einer Bande also bereits dann gesprochen werden, wenn sich eine Gruppe von Gebern zusammenschließt und absprachegemäß dauerhaft gemeinsam an Trainer, Sportler oder Schiedsrichter herantritt, um diese zu Wettbewerbsmanipulationen zu bewegen. Denkbar wäre hingegen jedoch auch, dass ein Nehmer selbst Mitglied der Bande wäre und absprachegemäß gegen die Gewährung eines Vorteils eine Reihe von Wettbewerben manipulieren soll.

VII. Konkurrenzen

1. Das Konkurrenzverhältnis zu § 265d StGB

Das Verhältnis des § 265c StGB zu § 265d StGB auf konkurrenzrechtlicher Ebene ist umstritten. Der Gesetzgeber[1422] geht davon aus, dass bei gleichzeitiger Verwirklichung der beiden Delikte § 265d hinter § 265c StGB zurücktritt. Der von § 265d StGB verwirklichte Unrechtsgehalt sei im § 265c miterfasst. Dagegen wird eingewandt, dass dieses Verständnis der unterschiedlichen Rechtsgutskonzeption der beiden Delikte widerspreche, sodass im Ergebnis von Tateinheit auszugehen sei[1423]. Es stünden nämlich unterschiedliche Träger der jeweiligen

---

1417 BGHSt 46, 321, 325 = BGH NJW 2001, 2266, 2267; BGHSt 49, 177, 187 = BGH NJW 2004, 2840, 2842; MüKo-*Krick* § 300 StGB Rn. 20; *Erb* NStZ 2001, 561, 562 ff.

1418 BGH GA 1974, 308; MüKo-*Krick* § 300 StGB Rn. 21.

1419 BGHSt 46, 321, 329 = BGH NJW 2001, 2266, 2267.

1420 BGH wistra 2005, 430, 431 f.; BGH NStZ 2007, 339, 340; BGH wistra 2010, 347, 347; MüKo-*Krick* § 300 StGB Rn. 23.

1421 BGH NStZ 2009, 35, 36; BGH StV 2013, 508, 509.

1422 BT-Drs. 18/8831 S. 20.

1423 *Bittmann/Nuzinger/Rübenstahl* Beck-OK § 265d StGB Rn. 60; *Fischer* § 265c StGB Rn. 30; *Krack* ZIS 2016, 540, 550; *Rübenstahl* JR 2017, 333, 337; *Berberich* ZfWG 2017, 347, 351.

Schutzgüter in Rede, weshalb sich der Unrechtsgehalt nur durch die Annahme von Tateinheit abbilden lasse[1424]. Tatsächlich zielt § 265d StGB neben dem Schutz der Integrität des Sports auf den „Schutz des Vermögens der mit berufssportlichen Wettbewerben verbundenen Vermögensinteressen“[1425], während § 265c StGB „das Vermögen von Wettanbietern und redlichen Wettteilnehmern sowie das Vermögen von in sonstiger Weise durch Manipulation sportlicher Wettbewerbe Betroffenen“[1426] schützt.

Damit bestehen auf den ersten Blick geringfügige Inkongruenzen hinsichtlich der in Rede stehenden Personengruppen, deren Vermögensinteressen unter den Schutz der jeweiligen Delikte fallen. Jedoch könnte man die wohl von § 265d StGB primär ins Auge gefassten Sportvereine auch durchaus als Teil derer verstehen, die in sonstiger Weise von der Manipulation sportlicher Wettbewerbe betroffen sind. Damit wären diese in der Zielgruppe des § 265c StGB ebenfalls enthalten. Durch die Formulierung „in sonstiger Weise“ komme aber zum Ausdruck, dass es dem Gesetzgeber primär um den Schutz der Wettanbieter und der redlichen Wettteilnehmer geht[1427]. Damit schützen die Delikte zwar sowohl die gleichen Rechtsgüter als auch letztlich die gleichen Personengruppen. Dennoch ist aufgrund der differenzierenden Begründung des Gesetzgebers eine Art Stufenverhältnis in der Schutzwürdigkeit dieser Gruppen erkennbar. Dieser Umstand rechtfertigt im Ergebnis die Annahme von Tateinheit[1428]

2. Das Konkurrenzverhältnis zu § 263 StGB

Geht man davon aus, dass bei allen praktischen Schwierigkeiten des Schadensnachweises eine Verwirklichung des § 263 StGB möglich bleibt, so stellt sich die Konkurrenzfrage zwischen den beiden Delikten[1429]. Die Tathandlung des § 265c StGB, nämlich der Abschluss oder jedenfalls die auf die Unrechtsvereinbarung

1424 *Krack* ZIS 2016, 540, 550.

1425 BT-Drs. 18/8831 S. 20.

1426 BT-Drs. 18/8831 S. 15.

1427 *Krack* ZIS 2016, 540, 550.

1428 *Krack* ZIS 2016, 540, 550; im Ergebnis ebenso: S/S-*Perron* § 265d StGB Rn. 12; *Fischer* § 265d StGB Rn. 20.

1429 Dabei sei zu bedenken, dass etwa bei einer gewerbsmäßigen Begehung der Strafrahmen des § 263 Abs. 5 StGB mit einer Strafandrohung von bis zu 10 Jahren Freiheitsstrafe Anwendung findet. Aufgrund der damit deutlich höheren Strafandrohung gegenüber der mit 5 Jahren nur halb so hoch ausfallenden Strafandrohung des § 265e StGB habe das Konkurrenzverhältnis der beiden Delikte eine besonders hohe Bedeutung, so: *Berberich* ZfWG 2017, 347, 351.

abzielende Willenserklärung, wird in einem deutlichen zeitlichen und räumlichen Abstand zu der Tathandlung des § 263 StGB vorgenommen. Letztere besteht in der die konkludente Erklärung der Nichtmanipulation beinhaltenden Abgabe des Wettscheins im Wettbüro. Somit liegen zwei Handlungen vor, die unabhängig voneinander gegenüber verschiedenen Personen vorgenommen werden[1430]. Es kann also nicht von *einer* natürlichen Handlung[1431] oder einer natürlichen Handlungseinheit[1432] gesprochen werden. Damit ist im Ergebnis von Handlungsmehrheit auszugehen[1433].

Darüber hinaus bleibt zu klären, ob damit auch von Tatmehrheit im Sinne des § 53 StGB auszugehen ist[1434] oder ob der Sportwettbetrug im Wege der Gesetzeskonkurrenz verdrängt wird[1435]. Letzterer Lösungsvorschlag sei aus dem Grund sachgerecht, weil § 265c StGB Strafbarkeitslücken im Hinblick auf den durch § 263 StGB verwirklichten Vermögensschutz schließen soll[1436]. Dem ist zwar zuzustimmen, jedoch wird dabei nicht erwähnt, dass neben dem Vermögen auch die Integrität des Sports Schutzgut des § 265c StGB ist. Sofern unterschiedliche Schutzgüter betroffen sind, ist eine Verdrängung im Wege der Gesetzeskonkurrenz abzulehnen, sodass die beiden Delikte richtigerweise nebeneinander Anwendung finden[1437].

Aus dieser Erwägung heraus scheitert insbesondere eine Lösung über die Gesetzeskonkurrenz in Gestalt der Figur der mitbestraften Vor- oder Nachtat[1438]. Zugrunde gelegt sei die Fallkonstellation, in welcher ein Täter zunächst eine Unrechtsvereinbarung mit einem tauglichen Nehmer trifft und damit etwa § 265c Abs. 2 StGB verwirklicht und erst anschließend konkludent täuschend

1430 *Bittmann/Nuzinger/Rübenstahl* Beck-OK § 265c StGB Rn. 83.

1431 Vgl. dazu *Kühl* Strafrecht AT 7. Abschnitt § 21 Rn. 7.

1432 Vgl. dazu *Kühl* Strafrecht AT 7. Abschnitt § 21 Rn. 10.

1433 Etwas anderes ergibt sich aber im Hinblick auf die Beteiligung an § 263 StGB. Der Nehmer, der den Sportwettbetrug verwirklicht, kann auch wegen Beteiligung an § 263 StGB strafbar sein, sofern eine Sportwette abgeschlossen wird. Hier liegt eine Handlung im konkurrenzrechtlichen Sinne vor, sodass Tateinheit gegeben sein wird, da aufgrund der Gefährdung der Integrität des Sports § 265c StGB nicht zurücktritt, so: *Fischer* § 265c StGB Rn. 30; S/S-*Perron* § 265c StGB Rn. 28.

1434 So: BT Drs. 18/8831 S. 15; *Bittmann/Nuzinger/Rübenstahl* Beck-OK § 265c StGB Rn. 83.

1435 So: *Berberich* ZfWG 2017, 347, 352.

1436 *Berberich* ZfWG 2017, 347, 352.

1437 *Bittmann/Nuzinger/Rübenstahl* Beck-OK § 265c StGB Rn. 83; im Ergebnis ebenso: S/S-*Perron* § 265c StGB Rn. 28.

1438 Vgl. dazu *Kühl* Strafrecht AT 7. Abschnitt § 21 Rn. 63 ff.

seine Wette beim Wettanbieter abschließt. Eine Nichtberücksichtigung des § 263 StGB ist dabei offensichtlich fernliegend, da dies zu dem unstimmigen Ergebnis führen würde, dass mit dem Betrug ein Erfolgsdelikt hinter das abstrakte Gefährdungsdelikt des Sportwettbetrugs zurückträte. Denn die Rechtsprechung stützt die Figur unter anderem auf den Gedanken, dass der Unrechtsgehalt der mitbestraften Nachtat „durch die Bestrafung der in erster Linie strafwürdigen Haupttat abgegolten“ wird[1439]. Vorliegend wird das Vermögen der Wettanbieter durch die Unrechtsvereinbarung nur abstrakt gefährdet, während der Vermögensschaden erst mit dem Abschluss der Sportwette entsteht. Es erscheint abwegig, dass der Unrechtsgehalt einer tatsächlichen Vermögensverletzung neben dem einer bloßen Vermögensgefährdung nicht mehr entscheidend ins Gewicht fällt[1440]. Darüber hinaus lässt bereits ein Vergleich der Strafrahmen der beiden Delikte ein Zurücktreten des Betrugs als abwegig erscheinen[1441].

Umgekehrt erscheint eine Nichtberücksichtigung des Sportwettbetrugs infolge der Einordnung als mitbestrafte Vortat[1442] zwar naheliegender, im Ergebnis aber ebenfalls nicht sachgerecht[1443]. Zwar träte dann das abstrakte Gefährdungsdelikt mit dem geringeren Strafrahmen hinter das Erfolgsdelikt zurück. Jedoch wäre aber nun wiederum die bei § 265c StGB im Vordergrund stehende Integrität des Sports als zusätzlich verletztes Rechtsgut nicht hinreichend im Tenor des Urteils berücksichtigt[1444]. Damit kommt eine Lösung über die Figur der mitbestraften Vor- oder Nachtat nicht in Betracht. Im Ergebnis würde damit

---

1439 BGHSt 38, 366, 369.

1440 Vgl. zu den Kriterien nochmals: BGHSt 38, 366, 368 f.

1441 § 263 StGB nennt eine Strafandrohung von bis zu fünf Jahren, § 265c StGB hingegen nur eine von bis zu drei Jahren.

1442 Vgl. dazu *Kühl* Strafrecht AT 7. Abschnitt § 21 Rn. 67.

1443 Geht der Täter in umgekehrter Reihenfolge vor und schließt zuerst einen Wettvertrag und nachfolgend die Unrechtsvereinbarung mit dem Nehmer, ist das Verhältnis der Delikte differenziert zu beurteilen: Wenn der Geber schon zum Zeitpunkt der Abgabe des Wettscheins vorhat zu manipulieren, kann er bereits zu diesem Zeitpunkt betrugsrelevant täuschen, sofern man diesbezüglich auf die innere Tatsache, seinen Willen zur Manipulation, abstellt. Hat er hingegen bei Abgabe des Wettscheins noch nicht vor zu manipulieren, stellt sich die Konkurrenzfrage gar nicht, da er jedenfalls nicht wegen § 263 StGB strafbar wäre. Zur Relevanz innerer Tatsachen: Vgl. BGHSt 15, 24, 26 = BGH NJW 1961, 182; MüKo-*Hefendehl* § 263 StGB Rn. 86; NK-*Kindhäuser* § 263 StGB Rn. 76.

1444 Im Ergebnis ebenso: S/S-*Perron* § 265c StGB Rn. 28; Vgl. auch: *Kühl* Strafrecht AT 7. Abschnitt § 21 Rn. 66;

grundsätzlich die Bildung einer Gesamtstrafe erfolgen, wobei die Summe der Einzelstrafen nicht erreicht werden darf, § 54 Abs. 2 StGB.

Rein praktisch könnte das Verhältnis zwischen Betrug und Sportwettbetrug auch über § 154 bzw. § 154a StPO gelöst werden. Voraussetzung für eine Teileinstellung wäre jedoch, dass die Strafe, von welcher abgesehen werden soll, neben der zu erwartenden Strafe nicht beträchtlich ins Gewicht fällt, § 154 I Nr. 1 StPO. Von vorneherein scheidet die Anwendbarkeit des § 154 StPO aus, wenn der Voraussicht nach nur die Strafverfolgung wegen mehrerer Taten zu einer Freiheitsstrafe führen würde[1445]. Darüber hinaus müsste sich in einer einzelfallbezogenen Berücksichtigung aller Umstände ergeben, dass die Höhe der hypothetisch wegfallenden Strafandrohung im Vergleich zu der wegen des anderen Delikts noch zu erwartenden nicht beträchtlich ins Gewicht fällt[1446]. Speziell im Falle einer zu bildenden Gesamtstrafe sei dafür nur das Rechtsfolgenminus zu berücksichtigen, das durch den Wegfall der unter Umständen nicht berücksichtigten Tat entstehe[1447]. Damit stehe der Umstand, dass das Delikt mit einer höheren Strafandrohung wegfallen könnte, der Anwendbarkeit des § 154 I Nr. 1 StPO grundsätzlich nicht im Wege[1448]. Konkret sei einzig entscheidend, ob die Differenz zwischen einer Strafe unter Einbeziehung im Vergleich zu einer Strafe unter Herauslassen des Delikts ihrerseits beträchtlich wäre, nicht hingegen, ob die Strafbarkeit des konkreten Delikts für sich genommen beträchtlich ausfallen würde[1449]. Es komme also auf die „Auswirkung der auszuscheidenden Tat auf die zu erwartende Gesamtstrafe" an[1450]. Damit sei die Kürzung der Gesamtstrafe um mehr als ein Viertel möglich, jedoch dürften ausgeschiedene und beibehaltene Rechtsfolgen nicht gleichrangig sein[1451]. Ob dies im konkreten Einzelfall bei gleichzeitiger Verwirklichung von § 263 StGB und § 265c StGB gegeben sein mag, wird nur der jeweilige Tatrichter entscheiden können. Da die Strafrahmen der beiden Delikte, zumindest ohne Verwirklichung von Regelbeispielen, relativ eng aneinander liegen, wäre diese Lösung jedenfalls nicht von vorneherein ausgeschlossen.

In Anbetracht der Strafandrohung der beiden Delikte wäre damit eine Nichtverfolgung des § 265c StGB bei Bestrafung aus § 263 StGB naheliegend.

1445 Meyer-Goßner/*Schmitt* § 154 StPO Rn. 7.
1446 Meyer-Goßner/*Schmitt* § 154 StPO Rn. 7.
1447 Meyer-Goßner/*Schmitt* § 154 StPO Rn. 8.
1448 Meyer-Goßner/*Schmitt* § 154 StPO Rn. 8.
1449 Meyer-Goßner/*Schmitt* § 154 StPO Rn. 8; *Kurth* NJW 1978, 2481, 2482.
1450 *Kurth* NJW 1978, 2481, 2482.
1451 *Kurth* NJW 1978, 2481, 2482.

Umgekehrt wäre eine Nichtverfolgung des § 263 StGB bei Verfolgung des § 265c StGB angesichts des höheren Strafrahmens des § 263 StGB bei einer Strafandrohung von bis zu 5 Jahren gegenüber dem § 265c StGB, dessen Strafandrohung bis zu 3 Jahren Freiheitsstrafe reicht, deutlich abwegiger.

3. Das Konkurrenzverhältnis zu weiteren Delikten

Sofern durch die Manipulationshandlung des Nehmers weitere Straftatbestände verwirklicht werden, sind die zu den § 299 StGB und §§ 331 ff. StGB entwickelten Grundsätze zur Beurteilung des Konkurrenzverhältnisses heranzuziehen[1452]. In Betracht kommen insbesondere §§ 263, 26 StGB und § 266 StGB[1453]. Die Rechtsprechung ging davon aus, dass im Verhältnis der Bestechlichkeit im Amt und dem Betrugstatbestand Tateinheit bestehen kann[1454]. Ebenso sei das Verhältnis der Untreue zur Bestechlichkeit zu bewerten[1455]. Es darf allerdings daran gezweifelt werden, ob dieses Verhältnis deckungsgleich auf die Konstellation des Sportwettbetrugs übertragen werden kann. Jedenfalls stellen etwa die Annahme eines Vorteils durch einen Schiedsrichter und die eine Täuschung begründende Abgabe des Spielberichts desselben beim DFB[1456] zwei Handlungen im konkurrenzrechtlichen Sinne durch den Unparteiischen dar. Damit ist von Handlungsmehrheit auszugehen. Diese schließt die Annahme von Tateinheit aber aus. Darüber hinaus könne sich ein Rückgriff auf die in Rede stehenden Auslegungsgrundsätze gänzlich verbieten[1457]. Im Rahmen der Konkurrenzen komme es maßgeblich auf die geschützten Rechtsgüter der verwirklichten Delikte an. Da sich die Schutzgüter des Sportwettbetrugs aber erheblich von denen der übrigen Korruptionsdelikte unterscheiden, sei ein Rückgriff nicht zielführend[1458].

1452 BT-Drs. 18/8831 S. 15.

1453 Darüber hinaus bleibe auch eine Strafbarkeit nach § 284 f. StGB von § 265c StGB unberührt, BT-Drs. 18/8831 S. 17.

1454 BGHSt 15, 88, 99; vgl. auch *Bittmann/Nuzinger/Rübenstahl* Beck-OK § 265c StGB Rn. 84.

1455 BayOLG StV 1997, 191; vgl. auch *Bittmann/Nuzinger/Rübenstahl* Beck-OK § 265c StGB Rn. 84.

1456 *Triffterer* NJW 1975, 612, 614.

1457 *Krack* ZIS 2016, 540, 550.

1458 *Krack* ZIS 2016, 540, 550.

VIII. Sonstiges und Prozessuales

1. Sonstiges

Weiterhin bleibt zu erörtern, wann der für den Beginn der Verjährungsfrist maßgebliche Zeitpunkt der Beendigung eintritt. Ein Delikt ist grundsätzlich beendet, wenn der Täter sein rechtsverneinendes Tun insgesamt abgeschlossen hat und insofern das Tatunrecht vollständig verwirklicht hat[1459]. Die Beendigung erfordert damit nicht lediglich die Verwirklichung der objektiven Tatbestandsmerkmale, sondern darüber hinaus auch das Vorliegen von Umständen, welche das Unrecht der Tat vertiefen, obwohl deren Eintritt vom Tatbestand nicht gefordert wird[1460]. Bei Korruptionsdelikten ist dabei zwischen den verschiedenen Handlungsalternativen zu differenzieren, wobei es unter anderem entscheidend darauf ankommt, ob die Unrechtsvereinbarung zustande kommt[1461]. Sofern eine Unrechtsvereinbarung umgesetzt wird, ist für die Beendigung Voraussetzung, dass die jeweiligen Täter ihre jeweils in Rede stehenden Leistungen vollständig erbringen[1462]. Im Falle der Tatbestandsalternative des erfolgreichen Forderns tritt Beendigung erst ein, wenn der Täter den Vorteil annimmt[1463]. Stößt das Fordern hingegen auf Ablehnung, so ist bereits mit Abschluss des Forderns die Beendigung eingetreten[1464]. Parallel gilt dieser Grundsatz, wenn im Falle des Anbietens eines Vorteils das Gegenüber das Angebot ablehnt[1465]. Somit existieren im Fall des erfolglosen Versuchs des Abschlusses einer Unrechtsvereinbarung sowohl mit dem Zugang der Erklärung als auch im Fall einer erfolgreichen Unrechtsvereinbarung mit dem Zeitpunkt des endgültigen Leistungsaustausches eindeutig erkennbare Zeitpunkte für den Beginn der Verjährungsfrist[1466].

Damit ist alleine der Fall des Versprechens und spiegelbildlich dazu des Sich-Versprechen-Lassens problematisch, in welchem zwar die Unrechtsvereinbarung zustande kommt, jedoch die Umsetzung derer entweder nicht oder

---

1459 BGHSt 43, 1, 7 = BGH NStZ 1997, 487, 489; auf § 299 StGB bezogen: BGH NJW 2017, 2565, 2566; MüKo-*Krick* § 299 StGB Rn. 117.

1460 BGH NStZ 2012, 511, 513; MüKo-*Krick* § 299 StGB Rn. 117; speziell zu §§ 331 ff.: *Kuhlen* JR 2009, 53.

1461 Vgl. *Kuhlen* JR 2009, 53.

1462 BGH wistra 2011, 308; MüKo-*Schreiner* § 265c StGB Rn. 64; kritisch dazu: *Böttger* FS-Mehle 2009, 77, 78 ff.

1463 *Kuhlen* JR 2009, 53.

1464 MüKo-*Schreiner* § 265c StGB Rn. 64.

1465 MüKo-*Schreiner* § 265c StGB Rn. 64.

1466 Vgl. MüKo-*Schreiner* § 265c StGB Rn. 64.

jedenfalls nicht vollständig stattfindet[1467]. Hierbei soll Beendigung eintreten, sobald sich für das Gegenüber endgültig herausstellt, dass die Unrechtsvereinbarung nicht erfüllt werden wird. Denn nur bis zu diesem Zeitpunkt stellt diese eine hinreichende Motivation für den Täter dar, sich seinerseits an die getroffene Vereinbarung zu halten[1468].

Für die Fälle, in denen die Tat im Ausland begangen wird, diese jedoch einen spezifischen Inlandsbezug aufweist, wurde der Straftatenkatalog des § 5 StGB um die Nummer 10a ergänzt[1469]. Damit finden §§ 265c und 265d StGB unabhängig vom Recht des Tatorts Anwendung, sofern sich die Tat auf einen Wettbewerb bezieht, der im Inland stattfindet. Der Gesetzgeber ging davon aus, dass sich mit der Durchführung des Wettbewerbs im Inland auch die Gefahr der tatsächlichen Beeinflussung des inländischen Wettbewerbs erhöht[1470]. Sofern die von § 265c und § 265d StGB pönalisierten Handlungen im Ausland nicht strafbar sind, bestünde die Gefahr, dass ohne eine Ergängzung des § 5 StGB die Handlungen bewusst ins Ausland verlegt werden, um der Anwendbarkeit deutschen Strafrechts zu entgehen[1471]. Sofern ein Inlandsbezug gegeben ist, macht es für die betroffenen Rechtsgüter keinen Unterschied, in welchem Staat Geber und Nehmer kommuniziert haben. Insofern erscheint die Ergängzung des § 5 StGB als sinnvolle Maßnahme, um drohenden Umgehungsversuchen des deutschen Strafrechts entgegenzuwirken und somit einen umfassenden Rechtsgüterschutz zu gewährleisten[1472].

§ 265c StGB wurde zudem in den Katalog der Geldwäschevortaten aufgenommen, § 261 Abs. 1 S. 2 Nr. 4a StGB. Zur diesbezüglichen Begründung wird maßgeblich auf die oft vorhandenen Verbindungen zur organisierten Kriminalität verwiesen[1473]. Demzufolge belegten Erfahrungswerte aus den zuletzt bekannt gewordenen Sportwettbetrugsfällen, dass die Täter aus dem Umfeld der organisierten Kriminalität stammen[1474]. Dass sich diese Verbindung zur organisierten Kriminalität in erster Linie aus dem Bezug zur Sportwette und nicht hingegen aus der Wettbewerbsmanipulation an sich ergibt, legt der Umstand nahe, dass

1467 MüKo-*Schreiner* § 265c StGB Rn. 64.

1468 MüKo-*Krick* § 299 StGB Rn. 117; MüKo-*Schreiner* § 265c StGB Rn. 64.

1469 Vgl. BT-Drs. 18/8831 S. 14; *Krack* wistra 2017, 289, 292; *Berberich* ZfWG 2017, 347, 348 f.; MüKo-*Schreiner* § 265c StGB Rn. 19.

1470 BT-Drs. 18/8831 S. 14.

1471 BT-Drs. 18/8831 S. 14.

1472 Vgl. dazu die Begründung des Gesetzgebers: BT-Drs. 18/8831 S. 14.

1473 BT-Drs. 18/11445 S. 5; BT-Drs. 18/8831 S. 11.

1474 BT-Drs. 18/8831 S. 11.

der Gesetzgeber es nicht für nötig befand, auch § 265d StGB in den Vortatkatalog des § 261 StGB aufzunehmen.

Darüber hinaus hat die Einführung der §§ 265c ff. StGB Auswirkungen auf die Anforderungen an die persönliche Versicherung des GmbH-Geschäftsführers bei einer Gesellschaftsgründung oder Neubestellung[1475]. Hintergrund dessen ist, dass ein Geschäftsführer versichern muss, dass seiner Bestellung keine Umstände entgegenstehen, § 8 Abs. 3 S. 1 GmbHG[1476]. Darunter fallen insbesondere Verurteilungen wegen einer Tat nach §§ 265b StGB bis § 266 StGB zu einer Freiheitsstrafe von mindestens einem Jahr, § 6 Abs. 2 S. 2 Nr. 3e GmbHG. Damit erfasst der Wortlaut der Norm seit deren Einführung auch die §§ 265c ff. StGB. Die Rechtsprechung betrachtet diese Erfassung durch den eindeutigen Wortlaut bislang als bindend[1477], wohingegen aber eingewandt wird, dass der Gesetzgeber in seiner Begründung nicht auf diese Erfassung eingeht und auch sonst kein sachlicher Bezug zu einer etwaigen Amtsunfähigkeit besteht[1478]. Unter Beachtung des eindeutigen Wortlauts erscheint aber eine Einbeziehung der §§ 265c ff. StGB als unumgänglich.

2. Prozessuales

Weiterhin erlaubt die Verwirklichung des Sportwettbetrugs, sofern die zusätzlichen Voraussetzungen des § 265e S. 2 StGB verwirklicht werden, die Telekommunikationsüberwachung, gemäß § 100a Abs. 2 Nr. 1p StPO. Zur Begründung wird darauf abgestellt, dass sich die praktischen Schwierigkeiten in der Strafverfolgung von Korruptionsdelikten nur schwer überwinden lassen und daher eine Telekommunikationsüberwachung erforderlich ist[1479]. Diese zwar korruptionsspezifische, aber nicht deliktsbezogene Begründung wird teilweise kritisiert[1480], jedoch erscheint insbesondere unter dem vom Gesetzgeber hinreichend dargelegten Bezug des Wettmarktes zur organisierten Kriminalität eine Aufnahme in den Katalog des § 100a Abs. 2 StPO durchaus plausibel. Hinzu kommt, dass insbesondere bei Verwirklichung eines Regelbeispiels die Ausgestaltung des Strafrahmens mit dem der anderen Katalogtaten vergleichbar ist[1481].

1475 OLG Oldenburg DNotZ 2018, 540.

1476 Vgl. *Bittmann/Nuzinger/Rübenstahl* Beck-OK § 265c StGB Rn. 89.

1477 OLG Oldenburg DNotZ 2018, 540.

1478 *Bittmann/Nuzinger/Rübenstahl* Beck-OK § 265c StGB Rn. 89.

1479 BT-Drs. 18/8831 S. 23.

1480 *Bittmann/Nuzinger/Rübenstahl* Beck-OK § 265c StGB Rn. 88.

1481 Vgl. BT-Drs. 18/8831 S. 23.

Ursprünglich war im Gesetzgebungsverfahren noch die Einführung des § 265f StGB geplant, der den erweiterten Verfall nach § 73d StGB für die Fälle der gewerbs- oder bandenmäßigen Begehung des § 265c StGB und des § 265d StGB für anwendbar erklären sollte[1482]. Davon wurde jedoch abgesehen. Der Grund dafür liegt wohl in der fast zeitgleich mit den §§ 265c ff. StGB in Kraft getretenen Gesetz zur Reform der strafrechtlichen Vermögensabschöpfung[1483]. Insbesondere sei in diesem Bereich keine Regelungslücke zu befürchten, da, obwohl die §§ 265c ff. StGB wenige Monate früher in Kraft traten, aufgrund der Rückwirkung des Gesetzes auch die Fälle erfasst werden können, die vor dessen Einführung erfolgten[1484].

Die §§ 265c f. StGB sind Offizialdelikte, eines Strafantrags bedarf es für die Verfolgung nicht[1485].

IX. Schlussbetrachtung des Tatbestands

Eine Analyse des Tatbestands legt eine Vielzahl an Problemen hinsichtlich des Anwendungsbereichs und der Dogmatik offen. Der in den Absätzen 1 bis 4 vorkommende Begriff des Vorteils muss, wie bei den herkömmlichen Korruptionsdelikten auch, über die Figur der Sozialadäquanz eingeschränkt werden. Diesen gilt es jedoch im Lichte des heterogenen Anwendungsbereichs des Tatbestands zu modifizieren. Während die starre Übernahme von Wertgrenzen problematisch erscheint, spricht im Ergebnis viel für eine Lösung über die Beeinflussungstendenz.

Den breitesten Diskussionsbedarf ruft die Ausgestaltung der Unrechtsvereinbarung hervor. Hierbei muss zunächst die Aufnahme des Passus „zugunsten des Wettbewerbsgegners“ in die Absätze 1 und 2 kritisiert werden. Dabei handelt es sich nämlich um einen zur Erreichung der gesetzgeberischen Intention gänzlich überflüssigen Zusatz, der darüber hinaus eine erhebliche Anzahl an Fallkonstellationen aus dem Anwendungsbereich des Tatbestands herausnimmt. So fällt die Beeinflussung zu eigenen Gunsten ebenso wenig unter den Tatbestand wie die neutrale Beeinflussung. Die Herausnahme dieser Beeinflussungsmöglichkeiten erweist sich als kriminalpolitisch weitestgehend sinnlos und widerspricht darüber hinaus dem vom Gesetzgeber verfolgten konsequenten Schutz der Rechtsgüter.

1482 BT-Drs. 18/8831 S. 23.
1483 Lackner/Kühl-*Heger* § 265c StGB Rn. 16.
1484 Lackner/Kühl-*Heger* § 265c StGB Rn. 16.
1485 *Kubiciel* SpuRt 2017, 188, 191.

Den größten Einfluss auf den Anwendungsbereich und die dogmatische Struktur der Norm hat die Einbeziehung des Sportwettzugs in die objektive Unrechtsvereinbarung. Hält man sich streng an den Wortlaut, kann der objektive Tatbestand nur in einer verschwindend geringen Anzahl an Fallkonstellationen verwirklicht werden. Darüber hinaus widerspricht dieses Verständnis korruptionsdogmatischen Grundsätzen, da es Elemente zu Bestandteilen der Unrechtsvereinbarung erklärt, die keinen Korruptionscharakter aufweisen. Während die bisher angeführten Lösungsansätze zur Überwindung dieser dargestellten Probleme ihrerseits wiederum nicht vollständig überzeugen konnten, würde eine subjektivierte Betrachtungsweise zu erheblichen Verbesserungen hinsichtlich des Anwendungsbereichs und der dogmatischen Struktur der Norm führen. Demnach ist der tatbestandliche Bezug zur Sportwette als besonderes subjektives Element zu verstehen.

Diese Betrachtungsweise hätte auch Folgen für den Tatbestand als Ganzes. Damit wäre der Sportwettbetrug als Delikt mit überschießender Innentendenz oder konkreter als unvollkommen zweitaktiges Delikt zu verstehen. Diese Betrachtungsweise ist insbesondere in der Hinsicht konsequent, als dass die tatbestandlich beschriebenen Handlungsweisen den Tatbestand ohnehin schon in die Nähe eines unvollkommen zweitaktigen Delikts rücken.

Darüber hinaus bedarf der Begriff des rechtswidrigen Vermögensvorteils einer Konkretisierung. Dabei ist insbesondere davon auszugehen, dass die vom Gesetzgeber vorgeschlagene betrugsnahe Auslegung des Begriffs der Rechtswidrigkeit nicht abschließend gemeint sein kann. Ansonsten drohen Strafbarkeitslücken, deren Schließung gerade ein Anlass zur Schaffung des Straftatbestands war. Daneben ergeben sich bezüglich des Erfordernisses des Kriteriums der Stoffgleichheit Bedenken.

Bei allen Vorteilen einer subjektivierten Betrachtungsweise ist nicht von der Hand zu weisen, dass dieser Ansatz mit dem Wortlaut der Norm nicht mehr vereinbar ist. Es ergeben sich doch erhebliche Bedenken hinsichtlich einer Vereinbarkeit der subjektivierten Betrachtungsweise mit Art. 103 II GG. Daher soll im Folgenden der Versuch eines alternativen Formulierungsvorschlags[1486] gemacht werden, der die Vereinbarkeit zum Bestimmtheitsgrundsatz gewährleistet.

1486 Alternative Formulierungsvorschläge unternahmen bereits: *Kubiciel* WiJ 2016, 256, 264; *Stam* NZWiSt 2018, 41, 44; *Krack* wistra 2017, 289, 294.

X. Alternativer Formulierungsvorschlag des § 265c StGB

1) Wer als Sportler oder Trainer in der Absicht, dass ein rechtswidriger Vermögensvorteil durch eine auf einen Wettbewerb des organisierten Sports bezogene öffentliche Sportwette erlangt werden soll, einen Vorteil für sich oder einen Dritten als Gegenleistung dafür fordert, sich versprechen lässt oder annimmt, dass er den Verlauf oder das Ergebnis dieses Wettbewerbs beeinflusse, wird mit Freiheitsstrafe bis zu drei Jahren oder mit Geldstrafe bestraft.
2) Ebenso wird bestraft, wer einem Sportler oder Trainer in der Absicht einen rechtswidrigen Vermögensvorteil durch eine auf einen Wettbewerb des organisierten Sports bezogene öffentliche Sportwette zu erlangen, einen Vorteil für diesen oder einen Dritten als Gegenleistung dafür anbietet, verspricht oder gewährt, dass dieser den Verlauf oder das Ergebnis dieses Wettbewerbs beeinflusse.
3) Wer als Schieds-, Wertungs- oder Kampfrichter in der Absicht, dass ein rechtswidriger Vermögensvorteil aus einer auf einen Wettbewerb des organisierten Sports bezogenen öffentlichen Sportwette erlangt werden soll, einen Vorteil für sich oder einen Dritten als Gegenleistung dafür fordert, sich versprechen lässt oder annimmt, dass er den Verlauf oder das Ergebnis dieses Wettbewerbs in regelwidriger Weise beeinflusse, wird mit Freiheitsstrafe bis zu drei Jahren oder mit Geldstrafe bestraft.
4) Ebenso wird bestraft, wer einem Schieds-, Wertungs- oder Kampfrichter in der Absicht, einen rechtswidrigen Vermögensvorteil durch eine auf einen Wettbewerb des organisierten Sports bezogene öffentliche Sportwette zu erlangen, einen Vorteil für diesen oder einen Dritten als Gegenleistung dafür anbietet, verspricht oder gewährt, dass dieser den Verlauf oder das Ergebnis dieses Wettbewerbs in regelwidriger Weise beeinflusse.

In den Absätzen 1 und 2 wird auf den Zusatz „zugunsten des Wettbewerbsgegners" verzichtet. Wie erläutert, handelt es sich hierbei bei einem entsprechenden Verständnis der Unrechtsvereinbarung um einen deklaratorischen Passus, der jedoch den Anwendungsbereich der Norm in widersprüchlicher Weise zur ratio legis verkürzt.

In den Absätzen 1 bis 4 wird der Bezug zur Sportwette durch die Formulierung „in der Absicht" in die Syntax der Norm eingebaut. Aus dieser Formulierung folgt, dass das Merkmal nicht mehr Bestandteil des objektiven Tatbestands der Norm ist. Damit besteht die objektive Unrechtsvereinbarung aus einem regelwidrigen Austauschverhältnis von Vorteil und Manipulationshandlung und verliert mit dem Sportwettbezug ihren dogmatischen Fremdkörper. Die

Darstellungen zur Unrechtsvereinbarung des Sportwettbetrugs haben gezeigt, dass es sich nicht empfiehlt, den Sportwettbezug als Bestandteil des objektiven Tatbestands in das Delikt zu integrieren. Die daraus entstehende Komplexität der Unrechtsvereinbarung widerspricht ihrer - dem Grunde nach überschaubaren - Struktur als regelwidriges Austauschverhältnis. In allen vier Absätzen wird auf die bisherige Verwendung des Konjunktivs „erlangt werde" verzichtet. Indem sich die Berücksichtigung des Sportwettbezugs auch sprachlich von der der Manipulationshandlung unterscheidet, wird zusätzlich deutlich, dass Ersterer im Gegensatz zur Beeinflussung kein Teil der objektiven Unrechtsvereinbarung sein soll.

Stattdessen wird der Sportwettbezug als besonderes subjektives Merkmal des Tatbestands verstanden und ist damit nur noch im subjektiven Tatbestand relevant. Damit werden die Absätze 1 bis 4 zu Straftatbeständen mit überschießender Innentendenz.

Die inhaltlichen Anforderungen an die überschießende Innentendenz variieren trotz der spiegelbildlichen Formulierung zwischen Geber und Nehmer. Der Passus „in der Absicht" fordert nämlich nicht zwingend das Vorliegen von Absicht im technischen Sinne, also dolus directus 1. Grades. Vielmehr ist die Formulierung lediglich als alltagssprachgebräuchliche Brücke zur Einleitung eines subjektiven Merkmals zu verstehen, nicht hingegen als ein die Vorsatzform konkretisierendes Merkmal[1487].

Dies ist insbesondere für die Strafbarkeit des Nehmers relevant: Ausreichend ist hier im Einklang mit dem Willen des Gesetzgebers, dass dieser damit rechnet und es billigend in Kauf nimmt, dass seine Manipulationshandlung für eine betrügerische Wettsetzung genutzt werden soll[1488]. Daher kann auf Nehmerseite die überschießende Innentendenz auch in Form von dolus eventualis verwirklicht werden.

Neben den inhaltlichen Anforderungen hinsichtlich des besonderen subjektiven Merkmals wurden auch satzbaubezogene Unterschiede zwischen den nehmerbezogenen (Abs. 1 und Abs. 3) und den geberbezogenen Absätzen (Abs. 2 und Abs. 4) vorgenommen. Während auf Nehmerseite die Wortwahl „erlangt werden soll" vorzufinden ist[1489], wurde in den geberbezogenen Absätzen die Formulierung „zu erlangen" verwendet. Durch die Verwendung des Passivs in den

1487 Vgl. dazu nochmals NK-*Puppe/Schumann* § 267 StGB Rn. 103; MüKo-*Erb* § 267 StGB Rn. 209; S/S-*Heine/Schuster* § 267 StGB Rn. 91.

1488 BT-Drs. 18/8831 S. 17.

1489 Eine ähnliche Formulierung wurde in diesem Kontext schon mehrmals vorgeschlagen: *Stam* NZWiSt 2018, 41, 44; *Kubiciel* WiJ 2016, 256, 264; vgl. auch *Fischer* § 265c StGB Rn. 25; Der hier vorgebrachte Vorschlag unterscheidet sich aber insbesondere

Absätzen 1 und 3 soll verdeutlicht werden, dass der Tatbestand fordert, dass es der Geber oder eine Person aus dem Lager des Gebers ist, der die Sportwette abschließen will. Eine einseitige Absicht seitens des Nehmers, selbst durch eine auf den von ihm zu manipulierenden Wettkampf abgeschlossene Sportwette einen Vermögensvorteil erlangen zu wollen, genügt hingegen zur Verwirklichung des Tatbestands nicht. Das deliktsspezifische Unrecht des Sportwettbetrugs kommt im Korruptionsmerkmal, mithin also durch einen Angriff von außen, nicht aus dem System selbst heraus, zum Ausdruck[1490].

Zusammenfassend ist damit für die Verwirklichung des subjektiven Tatbestands neben dem allgemeinen, sich auf den gesamten objektiven Tatbestand einschließlich der Unrechtsvereinbarung beziehenden Tatbestandsvorsatz, §§ 15,16 StGB, jeweils Folgendes gefordert:

Der Geber muss die Absicht haben, selbst eine Sportwette auf den Wettbewerb, der manipuliert werden soll, abzuschließen oder durch eine Person aus seinem Lager eine solche Sportwette abschließen zu lassen, um dadurch einen rechtswidrigen Vermögensvorteil zu erlangen. Bei dem vorgeschlagenen Wortlaut spricht auch nichts mehr dagegen, auf der Seite des Gebers tatsächlich Absicht im technischen Sinne, mithin dolus directus 1. Grades zu fordern[1491]. Zum einen ist kein Fall denkbar, in welchem der Geber das deliktsspezifische Unrecht des § 265c StGB verwirklicht und dabei kein zielgerichtetes Erstreben in Bezug auf den durch die Sportwette zu erlangenden rechtswidrigen Vermögensvorteil aufweist. Zum anderen ist die besondere Situation, die beim Vorteilsnehmer das Herabsetzen der Anforderungen an die Vorsatzform der Innentendenz rechtfertigt beim Vorteilsgeber nicht vorhanden. Denn in den Absätzen 2 und 4 wird Personenidentität zwischen den beiden Handlungsakten vorliegen.

Der Nehmer hingegen muss zur Verwirklichung des besonderen subjektiven Merkmals lediglich damit rechnen und es billigend in Kauf nehmen, dass seine Manipulationshandlung für eine betrügerische Wettsetzung genutzt werden soll[1492].

Die Absätze 5 und 6 enthalten Definitionen und bleiben unverändert. Daneben empfiehlt sich die Einfügung einer Regelung zur tätigen Reue.

---

dadurch von den bisherigen, dass er den Sportwettbezug zu einem besonderen subjektiven Merkmal macht.

1490 S/S-*Perron* § 265c StGB Rn. 16.

1491 Dies wurde vereinzelt bereits beim geltenden Wortlaut gefordert: Lackner/Kühl-*Heger* § 265c StGB Rn. 13.

1492 Insofern entspricht diese Lösung dem Gesetzgeberwillen: vgl. BT-Drs. 18/8831 S. 17.

D. Zusammenfassung der zentralen Ergebnisse

Eine Gesamtbetrachtung des Straftatbestands des Sportwettbetrugs hat Folgendes ergeben:

1. Die §§ 265c ff. StGB haben im Hinblick auf ihren Anwendungsbereich eine Existenzberechtigung und ergänzen die bisherigen Straftatbestände sinnvoll.

Die im Kontext von Sportmanipulation relevanten Verhaltensweisen lassen sich in drei Bereiche kategorisieren: § 265c StGB erfasst die Fallkonstellation, in welcher eine Manipulationshandlung veranlasst und gleichzeitig eine auf diesen Wettbewerb bezogene Sportwette abgeschlossen werden soll[1493].

Der Straftatbestand des Sportwettbetrugs erleichtert die Pönalisierung von Verhaltensweisen, die zuvor lediglich über §§ 263, 263a StGB sowie die Teilnahme an diesen Delikten erfassbar waren. Zwar war eine Verurteilung von betrügerischen Wettsetzungen bereits nach alter Rechtslage möglich, die Äußerungen des Bundesverfassungsgerichts zur Notwendigkeit einer Schadensbezifferung riefen aber erhebliche Zweifel an der Verfassungsmäßigkeit dieses Lösungswegs im Hinblick auf dessen Vereinbarkeit mit Art. 103 II GG hervor. Es erscheint nicht ganz ausgeschlossen, diese Zweifel auszuräumen, indem man etwa im Wege der freien richterlichen Beweiswürdigung einen Mindestschaden beziffert. Dennoch erweist sich § 265c StGB insbesondere durch den Verzicht auf den Vermögensschaden als praktikables Mittel, um den in Rede stehenden Handlungen entgegenzutreten.

Daneben ist denkbar, die Manipulation eines Sportereignisses zu veranlassen, ohne eine Sportwette auf dieses abschließen zu wollen[1494]. Diese, heute über § 265d StGB erfassbare Verhaltensweise war vor dessen Einführung teilweise nach verschiedene Vermögensdelikten strafbar. Dieser Schutz war jedoch insofern nicht umfassend, als dass das Strafgesetzbuch bis dato keinen spezifischen Tatbestand kannte, der das bloße Manipulieren von Sportereignissen pönalisierte. Außerhalb des Anwendungsbereichs der einschlägigen Tatbestände bestand eine Strafbarkeitslücke, die durch die Einführung von § 265d StGB geschlossen wurde.

Die dritte Verhaltensweise ist dadurch gekennzeichnet, dass der Täter zwar eine Sportwette abschließt, jedoch keine Manipulation des Wettbewerbs

---

1493 Vgl. S. 25 ff.

1494 Vgl. S. 73 ff.

veranlasst[1495]. Diese Fallkonstellation ist weder nach alter, noch nach neuer Rechtslage strafbar, sondern fällt grundsätzlich in die Risikospähre des Wettanbieters.

Damit ergänzen die neuen Tatbestände den strafrechtlichen Schutz an den Stellen, an denen nach alter Rechtslage Schutzlücken oder im Hinblick auf prozessuale Probleme praktische Schwierigkeiten bei der Strafverfolgung bestanden. Insgesamt runden sie den strafrechltichen Regelungskomplex bezüglich der Manipulation sportlicher Wettkämpfe sinnvoll ab und haben daher eine Existenzberechtigung.

2. Das Rechtsgut der Integrität des Sports erweist sich im Rahmen eines modernen Rechtsgutsverstänisses als legitimes Universalrechtsgut[1496].

Die geäußerte Kritik am Schutz der Integrität des Sports hat nur teilweise ihre Berechtigung. Blickt man auf die inhaltliche Reichweite des Rechtsguts, stellt man fest, dass dieses sowohl wichtige gesellschaftliche als auch handfeste wirtschaftliche Interessen umfasst. Misst man das Universalrechtsgut im Rahmen eines modernen Rechtsgutsverständnisses an verschiedenen kriminalpolitischen Legitimitätskriterien, anstatt ein rein strafrechtsbegrenzendes Rechtsgutsverständnis zu verfolgen, so finden sich durchaus Ansatzpunkte, die dessen strafrechtlichen Schutz legitimieren. Insbesondere reicht bereits eine punktuelle Beeinträchtigung für eine Verletzung des Rechtsguts aus. Zudem geht Korruption auch im Lebensbereich des Sports über das Stadium bloßer Unmoral hinaus.

3. Der Straftatbestand des Sportwettbetrugs erweist sich als verfassungskonform, im Hinblick auf seine abstrakte Ausgestaltung bleibt jedoch Raum für Kritik kriminalpolitischer Natur.

Mit dem Schutz der Integrität des Sports verfolgt der Gesetzgeber ein verfassungsrechtlich zulässiges Ziel, das auch durch kein milderes, gleich effektives Mittel als durch das Strafrecht zu verwirklichen wäre[1497]. Insbesondere können bloße verbandsinterne Maßnahmen keinen dem Strafrecht gleichwertigen Schutz garantieren. Damit ergeben sich gegen den Straftatbestand keine verfassungsrechtlichen Bedenken. Betrachtet man die Rechtsgutskonzeption nicht

1495 Vgl. S. 91 ff.
1496 Vgl. S. 125 ff.
1497 Vgl. S. 138 ff.

isoliert, sondern im Kontext der Ausgestaltung als abstraktes Gefährdungsdelikt, so bleibt dennoch Anlass zur Kritik:

In einem Vergleich mit anderen Delikten, die im Vorfeld des Betrugstatbestands ansetzen, ergeben sich Wertungswidersprüche. Die gesamtgesellschaftliche Relevanz der Integrität des Sports fällt, verglichen mit anderen Rechtsgütern des 22. Abschnitts des Strafgesetzbuchs, deutlich ab. Erschwerend kommt hinzu, dass bei identischem Strafrahmen der Delikte beim Sportwettbetrug auf eine Regelung zur tätigen Reue verzichtet wurde. Diese Diskrepanzen treten in einem Bereich auf, in welchem die weite Vorverlagerung der Strafbarkeit ohnehin schon Bedenken im Hinblick auf anerkannte Legitimitätskriterien erweckt[1498].

4. Im Rahmen der Einschränkung des Vorteilsbegriffs kommt es aufgrund des heterogenen Anwendungsbereichs des Delikts eher auf das Kriterium der Beeinflussungstendenz seitens des Gebers als auf feste Wertgrenzen an[1499].

Der Vorteilsbegriff bedarf einer Einschränkung über die Figur der Sozialadäquanz. Hier gilt es, der in mehrerlei Hinsicht bestehenden Heterogenität[1500] des Anwendungsbereichs des Sportwettbetrugs Rechnung zu tragen. Eine Übernahme der zu den herkömmlichen Korruptionsdelikten entwickelten Wertgrenzen ist aufgrund der erheblichen Einkommensgefälle der Nehmergruppen nicht zielführend. Aufgrund dieses Umstands erscheint es sachgerecht, das Vorliegen eines Vorteils weniger anhand objektiver Wertgrenzen, sondern eher vom Anlass der Zuwendung her, mithin vom Vorliegen einer Beeinflussungstendenz[1501] seitens des Gebers, zu bestimmen. Objektiven Werten kann im Einzelfall allenfalls eine Indizwirkung zukommen.

5. Das Merkmal „zugunsten des Wettbewerbsgegners" ist überflüssig und verengt den Anwendungsbereich des Delikts im Widerspruch zur Rechtsgutskonzeption[1502].

Der Passus „zugunsten des Wettbewerbsgegners" in den Absätzen 1 und 2 ist zum Erreichen des vom Gesetzgeber verfolgten Zwecks überflüssig und darüber hinaus kriminalpolitisch fragwürdig, weil er eine erhebliche Anzahl von Fallkonstellationen aus dem Anwendungsbereich der Norm ausnimmt, die der ratio legis nach erfasst sein sollten. In der Folge ist nämlich die Beeinflussung zu

1498 Vgl. S. 152 ff.
1499 Vgl. S. 175 ff.
1500 Vgl. dazu bereits: *Rübenstahl* JR 2017, 264, 272.
1501 Vgl. dazu bereits: *Bittmann/Nuzinger/Rübenstahl* Beck-OK § 265c StGB Rn. 40.2.
1502 Vgl. S. 198 ff.

eigenen Gunsten ebenso wenig strafbar, wie die neutrale Beeinflussung, obwohl auch dort die Rechtsgüter des § 265c StGB gefährdet werden. Auch korruptionsdogmatische Erwägungen können dessen Existenz nicht rechtfertigen.

6. Die tatbestandliche Verankerung des Sportwettbezugs in der Unrechtsvereinbarung verkürzt den Anwendungsbereich der Norm erheblich und widerspricht zudem korruptionsdogmatischen Grundsätzen[1503].

Der Vorteilsnehmer kann die Erlangung eines rechtswidrigen Vermögensvorteils durch eine auf den zu manipulierenden sportlichen Wettbewerb abgeschlossene Sportwette nicht zusagen, wodurch einer mit diesem Inhalt geschlossenen Unrechtsvereinbarung nur noch ein theoretischer Anwendungsbereich verbleibt[1504]. Selbst bei gegenteiliger Auffassung wird durch die Verankerung des Sportwettbezugs in der Unrechtsvereinbarung die Strafbarkeit des Gebers davon abhängig gemacht, ob der Nehmer dessen Absicht, eine Sportwette abschließen zu wollen, erkennt. Hierdurch können sich ungerechtfertigte Privilegierungen für die Geberseite ergeben.

Zudem widerspricht die Verankerung des Sportwettbezugs in der Unrechtsvereinbarung auch korruptionsdogmatischen Grundsätzen. Das Element des Sportwettbezugs hat für sich betrachtet keinen korruptiven, sondern einen vermögensgefährdenden Charakter. Damit ist es ein dogmatischer Fremdkörper innerhalb der Unrechtsvereinbarung. Auslegungsversuche, die diese Probleme im Einklang mit dem aktuellen Wortlaut zu lösen versuchen, konnten nicht überzeugen.

7. Erforderlich ist daher eine subjektivierende Betrachtungsweise, die den tatbestandlichen Bezug zur Sportwette nicht als Teil der Unrechtsvereinbarung, sondern als besonderes subjektives Unrechtselement versteht[1505].

Die Unrechtsvereinbarung beschränkt sich in der Folge auf ihren typischen Charakter eines regelwidrigen Austauschverhältnisses, wohingegen der Sportwettbezug erst im subjektiven Tatbestand relevant wird. Damit genügt die Unrechtsvereinbarung korruptionsdogmatischen Grundsätzen. Darüber hinaus ergeben sich erhebliche Vorteile im Hinblick auf den Anwendungsbereich der Norm. Durch die „Entkoppelung“ der Strafbarkeiten ist die Strafbarkeit des Gebers nicht mehr vom Kenntnisstand des Nehmers abhängig. Der

1503 Vgl. S. 211 ff.
1504 Vgl. nochmals *Krack* ZIS 2016, 540, 548; ähnlich: *ders.* wistra 2017, 289, 294.
1505 Vgl. S. 221 ff.

Sportwettbetrug wird in der Folge zu einem Delikt mit überschießender Innentendenz, genauer zu einem unvollkommenen zweiaktigen Delikt.

Aufgrund der Unvereinbarkeit des aktuellen Wortlauts mit der subjektivierenden Betrachtungsweise müsste der Tatbestand umformuliert werden, wobei sich die Berücksichtigung des Sportwettbezugs durch die Formulierung „in der Absicht,…" anbietet. Diese ist nicht zwingend gleichbedeutend mit der Absicht im technischen Sinne und widerspricht daher nicht den gesetzgeberischen Vorstellungen zur Vorsatzform. Auf Nehmerseite ist zur Verwirklichung des Tatbestands damit ausreichend, dass dieser erkennt und billigt, dass sein Gegenüber mittels einer auf den zu manipulierenden Wettbewerb abgeschlossenen Sportwette einen rechtswidrigen Vermögensvorteil erlangen will.

8. Das Merkmal der Rechtswidrigkeit des Vermögensvorteils darf nicht rein betrugsspezifisch verstanden werden[1506].

Entgegen der missverständlichen Erklärung des Gesetzgebers liegt nicht nur in den Fällen ein rechtswidriger Vermögensvorteil vor, in denen der Täter auch den Betrugstatbestand verwirklichen würde. Der Anwendungsbereich des § 265c StGB ist diesbezüglich weiter und schließt eine Strafbarkeitslücke.

Die ausdrückliche Erklärung des Gesetzgebers, auch das Vermögen der redlichen Wettenden schützen zu wollen, kann als Indiz dafür verstanden werden, dass der Gesetzgeber den Tatbestand nicht über das Kriterium der Stoffgleichheit einschränken wollte.

9. Der innere Vorbehalt des Vorteilsnehmers, die Manipulationshandlung nicht vornehmen zu wollen, hindert die Tatbestandsverwirklichung nicht[1507].

Konkretisiert man den Bezugspunkt des Vorsatzes des Nehmers, so wird deutlich, dass sich dieser lediglich darauf beziehen muss, dass sein Gegenüber die Absicht hat, mittels einer Sportwette einen rechtswidrigen Vermögensvorteil zu erlangen. Nicht erforderlich ist hingegen, dass er davon ausgeht, dem Geber tatsächlich die Möglichkeit der Erlangung eines solchen einzuräumen. Damit ist der innere Vorbehalt des Nehmers in Einklang mit den herkömmlichen Korruptionsdelikten irrelevant. In der Folge stellt sich auch die Frage der Anwendbarkeit der Teilnahmevorschriften zur Kompensierung der Durchbrechung der Symmetrie der Strafbarkeiten von Geber und Nehmer nicht.

1506 Vgl. S. 234 ff.
1507 Vgl. S. 239 ff.

10. Im Konkurrenzverhältnis zwischen § 265c StGB und § 263 StGB liegt Tatmehrheit, § 53 StGB vor[1508].

Eine Verdrängung des § 265c StGB im Wege der Gesetzeskonkurrenz scheidet aus, weil andernfalls die Gefährdung der Integrität des Sports nicht hinreichend zum Ausdruck käme. Für die Praxis ist auch eine Lösung über § 154 bzw. § 154a StPO denkbar, wobei in Anbetracht der beiden Strafrahmen eine Nichtverfolgung des § 265c StGB bei Weiterverfolgung des § 263 StGB naheliegend ist.

1508 Vgl. S. 260 ff.

Ausblick

Durch die Einführung der neuen Straftatbestände werden, ausblickend betrachtet, mehrere Institutionen vor neue Herausforderungen gestellt und zudem mit neuen Risiken konfrontiert.

Allen voran ist nach dem Dargelegten der Gesetzgeber angehalten, den im Zuge dieser Untersuchung zutage getretenen Problemen entgegenzutreten. Er sollte die Ausgestaltung des § 265c StGB in kriminalpolitischer Hinsicht kritisch prüfen und in im Zuge dessen zu dem Schluss kommen, dass es im Kontext der abstrakten Ausgestaltung des Delikts Wertungswidersprüche auszuräumen gilt. Noch dringender erscheint die Umformulierung des Tatbestands, der nach aktueller Fassung nicht überzeugen kann. Für die Zukunft gilt es für die Legislative, Lehren aus dieser missglückten Deliktsgestaltung zu ziehen. Sofern die Ausweitung des Korruptionsstrafrechts in andere Lebensbereiche weiterhin verfolgt wird, sollte insbesondere die Struktur der Unrechtsvereinbarung nicht durch zusätzliche Elemente überfrachtet werden, sondern ihren, - dem Grunde nach simplen - Charakter als regelwidriges Austauschverhältnis beibehalten.

Eine zentrale Aufgabe für die Judikative wird in Zukunft die Schaffung von Rechtssicherheit im Bereich der neuen Straftatbestände sein. Diese Notwendigkeit ergibt sich hier einerseits aus dem Umstand, dass das Korruptionsstrafrecht auf einen neuen Lebensbereich ausgeweitet wurde, der bislang keine bestechungsspezifischen Delikte kannte. Die Schwierigkeit, in diesem Bereich verlässliche Wertgrenzen für den Beginn der strafbaren Zuwendung eines Vorteils zu schaffen, wird zusätzlich im Hinblick auf den heterogenen Anwendungsbereich des § 265c StGB erschwert werden.

Für die Ermittlungsbehörden, ebenso für die Justiz, wird eine zentrale Herausforderung darin liegen, ihre Ressourcen weitsichtig einzusetzen[1509], um der mit der Gesetzesänderung möglicherweise einhergehenden Mehrbelastung Herr zu werden. Korrelierend zur komplexen Ausgestaltung der Unrechtsvereinbarung dürfte nämlich auch deren Nachweisbarkeit erschwert werden[1510]. Zudem sind Ermittlungen im Bereich der Korruption ohnehin schon langwierig[1511]. Hinzu kommt, dass das Geschäft mit der Manipulation sportlicher Wettbewerbe

---

1509 Kritisch hinsichtlich der Einsetzung der Ressourcen der Justiz für diesen Bereich: *Tsambikakis* StV 2018, 319, 320.

1510 *Kubiciel* SpuRt 2017, 188, 190.

1511 *Kubiciel* SpuRt 2017, 188, 190.

floriert[1512] und sich dieses Phänomen darüber hinaus mittlerweile auf eine Vielzahl an verschiedenen Sportarten ersteckt[1513]. Eine Umformulierung des Tatbestands könnte diesen Nachweisschwierigkeiten bereits entgegenwirken. Die zusätzlichen Ermittlungsbefugnisse aus der Strafprozessordnung können zwar die Nachweisbarkeit der Taten erleichtern, deren Ausführung erfordert aber wiederum Zeit und Personal.

Nicht zuletzt werden auch die durch die Delikte Geschützten, allen voran die Sportvereine mit den Folgen der Einführung konfrontiert werden. Die Gesetzesänderung wurde bisweilen sogar schon als „gamechanger" für die Vereine und im Profibereich auch für deren dahinterstehende Gesellschaften betitelt[1514]. Zwar verspricht das scharfe Schwert des Strafrechts durch diese Delikte für deren Schutz zu sorgen, jedoch steht dieser Schutzmechanismus auch in einer Wechselbeziehung mit der nun eingeforderten Eigenverantwortung, diesem nicht entgegenzulaufen, sondern ihn selbst auch zu fördern:

Es wurde darauf hingewiesen, dass unter Umständen den in Verantwortung stehenden Personen in Sportvereinen und in den dahinterstehenden Kapitalgesellschaften über das Modell der sogenannten Geschäftsherrenhaftung[1515] selbst strafrechtliche Sanktionen drohen können, wenn diese von der Begehung von Sportwettbetrug und der Manipulation berufssportlicher Wettbewerbe wissen und diese dulden[1516]. Darüber hinaus können sich auch für die Vereine selbst Haftungsrisiken ergeben[1517]: Zwar kennt das deutsche Strafrecht keine Unternehmensstrafe, dennoch existiert die Möglichkeit, dass diese nach § 30 I, II OwiG mit Geldbußen bis zu 10 Millionen Euro belegt werden, sofern die dort genannten Personengruppen Straftaten oder Ordnungswidrigkeiten begehen[1518]. Um diesen Risiken entgegenzutreten, wird den Vereinen empfohlen, den hinreichenden Aufbau beziehungsweise die Anpassung von Compliance-Systemen an die neue Rechtslage voranzutreiben[1519].

1512 Vgl. BT-Drs. 18/8831 S. 10.

1513 Vgl. dazu Sorbonne ICSS Integrity Report 2014 S. 4 ff., S. 76 ff. Demnach seien nicht nur klassische Sportarten wie Fußball besonders manipulationsanfällig, sondern auch exotischere wie etwa Kricket.

1514 *Kubiciel* SpuRt 2017, 188, 193.

1515 Die Rechtsprechung sieht in der leitenden Stellung dieser Personen auch eine Garantenstellung zur Verhinderung betriebsbezogener Straftaten, vgl. BGHSt 54, 44 ff.; vgl. auch *Kubiciel* SpuRt 2017, 188, 192.

1516 *Kubiciel* SpuRt 2017, 188, 192.

1517 *Kubiciel* SpuRt 2017, 188, 192.

1518 *Kubiciel* SpuRt 2017, 188, 192.

1519 *Kubiciel* SpuRt 2017, 188, 193.

Sofern alle aufgeführten Institutionen die mit der Einführung der §§ 265c ff. StGB einhergehenden Veränderungen erkennen und sich den neuen Aufgaben stellen, bleibt die Hoffnung darauf, dass in Zukunft die Schlagzeilen weniger von den einleitend aufgeführten Korruptionsskandalen beherrscht werden, sondern dass wieder das in den Fokus der Öffentlichkeit rückt, was eigentlich im Zentrum der Geschehnisse stehen sollte: die Freude am sportlichen Wettkampf.

Literaturverzeichnis

Albrecht, Anna-Helena: Vorspiegeln von Bonität und Schadensbestimmung beim Betrug – zugleich eine Besprechung von BGH, Urteil vom 20. 3. 2013 (5 StR 344/12), in: NStZ 2014, 17 ff.

Ambos, Kai: Zur Strafbarkeit der Drittmittelakquisition, in: JZ 2003, 345 ff.

Amelung, Knut: Irrtum und Zweifel des Getäuschten beim Betrug, in: GA 1977, 1 ff.

- Rechtsgüterschutz und Schutz der Gesellschaft: Untersuchungen zum Inhalt und zum Anwendungsbereich eines Strafrechtsprinzips auf dogmengeschichtlicher Grundlage; zugleich ein Beitrag zur Lehre von der „Sozialschädlichkeit" des Verbrechens, Frankfurt am Main 1972.

Anastasopoulou, Ioanna: Deliktstypen zum Schutz kollektiver Rechtsgüter, München 2005.

Appel, Ivo: Verfassung und Strafe: zu den verfassungsrechtlichen Grenzen staatlichen Strafens, Berlin 1998.

Arzt, Gunter/*Weber*, Ulrich/*Heinrich*, Bernd/*Hilgendorf*, Eric: Lehrbuch Strafrecht Besonderer Teil, 2. Auflage 2009.

Arzt, Gunter: Zur Untreue durch befugtes Handeln, in: Festschrift für Hans-Jürgen Bruns zum 70. Geburtstag, herausgegeben von Frisch, Wolfgang/Schmid, Werner, Köln, Berlin, Bonn, München, 1978, S. 365 ff.

Bach, Florian: Kundenbindungsprogramme und Bestechung im geschäftlichen Verkehr nach § 299 II StGB, in: wistra 2008, 47 ff.

- Vereinsfremde Siegprämien für Fußballspieler, in: JR 2008, 57 ff.

Bagger von Grafenstein, Tim: eSport: Welche Vor- und Nachteile bringt eine rechtliche Qualifizierung als Sport mit sich?, in: MMR - Beilage 2018, 20.

Beck, Ulrich (Herausg.): Politik in der Risikogesellschaft: Essays und Analysen, Frankfurt am Main 1991.

- Risikogesellschaft: Auf dem Weg in eine andere Moderne, Frankfurt am Main 1986.

Beck-Online Kommentar zum Strafgesetzbuch, herausgegeben von v. Heintschel-Heinegg, Bernd, 42. Edition, Stand 01.05.2019.

Becker, Christian: Der Vermögensschaden beim Abschluss manipulierter Sportwettverträge, in: Dogmatik und Praxis des strafrechtlichen Vermögensschadens, herausgegeben von Fischer, Thomas/Hoven, Elisa/Huber, Hans-Peter/Raum, Rolf/Rönnau, Thomas/Saliger, Frank/Trüg, Gerson, Baden-Baden 2015, S. 273 ff.

Begemeier, Moritz/*Wölfel*, Johannes: Betrugsschaden trotz gutgläubigen Erwerbs?, in: JuS 2015, 307 ff.

Berberich, Bernd: Sportwettbetrug und Manipulation von berufssportlichen Wettbewerben, in: ZfWG 2017, 347 ff.

Berz, Ulrich: Formelle Tatbestandsverwirklichung und materialer Rechtsgüterschutz: eine Untersuchung zu den Gefährdungs- und Unternehmensdelikten, München 1986.

Beukelmann, Stephan: Bestechung im geschäftlichen Verkehr im Ausland, in: Festschrift für Imme Roxin zum 75. Geburtstag, herausgegeben von Schulz, Lorenz/Reinhart, Michael/Sahan, Oliver, Heidelberg, München (u.a.) 2012, S. 201 ff.

Bittmann, Folker: Aktuelle Problemfelder bei Betrug und Untreue – zugleich Anmerkung zu BGH, wistra 2013, 311, in: wistra 2013, 449 ff.

– Dogmatik der Untreue, insbesondere des Vermögensnachteils, in: NStZ 2012, 57 ff.

Bohn, André: Die fortschreitende Ausweitung des materiellen Strafrechts am Beispiel der zukünftigen Strafbarkeit des Sportwettbetrugs und der Manipulation berufssportlicher Wettbewerbe, in: KriPoZ 2017, 88 ff.

Bosch, Nikolaus: Bestrafung privater Insolvenz durch § 263 StGB? – zugleich Anmerkung zu BayObLG wistra 1999, 69, in: wistra 1999, 410 ff.

– Sportwettenbetrug - § 263 StGB: Bestimmung des Erklärungsinhalts bei konkludenten Täuschungen und Schadensfeststellung beim Sportwettenbetrug, in: JA 2007, 389 ff.

Bösing, Jan: Manipulation im Sport und staatliche Sanktionsmöglichkeiten. Zur Notwendigkeit eines neuen Straftatbestands gegen Bestechlichkeit und Bestechung im Sport, 2014.

Böttger, Marcus: Die Zeitraumvergrößerung bei der Verfolgungsverjährung von Bestechungsdelikten – Kollateralschäden bei der Korruptionsbekämpfung, in: Festschrift für Volkmar Mehle zum 65. Geburtstag am 11.11.2009, herausgegeben von Hiebl, Stefan/Kassebohm, Nils/Lilie, Hans, Baden-Baden 2009, S. 77 ff.

– Wirtschaftsstrafrecht in der Praxis, 2. Auflage, Bonn 2015.

Braun, Anette: Die kriminelle Gewässerverunreinigung (§ 324 StGB): eine strafrechtliche Studie über die Verschmutzung von Gewässern unter Berücksichtigung von Kriminologie und Kriminalistik, Lübeck 1990.

Bräunig, Alexander: Untreue in der Wirtschaft: eine funktionale Interpretation des Untreuestrafrechts, Berlin 2011.

Breuer, Rüdiger: Verwaltungsrechtlicher und strafrechtlicher Umweltschutz – Vom Ersten zum Zweiten Umweltkriminalitätsgesetz, in: JZ 1994, 1077 ff.

Bung, Jochen: Konkludente Täuschung? Von der fehlenden zur Fehlvorstellung beim Betrug, in: GA 2012, 354 ff.

Burkhardt, Björn: Das Unternehmensdelikt und seine Grenzen, in: JZ 1971, 352 ff.

Calliess, Rolf-Peter: Strafzwecke und Strafrecht: 40 Jahre Grundgesetz – Entwicklungstendenzen vom freiheitlichen zum sozial-autoritären Rechtsstaat?, in: NJW 1989, 1338 ff.

Cramer, Peter: Anmerkung zu BGH, Urteil v. 8. 1. 1992 – 2 StR 102/91 (LG Frankfurt M.), in: NStZ 1993, 42 f.

Dittrich, Joachim: Die Integrität des Sports – Schutzzweck oder Gesetzesziel? Zur neuen Strafbarkeit von Sportwettbetrug und Manipulation berufssportlicher Wettbewerbe, in: ZWH 2017, 189 ff.

Dölling, Dieter: Die Neuregelung der Strafvorschriften gegen Korruption, in: ZStW 2000, 334 ff.

Eisele, Jörg: Untreue in Vereinen mit ideeller Zielsetzung, in: GA 2001, 377 ff.

Ellmer, Manfred: Betrug und Opfermitverantwortung, Berlin 1986.

Engemann, Uta Inse: Die Regelung des Versicherungsmißbrauchs (§ 265 StGB) nach dem 6. Strafrechtsreformgesetz, Berlin 2001.

Erb, Volker: „Die Neuinterpretation des Bandenbegriffs und des Mitwirkungserfordernisses beim Bandendiebstahl - - Eine Besprechung von BGH, Beschluss vom 22. 3. 2001 - GSSt 1/00, in: NStZ 2001, 561 ff.

Fasten, Ines/*Oppermann*, Gregor: Betrug im Rahmen manipulierter Fußballwetten, in: JA 2006, 69 ff.

Feinendegen, Markus: Anmerkungen zu Sportwettbetrug durch Spielmanipulationen – Fußballwettskandal BGH Urteil v. 15. 12. 2006 – 5 StR 181/06 (LG Berlin), in: NJW 2007, 787 f.

Frisch, Wolfgang: Grundfragen der Täuschung und des Irrtums beim Betrug. Zum so genannten Recht auf Wahrheit, in: Festschrift für Rolf Dietrich Herzberg zum siebzigsten Geburtstag am 14. Februar 2008, herausgegeben von Putzke, Holm/Hardtung, Bernhard/Hörnle, Tatjana/Merkel, Reinhard/Scheinfeld, Jörg/Schlehofer, Horst/Seier, Jürgen, Tübingen 2008, S. 729 ff.

Fischer, Jonas: Das Recht der Glücksspiele im Spannungsfeld zwischen staatlicher Gefahrenabwehr und privatwirtschaftlicher Betätigungsfreiheit, Frankfurt am Main (u.a.) 2009.

Fischer, Thomas: Strafgesetzbuch mit Nebengesetzen, 66. Auflage, München 2019.

Frey, Dieter/*Pommer*, Jan: Herausforderung für die weitere Entwicklung des esports – Überlegungen aus der Perspektive des Veranstalters; in: MMR Beilage 2018, 7 ff.

Geade, Karsten: Betrug durch den Abschluss manipulierter Fußballwetten: Das Hoyzer Urteil als Sündenfall der Ausdehnung des Betrugstatbestandes? – Anmerkung zu BGH 5 StR 181/06, Urteil vom 15. Dezember 2006, in: HRRS 2007, 16 ff.

Geppert, Klaus: Amtsdelikte (§ 331 ff. StGB), in: Jura 1981, 42 ff.

Giehring, Heinz: Prozeßbetrug im Versäumnis- und Mahnverfahren – zugleich ein Beitrag zur Auslegung des Irrtumsbegriffs in § 263 StGB, in: GA 1973, 1 ff.

Göhler, Erich (Begründer), Kommentar zum Gesetz über Ordnungswidrigkeiten, 17. Auflage, München 2017.

Graf, Jürgen Peter/*Jäger*, Markus/*Wittig*, Petra: Kommentar zum Wirtschafts- und Steuerstrafrecht, 2. Auflage, München 2017.

Greco, Luis: Zur Bestimmung des Vermögensschadens beim Sportwettenbetrug, in: NZWiSt 2014, 334 ff.

Hartmann, Bernd/*Niehaus*, Holger: Zur strafrechtlichen Einordnung von Wettmanipulationen im Fußball, in: JA 2006, 432 ff.

Hassemer, Winfried: Symbolisches Strafrecht und Rechtsgüterschutz, in: NStZ 1989, 553 ff.

- Theorie und Soziologie des Verbrechens: Ansätze zu einer praxisorientierten Rechtsgutslehre, Frankfurt am Main 1973.
- „Vorteil“ und „Unrechtsvereinbarung“ bei den Bestechungsdelikten, in: JuS 1987, 662 f.
- Darf es Straftaten geben, die ein strafrechtliches Rechtsgut nicht in Mitleidenschaft ziehen?, in: Hefendehl, Roland/von Hirsch, Andrew/Wohlers, Wolfgang (Herausgeber): Die Rechtsgutstheorie: Legitimationsbasis des Strafrechts oder dogmatisches Glasperlenspiel?, Baden-Baden 2003, S. 57 ff.
- Das Schicksal der Bürgerrechte im „effizienten“ Strafrecht, in: StV 1990, 328 ff.
- Grundlinien einer personalen Rechtsgutslehre, in: Jenseits des Funktionalismus: Arthur Kaufmann zum 65. Geburtstag, herausgegeben von Phillipps, Lothar/Scholler, Heinrich, Heidelberg 1989, S. 85 ff.

Hassemer, Raimund: Schutzbedürftigkeit des Opfers und Strafrechtsdogmatik: zugleich ein Beitrag zur Auslegung des Irrtumsmerkmals in § 263 StGB, Berlin 1981.

Hefendehl, Roland: Die Feststellung des Vermögensschadens – auf dem Weg zum Sachverständigenstrafrecht?, in: wistra 2012, 325 ff.

– Kollektive Rechtsgüter im Strafrecht, Köln, München (u.a.) 2002.

Hennsler, Martin: Risiko als Vertragsgegenstand, Tübingen 1994.

Hernandez, Moises Moreno: Über die Verknüpfung von Strafrechtsdogmatik und Kriminalpolitik (Ontologismus versus Normativismus?), in: Festschrift für Claus Roxin zum 70. Geburtstag am 15. Mai 2001, herausgegeben von Schünemann, Bernd/Achenbach, Hans/Bottke, Wilfried/Haffke, Bernhard/Rudolphi, Hans-Joachim, Berlin 2001, S. 69 ff.

Hilgendorf, Eric: Gibt es ein „Strafrecht der Risikogesellschaft?" - Ein Überblick, in: NStZ 1993, 10 ff.

– Tatsachenaussagen und Werturteile im Strafrecht: entwickelt am Beispiel des Betruges und der Beleidigung, Berlin 1998.

Hinrichs, Hauke: Konsequenzen der Vorgaben des BVerfG zur Figur des Gefährdungsschadens, in: wistra 2013, 161 ff.

Hohmann, Olaf: Von den Konsequenzen einer personalen Rechtsgutsbestimmung im Umweltstrafrecht, in: GA 1992, 76 ff.

– Das Rechtsgut der Umweltdelikte: Grenzen des strafrechtlichen Umweltschutzes, Frankfurt am Main 1991.

Holzhäuser, Felix/*Bagger*, Tim/*Schenk*, Maximilian: Ist E-Sport „echter" Sport?, in: SpuRt 2016, 94 ff.

Hörnle, Tatjana: Grob anstößiges Verhalten: strafrechtlicher Schutz von Moral, Gefühlen und Tabus, Frankfurt am Main 2005.

Hoven, Elisa: Auslandsbestechung – Eine rechtsdogmatische und rechtstatsächliche Untersuchung, Baden-Baden 2018.

Hutz, Christopher/*Kaiser*, Martin: Aspekte der Spielmanipulation und des Sportwettbetrugs in Deutschland und der Schweiz, in: NZWiSt 2013, 379 ff.

Jäger, Christian: Die drei Unmittelbarkeitsprinzipien beim Betrug, in: JuS 2010, 761 ff.

– Wettbetrug – Nicht nur ein Schaden für den Sport, sondern auch für das Vermögen! in: JA 2013, 868 ff.

Jagnow, Hans/*Baumann*, Anna: eSport aus verbandlicher Perspektive, in: MMR - Beilage 2018, 12.

Jahn, Matthias/*Maier*, Stefan: Der Fall Hoyzer – Grenzen der Normativierung des Betrugstatbestands, in: JuS 2007, 215 ff.

Jahn, Matthias: Moralunternehmergewinne und Gewissheitsverluste – Der Beitrag strafprozessualer Verständigung zum Kapitalmarktstrafrecht der Finanzmarktkrise, in: JZ 2011, 340 ff.

Jakobs, Günther: Strafrecht Allgemeiner Teil – Die Grundlagen und die Zurechnungslehre, 2. Auflage, Berlin 1991.

– Kriminalisierung im Vorfeld einer Rechtsgutsverletzung, in: ZStW 1985, 751 ff.

Jansen, Scarlett: Der Schutz der „Integrität des Sports“ durch das Strafrecht?, in: GA 2017, 600 ff.

Jescheck, Hans-Heinrich/*Weigend*, Thomas: Lehrbuch des Strafrechts Allgemeiner Teil, 5. Auflage, Berlin 1996.

Joecks, Wolfgang: Anleger- und Verbraucherschutz durch das 2. WiKG, in: wistra 1986, 142 ff.

Joecks, Wolfgang/*Jäger*, Christian: Strafgesetzbuch Studienkommentar 12. Auflage München 2018.

Kargel, Walter: Parteispendenakquisition und Vorteilsannahme, in: JZ 2005, 503 ff.

– Offenbarungspflicht und Vermögensschaden beim Anstellungsbetrug – Der doppelte Rechtsreferendar, in: wistra 2008, 121 ff.

Kindhäuser, Urs: Anmerkung zu Urteil des Bundesgerichtshofs - § 265b StGB 1975 – Kreditbetrug tritt hinter Betrug und Betrugsversuch zurück. Urteil des BGH v. 21. 2. 1989 – 4 StR 643/88 (BGHSt 36, 130), in: JR 1990, 520 ff.

– Gefährdung als Straftat – Rechtstheoretische Untersuchungen zur Dogmatik der abstrakten und konkreten Gefährdungsdelikte, Frankfurt am Main 1989.

– Konkludentes Täuschen, in: Strafrecht und Wirtschaftsstrafrecht: Dogmatik, Rechtsvergleich, Rechtstatsachen; Festschrift für Klaus Tiedemann zum 70. Geburtstag, herausgegeben von Sieber, Ulrich/Dannecker, Gerhard/Kindhäuser, Urs/Vogel, Joachim/Walter, Tonio, Köln, München 2008, S. 579 ff.

– Voraussetzungen strafbarer Korruption in Staat, Wirtschaft und Gesellschaft, in: ZIS 2011, 461 ff.

Klein, Kerstin: Das Verhältnis von Eingehungs- und Erfüllungsbetrug, Herbolzheim 2003.

Kleine-Cosack, Eva: Kausalitätsprobleme im Umweltstrafrecht: die strafrechtliche Relevanz der Schwierigkeiten naturwissenschaftlicher Kausalfeststellung im Umweltbereich, Berlin 1988.

König, Peter: Sportschutzgesetz – Pro und Contra – Pro: Argumente für ein Sportschutzgesetz, in: SpuRt 2010, 106 f.

Kraatz, Erik: Der Untreuetatbestand ist verfassungsgemäß – gerade noch! – zugleich eine Anmerkung zu BVerfG 2 BvR 2559/08, in: JR 2011, 434 ff.

Krack, Ralf: Anmerkung zu: Zur Strafbarkeit von Verfügungen eines Kontoinhabers über Guthaben, die aus bankinternen Fehlbuchungen entstanden sind – Beschluss des BGH v. 8.11.2000 – 5 StR 433/00, in: JR 2002, 25 ff.

– Bestechlichkeit und Bestechung von Sportschiedsrichtern – eine Straftat? Zu § 299 StGB und § 6 SportSG-E, in: ZIS 2011, 475 ff.

– Betrug durch Wettmanipulation – Das Urteil des BGH zum Schiedsrichterskandal, in: ZIS 2007, 103 ff.

– Sportwettbetrug und Manipulation von berufssportlichen Wettbewerben Regierungsentwurf zu §§ 265c, 265d StGB, in: ZIS 2016, 540 ff.

– Sportwettbetrug und Manipulation von berufssportlichen Wettbewerben – zur Einführung der §§ 265c ff. StGB – in: wistra 2017, 289 ff.

Krüger, Matthias: Die Entmaterialisierungstendenz beim Rechtsgutsbegriff, Berlin 2000.

– Neues aus Karlsruhe zu Art. 103 II GG und § 266 StGB – Bespr. von BVerfG, Beschl. vom 23. 6. 2010 – 2 BvR 2559/08, in: NStZ 2011, 369 ff.

Kubiciel, Michael: Die Straftatbestände des Sportwettbetrugs und der Manipulation berufssportlicher Wettbewerbe. Legitimation, Interpretation und Folgen, in: Korruption im Sport – Tagungen und Kolloquien, herausgegeben von Hoven, Elisa/Kubiciel, Michael, Baden-Baden 2018, S. 61 ff.

– Gesellschaftsrechtliche Pflichtwidrigkeit und Untreuestrafbarkeit, in: NStZ 2005, 353 ff.

– Legitimation, Umfang und Interpretation der Straftatbestände gegen Sportwettbetrug und Manipulation von berufssportlichen Wettbewerben, in: WiJ 2016, 256 ff.

– Neue Haftungsrisiken für Vereine: Die Straftatbestände gegen Sportwettbetrug und Spielmanipulation, in: SpuRt 2017, 188 ff.

– Wetten und Betrug – Zur konkludenten Täuschung – Anmerkung zu BGH 5 StR 181/06, Urteil vom 15. Dezember 2006, in: HRRS 2007, 68 ff.

Kudlich, Hans/*Oğlakcıoğlu*, Mustafa: Wirtschaftsstrafrecht, 2. Auflage, Heidelberg, München (u.a.) 2014.

Kudlich, Hans: Betrügerische Lebensversicherung? (Al Qaida-Fall), in: JA 2012, 230 ff.

– Die Relevanz der Rechtsgutstheorie im modernen Verfassungsstaat, in: ZStW 2015, 635 ff.

– Fast wie im richtigen Leben: Wo fängt eigentlich Untreue an…? in: JA 2011, 66 ff.

– Nicht Meins, aber vielleicht bald Deins – Betrug bei der Veräußerung fremder Fahrzeuge, in: JA 2011, 790 f.

– Sportschutzgesetz – Pro und Contra – Contra: Argumente gegen ein Sportschutzgesetz, in: SpuRt 2010, 108 f.

Kühl, Kristian: Lehrbuch Strafrecht Allgemeiner Teil, 8 Auflage, München 2017.

Kuhlen, Lothar: Verjährungsbeginn bei Bestechung und Bestechlichkeit, in: JR 2009, 53 ff.

- Zu den Tathandlungen bei Vorteilsannahme und Bestechlichkeit - - Zugleich eine Besprechung von BGH - 4 StR 554/87, in: NStZ 1988, 433 ff.
- Zum Strafrecht der Risikogesellschaft, in: GA 1994, 347 ff.
- Zum Verhältnis vom Bestimmtheitsgrundsatz und Analogieverbot, in: Festschrift für Harro Otto: zum 70. Geburtstag am 1. April 2007, herausgegeben von Dannecker, Gerhard/Langer, Winrich/Ranft, Otfried/Schmitz, Roland/Brammsen, Joerg, Köln, München (u.a.) 2007, S. 89 ff.

Kulhanek, Oliver: Bilanzrechtsorientierung und Quotenschaden als Beispiele einer modernen Schadensdogmatik, in: NZWiSt 2013, 246 ff.

Küper, Wilfried: Anmerkungen zu BGH, Beschluss v. 18.2.2009 – 1 StR 731/08 (LG München I), in: JZ 2009, 800 ff.

Küpper, Georg: Grenzen der normativierenden Strafrechtsdogmatik, Berlin 1990.

Kurth, Hans-J.: Beschränkung des Prozessstoffs und Einführung des Tonbandprotokolls durch das Strafverfahrensänderungsgesetz 1979, in: NJW 1978, 2481 ff.

Kutzner, Lars: Zweifelsfragen des Betrugstatbestands am Beispiel des Wettbetrugs, in: JZ 2006, 712 ff.

Lackner, Karl/*Kühl*, Kristian: Kommentar zum Strafgesetzbuch, 29. Auflage, München 2018.

Lehner, Michael/*Nolte*, Martin/*Putzke*, Holm (Herausg.): Handkommentar zum Anti Doping Gesetz, 1. Auflage, Baden-Baden 2017.

Leipziger Kommentar zum Strafgesetzbuch herausgegeben von Laufhütte, Heinrich Wilhelm/Rissig-van Saan, Ruth/Tiedemann, Klaus, Band 13, 12. Auflage, Berlin 2009.

Leipziger Kommentar zum Strafgesetzbuch, herausgegeben von Laufhütte, Heinrich Wilhelm/Rissig-van Saan, Ruth/Tiedemann, Klaus, Band 10, 12. Auflage, Berlin 2008.

Leipziger Kommentar zum Strafgesetzbuch, herausgegeben von Laufhütte, Heinrich Wilhelm/Rissig-van Saan, Ruth/Tiedemann, Klaus, Band 9 (Teilband 1), 12. Auflage, Berlin 2012.

Lenckner, Theodor: Zum Begriff der Täuschungsabsicht in § 267 StGB, in: NJW 1967, 1890 ff.

Leplow, Claas: Anmerkung zu BVerfG, Beschluss vom 23. Juni 2010 – 2 BvR 2559/08, 2 BvR 105/09, 2 BvR 491/09, in: wistra 2010, 475 f.

Letzgus, Klaus: Der Begriff der Diensthandlung und des Vorteils bei der Bestechlichkeit sowie die Konkurrenz zwischen Bestechlichkeit und "strafbarer" Diensthandlung - Anmerkung zum Urteil des BGH vom 28. 10. 1986 - 5 StR 244/86 (NStZ 1987, 326), in: NStZ 1987, 309 ff.

Lin, Dong-mao: Abstrakte Gefährdungstatbestände im Wirtschaftsstrafrecht, 1992.

Maaß, Wolfgang: Betrug verübt durch Schweigen, Gießen 1982.

Maiwald, Manfred: Zum fragmentarischen Charakter des Strafrechts, in: Festschrift für Reinhart Maurach zum 70. Geburtstag, herausgegeben von Schroeder, Friedrich-Christian/Zipf, Heinz, Karlsruhe 1972, S. 9 ff.

Maunz, Theodor/*Dürig*, Günther: Grundgesetz Kommentar Lieferung 48, November 2006.

Meyer-Goßner, Lutz/*Schmitt*, Bertram: Strafprozessordnung Kommentar mit GVG und Nebengesetzen, 61. Auflage, München 2018.

Mintas, Laila: Glücksspiele im Internet: Insbesondere Sportwetten mit festen Gewinnquoten (Oddset-Wetten) unter strafrechtlichen, verwaltungsrechtlichen und europarechtlichen Gesichtspunkten, Berlin 2009.

Mosbacher, Andreas: Ist das ungenehmigte Veranstalten und Vermitteln von Sportwetten noch strafbar?, in: NJW 2006, 3529 ff.

Münchener Kommentar zum Bürgerlichen Gesetzbuch, herausgegeben von Säcker, Franz Jürgen/Rixecker, Roland/Oetker, Hartmut/Limperg, Bettina, 7. Auflage, München 2017.

Münchener Kommentar zum Strafgesetzbuch, herausgegeben von Joecks, Wolfang/Miebach, Klaus, 2. Auflage, München 2014.

Münchener Kommentar zum Strafgesetzbuch, herausgegeben von Joecks, Wolfang/Miebach, Klaus, 3. Auflage, München 2019.

Nomos Kommentar zum Strafgesetzbuch, herausgegeben von Kindhäuser, Urs/-Neumann, Ulfried/Paeffgen, Hans-Ullrich, 5. Auflage, Baden-Baden 2017.

Nuzinger, Thomas/*Rübenstahl*, Markus/*Bittmann*, Folker: Stellungnahme zum Referentenentwurf des Bundesministeriums der Justiz und für Verbraucherschutz zur Strafbarkeit von Sportwettbetrug und der Manipulation berufssportlicher Wettbewerbe, in: WiJ 2016, 34 ff.

Otto, Harro: Die strafrechtliche Bekämpfung unlauterer Einflußnahmen auf öffentliche Versteigerungen durch Scheingebote, in: NJW 1979, 681 ff.

– Die Tatbestände gegen Wirtschaftskriminalität im Strafgesetzbuch – Kriminalpolitische und damit verbundene rechtsdogmatische Probleme von Wirtschaftsdelikten, in: Jura 1989, 24 ff.

– Konzeption und Grundsätze des Wirtschaftsstrafrechts (einschließlich Verbraucherschutz) in: ZStW 1984, 339 ff.

Palandt, Otto: Kommentar zum Bürgerlichen Gesetzbuch, 78. Auflage, 2019.

Paringer, Martin: Korruption im Profifußball: eine Überprüfung unlauteren Verhaltens von Vereinsfunktionär und Spieler unter dem Aspekt der §§ 263 und 298 ff. StGB am Beispiel des sog. Bundesligaskandals, Frankfurt am Main 2001.

Pfister, Andreas: Die geplanten Straftatbestände zur Bekämpfung der Korruption im Sport, in: StraFo 2016, 441 ff.

Pfister, Bernhard: Autonomie des Sports, sport-typisches Verhalten und staatliches Recht, in: Festschrift für Werner Lorenz zum siebzigsten Geburtstag, herausgegeben von Pfister, Bernhard/Will, Michael R., Tübingen 1991, S. 171 ff.

Pieth, Mark: Internationale Harmonisierung von Strafrecht als Antwort auf transnationale Wirtschaftskriminalität, in: ZStW 1997, 756 ff.

Pragal, Oliver: § 299 StGB – keine Straftat gegen den Wettbewerb!, in: ZIS 2006, 63 ff.

Prittwitz, Cornelius: Strafrecht und Risiko: Untersuchungen zur Krise von Strafrecht und Kriminalpolitik in der Risikogesellschaft, Frankfurt am Main 1993.

Puppe, Ingeborg: Anmerkung zu BGH, Urteil v. 21. 12. 1983 – 2 StR 566/83 (LG Koblenz), in: JZ 1984, 531 ff.

– Die logische Tragweite des sog. Umkehrschlusses, in: Festschrift für Karl Lackner zum 70. Geburtstag am 18. Februar 1987, herausgegeben von Küper, Wilfried/Puppe, Ingeborg/Tenckhoff, Jörg, Berlin 1987, S. 199 ff.

Radtke, Henning: Sportwettenbetrug und Quotenschaden, in: Jura 2007, 445 ff.

Ranft, Otfried: Grundfälle aus dem Bereich der Vermögensdelikte, in: JA 1984, 723 ff.

Reinhard, Michael: Der Straftatbestand der Manipulation von berufssportlichen Wettbewerben – absichtliches Foulspiel des Gesetzgebers?, in: SpuRt 2016, 235 ff.

Riemann, Thomas: Vermögensgefährdung und Vermögensschaden, Heidelberg 1989.

Rönnau, Thomas/*Hohn*, Kristian: Die Festsetzung (zu) hoher Vorstandsvergütungen durch den Aufsichtsrat – ein Fall für den Staatsanwalt?, in: NStZ 2004, 113 ff.

Rönnau, Thomas/*Soyka*, Till: Der „Quotenschaden" im Fall „Hoyzer" – ein Verstoß gegen das Bestimmtheitsgebot?, in: NStZ 2009, 12 ff.

Rönnau, Thomas: „Angestelltenbestechung" in Fällen mit Auslandsbezug, in: JZ 2007, 1084 ff.

Rössner, Dieter: „Sportbetrug" und Strafrecht – Notwendige Differenzierungen und kriminalpolitische Überlegungen, in: Festschrift für Volkmar Mehle zum 65. Geburtstag am 11.11.2009, herausgegeben von Hiebl, Stefan/Kassebohm, Niels/Lilie, Hans, Baden-Baden 2009, S. 567 ff.

Roxin, Claus: Normativismus, Kriminalpolitk und Empirie in der Strafrechtsdogmatik, in: Jus humanum: Grundlagen des Rechts und Strafrecht; Festschrift für Ernst-Joachim Lampe zum 70. Geburtstag, herausgegeben von Dölling, Dieter, Berlin 2003, S. 423 ff.

- Sinn und Grenzen staatlicher Strafe, in: JuS 1966, 377 ff.
- Strafrecht Allgemeiner Teil Band I Grundlagen – Der Aufbau der Verbrechenslehre, 4. Auflage, München 2006.

Rübenstahl, Markus: §§ 265c und 265d StGB – (Para-) Korruptionsstrafrecht zur Bekämpfung des Sportwettbetrugs und der Manipulation von Berufssportwettbewerben (Teil 1), in: JR 2017, 264 ff.

- §§265c und 265d StGB – (Para-) Korruptionsstrafrecht zur Bekämpfung des Sportwettbetrugs und der Manipulation von Berufssportwettbewerben? (2. Teil), in: JR 2017, 333 ff.

Saal, Martin: Das Vortäuschen einer Straftat (§ 145d StGB) als abstraktes Gefährdungsdelikt, Berlin 1997.

Saliger, Frank/*Rönnau*, Thomas/*Kirch-Heim*, Claudio: Täuschung und Vermögensschaden beim Sportwettenbetrug durch Spielteilnehmer – Fall „Hoyzer", in: NStZ 2007, 361 ff.

Saliger, Frank: Das Untreuestrafrecht auf dem Prüfstand der Verfassung, in: NJW 2010, 3195 ff.

- Die Normativierung des Schadensbegriffs in der neueren Rechtsprechung zu Betrug und Untreue, in: Recht – Wirtschaft – Strafe – Festschrift für Erich Samson zum 70. Geburtstag, herausgegeben von Joecks, Wolfgang/Ostendorf, Heribert/Rönnau, Thomas/Rotsch, Thomas/Schmitz, Roland, Heidelberg, München, Landsberg, Frechen, Hamburg 2010, S. 455 ff.

Satzger, Helmut : „Sportwettbetrug" und „Manipulation von berufssportlichen Wettbewerben" – zwei neue Tatbestände mit zweifelhafter Existenzberechtigung, in: Jura 2016, 1142 ff.

- Der Submissionsbetrug: eine Untersuchung zur Strafbarkeit von Manipulationen bei Ausschreibungsverfahren als Betrug, Berlin 1994.

– Die Anwendung des deutschen Strafrechts auf grenzüberschreitende Gefährdungsdelikte, in: NStZ 1998, 112 ff.

Satzger/Schluckebier/Widmaier Strafgesetzbuch Kommentar, herausgegeben von Satzger, Helmut/Schluckebier, Wilhelm, 3. Auflage, Köln 2016.

Schild, Wolfgang: Das strafrechtliche Problem der Sportverletzung (vorwiegend im Fußballkampfspiel), in: Jura 1982, 464 ff.

Schlösser, Jan: Anmerkung zu: Vermögenschaden beim gutgläubigen KfZ-Erwerb, BGH Beschluss v. 8.6.2011 – 3 StR 115/11 (LG Hannover), in: NStZ 2013, 162 f.

– Der „Bundesliga Wettskandal" – Aspekte einer strafrechtlichen Bewertung, in: NStZ 2005, 423 ff.

– Die Bedeutung des Gegenleistungsanspruches beim Eingehungsbetrug wegen Zahlungsunfähigkeit – zugleich ein Betrag zur Schadensentstehung und zur Unterscheidung zwischen den Tatbestandsmerkmalen Täuschung und Schaden, in: wistra 2010, 164 ff.

– Die schadensgleiche Vermögensgefährdung im Rahmen der Strafzumessung, in: StV 2008, 548 ff.

– Vom Quotenschaden über den Erfüllungsschaden zum Dispositionsschutz beim Wettbetrug – zur verfassungswidrigen Neuorientierung der höchstrichterlichen Rechtsprechung in Folge der Entscheidungen des BVerfG zum Vermögensschaden, in: NStZ 2013, 629 ff.

Schönke, Adolf/*Schröder*, Horst: Strafgesetzbuch Kommentar, 30. Auflage, München 2019.

Schreiber, Hans-Ludwig/*Beulke*, Werner: Untreue durch Verwendung von Vereinsgeldern zu Bestechungszwecken – BGH, NJW 1975, 1234, in: JuS 1977, 656 ff.

Schröder, Horst: Die Unternehmensdelikte, in: Tübinger Festschrift für Eduard Kern, herausgegeben von der Rechtswissenschaftlichen Abteilung der Rechts- und Wirtschaftswissenschaftlichen Fakultät der Universität Tübingen, Tübingen 1968, S. 457 ff.

Schuhr, Jan C.: Mehraktige Vermögensdispositionen beim Betrug und die Grenzen des sachgedanklichen Mitbewusstseins, in: ZStW 2011, 517 ff.

Schünemann, Bernd: Das Rechtsgüterschutzprinzip als Fluchtpunkt der verfassungsrechtlichen Grenzen der Straftatbestände und ihrer Interpretation, in: Hefendehl, Roland/von Hirsch, Andrew/Wohlers, Wolfgang (Herausgeber): Die Rechtsgutstheorie: Legitimationsbasis des Strafrechts oder dogmatisches Glasperlenspiel?, Baden- Baden 2003, S. 133 ff.

– Die Unrechtsvereinbarung als Kern der Bestechungsdelikte nach dem KorrBekG, in: Festschrift für Harro Otto: zum 70. Geburtstag am 1. April 2007, herausgegeben von Dannecker, Gerhard/Langer, Winrich/Ranft, Otfried/Schmitz, Roland/Brammsen, Joerg, Köln, München (u.a.) 2007, S. 777 ff.

- Kritische Anmerkungen zur geistigen Situation der deutschen Strafrechtswissenschaft, in: GA 1995, 201 ff.

Selle Stefanie: der Vorteil im Sinne der Bestechungsdelikte bei Abschluss eines Vertrags, Baden-Baden 2012.

Sinner, Stefan: Korruption im Sport - strafwürdiges Unrecht, Verzerrung des Wettbewerbs oder bloß unfaires Spiel? In: Rechtsstaatliches Strafrecht: Festschrift für Ulfrid Neumann zum 70. Geburtstag, Heidelberg 2017, S. 1229 ff.

Sowada, Christoph: „Die „notwendige Teilnahme" als funktionales Privilegierungsmodell im Strafrecht, Berlin 1992.

- Kettenregeln versus Lagertheorie – Die Teilnahmestrafbarkeit bei Tatbeständen mit spiegelbildlicher Deliktsstruktur (insbesondere im Korruptionsstrafrecht), in: Strafrecht und Wirtschaftsstrafrecht: Dogmatik, Rechtsvergleich, Rechtstatsachen; Festschrift für Klaus Tiedemann zum 70. Geburtstag, herausgegeben von Sieber, Ulrich, Köln, München 2008, S. 273 ff.

Stächelin, Gregor: Strafgesetzgebung im Verfassungsstaat: normative und empirische, materielle und prozedurale Aspekte der Legitimation unter Berücksichtigung neuerer Strafgesetzgebungspraxis, Berlin 1998.

Stam, Fabian: Die Straftatbestände des Sportwettbetrugs (§ 265c StGB) und der Manipulation von berufssportlichen Wettbewerben (§ 265d StGB), in: NZWiSt 2018, 41 ff.

Staudinger Kommentar zum Bürgerlichen Gesetzbuch mit Einführungsgesetzen und Nebengesetzen, Buch 1 Allgemeiner Teil, §§ 134-138; ProstG, Berlin 2017.

Staudinger, Kommentar zum Bürgerlichen Gesetzbuch mit Einführungsgesetz und Nebengesetzen, Buch 2 Recht der Schuldverhältnisse §§ 741 – 764, Berlin 2015.

Stuckenberg, Carl-Friedrich: Zur Strafbarkeit von „Phishing", in: ZStW 2006, 878 ff.

Swoboda, Sabine/*Bohn*, André: Aktuelles Gesetzgebungsvorhaben: Neue Straftatbestände zum Sportwettbetrug und zur Manipulation berufssportlicher Wettbewerbe, in: JuS 2016, 686 ff.

Systematischer Kommentar zum Strafgesetzbuch, herausgegeben von *Wolter*, Jürgen, 9. Auflage, Köln 2016.

Tenckhoff, Jörg: Eingehungs- und Erfüllungsbetrug, in: Festschrift für Karl Lackner zum 70. Geburtstag am 18. Februar 1987, herausgegeben von Küper, Wilfried/Puppe, Ingeborg/Tenckhoff, Jörg, Berlin 1987, S. 677 ff.

Thomas, Sven: Soziale Adäquanz und Bestechungsdelikte, in: Festschrift für Heike Jung: zum 65. Geburtstag am 23. April 2007, herausgegeben von Müller-Dietz, Heinz/Müller, Egon/Kunz, Karl-Ludwig/Radtke, Henning/Britz, Guido/Momsen, Carsten/Koriath, Heinz, Baden-Baden 2007, S. 973 ff.

Triffterer, Otto: Vermögensdelikte im Bundesligaskandal, in: NJW 1975, 612 ff.

Trüg, Gerson: Umrisse eines Sportsanktionenrechts – Gedanken zur Subsidiarität des Strafrechts, in: Über allem: Menschlichkeit – Festschrift für Dieter Rössner, herausgegeben von Bannenberg, Britta/Brettel, Hauke/Freund, Georg/Meier, Bernd-Dieter/Remschmidt, Helmut/Safferling, Christoph, Baden-Baden 2015, S. 686 ff.

Tsambikakis, Michael: Überflüssiges Strafrecht: Sportwettbetrug und Manipulation berufssportlicher Wettbewerbe, in: StV 2018, 319 ff.

Valerius, Brian: Schneller, höher, reicher? Strafbarkeit von Wett-Betrugsfällen im Sport, in: SpuRt 2005, 90 ff.

– Sportwettbetrug (§ 265c StGB) und Manipulation von berufssportlichen Wettbewerben (§ 265d StGB), in: Jura 2018, 777 ff.

Vogel, Joachim: Betrug durch konkludente Täuschung: „Recht auf Wahrheit“ oder kommunikative Verkehrssicherungspflichten? in: Gedächtnisschrift für Rolf Keller, herausgegeben von Günther, Hans. L., Tübingen 2003, S. 313 ff.

Volk, Klaus: Die Merkmale der Korruption und die Fehler bei ihrer Bekämpfung, in: Gedächtnisschrift für Heinz Zipf, herausgegeben von Gössel, Karl Heinz/Triffterer, Otto, Heidelberg 1999, S. 419 ff.

Von Komorowski, Alexis/*Bredemeier*, Barbara: Fußball: Vermögensstrafrecht und Schiedsrichterverhalten – Teil 1: Der Schiedsrichter als Beteiligter, in: SpuRt 2005, 181 ff.

Walter, Tonio: Die Kompensation beim Betrug (§ 263 StGB), in: Strafrecht zwischen System und Telos: Festschrift für Rolf Dietrich Herzberg zum siebzigsten Geburtstag am 14. Februar 2008, herausgegeben von Putzke, Holm/Hardtung, Bernhard/Hörnle, Tatjana/Merkel, Reinhard/Scheinfeld, Jörg/Schlehofer, Horst/Seier, Jürgen, Tübingen 2008, S. 763 ff.

Weber, Ulrich: Das Zweite Gesetz zur Bekämpfung der Wirtschaftskriminalität (2. WiKG) - Teil 1: Vermögens- und Fälschungsdelikte (außer Computerkriminalität), in: NStZ 1986, 481 ff.

– Die Vorverlagerung des Strafrechtsschutzes durch Gefährdungs- und Unternehmensdelikte, in: Referate und Diskussionsbericht der Fachgruppe für Strafrechtsvergleichung anläßlich der Tagung der Gesellschaft für Rechtsvergleichung am 20. September 1985 in Göttingen, herausgegeben von Jescheck, Hans-Heinrich, Beiheft zur ZStW, Berlin 1987, S. 1 ff.

Wittig, Petra: § 299 StGB durch Einschaltung von Vermittlerfirmen bei Schmiergeldzahlungen, in: wistra 1998, 7 ff.

– Dianas zweifelhafter Sieg – Rennwette und Doping, in: SpuRt 1994, 134 ff.

Witzigmann, Tobias: Mögliche Funktionen und Bedeutungen des Absichtsbegriffs im Strafrecht, in: JA 2009, 488 ff.

Wohlers Wolfgang: Deliktstypen des Präventionsstrafrechts – zur Dogmatik „moderner" Gefährdungsdelikte, Berlin 2000.

Wolters, Gereon: Die Änderungen des StGB durch das Gesetz zur Bekämpfung der Korruption, in: JuS 1998, 1100 ff.

Worms, Alexander: § 264a StGB – ein wirksames Remedium gegen den Anlageschwindel? (1. Teil), in: wistra 1987, 242 ff.

Zieschang, Frank: Die Gefährdungsdelikte, Berlin 1998.

– Strafrecht Allgemeiner Teil, 5. Auflage, Stuttgart 2017.

Zuck, Rüdiger: Wider die Kriminalisierung des Sports – zu den verfassungsrechtlichen Rahmenbedingungen einer Antidoping-Gesetzgebung, in: NJW 2014, 276 ff.

Online abrufbare Quellen

„No to racism"-Kampagne der UEFA. https://www.uefa.com/insideuefa/social-responsibility/respect/no-to-racism/index.html

Bundesrechtsanwaltskammer Stellungnahme Nr. 8/16 Zum Referentenentwurf des Bundesministeriums der Justiz und für Verbraucherschutz zur Strafbarkeit von Sportwettbetrug und der Manipulation berufssportlicher Wettbewerbe vom 03.11.2015. https://www.brak.de/zur-rechtspolitik/stellungnahmen-pdf/stellungnahmen-deutschland/2016/april/stellungnahme-der-brak-2016-8.pdf

Bundesministerium für Wirtschaft und Energie, Zahlen und Fakten zur Sportwirtschaft, 2013. https://www.bmwi.de/Redaktion/DE/Publikationen/Wirtschaft/zahlen-fakten-sportwirtschaft.html

Deutscher Anwaltverein Stellungnahme Nr. 12/16: Sportwettbetrug und Manipulation berufssportlicher Wettbewerbe. https://anwaltverein.de/de/suche?keywords=Sportwettbetrug

Deutscher Richterbund Stellungnahme Nr. 2/16: zum Gesetzentwurf zur Strafbarkeit von Sportwettbetrug und der Manipulation berufssportlicher Wettbewerbe. https://www.drb.de/positionen/stellungnahmen/stellungnahme/news/216/

DFB-Schiedsrichterordnung. https://www.dfb.de/verbandsservice/verbandsrecht/satzung-und-ordnungen/

DFB-Spielregeln 2018/19. https://www.dfb.de/fileadmin/_dfbdam/179710-AU1801301_Fussballregeln_2018_LowRes.pdf

McKinsey&Company, Wachstumsmotor Bundesliga – Die ökonomische Bedeutung des professionellen Fußballs in Deutschland Ergebnisse 2015. https://www.dfl.de/de/publikationen/wachstumsmotor-bundesliga/

Satzung von Eintracht Frankfurt. https://www.eintracht-frankfurt.de/fileadmin/upload/Verein/Vereinsorganisation/Satzung_EintrachtFrankfurt_2017.pdf

Sorbonne International Centre for Sport Security: Protecting the Integrity of Sport Competition – An executive summary of the Sorbonne-ICSS Integrity Report – Sport Integrity Research Programme, 2012-2014. https://www.google.com/url?sa=t&rct=j&q=&esrc=s&source=web&cd=1&ved=2ahUKEwjJy-D91tLgAhWJ5OAKHRseAakQFjAAegQIABAC&url=http%3A%2F%2Fwww.theicss.org%2Fwp-content%2Fthemes%2Ficss-corp%2Fpdf%2FSIF14%2FSorbonne-ICSS%2520Report%2520Executive%2520Summary_WEB.pdf&usg=AOvVaw0vvUQ4kE_jIufunahgqf28

Transparency International Stellungnahme zum Gesetzesentwurf der Bundesregierung (BT Drs. 18/8831, Stand 20.06.2016): „Entwurf eines..Gesetzes zur Änderung des Strafgesetzbuches – Strafbarkeit von Sportwettbetrug und der Manipulation von berufssportlichen Wettbewerben" - 26. September 2016. https://www.transparency.de/fileadmin/Redaktion/Aktuelles/Stellungnahmen/2016/16-09-26-Stellungnahme-Manipulation_von_Sportwettbewerben-Transparency_Deutschland.pdf

Wikipedia Eintrag zu Dietrich Mateschitz. https://de.wikipedia.org/wiki/Dietrich_Mateschitz

Kubiciel, Michael: Schriftliche Fassung der Stellungnahme in der öffentlichen Anhörung vor dem Rechtsausschuss des Deutschen Bundestags am 28.09.2016. https://www.jura.uni-augsburg.de/de/lehrende/professoren/kubiciel/downloads/beratung/strafbarkeit_sportwettbetrug.pdf

SCHRIFTEN ZUM STRAFRECHT UND STRAFPROZESSRECHT

Herausgegeben von Manfred Maiwald und Carsten Momsen

Band 1 Christian-Peter Frees: Die steuerrechtliche Selbstanzeige. Zur kriminalpolitischen Zweckmäßigkeit des § 371 AO. 1991.

Band 2 Norbert Joachim: Der Hörensagenbeweis im Strafverfahren. 1991.

Band 3 Alfred A. Göbel: Die Einwilligung im Strafrecht als Ausprägung des Selbstbestimmungsrechts. 1991.

Band 4 Karl-Heinz Vehling: Die Abgrenzung von Vorbereitung und Versuch. 1991.

Band 5 Heiko Hartmut Lesch: Das Problem der sukzessiven Beihilfe. 1992.

Band 6 Dirk Schwerdtfeger: Besondere persönliche Unrechtsmerkmale. 1992.

Band 7 Stefan Göhring: Polizeiliche Kontrollstellen und Datenverarbeitung. § 163 d StPO und novellierte Polizeigesetze der Länder zwischen Strafverfolgung, Gefahrenabwehr und vorbeugender Straftatenbekämpfung. 1992.

Band 8 Werner Kemper: Horizontale Teilrechtskraft des Schuldspruchs und Bindungswirkung im tatrichterlichen Verfahren nach der Zurückverweisung. §§ 353, 354 Abs. 2 StPO. 1993.

Band 9 Ovvadias Namias: Die Zurechnung von Folgeschäden im Strafrecht. 1993.

Band 10 Jan Zopfs: Unfallflucht bei eindeutiger Haftungslage? Unverzüglichkeitsgebot und Wahlmöglichkeit in § 142 Abs. 2 und 3 StGB. 1993.

Band 11 Stefan Hiebl: Ausgewählte Probleme des Akteneinsichtsrechts nach § 147 StPO. 1994.

Band 12 Ralf Krack: List als Straftatbestandsmerkmal. Zugleich ein Beitrag zu Täuschung und Irrtum beim Betrug. 1994.

Band 13 Henning Radtke: Zur Systematik des Strafklageverbrauchs verfahrenserledigender Entscheidungen im Strafprozeß. 1994.

Band 14 Bernd J. A. Müssig: Schutz abstrakter Rechtsgüter und abstrakter Rechtsgüterschutz. Zu den materiellen Konstitutionskriterien sog. Universalrechtsgüter und deren normentheoretischem Fundament – am Beispiel der Rechtsgutsbestimmung für die §§ 129, 129a und 324 StGB. 1994.

Band 15 Heinz Koriath: Über Beweisverbote im Strafprozeß. 1994.

Band 16 Burkhard Niepoth: Der untaugliche Versuch beim unechten Unterlassungsdelikt. 1994.

Band 17 Karsten Altenhain: Die Strafbarkeit des Teilnehmers beim Exzeß. 1994.

Band 18 Ina Walbaum: Schuldspruch in der Revisionsinstanz nach freisprechendem Urteil des Tatgerichts. 1996.

Band 19 Birgit Dalbkermeyer: Der Schutz des Beschuldigten vor identifizierenden und tendenziösen Pressemitteilungen der Ermittlungsbehörden. 1994.

Band 20 Thomas Hackner: Der befangene Staatsanwalt im deutschen Strafverfahrensrecht. 1995.

Band 21 Hartmut Loritz: Kritische Betrachtungen zum Wert des strafprozessualen Zwischenverfahrens. 1996.

Band 22 Heinz-Hermann Berghof: Therapie und Strafe im Betäubungsmittelrecht. Recht und Wirklichkeit der Behandlung Drogenabhängiger unter besonderer Berücksichtigung der §§ 35 ff BtMG. 1995.

Band 23 Oliver Mertens: Strafprozessuale Grundrechtseingriffe und Bindung an den Wortsinn der ermächtigenden Norm. 1996.

Band 24 Sönke Bahnsen: Das Akteneinsichtsrecht der Verteidigung im Strafverfahren. Dogmatische Grundlagen und Einzelprobleme im Lichte einer rechtsstaatlichen Verfahrensgestaltung. 1996.

Band 25 Dirk Schwieger: Der Vorteilsbegriff in den Bestechungsdelikten des StGB. 1996.

Band 26 Stephanie Meinecke: Die Auswirkungen von Verfahrensfehlern auf die Strafbarkeit nach den Aussagedelikten. 1996.

Band 27 Ute Lambrecht: Strafrecht und Disziplinarrecht. Abhängigkeiten und Überschneidungen. 1997.

Band 28 Carsten Momsen: Verfahrensfehler und Rügeberechtigung im Strafprozeß. Die Strukturen der Revisionsberechtigung unter besonderer Berücksichtigung des Begriffs "Rechtsnormen, die lediglich zugunsten des Angeklagten gegeben sind" in § 339 StPO. 1997.

Band 29 Ursula Epp: Die Abgeordnetenbestechung – § 108 e StGB. 1997.

Band 30 Bernd Scheiff: Wann beginnt der Strafrechtsschutz gegen kriminelle Vereinigungen (§ 129 StGB)? 1997.

Band 31 Ulrike Fontaine: Max Grünhut (1893-1964). Leben und wissenschaftliches Wirken eines deutschen Strafrechtlers jüdischer Herkunft. 1998.

Band 32 Claudia Keiser: Das Kindeswohl im Strafverfahren. Zur Notwendigkeit eines am Kindeswohl orientierten Umgangs mit minderjährigen Opfern und Zeugen, den Möglichkeiten de lege lata und den Erfordernissen de lege ferenda. 1998.

Band 33 Wiebke Schürer-Mohr: Erlaubte Risiken. Grundfragen des "erlaubten Risikos" im Bereich der Fahrlässigkeitsdogmatik. 1998.

Band 34 Stephan Voigtel: Zum Freibeweis bei Entscheidungen der Strafvollstreckungskammer. Eine Untersuchung zu ausgewählten Fragen des Beweisrechts im gerichtlichen Verfahren in Strafvollstreckungs- und Strafvollzugssachen. 1998.

Band 35 Volkmar Wißgott: Das Beweisantragsrecht im Strafverfahren als Kompensation der richterlichen Inquisitionsmaxime. Die Judikatur des Reichsgerichts zum strafprozessualen Beweisrecht. 1998.

Band 36 Susanne Merz: Strafrechtlicher Ehrenschutz und Meinungsfreiheit. 1998.

Band 37 Uwe Schlömer: Der elektronisch überwachte Hausarrest. Eine Untersuchung der ausländischen Erfahrungen und der Anwendbarkeit in der Bundesrepublik Deutschland. 1998.

Band 38 Michael Liedke: Die Vermögensstrafe gemäß § 43a StGB in ihrer kriminalpolitischen Bedeutung. 1999.

Band 39 Danja Domeier: Gesundheitsschutz und Lebensmittelstrafrecht. Zur Konkretisierung der Verkehrspflichten und ihrer Strafbewehrung, insbesondere mit Blick auf §§ 8 ff. LMBG. 1999.

Band 40 Ritva Westendorf: Die Pflicht zur Verhinderung geplanter Straftaten durch Anzeige. Eine kritische Betrachtung der §§ 138, 139 StGB im Kontext der Unterlassungsdelikte. 1999.

Band 41 Hans Theile: Tatkonkretisierung und Gehilfenvorsatz. 1999.

Band 42 Nicole Lange: Vorermittlungen. Die Behandlung des staatsanwaltschaftlichen Vorermittlungsverfahrens unter besonderer Berücksichtigung von Abgeordneten, Politikern und Prominenten. 1999.

Band 43 Tanja Gunder: Der Umgang mit Kindern im Strafverfahren. Eine empirische Untersuchung zur Strafverfolgung bei Sexualdelinquenz. 1999.

Band 44 Sven-Markus Thiel: Die Konkurrenz von Rechtfertigungsgründen. 2000.

Band 45 Jan Schlüter: Die Strafbarkeit von Unternehmen in einer prozessualen Betrachtung nach dem geltenden Strafprozeßrecht. 2000.

Band 46 Detlef Heise: Der Insiderhandel an der Börse und dessen strafrechtliche Bedeutung. Eine Untersuchung des neuen deutschen Insiderrechts speziell unter Bezugnahme auf die strafrechtstheoretischen und strafrechtsdogmatischen Grundlagen. 2000.

Band 47 Hermann Wichmann: Das Berufsgeheimnis als Grenze des Zeugenbeweises. Ein Beitrag zur Lehre von den Beweisverboten. 2000.

Band 48 Rainer T. Cherkeh: Betrug (§ 263 StGB), verübt durch Doping im Sport. 2000.

Band 49 Kristian Hohn: Die Zulässigkeit materieller Beweiserleichterungen im Strafrecht. Eine Untersuchung über Erscheinungsformen und Grenzen der Lösung beweisrechtlicher Probleme im materiellen Strafrecht. 2000.

Band 50 Malte Rabe von Kühlewein: Der Richtervorbehalt im Polizei- und Strafprozeßrecht. 2001.

Band 51 Donata Meinecke: Die Gesetzgebungssystematik der Versuchsstrafbarkeit von Verbrechen und Vergehen im StGB. 2001.

Band 52 Joachim Bock: Begriff, Inhalt und Zulässigkeit der Beweislastumkehr im materiellen Strafrecht. 2001.

Band 53 Gabriele Rose: Grenzen der journalistischen Recherche im Strafrecht und Strafverfahrensrecht. 2001.

Band 54 Wiebke Reitemeier: Täuschungen vor Abschluß von Arbeitsverträgen. Zum Verhältnis zwischen dem Straftatbestand des Betrugs und dem Anfechtungsrecht wegen arglistiger Täuschung (§§ 263 Abs. 1 StGB, 123 Abs. 1 Alt. 1 BGB). 2001.

Band 55 Peter Rackow: Das DNA-Identitätsfeststellungsgesetz und seine Probleme. 2001.

Band 56 Frank Zschieschack: Geiselnahme und erpresserischer Menschenraub (§§ 239a, 239b StGB) im Zwei-Personen-Verhältnis. 2001.

Band 57 Natascha Sëyfi: Das Sicherungsverfahren (§§ 413 - 416 StPO). 2002.

Band 58 Dirk Seiler: Die *Sperrwirkung* im Strafrecht. 2002.

Band 59 Dorothee Sydow: Die actio libera in causa nach dem Rechtsprechungswandel des Bundesgerichtshofs. 2002.

Band 60 Inga Metrikat: Die Unterbringung in einer Entziehungsanstalt nach § 64 StGB – Eine Maßregel im Wandel? Eine vergleichende, empirische Untersuchung zur Entscheidung des Bundesverfassungsgerichts vom 16.03.1994, BVerfGE 91, 1 ff. 2002.

Band 61 Sabine Caroline Bechtoldt: Die Erledigungserklärung im Maßregelvollzug des § 63 StGB. Eine empirische Untersuchung der Erledigungserklärung und zugleich rechtsdogmatische Erörterung ihrer Rechtskraftproblematik. 2002.

Band 62 Sandra Schulte-Nover: Strafrichter in Deutschland und England. Ein systematischer Rechtsvergleich im Hinblick auf die richterlichen Kompetenzen im Strafverfahren. 2003.

Band 63 Tim Schurig: Belehrung und Beratung des Beschuldigten über sein Aussageverhalten. Eine gemeinsame Aufgabe von Gericht und Verteidigung? 2003.

Band 64 Markus Laski: Die strafrechtlichen Bezüge des Bundes-Bodenschutzgesetzes. 2003.

Band 65 Gunnar Lüer: Die Versäumung im Berufungsverfahren. Das strafprozessuale Anwesenheitsprinzip im Spannungsfeld von autonomer Subjektstellung und öffentlichen Interessen am Beispiel des § 329 Abs. 1,2 StPO. 2003.

Band 66 Thomas Grützner: Die Sanktionierung von Submissionsabsprachen. Eine Untersuchung der bestehenden Möglichkeiten einer Bekämpfung von Submissionsabsprachen unter besonderer Berücksichtigung des § 298 StGB. 2003.

Band 67 Bettina Noltenius: Kriterien der Abgrenzung von Anstiftung und mittelbarer Täterschaft. Ein Beitrag auf der Grundlage einer personalen Handlungslehre. 2003.

Band 68 Bettina Kraft: Tendenzen in der Entwicklung des Jugendstrafrechts seit der Jugendgerichtsbewegung. 2004.

Band 69 Jessica Däbritz: Die Bestimmung strafbaren fahrlässigen Verhaltens in der Forschung am Beispiel ärztlicher Humanerprobungen. Ein Beitrag zur methodischen Ermittlung und inhaltlichen Bestimmung von Sorgfaltspflichten in der Humanforschung. 2004.

Band 70 Maike Steenbock: Über die Unfallflucht als Straftat. Eine kritische Untersuchung zum Zusammenhang der Strafbarkeit der Unfallflucht mit den Besonderheiten des Straßenverkehrs. 2004.

Band 71 Holger Mann: Beschleunigungspotential im Jugendstrafverfahren. 2004.

Band 72 Dorothee Krutisch: Strafbarkeit des unberechtigten Zugangs zu Computerdaten und -systemen. 2004.

Band 73 Heinz-Helmut Fuhrmann: Das Begehen der Straftat gem. § 25 Abs. 1 StGB. Unter besonderer Berücksichtigung der sogenannten "eigenhändigen" Delikte. 2004.

Band 74 Gerwin M. Moldenhauer: Eine Verfahrensordnung für Absprachen im Strafverfahren durch den Bundesgerichtshof? 2004.

Band 75 Dirk Busch: Konzernuntreue. Eine Untersuchung spezifischer Untreuestrafbarkeit innerhalb von Konzernverbindungen mit Aktiengesellschaften und Gesellschaften mit beschränkter Haftung. 2004.

Band 76 Mitsuru Iijima: Die Entwicklung des strafrechtlichen Unrechtsbegriffs in Japan. Eine kritische Betrachtung aus strafrechtsdogmatischer und rechtsphilosophischer Perspektive. 2004.

Band 77 Lena Barbara Kötter: Private Elemente in der Strafvollstreckung. Zur Privatisierung von Bewährungshilfe, Gerichtshilfe und gemeinnütziger Arbeit. 2004.

Band 78 Martin Maria Laufen: Der Wucher (§ 291 Abs. 1 Satz 1 StGB). Systematische Einordnung und dogmatische Struktur. 2004.

Band 79 Maike Aselmann: Die Selbstbelastungs- und Verteidigungsfreiheit. Ein Beitrag zu den Garantiewirkungen von Verfahrensrechten im Hinblick auf die Beweiswürdigung, Strafzumessung und Strafbarkeit des Beschuldigten im Strafprozess. 2004.

Band 80 Ingmar Wolf: Graffiti als kriminologisches und strafrechtsdogmatisches Problem. 2004.

Band 81 Misuk Son: Straftatfolgen im deutschen und koreanischen Strafrecht. Ein prinzipieller Vergleich. 2004.

Band 82 Matthias Saal: Die Beteiligung an einer Schlägerei (§ 231 StGB). Ein Plädoyer für die Streichung der schweren Folge. 2004.

Band 83 Michael Stüber: Die Entwicklung des Prinzips der Unmittelbarkeit im deutschen Strafverfahren. 2005.

Band 84 Patrick Gerberding: Das Rechtsmittelsystem im US-amerikanischen Strafverfahren. Eine rechtsvergleichende Betrachtung. 2005.

Band 85 Rouven Seeberg: Aufgedrängte Nothilfe, Notwehr und Notwehrexzess. 2005.

Band 86 Andre Knoerchen: Schadenswiedergutmachung über anwaltliche Schlichtungsstellen. Rechtsökonomische Analyse eines Modellprojekts. 2005.

Band 87 Andreas Quante: Sanktionsmöglichkeiten gegen juristische Personen und Personenvereinigungen. 2005.

Band 88 Gundula Momsen-Pflanz: Die sportethische und strafrechtliche Bedeutung des Dopings. Störung des wirtschaftlichen Wettbewerbs und Vermögensrelevanz. 2005.

Band 89 Klaus Kleinbauer: Rechtsmittelverzicht und Rechtsmittelzurücknahme des Beschuldigten im Strafprozeß. 2006.

Band 90 Manuel Fumagalli: Rechtsprobleme vorgeburtlicher Diagnoseverfahren. Die personenrechtliche Begründung von Pränataldiagnostik und Präimplantationsdiagnostik. 2006.

Band 91 Matthias Dann: Staatliche Tatprovokation im deutschen, englischen und schottischen Recht. Rechtsvergleichende Untersuchung unter besonderer Berücksichtigung europäischer und internationaler Entwicklungslinien. 2006.

Band 92 Shahryar Ebrahim-Nesbat: Die Herausbildung der strafrechtlichen Teilnahmeformen im 19. Jahrhundert. 2006.

Band 93 Christoph Paglotke: Notstand und Notwehr bei Bedrohungen innerhalb von Prozesssituationen. 2006.

Band 94 Sebastian Olk: Die Abgabe von Sacherklärungen des Angeklagten durch den Verteidiger. 2006.

Band 95 Bernadette Pape: Legalverhalten nach Sexualdelinquenz. Eine empirische Analyse der Delinquenzkarrieren nach Sexualstraftaten an Kindern. 2007.

Band 96 Uttam Das: Möglichkeiten der Angleichung materiellen Strafrechts zwischen England und Deutschland im Rahmen des Art. K 31 EUV. 2007.

Band 97 Dennis Miller: Die Beteiligung am Verbrechen nach italienischem Strafrecht. Ein Beitrag zur Geschichte und Gegenwart von Einheits- und Differenzierungsmodellen der strafbaren Beteiligung mehrerer Personen. 2007.

Band 98 Michael Nehring: Kriminelle und terroristische Vereinigungen im Ausland. Auslegung und Analyse des im Zuge der Terrorismusbekämpfung nach dem 11. September 2001 geschaffenen § 129b Strafgesetzbuch. 2007.

Band 99 Bernadette Berger: Das Gesinnungsmoment im Strafrecht. 2008.

Band 100 Peter Rackow: Neutrale Handlungen als Problem des Strafrechts. 2007.

Band 101 Simone Mölders: Bestechung und Bestechlichkeit im internationalen geschäftlichen Verkehr. Zur Anwendbarkeit des § 299 StGB auf Sachverhalte mit Auslandsbezug. 2009.

Band 102 Anke David: Die Entwicklung des Mordtatbestandes im 19. Jahrhundert. 2009.

Band 103 Arne Habenicht: Die Beteiligung an sexuellen Gewalttaten. 2009.

Band 104 Marwan Hamdan: Drittmittelforschung in der Medizin. Eine Gratwanderung zwischen strafbarer Vorteilsannahme und verfassungsgarantierter Forschungsfreiheit. 2009.

Band 105 Carl-Friedrich von Scherenberg: Die sozialethischen Einschränkungen der Notwehr. 2009.

Band 106 Andreas Poppe: Die Akzessorietät der Teilnahme. Eine kritische Analyse der dogmatischen Grundlagen. 2011.

Band 107 Jonathan Burmeister: Die schuldangemessene Bewertung von Ehrenmorden im deutschen Strafrecht. Differenzierte Schuldmerkmale auf Tatbestandsebene bei sonstigen niedrigen Beweggründen. 2011.

Band 108 Philipp Reinhold: Amtsträgerbestechung. Unrechtsgehalt und Grenzen der §§ 331 ff. StGB. 2011.

Band 109 Simone Reiß: Verbotsirrtum und Subventionsbetrug. Unter Berücksichtigung der Besonderheiten bei der betrügerischen Erlangung von EU-Subventionen. 2012.

Band 110 Johannes Altenburg: Die Unlauterkeit in § 299 StGB. Ein Beitrag zur Harmonisierung von Strafrecht und Wettbewerbsrecht. 2012.

Band 111 Christoph Skoupil: Handeltreiben mit Betäubungsmitteln. Strafbarkeitsvorverlagerungen vor und nach der Entscheidung des Großen Senats für Strafsachen vom 26.10.2005. 2012.

Band 112 Frederike Wewerka: Internal Investigations. Private Ermittlungen im Spannungsfeld von strafprozessualen Grundsätzen und Anforderungen eines globalisierten Wirtschaftsstrafverfahrens. Eine Problemanalyse unter besonderer Berücksichtigung des Falles Siemens. 2012.

Band 113 Lena Witzmann: Die gemeinsame Verhandlung. Eine Untersuchung des Öffentlichkeitsgrundsatzes, des Opportunitätsprinzips, des Anwesenheitsrechts und des Fairnessgrundsatzes im verbundenen Verfahren. 2012.

Band 114 Lea Boller: Der unbefugte Gebrauch von Kraftfahrzeugen und Fahrrädern – § 248b StGB. 2013.

Band 115 Nina Wadle: Privatisierung im deutschen Strafvollzug. 2013.

Band 116 Annik Lamshöft: Das Modell des vereinfachten Ablehnungsverfahrens. Ein Gegenentwurf zur strafprozessualen Fristenlösung des Bundesgerichtshofs. 2013.

Band 117 Christine Marie Shavers: Criminal Law Dealing with Hate Crimes. Functional Comparative Law. 2014.

Band 118 Philipp Christoph Kleinherne: Garantenstellung und Notwehrrecht. Zugleich ein Beitrag zum Entstehen und Erlöschen von Garantenstellungen. 2014.

Band 119 Kerstin Petermann: Strafverteidigung in Wirtschaftsstrafverfahren zwischen Rechtsmissbrauch, Konflikt und Konsens. 2015.

Band 120 Michaela Gorius: Die Strafbarkeit des Prinzipals im Lichte des § 299 StGB. Eine Untersuchung de lege lata et ferenda unter besonderer Berücksichtigung des Rechtsguts der Norm und der Strafbarkeit von Organen der Kapital- und Personengesellschaften. 2015.

Band 121 Frédéric Schneider: Die Organ- und Vertreterhaftung im deutschen Strafrecht. Eine Untersuchung zur Konzeption der Rechtsfigur und deren Folgen in der praktischen Rechtsanwendung. 2015.

Band 122 Neele Marleen Schlenker: § 237 StGB – Das Verbot der Zwangsheirat. 2016.

Band 123 Julia Hugendubel: Tätertypologien in der Wirtschaftskriminologie. Instrument sozialer Kontrolle. 2016.

Band 124 Marcelle Janina Gatter: Die Ausgestaltung von Mitarbeiterbefragungen bei unternehmensinternen Ermittlungen und die Selbstbelastungsfreiheit. Eine rechtstheoretische und rechtsdogmatische Untersuchung unter besonderer Berücksichtigung der Belehrungen. 2016.

Band 125 Felix Doege: Die Bedeutung des nemo-tenetur-Grundsatzes in nicht von Strafverfolgungsorganen geführten Befragungen. 2016.

Band 126 Amelie Rösl: Arbeitserpressung. Zum Vermögenswert abgenötigter Leistungen. 2017.

Band 127 Laura Sophia Schumann: Das mittels List erschlichene Einverständnis im Rahmen des § 239 I Alt. 2 StGB. 2018.

Band 128 Nicole Reh: Die Wiedergutmachung im Wirtschaftsstrafverfahren. Eine qualitativ-empirische Erhebung über die Bedeutung und die Funktionalität der Wiedergutmachung in der wirtschaftsstrafrechtlichen Praxis. 2018.

Band 129 Florian Richter: Rechtfertigender Notstand zur Erhaltung von Arbeitsplätzen? Zur Notstandsfähigkeit des Interesses an der Arbeit. 2019.

Band 130 Isabelle Marie Voß: Flexibilisierungsbestrebungen der wirtschaftsstrafrechtlichen Praxis und das Recht auf den gesetzlichen Richter. 2019.

Band 131 Laura Iva Savic: Die digitale Dimension des Strafprozessrechts. 2019.

Band 132 Andreas Oonk:Strafrechtliche Verantwortlichkeit im Unternehmen im Zeitalter der Compliance. 2019.

Band 133 Sebastian Kellner:Der Straftatbestand des Sportwettbetrugs. 2020

www.peterlang.com